자유로운 개인들의 연합을 향하여

문화과학 이론신서 81

자유로운 개인들의 연합을 향하여

지은이 | 이동연·하승우·신현우 외

초판인쇄 | 2022년 3월 15일
초판발행 | 2022년 3월 25일

펴낸이 | 박진영
펴낸곳 | 문화과학사

출판등록 | 1995년 6월 12일 제 406-3120000251001995000032 호
주소 | 10881 경기도 파주시 심학산로 12, 302호
전화 | 02-335-0461
팩스 | 031-902-0920
이메일 | moongwa@naver.com
홈페이지 | https://culturescience.kr

값 23,000원
ISBN 978-89-97305-21-6 93300

문화과학 이론신서 81

자유로운 개인들의 연합을 향하여

이동연·하승우·신현우 외 지음

문화과학사

책을 내며

　『자유로운 개인들의 연합을 향하여』는 한국예술종합학교 영상원 영상이론과에서 26년간 재직했던 심광현 교수의 정년퇴임을 맞이하여 기획된 책이다. 주지하다시피 심광현은 평생에 걸쳐 '사회적 문화운동'에 온 힘을 쏟아왔다. 그가 활동했던 단체도 미술비평연구회에서 시작하여 민예총, 『문화/과학』, 문화연대, 스크린쿼터문화연대, 민중의 집, 범국민교육연대, 자유예술대학, 맑스코뮤날레, 지식순환협동조합에 이르기까지 헤아릴 수 없이 많다. 심광현은 또한 한예종 영상이론과에 재직하면서 역사지리와 인지생태학이라는 프리즘을 통해 영화가 현실의 모순과 소망-성취의 욕망을 동시에 매개한다고 주장하면서 새로운 영화철학의 가능성을 꾸준히 모색해 왔다.

　심광현은 평소 "환경의 변화와 인간 활동의 변화 또는 자기 변화의 일치"(테제 3)와 "사회적 관계의 앙상블"(테제 6), "철학자들은 세계를 다양하게 **해석**해왔을 뿐이다. 그러나 중요한 것은 세계를 **변화**시키는 것이다"(테제 11) 등 맑스의 「포이어바흐 테제」를 중요한 이론적 지향으로 설정해왔다. 이런 관점은 심광현의 모든 저서를 관통하는 핵심 주제다. 특히 이 주제는 최근 저작인 『인간혁명에서 사회혁명까지』(2020)에서 집중적으로 부각된다. 여기서 자세히 논의할 수는 없지만, 『인간혁명에서 사회혁명까지』의 요점 중 하나는, 사회혁명은 인간혁명 없이 이루어질 수 없고 인간혁명 역시 사회혁명 없이 사고할 수 없다는 점이다. 심광현이 인간혁명과 사회혁명의 선순환적 경로를 줄기차게 강조한 것도 이런 이유에서 비롯된다. 오늘날 우리 시대가 처한 위기가 자연생태계의 위기, 사회생태계의 위기, 인간생태계의 위기 등으로 특징지어진다면, 이러한 위기를 돌파하기 위해서라도 인간, 사회, 자연의 선순환적 경로와 궤적을 찾는 작업이 시급하다는 것이다.

이는 물론 쉬운 작업이 아니다. 특히 우리 삶의 인지생태학적 조건들이 무차별적으로 파괴되는 작금의 상황을 반추해볼 때, 이런 작업은 매우 힘겨운 싸움의 과정을 수반할 수밖에 없다. 이때 심광현은 언제나 그렇듯이 '연합(어소시에이션)'을 강조한다. 고독한 개인의 싸움이 아닌 연합하는 대중의 싸움이며, 이때 연합은 이미 주어진 정체성들의 단순한 집합이 아니라 개인의 창조적인 역량을 전제한 연합이다. 또한 연합은 자본의 권력에 의해 수동적으로 연결되는 상황을 지시하지 않으며, 자본의 이해관계를 넘어서는 자발적, 능동적 생산자들의 연합을 가리킨다. 이 책의 제목이 『자유로운 개인들의 연합을 향하여』인 것도 이런 이유에서 비롯된다. 나아가 심광현은 이런 연합이 가능하기 위한 조건과 방법을 모색한다. 이 점은 매우 중요한데, 왜냐하면 오늘날 시급히 요청되는 것은 전문화된 지식의 강화가 아니라, 단편적으로 흩어진 지식을 모아 그것들을 연결해줄 수 있는 성좌적 형식의 발명에 있기 때문이다.

글 꼭지도 많고, 원고 각각의 내용과 성격도 다양하여 이 책에 수록된 글들을 일일이 소개하기는 어렵다. 다만 이 책의 총론격인 이동연의 「세상과 자기 삶의 해방을 기획하는 항구적 발명가: 심광현의 이론−실천의 궤적들」만 잠시 소개하고자 한다. 일종의 심광현론이라 할 수 있는 이 글은 심광현의 방대한 이론−실천의 궤적을 주도면밀하게 살펴본다. 이동연에 따르면, 심광현의 이론적 궤적을 살펴보기 위한 기본적 토픽은 문화사회, 지식통섭, 주체형성이며, 이런 토픽은 맑스주의의 전화, 사회적 문화운동과 교차하며 선순환적 동적 관계를 구성한다. 『문화/과학』은 세 가지 개념적 토픽과 이론적 토대가 교차하는 고리라고 할 수 있는데, 그런 점에서 심광현의 모든 활동에서 상수로 설정된다. 방대한 이론적 체계와 다양한 사회적 문화운동을 통해서 그가 궁극으로 꿈꾸려 했던 것은 "세상과 자기 삶의 해방을 위한 항구적인 연구와 실천"이다.

이 책에 수록된 대부분의 글들은 대부분 새롭게 작성되었지만, 간혹 기존에 발표했던 글들을 현재 상황에 맞게 수정, 보완한 경우도 있다. 어떤 경우든, 심광현과 함께 고민했던 사유의 흔적들이 용해되어 있다고 할 수 있다. 좀 더 구체적으로, 이 책에 실린 글들은 각각의 논점의 차이에도 불구하고, 문화사회, 지식통섭, 주체형성이라는 개념적 토픽, 맑스주의의 전화, 사회적 문화운동이라는 이론적 토대와 긴밀하게 얽혀 있다. 또한 『자유로운 개인들의 연합을 향하여』는 발터 벤야민의 철학적 방법인 '트락타트(Traktat)'가 구체화된 경우라고 할 수 있다. '트락타트'는 무수히 많은 판유리를 던져 그중에서 가장 좋은 유리 파편을 찾아내 그 파편들을 다시 끼워 맞춰 모자이크를 만들어내는 것이다. (트락타트의 방법은 『대중의 철학이 된 *영화*』에서 자세히 설명된 바 있다.) 벤야민은 손에 잡힐 듯 자명하게 보이는 현상들을 개념적으로 분할해서 단자적 이미지들을 추출하고, 다시 이러한 단자적 이미지들을 그러모아 이념적 성좌를 구성하는 데 초점을 맞추는데, 이 책에 수록된 글들은 조각조각 흩어진 유리 파편들을 이어 모아 전체 형상을 만들어내는 모자이크와도 같다고 할 수 있다.

『자유로운 개인들의 연합을 향하여』에는 총 스물두 편의 글이 실렸다. 심광현의 정년퇴임을 기념하는 자리가 아니었으면 아마 한 권의 책으로 좀처럼 묶이기 어려운 필자들이 대거 참여했다. 필자들이 속해있는 단체를 중심으로 살펴보면, 한국의 대표적 좌파 문화이론 커먼즈인 『문화/과학』, 한국 영화연구의 이론/실천을 주도적으로 견인했던 한국예술종합학교 영상이론과를 비롯, 국내 최대 규모의 맑스주의 및 진보 좌파의 학술 공간인 <맑스코뮤날레>, 문화사회를 지향하는 <문화연대>에 이르기까지, 심광현 선생과 더불어 진보 학술과 액티비즘을 함께해온 연구자 및 활동가들이 함께 모여 필진으로 참여했다. 이 책은 심광현 선생의 정년퇴임을 기념하기 위해 기획되었지만, 심광현의 방대한 사유를 단순히 정리하는 데 그치기보다는 그 사유의 내용과 형식을 교차, 변형시키면서 그 논의를 확장하는 방식을 취하고 있다. 한편으로 이 책은 현시기 한국 진보 학술 좌파의 사유를 지도 그리고, 그 지도 제작의 과정을 공유하는 저서라는 점에서도 큰 의미를 지닌다고 할 수 있다.

이 책에 수록된 글들은 논점의 차이에도 불구하고, 문화를 정치, 경제, 사회 등 각각의 영역들과 교차시키고, 그런 과정을 통해 문화를 역사적 자본주의의 맥락 안에서 들여다본다는 점에서 기본적으로 견해를 같이한다. 정성스럽게 작성한 각각의 글들을 거칠게나마 주제별로 분류해 보면, 맑스주의, 생태정치학, 페미니즘, 적녹보라 패러다임, 포퓰리즘, 인공지능 자본주의, 인권, 신자유주의 이후의 사회전망, 디지털 기술, 지식순환, 지역문화와 일상이라는 주제로부터 영화비평(<지옥>, <기생충>, <바람같은 사나이>), 서사 텍스트 분석의 방법론, 뉴미디어, 급변하는 매체 환경 속의 관객성, 한국 문화운동 및 예술행동의 경로와 궤적을 고찰하고 그 전망을 사유하는 글에 이르기까지 광범위한 주제를 망라한다.

코로나 19라는 힘든 여건 속에서도 이 책의 기획 의도에 뜻을 같이하고 흔쾌히 원고를 제출해 준 스물두 명의 필자들에게 깊은 감사의 마음을 전한다. 이 책의 출판 의도에 공감하고 기꺼이 출판 작업을 함께해준 문화과학사

와 손자희 선생님, 그리고 그의 오랜 이론적 실천적 동반자이신 강내희 선생
께도 감사드린다.

심광현 선생의 열정이 담긴 노고의 시간을 헤아리기 어렵고, 이 짧은 서
문에 그 모든 것을 담을 수도 없을 것이다. 서문보다는 이 책에 수록된 글들
을 찬찬히 읽어보면서 그의 복잡한 이론적 매트릭스를 상상해보길 권한다.
정년퇴임이 연구와 실천의 마침표가 아니라 또 다른 시작이 되길 바란다. 이
제 학교에 매여 있을 일이 없으니 선생이 하고 싶은 일들을 더 많이 하지 않
을까 기대한다. 정년퇴임 후에 펼쳐질 심광현 선생의 새로운 삶을 마음을 다
해 응원하며 앞으로 더 큰 기쁨과 활력이 가득하기를 진심으로 바란다.

2022년 3월 8일

필자들을 대신해 이동연, 하승우 씀

목 차

페미니즘, 적녹보라 연대

일상과 변혁

운동과 실천

제 1 부

이론과 실천의 궤적들 ▶▶▶

세상과 자기 삶의 해방을 기획하는 항구적 발명가
: 심광현의 이론-실천의 궤적들

이동연 | 한국예술종합학교 교수

이론-실천의 토픽을 설정하기

심광현 선생의 정년퇴임 기념 단행본 출간을 위해 기획팀을 꾸려 원고 꼭지를 구성하고 필자를 정하는 과정에서 내가 총론격의 글을 맡게 될 거라는 데는 의심의 여지가 없었다. 1992년 『문화/과학』 창간 준비 모임 때부터 알게 되어 1995년 서울문화이론연구소를 열고, 1999년 문화연대를 출범시키고, 이후 민중의 집, 맑스코뮤날레, 지식순환협동조합에 이르는 일련의 사회적 문화운동의 시간을 함께한 데다 재직하고 있는 대학도 같으니 총론의 필자로 나만한 친연성을 가진 사람은 없지 않나 싶다. 이건 순전히 자랑이라기보단 자명함에 가깝다.

그런데 막상 원고를 맡고 보니 여간 부담스러운 일이 아닐 수 없었다. 진보이론과 학술진영의 후배이자 문화운동의 동지로서, 그리고 같은 대학의 동료 교수로서 그를 오랫동안 알아온 것은 사실이지만, 친분의 시간을 객관적 글로 전환한다는 것이 결코 쉬운 일은 아니었다. 심광현의 이론적, 실천적 궤적을 총정리하는 글을 쓰기 위해 읽어야 할 책을 읽고, 그가 30여 년간 조직했던 수많은 운동조직의 연대기를 되짚어 이론적 궤적과 맞추어보는 일들을 반복하면 할수록 글의 갈피를 잡지 못하고 썼다가 지우기를 반복했다. 더욱이 복잡하기 이를 데 없는 그의 이론적 궤적을 일목요연하게 정리하고, 실천의 맥락을 연결시켜 설명하기에 70매 안팎의 제한된 원고분량은 턱없이 부족하다.

어쨌든 나는 일종의 심광현론을 써야 하는 상황이다. 방대한 사유체계와 복잡한 다이아그램에 기초한 리좀적인 이론 구성, 정치경제학, 문화연구, 예술미학, 인지과학, 과학기술 이론을 넘나드는 그의 지식 복잡계를 짧은 분량으로 설명한다는 것은 거의 불가능에 가깝다. 결국 뭔가는 덜어내고, 뭔가는 선별하고 압축해서 골자만 담아내는 수밖에 없다. 더욱이 그의 이론은 항상 현장 사회운동, 문화운동과 연결된 것들이 많아 이론의 실천적 맥락을 읽어내는 일도 병행해야 하는 추가 부담도 있다.

그래서 고민 끝에 먼저 심광현의 이론적 궤적을 가늠할 수 있는 중요한 개념적 토픽 세 가지를 중심으로 논의를 전개해 보자는 결론에 이르렀다. 그리고 그 이론적 궤적에 그가 고민했던 사회적 문화운동이 어떻게 연관되어 있는지를 살펴보고자 했다. 내가 보기에 그의 이론적 궤적을 그리는 데 있어 가장 중요한 세 가지 토픽을 언급하자면, 그것은 아마도 '문화사회' '지식통섭' '주체형성'이지 않을까 싶다. 문화사회는 노동 중심의 억압적 삶의 굴레에서 벗어나되 소비자본주의 욕망에 포섭되지 않는 개인의 자유로운 연합을 강조한다는 점에서 생태적 공동체(코뮌주의)를 강조하는 개념이다. 지식통섭은 근대적 지식체계 안에서 서로 분리되어 있던 인문사회, 문화예술, 과학기술의 분과주의, 환원주의의 벽을 허물고 각 영역들 간 수평적(위상적) 지식 네트워크를 구상하는 개념이다. 주체형성은 비판적 문화연구의 오랜 이론적 실천이었던 이데올로기 비판과 정체성 정치학의 절합, 생산양식과 주체양식의 절합을 통해 개인의 자기통치 역량을 활성화하는 개념이라 할 수 있다. 그런 점에서 이 세 가지 토픽들은 '생태적 문화사회' '구성적 지식통섭' '자기통치적 주체형성'이란 현실운동의 실천 목표를 담고 있다. 그리고 세 가지 개념을 일관되게 가로질러 가는 이론의 토대는 '맑스주의'이고, 현실운동의 실천의 장은 '사회적 문화운동'이라 할 수 있다. 이 세 가지 개념들은 이론적 구성주의를 작동시키는 토픽들이며, 이 토픽들의 삼각형이 일관되게 주장하고 싶은 것은 '동시대 맑스주의의 전화'와 그에 기반하여 진보적 지식인과 민중들이 연합하는 더 나은 문화사회를 만드는 것이라 할 수 있다. 이것이 심광현의 이론과 운동 궤적의 개요이다.

문제는 문화사회, 지식통섭, 주체형성이라는 세 가지 이론적 토픽들의 관계지도를 어떻게 파악할 것인가와 그 관계지도가 종착점으로 가리키는 맑스주의의 전화로 가는 실천 경로를 어떻게 현실운동 안에서 만들 것인가이다. 사실 심광현의 저작들에서 이 세 가지 토픽들은 순차적으로 등장하는 것처럼 보이지만, 자세히 살펴보면 선후를 가리지 않고 교차적으로 등장한다. 심광현이 초기에 공들여 발견한 문화사회론은 이후 『맑스와 마음의 정치학』과 『인간혁명에서 사회혁명까지』 저작에서 좀 더 진일보된 이론으로 계속 등장한다. 각각의 이론적 토픽들은 다른 두 개의 토픽들을 내재적인 구성요소로 하거나 필요조건으로 전제하고 있다. 가령 문화사회는 지식통섭을 통해 좀 더 폭넓은 지적 사유를 가능케 하고 주체형성의 사회적 환경이자 조건, 혹은 주체형성을 통해서 실현되는 세상이기도 하다. 지식통섭은 문화사회의 지적 토대이자, 주체형성의 인지적 마음 다스리기와 자기통치의 학습 체계가 된다. 주체형성은 문화사회를 구성하는 개인들의 역능을 필요로 하며, 그러한 지속적이고 역동적인 자기통치를 위해서는 지식통섭의 과정이 필요하다.

결국 세 가지 토픽들의 관계지도는 결국 '맑스주의의 전화', 즉 생산양식과 주체양식의 변증법적 절합, 인간혁명에서 사회혁명으로 확산되는 동시대 '비환원주의적' 역사유물론의 로드맵이라 할 수 있다. 문화사회는 정치경제학 중심의 사회구성체론의 한계를 극복하기 위해 개인의 자유로운 삶의 해방이라는 문화적 관점을 강조한다는 점에서, 지식통섭은 근대적 분과주의 학문의 경계를 허물고 유비쿼터스 시대에 문화와 예술, 과학과 기술의 지적 절합과 실천적 네트워크를 강조한다는 점에서, 주체형성은 개인의 창조적 역량에 기반하여 생산양식과의 결합을 통해 새로운 사회를 만들자는 점에서 동시대 맑스주의의 전화를 위한 역동적이고 생성적인 삼각형의 꼭지점들이다. 이 세 가지 이론적 토픽들은 심광현이 주도적으로 조직했던 문화연대, 민중의 집, 맑스코뮤날레, 지식순환협동조합과 같은 현실운동의 지적 토대가 된다. 이제 이 세 가지 이론적 토픽에 기반한 심광현의 이론적 궤적을 대표적인 4권의 저서인 『문화사회와 문화정치』(문화과학사, 2003), 『유비쿼터스 시대의 지식생산과 문화정치』(문화과학사, 2009), 『맑스와 마음의 정치학』(문화과학사, 2014), 『인간혁명에서 사회혁명까지』(희망읽기, 2020)를 중심으로 살펴보기로 하겠다.

문화사회: 생태적 코뮌주의를 위하여

90년대 내내 나는 우리 사회에서 진보운동의 침체상황을 쇄신하기 위해 역사적 맑스주의의 주류를 형성해 온 헤겔리안 맑스주의의 질곡을 넘어설 과감한 정치적 상상력이 필요하다고 생각하고 있었고, 그 계기를 헤겔 이전의 칸트나 스피노자, 그 이후의 비트겐슈타인, 알튀세르, 들뢰즈 등에게서 찾으려고 고심하던 중이었다. 92년 『문화/과학』 창립 시부터 시작된 이러한 문제의식은 97년 가을 「맑스주의의 전화와 탈근대적인 급진적 문화정치의 전망」이란 글에서 집약되었고, 이후 98년 봄에는 민교협 교수들과 논의하여 마련한 공공영역에 관한 세미나에서 '탈근대 문화정치의 장으로서 문화적 공공영역의 구축과 문화정치적 실천'에 관한 논의로 발전하게 되었다.[1]

심광현의 초기 이론의 주된 관심사를 한 마디로 정리하자면 "맑스주의의 전화와 문화사회론의 구성"이다. 맑스주의의 전화와 문화사회론의 구성은 표현적 공통성을 가지고 있지만, 내용적 차이를 갖고 있어 두 이론의 상관관계

1_ 심광현, 『문화사회와 문화정치』, 문화과학사, 2003, 서문 참고

가 매우 중요하다. 맑스주의의 전화가 곧바로 문화사회론의 조건이 될 수 없고, 문화사회론이 곧바로 맑스주의 전화의 모든 내용이 될 수 없기 때문이다. 다만 심광현의 이론 궤적의 초기 작업을 조명하기 위해서 '맑스주의 전화'라는 문제의식 하에서 문화사회론이 어떤 이론적 효과를 생산했는지를 따져보는 것은 중요하다.

한 가지 주목할 사실은 맑스주의의 전화와 문화사회론의 이행을 연계하는 데 문화정치라는 개념이 핵심적으로 제기된다는 점이다.[2] 심광현이 생각하는 문화정치는 문화운동을 다양한 정치적 형태의 하나로 보는 의미를 넘어서 개인들의 자유로운 활동의 창조가능성을 지속적으로 탐색하는 새로운 사회구성체 개념에 가깝다. 그가 말하는 문화사회론은 문화와 정치의 관계를 매우 다차원적으로 기획한다는 점에서 자본주의 사회의 이행에 기반한 사회구성체의 성격을 갖는다. 이행을 위한 사회구성체로서 문화사회론을 바라볼 때, 그는 문화정치를 두 가지 관점에서 보려 한다. 하나는 비판인문학과 문화연구의 담론적 실천의 한 형태로 보는 흐름이 있다면, 다른 하나는 기존의 사회과학과 정치경제학 안에서 여성, 성, 인종, 환경 등의 사회운동 토픽들을 견인하며 차이의 정치, 삶의 정치에 대한 문제를 끌어안은 흐름이다. 그가 생각하는 문화정치는 후자에 속한다. "문화정치라는 사회적 재생산의 교차 영역을 한편에서는 문화적인 것에 역점을 두고 다른 한편에서는 사회정치적인 것에 역점을 두고 접근하는 것"(33-34)이라는 지적은 문화정치가 "적극적이고 능동적이며, 창조적이고 생성적인 문화적 태도"(38)를 중시한다는 것을 의미한다.

문화정치라는 개념은 문화사회론이 단지 이론적 규범이 아니라 현실운동의 목표를 가지고 있음을 강조한다. 알다시피, 계간 『문화/과학』에서 제기한

2_ 이에 대한 초기의 대표적인 글로는 심광현, 「맑스주의의 전화와 탈근대적인 급진적 문화정치의 전망」(『문화/과학』 13호, 1997년 겨울)을 참고하기 바란다. 이하 이 글에서의 인용은 본문에 그 쪽수를 표시한다.

문화사회론은 독일의 사회학자 앙드레 고르의 「노동사회에서 문화사회로의 이행」 글에서 참고했고, 이 글을 본격적으로 주목한 편집위원이 심광현이다. 그는 노동시간 감축과 자유시간의 확대, 자유시간의 자기조직화를 통한 문화활동의 증대가 자기 삶의 중심이 되는 사회라는 주장을 참고해서 문화사회론을 제안했다. 문화사회론은 비판적 문화연구의 오랜 이론적 쟁점 중의 하나인 '이데올로기 비판'과 '정체성(욕망) 정치학'의 문제들을 절합하는 문제의식을 가지고 있다. 이는 어떤 점에서 문화사회론의 이론적 구성에 있어 알튀세르의 이데올로기론과 들뢰즈의 욕망이론을 절합하는 시도라 할 수 있다. 이데올로기 국가장치가 주체를 호명하는 자본주의 지배이데올로기 체제를 혁파하면서 동시에 개인의 자유로운 욕망을 극대화하는 사회체제를 만드는 것이 문화사회론의 요체이다.

이러한 문화사회론은 단지 이론 연구에 그치지 않고, 1980년대 민족문학이념논쟁과 민예총 중심의 문예운동의 틀을 깨는 새로운 문화운동의 이념적틀을 제공했다. 문화사회론은 1999년 새로운 문화운동 조직인 문화연대 창립의 핵심 슬로건[3]이 되었고 심광현은 강내희 선생과 더불어 문화연대를 만드는 데 핵심적인 역할을 담당했다. 1999년에 출범한 문화연대는 이러한 문화사회론의 이론적 기반 하에서 만들어졌다. 문화연대의 창립선언문에서 알 수 있듯이 문화사회론은 개인들의 자발적이고 자유로운 삶, 규율 사회의 억압으로부터의 해방, 개인들의 창조적 역능들의 실현, 일상적 삶의 문화적 재구성과 같은 문화연대의 실천 의제들을 함축하고 있다.[4]

3_ 문화연대의 창립선언문의 첫 문단을 인용하면 다음과 같다. "오늘 우리는 '문화연대'를 창립하고자 한다. 문화연대를 창립하려는 것은 문화가 꽃피는 사회, '문화사회'를 건설하기 위함이다. 문화사회는 개인들이 타인과 연대와 호혜의 관계를 유지하면서도 자신의 꿈과 희망과 욕망을 최대한 구현하며 공생할 수 있는 사회이다. 문화사회는 따라서 삶을 자율적으로 꾸려나갈 수단과 조건이 갖추어진 사회이며, 인간과 인간 그리고 인간과 자연 사이에 착취나 억압, 파괴가 더 이상 일어나지 않는 사회이다'(문화연대 홈페이지 참고 www.culturalaction.org).

4_ 이동연, 「『문화/과학』의 이론적 실천과 문화운동의 궤적들」, 『문화/과학』 70호, 2012년 겨울, 160.

여기서 주목할 점은 이데올로기적 호명체제에서 벗어나 다중의 자율적인 문화적 표현이 가능한 사회를 문화사회로 정의하면서 개인의 문화적 삶의 지향점으로 생태적 가치를 강조한다는 점이다. '문화사회'라는 전망은 탈근대적 사회의 현실운동과 연계되어야 한다는 점에서 생태적 의미를 견지해야 한다. "현재의 생산성 제일주의와 무제한의 자본축적에 기초한 자본주의 경제패러다임의 근본적 전환과 동시에 근대경제 속에서 배태된 근대문화의 틀 자체의 혁신과 전환을 동시에 요구"[5]한다는 점에서 문화사회는 생태학전 전환이라 볼 수 있다.

"자연을 무제약적으로 파괴하지 않는 생태학적 기술과 자연과 유기적으로 공생적인 관계를 이룰 수 있는 사회적 경제를 창출하는 제반 운동"(159), 소비주의 욕망의 패러다임에 갇히지 않으면서 개인들의 자유로운 문화적 활동이 가능할 수 있는 "생활양식의 문화적 재구성"(159)이 필요한 것이다. 그는 생태적 문화사회가 그냥 주어진 것이 아니라 생태적 삶에 대한 자기조직화를 통한 실천의 결실에 따른 것임을 다음과 같이 강조한다.

> 생태적 문화사회를 향한 문화정치적인 실천이란 자기조직화의 메커니즘을 찾아내고, 다중의 자율적인 문화적 표현과 향유(감성적/정서적 실천과 판단력의 작동)의 역능을 극대화하기 위한 공공적인 물질적/제도적 조건을 창출하려는 노력에 다름 아니다.[6]

이러한 생태학적 문화사회론은 코뮌주의와 결부되어 있다. 심광현은 코뮌적 문화사회로 가기 위해 네 가지 문제의식을 공유하고자 한다. 첫째는 맑스주의에서 코뮌주의가 주로 '노동자 연합사회'라는 문제의식에 갇혀 있는데,

---

5_ 심광현, 「'사회적 경제'와 '문화사회'로의 이행에 관하여」, 『문화사회와 문화정치』, 157. 이하 이 글에서의 인용은 본문에서 쪽수로 표시.

6_ 심광현, 「이데올로기 비판과 욕망의 정치적 '절합'」, 『문화사회와 문화정치』, 298.

이를 생태적 관점에서 보완하자는 것이다. 이를 위해 "자연과 인간의 신진대사가 생태적 공생의 원칙에 맞게 조절되고, 문화적 활동과 향유가 개인과 사회의 공진화를 이끄는 원동력"이 되는 "생태적 문화사회"를 제안한다. 둘째, "코뮌적 생태문화사회"라는 "규제적 이념"을 개념적으로 해명하는 데서 머무는 차원을 넘어서서 현실 속에서 실현 가능한 현실적인 사회구성체 모델로 시뮬레이션해 보자는 주장이다. 셋째, 생태적 코뮌주의를 통해 "자본주의 세계체계의 위기와 이행에 직면한 오늘의 상황에서 실제적인 의미에서 대안사회로의 이행의 구체적인 경위와 조건들을 규명"하자는 것이다. 마지막으로 이 이행의 과정에서 "자기통치적이고 연대적인 새로운 주체양식의 구성"을 기획해보자는 것이다.7

지식통섭: 두 문화, 혹은 세 가지 지적 구성체의 수평적 네트워크

분과적 지식들과 행위들에 갇혀 있는 기존의 방식에 반대함과 동시에 하나의 원리에 의해 모든 지식과 행위를 환원하는 것에도 반대하면서 오히려 차이들의 승인과 동시에 차이들을 연결하려는 이런 실천적 인식들이 바로 '비환원주의적 통섭' 혹은 '수평적 통섭'이 지향하는 바다.8

알다시피 심광현의 지식세계는 매우 방대하고 복잡하다. 기본적으로 맑스주의와 비판적 문화연구에 기반해서 이론을 펼치지만, 지적 스펙트럼은 인문학, 미학, 사회과학, 영상이론, 인지과학, 생태학 등 광범위하다. 어떤 점에서 심광현은 탈근대 시대에 나오기 어려운 지식통섭주의자라 할 수 있다. 그의

7_ 이와 관련해서는 그의 저서 『맑스와 마음의 정치학』(문화과학사, 2014) 제2부 <코뮌주의와 문화사회론>, 제3부 <문화사회로의 이행을 위한 실험>을 참고하기 바란다.
8_ 심광현, 「유비쿼터스 사회의 두 얼굴: 통제사회와 문화사회」, 『유비쿼터스 시대의 지식생산과 문화정치: 예술-학문-사회의 수평적 통섭을 위하여』, 문화과학사, 2009, 32-33.

저서에서 인용되는 이론가들의 범위와 사회문화, 과학기술의 현실 관심사도 매우 다양하다. 더욱이 2009년에 출간한『유비쿼터스 시대의 지식생산과 문화정치』이후 대부분의 글에 자신의 이론적 관계를 지도화하기 위해 다이아그램이 등장하고, 시간이 갈수록 그 다이아그램이 뇌의 회로도처럼 복잡해서 사유의 명료함을 설명하는 기능을 넘어 그 자체로 독자적인 이론기술이 되어버렸다. 그가 말하는 지식통섭은 어떤 이론적 실천의 목적을 위해 가동된다기보다는 태생적 지적 관심 본연의 특성을 표현한 것이라 할 수 있다. 그를 이론적 구성주의자, 위상적 다이아그래머로 볼 수 있는 대목이다.

그러나 그의 복잡한 이론적 체계를 자세히 살펴보면, 그가 말하려는 바와 논리 전개의 패턴은 일관성을 갖고 있다. 그가 생산하는 지식통섭의 인식론적 틀을 요약하면 "두 문화의 만남", 그리고 "세 개의 지식구성체의 절합"이다. 심광현이 말하는 두 문화의 만남은 '문화와 기술'과 '예술과 과학'의 만남이다. 문화와 예술이 문화의 한 축이라면 기술과 과학은 다른 문화의 한 축이다. 근대적 학문체계와 분과주의는 이러한 두 개의 다른 지식문화를 심화시켰지만, 두 문화가 만나는 일에 적극적이지 못했다. 그가 반복해서 말하는 두 문화의 만남은 흔히 말하는 이과와 문과, 우뇌와 좌뇌, 이성과 감성이라는 근대적 지식체계의 이항대립을 극복하는 상호작용적 생성을 의미한다.

두 문화의 만남이 지식통섭의 인식론적 구상이라면, 세 개의 지식구성체는 구체적인 지식실천을 위한 제안이라 할 수 있다. 심광현이 말하는 세 개의 지식구성체는 '문화예술' '과학기술' '정치경제'다. 과학기술과 문화예술, 정치경제로 대변되는 세 개의 지식구성체와 그것들을 작동시키는 실천적 토픽으로서 문화정치 간의 상호작용은『문화/과학』창간호부터 지금까지 연구해온 핵심 주제[9]이다. 그가 주장하는 지식통섭의 '형식-표현'의 요체는 "근대적 지식의 이분법의 해체"와 서로 다른 학문영역들의 수평적 네트워크화이다.

9_ 같은 글, 41.

지식통섭의 관점에서 심광현의 이론적 '내용-실체'는 네 가지 이론적 지형의 절합으로 정리될 수 있다. 다만 지면의 한계로 인해 여기서는 이해를 구하기 위한 최소한의 설명만으로 가늠하겠다. 첫째 맑스의 저작에 대한 재독해로서 특히『자본론』과「포이어바흐 테제」에 대한 재독해를 통해 생산양식과 주체양식의 위계적 반영이 아닌 수평적 절합, 개인들의 자기통치의 잠재성과 사회변화의 역량을 강조하고자 한다.[10] 그가 맑스 저작들의 재독해와 맑스주의 전화에서 가장 강조하는 지점은 행위와 구조의 절합, 더 정확하게 말하면 개인들의 행위와 사회구조의 절합이다. "행위와 구조의 변증법을 행위와 구조의 이분법으로 양극 분해하는 것은 '목욕물을 갈면서 아이까지 버린' 오류라고 할 수 있다. 동시대 맑스주의 혹은 포스트-맑스주의 이론과 실천 전반이 함몰되어왔던 이런 오류들을 극복하기 위해서는「포이어바흐 테제」 3번(세계를 변화시키려는 자는 자기 자신을 동시에 변화시켜야 한다)과 11번(세계를 해석하는 데서 멈추지 말고 세계를 변혁하는 데로 나아가야 한다)을 겹쳐서 다시 읽어야 한다"는 지적[11]은 개인들의 자기주체형성과 구체적 실천행위를 강조한다.

둘째, 비판적 문화연구의 이론적 재구성을 위해 알튀세르의 이데올로기 비판과 들뢰즈의 욕망의 정치학의 절합을 시도한다. 이 이론적 시도는『문화/과학』초기 알튀세르의 철학에 기반한 유물론적 문화론과 들뢰즈의 반오이디푸스적 자율적 욕망의 정치학을 통해 비판적 문화연구를 좀 더 충실한 비판이론으로 구성하려는 기획에서 비롯된다. 학교, 종교, 매스미디어와 같은 이

10_ 이와 관련해서는 심광현,「칸트-맑스-벤야민 변증법의 현대적 재해석」(『맑스와 마음의 정치학』, 58-61),「문화사회로의 이행을 위한 교육적 실험: 대안적 생산양식-주체양식의 선순환 연결고리 찾기」(『문화/과학』 60호, 2009년 겨울)를 참고하기 바란다. 그는 맑스의「포이어바흐 테제」 3번에서 환경에 변화에 대응하는 주체의 자발적 교육을, 11번에서 변혁 주체의 감성적 활동을 강조하고자 한다.

11_ 심광현은 3번과 11번 테제를 결합하여 다음과 같이 새로운 테제를 제시하고자 한다. "세계를 단지 해석하는 데서 그치는 대신 세계를 진정으로 변화시키기를 원한다면 그 변화의 주체가 되고자 하는 사람 자신부터 새로운 방식으로(즉 "환경의 변화와 인간 활동의 변화 혹은 자기 변화와의 일치"가 이루어지도록) 교육해야 한다"(「칸트-맑스-벤야민 변증법의 현대적 재해석」,『맑스와 마음의 정치학』, 61).

데올로기 국가장치들(ISAs)이 개인들을 주체로 호명하는 점을 강조하여, 일종의 "생산관계의 재생산 메커니즘"을 통찰했던 알튀세르의 이데올로기론과 이데올로기 호명으로 환원될 수 없는 "감성적, 육체적 실천과 욕망의 문제"[12]들은 들뢰즈의 욕망이론을 통해서 보충되어야 한다.

셋째, 맑스주의 내부의 헤겔주의 총체성을 비판하기 위해 칸트, 스피노자, 비트겐슈타인의 철학의 창조적 원리들을 추출하고자 한다. 그가 맑스와 다른 철학자들을 대면하려는 기본 기획은 "21세기 맑스주의의 새로운 이론적-실천적 과제임을 강조"하려는 의도를 가지고 있다. 특히 그가 강조하는 "칸트-벤야민 맑스주의"의 지식통섭은 칸트를 통해 새로운 유토피아적 모델을 찾고자 함이고, 벤야민을 통해 새로운 주체성의 형성을 모색하자는 의도를 갖는다. 그가 맑스주의 내 주체의 재해석을 위해 칸트와 벤야민을 언급한 것은 유물론적 환원론과 경제결정론을 비판하기 위함이다. 맑스의 이론은 원래부터 비환원론적인 존재성, 즉 구조와 행위의 상호작용적인 변증법을 갖고 있는데, "맑스 사후에 맑스주의를 규정해온 '유물변증법'과 '역사유물론'의 역사는 대부분 맑스의 비판적 변증법에 대한 존재론적 오해와 왜곡으로 점철된 역사"[13]라고 보고, 이를 칸트와 벤야민의 이론을 동원하여 밝히고자 한다.

넷째, 두 문화의 만남이란 문제의식을 구체화하기 위해 프란시스코 바렐라와 에반 톰슨의 복잡계 및 인지과학 이론을 개입시킨다. 심광현이 인지과

12_ 다음의 인용문을 보라. "노동자의 입장에서 재생산 문제를 생각할 때는 '노동자'와 '학생'으로서의 정체성에 대한 자기의식만이 문제인 것이 아니라, 감성, 욕망, 아비투스, 성적 차이를 지닌 육체의 재생산이 문제라는 점에서 ISA라는 개념은 일방적일 뿐 아니라 협소한 것이다. 노동자의 일상적 삶의 재생산이라는 차원에서 보자면 푸코가 지적한 '생체정치'의 문제, 들뢰즈가 주장한 '욕망의 정치', 페미니즘이 주장하는 '성차의 정치', '동성애의 정치' 역시 포함되지 않으면 안된다"(심광현, 「이데올로기 비판과 욕망의 정치학의 '절합'」, 『문화사회와 문화정치』, 272).

13_ "맑스-벤야민의 변증법은 칸트의 '시차적 변증법'과 현대의 '복잡계 과학'이라는 새로운 준거점을 통해 재해석됨으로써 헤겔 변증법의 단순한 '전도'와는 근본적으로 다른 차원을 갖는다는 점이 상세히 규명될 필요가 있다"(심광현, 「칸트-맑스-벤야민 변증법의 해석과 재해석」, 『맑스와 마음의 정치학』, 90).

학에 주목하는 것은 고전 맑스주의 내부의 명증한 의식철학과 이를 비판적으로 바라보았던 프로이트의 무의식 이론을 비판할 수 있고, 맑스주의의 전화에 있어 인지과학이 중요하기 때문이다.[14] 그는 "주체형성의 핵심적 절차인 '의식과 무의식의 변증법' '지성과 감성의 변증법'은 철학적 접근만으로는 밝혀내기 어려운 복잡한 과정"임을 말하면서 "의식철학의 틀 내에 갇혀 있던 맑스주의 철학을 넘어서서 주체성의 무의식적 과정을 분석"한 프로이트 라캉주의는 의식의 중요성을 간과해서 무의식의 편향에 빠졌다고 비판한다. 그는 의식과 무의식을 양자택일하는 대신 양자 간의 변증법을 '과학적'으로 탐구하려는 새로운 대안이 바로 '제3세대 인지과학'임을 강조한다.

인지과학 이론의 중요성과 더불어서, 과학기술의 새로운 흐름을 정의해주는 'GNR 혁명'에 대한 이론적 구성도 그가 구상하는 지식통섭에서 매우 중요하다. 그는 신자유주의 체제에 포섭당하는 GNR 혁명을 경계하면서도 GNR 혁명이 민주적인 사회적 관계와 결합할 경우 자동기술화의 발전은 노동시간 단축과 자유시간 증대 및 민주적-문화적 소통의 증대를 가져와 민주적 문화사회의 길, 과학적 유토피아의 길을 열어줄 수 있다고 긍정적으로 전망한다.[15]

심광현은 인지과학과 GNR 혁명이 가져다줄 수 있는 "자연과학 중심의 수직적-환원주의적 통섭"을 극복하는 대안으로 "인간적-예술적 가치의 특이성"을 강조한다. 그는 사회를 기술로 환원하는 것과 기술을 사회로 환원하는 양자 모두에 반대하면서 기술-사회의 공동구성의 상호작용에 초점을 맞추

14_ 『맑스와 마음의 정치학』 제4부 <새로운 주체 형성과 마음의 정치학>에서 이 문제를 다룬 글들은 아직 인지과학의 최근 연구 성과를 모두 반영하고 있지 못하며, 다만 맑스주의 철학과 발전된 인지과학 간의 만남을 위한 이론적 기초를 닦는 수준이다. 저자는 프란시스코 바렐라와 그의 제자 에반 톰슨의 '제3세대 발제적 인지과학'과 G. 레이코프와 M. 존슨의 '몸의 철학'이 그 매개 역할을 할 수 있다고 보고 있고, 「제3세대 인지과학과 '신체화된 마음의 정치학'」, 「·통치양식'의 문제설정과 새로운 주체 이론의 탐색」에서 이 두 가지 전통의 생산적 절합 가능성을 집중적으로 탐색했다.
15_ 심광현, 「유비쿼터스 사회의 두 얼굴: 통제사회와 문화사회」, 『유비쿼터스 시대의 지식생산과 문화정치』, 27.

어야 할 필요성을 강조한다. 이 과정에서 중요한 것은 "예술-인문학-사회과학-기술공학-자연과학 사이의 수평적 통섭"이다. 그 이유는 "예술이야말로 경계를 넘어서는 자유, 이질적인 것들을 접속하여 새로운 경험을 창조하는 상상력을 생명"으로 삼아야 하기 때문이다.16

심광현의 이론적 구성주의에서 과학기술론의 문제의식은 단지 하나의 구성요소로만 간주되지 않는다. 과학기술 지식의 활용 방식에 따라 사회의 성격이 정반대로 흐를 것으로 보기 때문이다. 그는 보수와 민주주의의 쇠퇴 시대에 과학기술이 사회통제의 수단으로 사용되는 위험성을 1930년대 과학기술이 파시즘과 연결되는 사례들을 통해 경고한다. 첨단 과학기술의 시대에 인류가 통제사회로 갈 것인가 아니면 민주적 문화사회로 갈 것인가가 판가름 나기 때문이다.

> 인류는 바야흐로 전대미문의 두 갈래 길 사이에서 선택의 기로에 다가서고 있다. 그 하나가 첨단과학기술과 결합된 새로운 억압적 통제사회('과학적 디스토피아')라면 다른 하나는 첨단과학기술의 발전에 의해 열려진 민주적 문화사회('과학적 유토피아')로의 길이 그것이다.17

이는 "자본과 권력에 의한 지식의 통제와 코드화, 자본과 권력이 통제할 수 없는 지식의 통섭과 '코뮌재'로서 지식생산 사이에 투쟁"으로 볼 수 있는데, 이러한 21세기 과학기술혁명의 도래를 GNR 혁명으로 정의한다. 그는 자본과 권력이 통제하는 사회로 가지 않고, 대안적 사회로 가기 위해서는 GNR 혁명의 함의를 문화정치적 관점으로 풀어내야 한다고 말한다. GNR로 대변되는 21세기 과학기술혁명의 가속화가 갖는 유토피아와 디스토피아의 양면성을

16_ 심광현, 「서문」, 『유비쿼터스 시대의 지식생산과 문화정치』, 11.
17_ 심광현, 「유비쿼터스 사회의 두 얼굴: 통제사회와 문화사회」, 『유비쿼터스 시대의 지식생산과 문화정치』, 53.

동시에 고려하여 대안을 찾는 과정이 중요하다. 심광현은 GNR 혁명의 문제 의식을 갖는 데 이론적 참고가 되었던 레이 커즈와일의 『특이점이 온다』의 내용들을 자세하게 설명하면서 과학기술혁명의 양면성, 즉 "GNR은 질병과 가난 같은 인류 고래의 문제들을 극복하게 해주지만, 파과적 이상에 기여할 수도 있다"[18]는 점을 주시하면서 과학기술의 가속화에 동반하는 과학기술, 인문사회, 예술 간의 융복합의 가속화를 주목한다.

이는 과학기술을 도구주의로 바라보는 기존의 인식을 비판하고 성찰적인 과학지식론을 주장하는 것에 다름 아니다. 성찰적 과학기술론은 과학기술 지식의 장 외부에서 그것의 환원주의 폐쇄성을 비판하고 다른 학문들의 비판적 개입을 권장하는 것이다. 반대로 과학기술의 외부에서 그것을 도구적 합리성 수준으로 인식하는 것도 위험하다. "성찰적 과학기술론은 과학기술전문의 지식에 의해 결정되어서는 안 되고 인문사회과학자들의 내재적 비판 속에서 지적 개입이 필요하다"는 점도 강조한다. "자기반성을 동반한 과학적 지식은 과학적 지식의 역사적 형성과 공과, 그리고 그 가능성과 한계에 대한 '내재적 비판'을 통해서만 가능"[19]하다는 지적이 그것이다. 그는 이러한 문제의식을 구체적으로 실천하기 위해서는 자연생태계, 사회생태계, 인간생태계가 맞물려 순환하는 새로운 정치생태학의 가능성을 탐색하기 위한 집합적 연구와 학술운동이 필요하다고 강조한다. 이 문제의식은 그의 최근 저서 『인간혁명에서 사회혁명까지』에서 역사지리-인지생태학을 강조하고[20] 인간과 사회의 혁명을 가능케 하는 양식들의 복합적인 연계 능력을 인지적 관점에서 강조하는 방향으로 발전한다.[21] 그가 최근 몇 년 동안 맑스코뮤날레와 지식순환협동조

18_ 레이 커즈와일, 『특이점이 온다』, 김명남·장시형 옮김, 김영사, 2007, 592; 심광현, 「21세기 과학기술 혁명에 대한 철학적 성찰」, 『유비쿼터스 시대의 지식생산과 문화정치』, 83에서 재인용.

19_ 심광현, 「21세기 과학기술 혁명에 대한 철학적 성찰」, 65.

20_ 이와 관련해서 『인간혁명에서 사회혁명까지』 2장 <역사지리-인지 생태학과 인간혁명의 시대>를 참고하기 바란다.

21_ 오늘의 인류세 위기/노동의 위기/양극화의 위기를 가속화 하고 있는 '인공지능+자본주의'를

합에서 인지과학의 관점22을 개인의 활동과 사회 연대로 확장하는 데 중요한 연구지점으로 보는 것도 이런 맥락 때문이다.

주체형성: 복합감각적인 자기통치의 해방

지금까지 심광현의 이론적 궤적을 찾아가는 토픽으로 문화사회, 지식통섭을 언급했다. 문화사회는 '생태적 코뮌사회의 구성', 지식통섭은 '학문 간 수평적 네트워크의 형성'이란 목표를 가진다. 그는 이러한 목표를 구현하고자 실제 사회적 문화운동의 장에서 노력했다. '문화연대'에서 시작하여 '민중의 집' '맑스코뮤날레' '지식순환협동조합'의 조직에 주도적으로 참여한 것이 그 예이다. 운동과 조직의 관점에서 보면 문화사회는 시민사회공동체, 지식통섭은 학문공동체에 던지는 새로운 운동의 대안을 모색하려는 이론적 토픽이었다고 볼 수 있다.

생태적 코뮌주의로 향하는 문화사회, 학문적 네트워크를 역설하는 지식통섭은 결국 나와 우리, 그리고 공동체의 새로운 삶, 긍정의 삶, 해방의 삶을 위한 주체형성으로 귀결된다. 정확한 진단일지 모르겠지만, 심광현의 대부분

사회구성원 모두가 생산자/주권자/생활인/자유인으로서 잠재력을 창조적으로 발휘해 '인간혁명+대안사회'로 변화시켜 나가는 반폭력적인 문명전환 과정의 과학적·철학적·일상적·사회적 청사진을 제시한다. 특히 '지식순환의 철학과 일상혁명 스토리텔링의 계주'라는 획기적인 방법으로 뇌의 인지생태학적 모형을 구성하고 일상의 변혁을 50개의 이야기로 시뮬레이션하여 개인들의 창조적 역량이 사회적 뇌를 매개로 '다중지능 네트워크의 네트워크'로 확장되는 복잡한 과정을 '주체양식-생활양식-생산양식-통치양식의 선순환 회로'로 구체화한 데에 이 책의 새로움이 있다.

22_ 인지과학은 단일한 분과학문이 아니라 1970년대 이래 철학-심리학-인류학-문학과 같은 전통적 인문학 분야와 생물학-신경과학-뇌과학과 같은 자연과학 분야가 합류하면서 다양한 경로를 취하면서 발전하고 있는 학문적 통섭의 첨단을 이루는 다학제적 학문이다. 최근에는 그 연구의 폭과 깊이가 확대, 심화되어 '인지과학(cognitive science)'이라는 좁은 명칭을 버리고 '마음의 과학(science of mind)'이라는 확장된 형태로 나아가고 있다. 국내에서는 이런 역동적 흐름이 충분히 알려지지 않고 있고, 전공자도 드물지만, 미국과 유럽에서는 그간 발견된 몸의 지도, 뇌의 지도, 인식지도 등을 '절합'하여 일련의 실험적 조작을 통해 새로운 의식과 경험을 체험케 하려는 '의식혁명'을 추진하는 단계로까지 나아가고 있다.

저작의 흐름들을 보면, 대체로 '주체의 역능'에 대한 가능성 탐색, '개인의 자율적 감각의 활성화'를 통한 새로운 사회로의 이행에 대한 희망으로 귀결된다. 동시대 자본주의가 만들어 놓은 정치경제사회 분야의 억압적 장치들에 대한 비판적 문제의식, 이 문제의식을 구체화하는 이론적 분석, 그리고 이론적 분석에 기초한 대안 제시에 있어 개인과 주체의 잠재성과 역능을 신뢰한다. '진단-분석-대안'의 글쓰기의 흐름을 좀 더 폭넓고 분석적으로 전개하기 위해 층위가 서로 다른 이론가들이 동원되고, 복잡한 다이어그램이 등장하지만 대체적인 결론은 억압적인 동시대 국가-사회-권력 체제를 넘어설 수 있는 주체형성에 있다. 그의 글의 최종심급에는 '주체의 역능'이 자리하고 있다.

앞서 언급했듯이 일종의 심광현론을 쓰기 위해 언급했던 4권의 주요 저서들은 20년이 넘는 시간의 층위가 축적된 것이지만,『문화사회와 문화정치』에서『맑스와 마음의 정치학』, 그리고 언급하진 않았지만, 최근의 저서『인간혁명에서 사회혁명까지』에 이르기까지 복잡한 이론적 체계와 다이어그램을 통해 그가 일관되게 주장하고자 하는 것은 '대안적 주체형성' 즉 '주체의 자기 역능과 통치'이다. 그는 이러한 대안적 주체형성을 그의 저작에서 '코뮌적 주체' '신체화된 마음' '주체양식' '감정의 정치학' '자기배려의 주체' 등등의 개념들로 설명하고 있다. 이러한 대안적 주체형성의 이론적 지형을 세 가지로 정리하면 '코뮌적 주체' '인지적 주체' '자기통치적 주체'로 집약할 수 있다.

코뮌적 주체는 "소외된 노동이 자본축적의 수단이 되는 생산양식"에 포섭된 주체가 아니라 오히려 "생산수단과 자원이 주체적 역능(지적, 정서적, 윤리적, 신체적 역능)의 증진이라는 목표에 맞게 배치되고 사용되는 새로운 생산양식"[23]을 만드는 주체이다. 그는 주체역능의 향상이란 "사회적 필요노동의 시간을 지속적으로 줄이는 대신" "타인과 깊숙이 관계 맺을 수 있는 시간, 집단

23_ 심광현,「코뮌적 생태문화사회의 필요조건: 생산양식 주체양식의 공시적 변화」,『맑스와 마음의 정치학』, 246-247. 이하 이 글에서의 인용은 본문에 그 쪽수를 표시한다.

의 일원으로서 창조적 일을 할 수 있는 시간, 우리 자신의 일을 몸소 창조적으로 행할 수 있는 시간…을 더 많이 얻게 됨으로써 주체의 지적, 감성적, 윤리적, 신체적 역능이 확장되고 향상되는 것"을 의미한다(247). 코뮌적 주체들은 개인적 고립과 자기이익을 위해 존재하지 않고 그 주체들이 중심이 되는 사회를 지향한다. 코뮌적 주체가 중심이 되는 생태문화사회론은 "산노동이 자본의 도구가 되는 노동사회 대신 죽은 노동이 주체적 역능(지적, 정서적, 윤리적, 신체적 역능) 향상의 수단이 되며 자연과 공생가능한 생태문화사회로의 이행"(268)을 꿈꾼다.

인지적 주체는 그러한 코뮌적 주체의 사회적 구성 이전에 개인의 몸과 마음에 내재한 힘의 능력을 과학적 관점에서 바라보고자 한다. 여기서 특히 강조할 지점은 GNR 혁명의 도래에 따른 개인의 인지적 능력의 확장이다. GNR 혁명은 기술자본에의 포섭이라는 억압적인 주체를 형성하는 위험성을 안고 있지만, 다른 한편으로는 다중적인 인지능력, 감각능력을 가진 주체들의 잠재성을 가능케 하는 새로운 대안적 환경도 제공해준다, 그런 점에서 심광현은 GNR 혁명의 전화를 제안한다. GNR 혁명은 어떤 점에서 주체의 몸과 마음과 의식의 지평을 넓혀주는 환경을 제공한다. 그는 GNR 혁명에 대응하는 인식론적 존재론적 모형을 다음과 같이 제시한다.

<환경-몸-마음-두뇌-의식>의 상호 접힘과 포개짐의 역동적 상호작용 과정의 중간지점, 즉 '환경과 몸 사이'에 뉴미디어테크놀로지를 포함하는 새로운 GNR 테크놀로지—나선형으로 꼬리를 물고 가속화하는(G-N-R-G'-N'-R'…)—를 삽입하는 방식이 그것이다. 이 경우 보다 중첩된 상호작용의 과정에서 '신체화된 마음'의 중심적 역할은 그대로 견지된다. 환경이 기술 속에 포개지고, 기술이 몸속에 포개지며, 몸이 두뇌 속에 포개지며, 역으로 두뇌가 몸속으로 펼쳐지며, 몸이 기술 속으로 펼쳐지며, 기술이 환경 속으로 펼쳐지는 역동적 과정 속에서 '신체화된 마음'의 화용론적인 역할이 여전히 관건이 된다는 것이다.[24]

심광현은 벤야민에게서 비선형적인 혁명을 상상하면서 신자유주의 지배 체제에 맞설 대안을 구상해낸다. 벤야민의 성좌적 배치 개념을 통해 유비쿼터스 시대의 기술혁명의 비선형적 진보성을 상상하면서 "역사의 연속성을 폭파시키기에 충분한 힘"을 지닌 새로운 지각양식과 주체성의 형태를 발견한다.25 근대자본주의의 인쇄-기계문화의 통시적 시각적 관습으로부터 좀 더 자유로운 "전자혁명이 야기하는 공시적-복합감각적 지각과 사고"(347)를 지닌 새로운 주체성의 생산을 추동하고자 한다.26

자기통치적 주체는 푸코의 마지막 저서인 『자기의 기술』에서 영향을 많이 받은 개념이지만, 실제로는 맑스주의 전화를 위해 그가 인용하는 많은 이론가들, 예컨대 칸트, 스피노자, 바렐라, 벤야민, 랑시에르의 이론들이 집대성된 개념이다. 자기통치적 주체는 어떤 점에서 코뮌적 주체와 인지적 주체의 종합을 이루는 주체의 자기 능력의 발현과 그 주체들의 사회적 연대를 기획한다. 그것은 전통적인 맑스주의의 주체이론, 즉 계급투쟁을 위한 혁명적 주체라는 의식주체와 알튀세르가 말한 이데올로기 국가장치에 호명당한 이데올로기 주체의 이분법에서 벗어나고자 한다. 주체의 환원주의 관념론을 극복하기 위해 심광현은 코뮌적 주체론을 통해 노동과잉에서 벗어난 자율적이고 창조적인 삶의 사회적 연합을 강조하고, 인지적 주체를 통해 신체에 각인된 개인의 잠재적 역량을 강조한다. 특히 심광현은 이러한 인지적 주체성의 정치학을 "신체화된 마음의 정치학"이라는 말로 설명하면서 그동

24_ 심광현, 「21세기 과학기술 혁명에 대한 철학적 성찰」, 『유비쿼터스 시대의 지식생산과 문화정치』, 100-101.

25_ 심광현, 「유비쿼터스 디지털 미디어 시대의 탈근대 문화정치」, 『유비쿼터스 시대의 지식생산과 문화정치』, 325. 이하 이 글에서의 인용은 본문에서 쪽수로 표시한다.

26_ 다음의 인용문을 보자. "비록 기술과 미디어가 자본의 재생산의 도구로 사용되고 있지만, 그와 동시에 자본의 토대 자체를 잠식하여 감각과 지식의 사회화를 가속화함으로써 노동에 의해 진보적으로 전유될 적극적인 주체화의 계기를 동시에 만들어내고 있다는 점을 주목했다. … 유비쿼터스 시대의 개화를 목전에 두고 우리가 자본의 재생산에 동참하지 않기 위해서는 자본에 포섭되지 않고, 자본을 넘어서는 삶을 공동으로 구성해가기 위한 새로운 대화양식과 복합감각적인 주체성(생태문화적인 코뮌적 주체성)의 새로운 생산에 적극적으로 착수해야 한다"(354).

안 맑스주의 주체형성 이론에서 주목하지 않았던 주체 내 감정과 마음의 실체성을 강조한다. '신체화된 마음'은 '혁명적 주체', 혹은 그 반대로 '호명당한 이데올로기 주체'와 다른 "개인의 신체에 각인된 역능"을 말한다. 그런 점에서 "신체화된"이란 말은 의식이 아닌 몸에 작동하는 잠재적 힘을, 마음은 관념이나 정신이 아닌 인지적 능력을 가진 과학적 감성의 상태를 의미한다. 여기에 벤야민과 랑시에르를 경유하며 복합감각적인 미적 주체의 창조성을 추가한다.

자기통치적 주체는 주체의 의식과 무의식의 상호작용에 의한 복합감각적인 주체성을 지향한다. 그가 들뢰즈-라캉에 기반한 주체이론보다는 칸트-벤야민에 기반한 주체이론을 선호하는 것도 자기통치적 주체성의 개념이 의식과 무의식의 복합적인 상황에 놓인 현실에 대응해야 한다는 이유 때문이다.[27] '자기통치적 역능'을 통한 인간해방, 사회해방이란 주체형성의 핵심 내용들은 맑스주의 주체이론을 풍부하게 해준다. 그가 맑스코뮤날레를 조직하면서 오랫동안 일관되게 '적-녹-보라' 운동을 제안한 것도 그런 맥락이다. 이는 단지 이론적 연대가 아닌 서로 다른 주체들의 연대를 전제로 하는 것인데, 특별한 점은 그가 '적-녹-보' 연대를 이념적 혈맹으로 보지 말자고 하고 과학적 분석과 가치론적 분석을 통한 학문 통섭을 주장한다는 점이다.

'적-녹-보 연대'의 문제설정을 사회적 생산과정의 맥락으로 번역해 보면 노동대상(녹)+생산수단(적)+노동력(적-녹-보)=생산(녹-적-보)에 이르는 등식이 성립할 수 있다. 이런 가설은 '적-녹-보' 연대가 나열식 결합일 수가 없고, 주체화(노동력

27_ 심광현이 강조하는 새로운 주체성은 맑스가 말한 <사회적 개인>을 '다중프랙탈(Multi-fractal)한 복잡계 네트워크인 주체성'으로 재해석한 개념에 기초하고 있다. 또한 이는 무의식적 경험을 강조하면서도 의식적 각성을 놓치지 않는 벤야민의 <꿈과 각성의 변증법>적 긴장으로 충만한 주체성이다. 이 점에서 무의식적 탈주의 경험만을 강조하는 들뢰즈의 자연주의적이고 '분자적(Molecular)인 주체성'과도 상이한 것이다. 이런 차이가 바로 <칸트-벤야민 맑스주의>와 <들뢰즈-맑스주의>를 구별해주는 실제적인 경계선이다.

재생산 양식과 생산양식(노동대상과 생산수단의 소유 및 통제 양식)의 특정한 형태
의 결합이라는 자본주의적 사회적 관계의 변혁의 내재적 구성 요소로 서로를 내적
으로 제약하며 결합하고 있음을 알게 해준다. 그리고 이런 내재적 제약관계로 인해
'적-녹-보' 연대는 단순히 이념적 혈맹에 이를 수 있는 것이 아니라 과학적 분석을
필요로 하며, 그와 동시에 연대의 목표를 둘러싸고 가치론적 상호비판을 요구하는
점이 드러난다.28

맺는 말: 인간혁명과 사회혁명의 선순환

지금까지 심광현의 이론적, 실천적 궤적들을 문화사회, 지식통섭, 주체형
성이란 세 가지 이론적 토픽으로 설명했다. 원고 분량의 한계 상 그 이론적
실천에 조응하는 현실운동의 과정들을 별도로 설명하지 않고 이론적 토픽을
설명할 때 겸해서 간단하게 거론했다. 결론적으로 지금까지 그가 연구하고
실천했던 이론과 실천의 궤적들을 간단하게 표로 정리하면 다음과 같다.

『문화/과학』은 아마도 그의 모든 활동에서 상수로 설정해야 하지 않을
까 싶다. 그리고 앞서 계속 강조했듯이 맑스주의의 전화와 사회적 운동이란
이론-실천의 목표들 역시 세 개의 이론-실천의 토픽들의 상수로서 일종의
메타이론과 실천의 위상을 갖는다. 물론 표에 제시된 내용들은 전적으로
필자의 개인적인 생각이며, 각각의 영역이 분리되어 있다기보다는 서로 연
결-절합되어 있다. 표의 위아래 개념들도 위계화되었다기보다는 입체적인
위치에 있는 것들이다. 물론 표에 제시된 심광현의 이론과 실천의 궤적의
내용들은 혼자 힘으로 된 것이 아니다. 『문화/과학』을 함께 이끌었던 강내
희 선생을 비롯해, 수많은 동료, 후배, 제자들의 연대와 협력이 있었기에 가
능했다.

28_ 심광현, 「유비쿼터스 시대의 새로운 학술운동과 사회운동: 이념적 통섭과 프랙탈 네트워크」,
    『유비쿼터스 시대의 지식생산과 문화정치』, 480-481.

[심광현의 이론-실천의 궤적]

개념	슬로건	현실운동
	맑스주의의 전화 사회적 문화운동 『문화/과학』	
문화사회	생태적 코뮌주의 이데올로기 비판과 욕망의 정치학의 절합	문화연대, 민중의 집 한미 FTA 반대운동
지식통섭	유비쿼터스 시대 예술-학문-사회의 수평적 통섭	지식순환협동조합 범국민 교육운동본부
주체형성	자기통치적 주체양식 적녹보라의 연합 인지생태학과 인간혁명	자유예술대학 맑스코뮤날레

결론적으로 30여 년 가까이 몰두했던 방대한 연구들과 현장실천을 통해 그가 말하고자 했던 것은 무엇일까? 문화사회, 지식통섭, 주체형성이란 세 가지 이론-실천 토픽들의 최종 도착지는 어디일까? 이 질문에 대한 답은 그가 2020년에 출간한 『인간혁명에서 사회혁명까지—문명 전환을 위한 지식순환의 철학과 일상혁명 스토리텔링』에서 어느 정도 찾을 수 있다. 이 책은 본인이 그동안 구상한 모든 이론적 사유와 그에 기반한 실천기획들을 포괄하려는 의도가 강하다. 인간혁명과 사회혁명이라는 매우 강렬한 두 이름을 책의 제목으로 내건 것도 정년퇴임을 앞두고 그간 자신의 연구와 활동이 궁극적으로 바라는 것이 무엇인지를 제시하고 싶었던 것이 아닌가 싶다.

책의 부제를 구성하는 '문명 전환' '지식순환' '일상혁명' '스토리텔링'이란 언어들은 내가 아는 한 그가 오랫동안 관심을 가진 이론-교육-실천의 모든 것들을 대변하고 있다. 결국 『인간혁명에서 사회혁명까지』에서 말하고 싶었던 것은 코로나 팬데믹 시대 우리는 어떤 위기의 시대에 살고 있고, 그 위기를 극복하기 위해 나의 삶특히 저자인 심광현의 삶은 어떻게 바뀌어야 하는가에 있다. 사실 이 책이 매우 거창하고 구도자적인 거시적 진단과 거대한 전망을 내세우고 있지만, 정작 하고 싶은 말은 나와 나의 일상을 어떻게 바꾸어야 하는가에 있지 않나 싶다. 책의 저술 형태(8년 동안 아내와 공동집필)나 2부에 50개로 구성된 대안적 삶을 위한 스토리텔링 기획 역시 이론과 실천, 연구와 일상의 실제적 연결을 위한 노력의 일환이다. 책의 면면들은 본인이 그동안 관심을 가져왔던 연구주제들과 학교에서 학생들을 가르쳤던 교육과정, 그리고 일상의 삶의 관습에서 그가 스스로 깨닫고 배우고 극복하려 했던 심사가 고스란히 드러난다. 세상과 자기 삶의 해방을 위한 항구적인 연구와 실천, 이 것이 그가 기획하고자 하는 바가 아닐까 싶다. 그런 점에서 『인간혁명에서 사회혁명까지』에서 강조하는 '생산수단의 사회화'와 '생산과정의 민주화'는 세상의 해방을, "통치양식의 민주화와 생활양식과 주체양식의 생태적-민주적 재구성"(638)은 자기 삶의 해방을 선언하는 지적 슬로건이며, 이 두 슬로건의 항구적 상호작용을 기획하고 실험하는 지적 작업이 그가 그동안 해왔던 이론-실천의 전부이다.

지금까지 일종의 심광현론을 말했다. 정년퇴임이란 특별한 순간이 아니면 시작하기도 쉽지 않았을 한 연구자이자 실천가를 조명하는 글쓰기는 겉으로는 당사자를 나름 평가하고 조명하는 자리이지만, 속으로는 필자 스스로 많은 공부가 된 시간이었다. 한 가지 아쉬운 점은 지면 관계상 그가 쓴 한국의 문화현실에 관한 글과 저서를 다루지 못했다는 점이다. 특히 2005년에 동시에 출간한 『흥한민국』(현실문화연구)과 『프랙탈』(현실문화연구)은 문화와 과학을 다룬 상이한 내용으로 그의 지적 관심의 매트릭스가 얼마나 다양한지를 알 수 있는 저서들이다. 가장 최근에 나온 『대중의 철학이 된 영화』(희망읽기, 2021)는 텍스트를 분석하는 이론 틀이나 방법론, 그리고 한국의 대중영화를 바라보는 긍정적인 시각들은 저자의 오랜 연구와 교육, 그리고 문화현장 활동을 집대성하고 있다.

심광현 선생의 정년퇴임을 진심으로 축하드린다. 그리고 그가 미술비평연구회에서 시작해서 민예총, 『문화/과학』, 문화연대, 스크린쿼터문화연대, 민

중의 집, 범국민교육연대, 자유예술대학, 맑스코뮤날레, 지식순환협동조합에
이르는 일련의 사회적 문화운동의 궤적에 쏟았던 지적 열정에 경의를 표한다.
무엇보다 그가 항상 꾸준하게 지적 예열을 위해 정년이 될 때까지 열정 독서
를 이어온 것에 존경의 마음을 담아 보낸다. 한국사회에서 앞으로 쉽게 찾을
수 없는 비판적 이론 구성주의자이자 사회적 문화운동의 발명가에게 마지막
전하고 싶은 말은 알튀세르의 자서전의 제목이기도 한 "미래는 오래 지속된
다"이다. 심광현 선생에게 학문적 연구와 지적실천의 미래가 여전히 오래 지
속되길 바란다.

한국 문화운동의 궤적과 전망
—문화사회의 관점에서, 2000년 이후 한국 문화운동을 중심으로

이원재 | 문화연대

'문화운동'은 다양하고 다층적인 대상과 내용을 전제로 한다. '문화'에 대한 정의와 개념의 폭이 커서 문화운동 역시 다양한 주체들과 복잡한 사건들로 형성되기 때문이다. 한국의 문화운동은 창작자 중심의 예술운동에서부터 참여자 중심의 생활문화까지, 전통예술 장르에서부터 대중문화산업까지, 동네와 지역에서부터 국가와 지구적 차원의 연대까지 어떠한 제한도 없이 펼쳐져 왔다. 그런 가운데 2000년 이후 한국의 문화운동은 전과 같이 문화와 예술뿐만이 아니라 또 여기에 더하여 노동, 교육, 환경, 평화, 사회적 소수자 운동 등과 같은 다양한 사회운동과의 연대를 통해 통섭되고 확장되었다. 1980년대 이후 한국사회의 경제성장, 정치 민주화 등과 함께 문화에 대한 사회적 관심과 가치가 높아졌고, 문화운동의 중요성과 역할 역시 사회 전반에 걸쳐 자연스럽게 확산되었기 때문이다. 이 글에서는 '문화사회'의 관점에서 '2000년 이후' 한국 문화운동의 궤적과 과제를 살펴보고자 한다.

한국 문화운동의 사회적 배경과 '문화사회'

한국의 문화운동은 1980년대를 경유해서 2000년에 이르기까지 급격한 사회변동 속에서 다양한 변화를 경험했다.

먼저 21세기를 앞두고 한국의 문화운동을 둘러싼 가장 중요한 변화는 문화가 지배구조의 재생산과 대안 운동에서 핵심적인 역할을 하기 시작했다는 점이었다. 문화는 다층적이고 복잡하고 모순적인 과정이 되었으며, 다양한 삶의 형태와 관계를 드러내는 복수적 개념으로 전환되었다. 한국사회에서 1990년대 이후 자본주의 생산양식의 성격을 규정짓는 중요한 변화는 삶의 방식으로서의 문화가 전면적으로, 지구적 상호작용 속에서 상품화되었다는 사실이다.

한국사회에서 문화가 사회적으로 전면화되자 1980년대 이후 문화운동의 주류를 구성했던 아방가르드적 예술운동, 민중·민족·계급 미학에 기초한 장르별 문예운동 등은 한계와 공백을 드러냈다.[1] 따라서 기존 문화운동의 한계를 극복하기 위한 새로운 사회미학과 담론, 급격한 사회변동에 대응할 수 있는 다양한 문화적 실천의 필요성(가능성)이 제기되었다. 2000년 이후 한국의 문화운동은 운동 주체, 의제, 방법론 등 모든 면에서 장르로서의 문예운동의 한계를 넘어서야 했다.

한편 1990년대를 전환점으로 본격화된 디지털 기술의 혁신과 미디어 환경의 변화는 2000년 이후 문화운동의 흐름에 깊은 영향을 주었다. 문화와 예술을 둘러싼 생산양식과 사회구조 자체가 변화하였고, 문화생산은 지식·정보에 대한 의존과 자본에 대한 종속이 더욱 심화되었다. 자동화 기술을 비롯하여 현대 자본주의의 비약적인 기술 발달은 문화생산의 주체와 생산물의 성

1_ 이와 관련하여 심광현은 1980년대의 문화운동이 스스로를 "제도화된 상징체계 속에서도 특수한 부분에 국한되는 영역에서만 일어나는 것"으로 인식했고 그 때문에 제한적인 문화적 실천에 머물 수밖에 없었다고 진단한다. 1980년대 문화운동이 제한적으로 실천되는 사이에 이미 "일상영역 전체와 상징적 체계의 대부분을 문화산업과 상품미학이 장악"하는 과정이 진행되었고 "국가는 제도정치라는 형태를 통해서 그것을 강력하게 지원"하였으며, "그 정세가 90년대 들어와서는 분명하게 가시적으로" 나타나게 된 것이다. 이런 맥락에서 1990년대 이후의 새로운 문화적 실천은 과거의 '문화운동' 개념과 달리 "기존의 공식화되고 제도화된 특수한 예술제도에 대한 개입으로 국한되지는 않는" 사회 전반에 걸친 포괄적이고 개방적인 개입과 실천을 요구받고 있었다([좌담] 강내희·김소영·도정일·심광현·이동연·이성욱, 「새로운 문화적 실천을 위하여」, 『문화과학』 제6호, 1994년 여름).

격 자체를 크게 바꾸었으며 심지어 문화생산 행위와 인간주체 및 현실대상과
의 관계 자체에도 변화를 가져다주었다. 2000년 이후 현실의 문화운동은 내
용이나 방법에 있어 기술문화, 미디어 환경 등과 많은 영향을 주고받으며 진
행되고 있다.

역설적이게도 지역에 대한 새로운 인식 역시 2000년 이후 문화운동에 있
어 중요한 전환점이었다. 지구화, 지역화, 지구방화(glocalization) 등의 환경 변
화 속에서 지역분권과 지역문화는 사회운동과 문화운동 전반에 걸쳐 중요한
화두가 되었다. 한국사회의 지방자치제도 활성화, 지역분권 정책 수립, 지역
문화재단의 설립, 지역문화진흥법 제정 등은 지역문화에 대한 인식과 환경
자체를 질적으로 전환시켰다. 또한 신자유주의 세계화와 지구방화라는 전 지
구적 차원의 사회변동은 지역문화의 중요성을 더욱 심화시켰다. 이제 지역은
부정적이고 미개발의 물리적 공간으로서의 '지방'이 아니라 지구화의 위기에
대응하는 원리이자 대안적 '삶의 태도' 혹은 '삶의 양식'으로 주목받았다. 전
지구적으로 확산되며 통제 불가능한 상태가 되어버린 수탈자본주의, 생태위
기, 과학기술의 자동화, 경제적 불평등과 양극화 등의 대안으로 지역성(로컬리
티, locality)에 기초한 삶의 전환이 요구되고 있기 때문이다. 문화운동 역시 이
러한 맥락에서 지역 기반 활동의 가능성을 모색해 왔다.

마지막으로 한국사회에서 1990년대부터 본격화된 문화연구의 흐름은
2000년 이후 문화운동의 중요한 자양분이자 전환점이 되었다.[2] 한국의 비판
적 문화연구는 진보적 담론 생산, 학제 간 연구, 문화비평 등에 머물지 않고
새로운 문화운동의 실천으로 이어졌다. 문화운동과 문화연구의 실천적 절합

2_ 이와 관련하여 심광현은 문화연구와 문화운동의 관계에 대해 "80년대가 문화연구 '없는 문화운
동의 시대였다면, 90년대 후반은 문화운동 '없는(혹은 빈곤한) 문화연구의 시대'라고 분석했다.
"80년대는 문화의 개념과 문화의 층위, 문화적 실천의 다양성 문제를 꼼꼼히 따지기에 앞서
문화적, 예술적 수단을 사용하여 급작한 정치적 메시지를 전달하기에 급급했던 '운동의 시대였
다'면, 반면에 "90년대 들어 사회운동이 전반적으로 퇴조하는 가운데 대중매체문화의 팽창과
일상적 소비와 여가생활이 증대하면서 문화는 '운동'보다는 '담론과 체험'의 차원에서 새롭게
주목되기 시작했다'는 것이다(심광현, 『문화사회와 문화정치』, 문화과학사, 2003, 169).

(articulation)이 한국 문화운동의 중요한 구조 변화를 가져온 것이다. 문화운동은 문화연구를 통해 문화적 관점에서 사회운동에 개입하고 연대했으며, 문화권력에 대한 감시개혁운동, 대안적인 문화정책의 연구와 제시, 새로운 사회미학에 기초한 실천과 확장을 시도했다.

'문화사회'라는 개념이자 관점은 이러한 맥락 속에서 1990년대 말 한국 문화운동의 중요한 방향성으로 제시되었다. 문화사회는 "20세기를 지배해온 '돈 버는 기계'와 '노동하는 기계'의 패러다임은 생태계를 파괴했을 뿐 아니라, 삶을 향유할 수 있는 '문화의 시간'을 말소했다"는 문제의식에서 출발한다. 문화사회라는 새로운 패러다임은 "경제의 비경제적인 조건들, 문화의 비문화적인 조건들을 서로 교차시키고 그 사이에 잠재해 있던 문제들을 공개하고 삶의 틀을 새롭게 짜보자"는 문제설정을 지칭한다.[3]

그렇다면 문화사회의 관점에서 문화운동을 실천한다는 것은 어떤 의미일까. "자유시간으로 구성되는 문화사회의 주요 특징은 그 속의 활동들이 이윤 창출보다는 더 나은 삶을 창출하는 쪽으로 사회적 목표가 설정될 수 있고, 시간 및 삶의 자율적 조직이 가능하다"는 것이다.[4] 문화사회의 관점에서 문화운동은 더 이상 제한된 분야나 부문으로서의 문화운동이 아니다. 문화운동은 문화사회로의 이행을 향한 자유로운 개인들의 실천이자 사회적 운동으로서의 연대(연합)다. 문화사회라는 새로운 문제설정을 통해 한국의 문화운동은 현실 자본주의의 삶의 조건을 전환시키기 위한 문화적 기획과 실천으로 확장된다.[5]

3_ 심광현 · 이동연 편저, 『문화사회를 위하여』, 문화과학사, 1999, 11.
4_ 강내희, 「문화사회를 위하여」, 심광현 · 이동연 편저, 『문화사회를 위하여』, 20.
5_ 이와 관련하여 심광현은 '문화산업, 문화정책, 문화운동'의 지형을 분석하며 문화사회를 향한 새로운 문화운동의 과제로 '문화적 공공부문의 민주화'와 '자율적인 문화적 공공영역의 창출'을 제시했다(심광현, 『문화사회와 문화정치』, 174).

2000년 이후 한국 문화운동의 주요 궤적과 특징

앞서 살펴본 문화사회의 전망 속에서 2000년 이후 한국의 문화운동은 스스로를 재구성하며 '문화적 관점의 사회운동 개입과 연대' '예술행동을 통한 예술운동의 재구성' '문화적 공공부문의 민주화' '자율적인 문화 공공영역의 창출' 등을 전개한다. 2000년 이후 한국의 문화운동으로서 각각의 궤적과 특징을 살펴보면 다음과 같다. 물론 각각의 문화운동들은 서로 연결되고 중첩되며 상호보완적으로 실천되어왔다.

문화적 관점의 사회운동 개입과 연대

2000년 이후 한국의 주요 사회운동에는 언제나 문화운동의 협력과 연대가 존재했다. 2000년 이전의 문화운동이 장르적 문예운동에 기반한 문선대 형식의 운동이었다면, 2000년 이후의 문화운동은 기존 문예운동뿐만 아니라 문화적 관점에서 사회운동을 조망하고 기획하며 협력하는 방식으로 진화했다.

이는 크게 두 가지의 사회변화 속에서 진행되었는데, 하나는 2000년 이후 본격화된 시민운동 내에서 부문운동(신사회운동)으로 문화운동이 자리 잡았다는 점이었고, 다른 하나는 문화운동이 예술 창작자의 공급 중심에서 시민들의 보편적인 권리이자 참여 활동으로 확장되었기 때문이었다. 문화운동은 사회운동 전반에 걸쳐 단순한 도구가 아니라 중요한 내용(프로그램)이자 참여와 협력의 방법이며 보편적인 문화(사회환경)로 자리 잡았다. 이런 맥락에서 2000년 이후 문화적 관점의 사회운동 개입과 연대의 흐름을 살펴보면 다음과 같다.

[표 1 문화적 관점의 주요 사회운동 개입과 연대 사례]

분야	사회운동 사례	특징과 의미
교육 청소년운동	학생인권조례제정, 수능폐지, 청소년보호 이데올로기반대, 청소년인권운동 외	-사회운동 관련 문화적 감 수성과 역할 확장 -디자인, 미디어 등 사회 적 소통 및 홍보 강화 -대중문화, 영상작업(다큐 멘터리, 영화 제작 등), 언론미디어 등과의 협력 확대
노동운동	비정규직차별철폐, 이주노동자투쟁, 기륭, 쌍용자동차, 콜트콜텍기타노동자, 재능교 육, 희망버스, 예술노동 외	
소수자 운동	동성애차별반대, 장애인이동권, 퀴어퍼레 이드, 차별금지법제정 외	
언론 미디어운동	안티조선, 시청자위원회설치, 공영방송지 키기, 종편반대 외	
여성운동	여성대회, 운동사회 내 성폭력 문제, 미 투, 성평등 제도개선 외	-사회운동 의제 관련 예술 행동 활성화 -시민 참여 프로그램 기획 및 활성화 -운동 조직 및 집회 문화 의 성찰과 변화 -생태친화적인 생활문화 확산 -문화다양성의 사회적 가치 확장
정보통신 운동	정보통신검열반대, 인터넷내용등급제반대, 개인정보보호법, 저작권제도개혁, 정보공 유(IPLeft) 외	
정치운동	국정감사시민연대, 총선시민연대, 낙천낙 선운동, 18세투표권, MB반대촛불, 박근혜 탄핵촛불 외	
평화운동	양심적병역거부, 무기거래반대, 미군장갑 차사건, 이라크파병반대, 평택대추리 외	
환경운동	새만금개발반대, 부안핵폐기장반대, 천성 산터널반대, 청계천개발반대, 강정해군기 지반대, 4대강사업반대, 밀양 송전탑반대, 원전반대, 기후위기 외	
기타	국가보안법폐지, 한미FTA저지, 광우병촛 불시위, 용산참사, 세월호참사 외	

예술행동을 통한 예술운동의 재구성

1980년대 민주화운동의 역사 속에서 예술운동의 중요한 가치이자 원리로서 다양한 현장예술, 노동자 문화의 궤적을 만들어 왔던 행동주의 미학은

[표 2 예술행동을 통한 예술운동의 재구성 사례]

운동 의제	특징	의미
평택 대추리 현장예술 활동	장소 거점형 예술행동	대추리 현장예술 활동을 계기로 사회운동의 영역에서 장소 거점형 예술행동이 본격적으로 전개되었고, 사회적 문제에 적극적으로 대응하는 예술행동 커뮤니티이자 작업 공동체들이 형성되기 시작
한미FTA 저지 운동	거리예술과 새로운 집회문화	다중의 폭발적 참여를 통해 거리예술, 광장문화, 참여형 문화행동 및 미디어행동, 생활창작, 디자인 액티비즘 등 광범위한 예술행동의 장 경험
용산참사 진상규명 운동	커뮤니티아트와 예술행동	예술행동의 흐름이 점거예술, 생활창작, 커뮤니티아트, 제작문화(메이커스) 운동 등으로 자율적인 공진화를 진행하였으며, 예술행동 커뮤니티들 사이의 일상화된 연대성을 구축 도시 재개발과 철거민 운동을 둘러싼 새로운 행동주의 형식을 제시. 또 다른 도시 재개발에 맞선 두리반 투쟁, 명동 재개발 반대투쟁 등의 자율적인 예술행동으로 이어짐
희망버스 운동	사회적 문화기획으로서 예술행동	사회적 구성 과정과 사회적 효과 자체가 하나의 통섭적인 문화기획이자 예술행동 여성노동자, 85호 크레인, 소셜네트워크서비스, 소셜테이너, 예술, 버스, 인터넷과 스마트폰 등을 통해 자본과 공권력에 불복종하는 예술행동 전개
콜트콜텍 기타노동자 투쟁	예술과 노동의 새로운 연대로서의 예술행동	악기노동자의 투쟁에서 시작된 노동과 예술의 연대가 다양한 문화운동, 예술행동의 사회적 협력구조를 남기며 새로운 문화운동과 예술작업의 지평을 제시 각종 예술 창작 활동, 노동자밴드와 공연 활동, 국제연대 등 통합적인 예술행동 의미화
세월호참사 진상규명 운동	사회적 추모와 기억으로서의 예술행동	재난의 시대에 반복되고 있는 사회적 애도, 애도의 정치에 대한 예술행동의 고민을 촉발시킴 세월호참사라는 사회적 사건을 예술적 감수성을 통해 기록해나가는 거대한 아카이빙 작업으로 연결
블랙리스트 사태와 광화문 캠핑촌 운동	국가권력에 대한 불복종과 커먼즈로서의 예술행동	우리 사회에서 오랫동안 반복되어온 예술 검열의 문제를 사회적으로 전면화 커먼즈로서의 예술행동의 가능성을 제시하였고, 광장의 정치를 둘러싼 새로운 상상력과 관계성을 만들어냈으며, 다양한 연대의 가치를 확장

2000년대에 접어들면서 예술행동으로 거듭난다. 예술행동은 예술의 영역에서 행동주의의 철학과 가치 그리고 시대적 경향성을 적극적으로 실천했다. 일반적인 예술운동이 예술의 자율성을 획득하고, 예술의 관점에서 사회적 관계성을 구축하는 실천의 장이었다면, 예술행동은 예술 자체의 내재적 자율성이나 심미적 영역만이 아니라 예술의 사회적 개입, 문화정치적 맥락화 등을 통한 자기 실천을 추구한다. 2000년 이후 사회운동 현장 곳곳에서 전개된 다양한 예술행동은 기존 예술운동의 한계에 대한 비판적 문제의식과 새로운 대안 모색이라는 과제를 내재하고 있다. 예술행동은 예술의 내부에 머물고 있는(제도화된 형식으로서의 예술로 모든 것을 수렴하는) 제한된 의미의 '관계의 미학'이나 '사회적 예술'의 수사를 가로질러 예술 외부에 존재하고 있는 정치, 경제, 문화와의 새로운 관계 맺기를 통해 예술의 사회적 가치와 현재성을 질문한다.[6] 2000년 이후 주요 예술행동의 궤적과 특징을 정리해보면 앞의 <표 2>와 같다.

문화적 공공부문의 민주화

2000년 이후 문화운동의 중요한 특징 중에 하나는 문화운동의 새로운 대상이자 의제로 '문화적 공공부문의 민주화'가 부상했다는 점이다. 1998년 김대중 정부는 문화산업을 21세기 국가 '신기간산업'의 핵심 요소로 선정하였고, 문화와 예술의 산업화를 위해 국가정책 차원에서 법적, 제도적, 재정적 뒷받침을 본격화하였다. 이런 흐름 속에서 한국의 문화 관련 공공부문은 세계적으로 유례가 없는 행정 주도의 고도성장을 이루어낸다. 문화운동 역시 문화정책의 급격한 환경 변화 속에서 '정부의 규제가 아닌 진흥의 대상이 된 문화'에 적극적으로 개입하고 대응하게 된다.[7] 과거의 문화운동에서는 활동의 대

6_ 이원재, 「예술행동을 둘러싼 사회적 실천과 연대」, 이동연·고정갑희·박영균 외, 『좌파가 미래를 설계하는 방법』, 문화과학사, 2016.

7_ 이와 관련하여 심광현은 "새로운 문화운동은 '문화적 공공부문'의 관료적 문화행정의 관행을 철저하게 비판하고 이를 참여민주주의적으로 재구성화 할 수 있는 구체적인 정책대안을 제시

상이 아니었던 '문화적 공공부문에 대한 감시와 개혁' '대안적이고 혁신적인 공공정책의 연구와 제안' '문화적 공공부문을 둘러싼 협력적 거버넌스 제도화' 등이 문화운동의 새로운 현장이 된 것이다. 2000년 이후 문화적 공공부문 민주화 운동의 주요 궤적과 흐름을 살펴보면 다음과 같다.

[표 3 문화적 공공부문 민주화 운동의 주요 궤적과 흐름]

분야	주요 내용	관련 운동
문화정책 가치·비전	-국가 문화정책 비전 수립: <창의한국>, <사람이 있는 문화> 외 -문화민주주의 관련 문화헌장 제정 -문화다양성 정책 제도화 -문화예술교육 정책 제도화 -예술인복지와 예술노동 정책 제도화 -성평등 정책 제도화 -스포츠인권 정책 제도화	-문화·예술단체 상설연대체 운동 -스크린쿼터운동, 문화다양성국제협약운동, 비주류·독립예술 활동 외 -예술노동권 활동, 예술인소셜유니온 외 -문화예술계 미투 운동 외 -체육계 개혁 운동, 스포츠인권운동, 메가스포츠 이벤트문제 감시운동 외
문화 정책·사업 감시 개혁	-국가 검열과 블랙리스트 국가범죄 -문화산업 공공성과 독과점 반대 -문화유산 정책 개혁과 해외반출문화재 정책 수립 -공공미술제도 감시개혁 -문화재생: 기무사부지, 용산미군기지 외	-국가보안법폐지운동, 표현의자유연대, 블랙리스트운동 -신자유주의세계화 반대와 공공성 보장 운동 -대중문화산업개혁운동, 가요순위프로그램폐지운동, 표준계약서 도입 -해외반출문화재 되찾기 시민운동
문화부문 공공기관 감시개혁	-영화진흥위원회 설립 -한국문화예술진흥원의 위원회 전환 -한국문화예술교육진흥원 설립 -검열기관 개혁: 영등상물등급위원회, 간행물윤리위원회, 게임물등급위원회, 청소년보호위원회 -예술인복지재단 설립 -한국문화정책연구원 성폭력 문제	-영화정책개혁운동, 독립영화운동 -문화예술교육 교과모임 활동 -청소년인권운동, 청소년보호법폐지운동 -문화예술인 지원정책 제도개선운동 -문화예술계 반성폭력, 성평등 운동

함과 아울러 이를 제도화할 수 있도록 시민사회와의 새로운 연대틀을 발전시키지 않으면 안된다'고 제안했다(심광현, 『문화사회와 문화정치』, 180).

지역문화 공공부문 민주화	-지방분권과 균형발전 -지방자치단체 문화정책·행정 감 시개혁 -지역문화재단 설립	-지역문화네트워크 활동 -지역문화진흥법 제정 운동 -지역문화재단 감시개혁 및 지역 거버넌스 활동
문화예산 감시개혁	-문제성 사업 감시·회수: 천년의문 건립사업 백지화, 목동 예총회관 비리 -문화재정 안정화: 국고 예산비율, 문화예술진흥기금 안정화	-국정감사시민연대 -예산감시네트워크 -목동예술인회관건립반대대책위, 오아시스프로젝트
법제도 개혁과 대안 입법	-3대 기본법 제정: 문화기본법, 지역문화진흥법, 문화다양성법 -문화영향평가제도 도입 -예술인복지법 제정 -예술인권리보장법 제정	-최고은 작가 추모 운동, 예술인 복지법 제정운동 외 -예술인 노동권 보장 운동 -블랙리스트운동

자율적인 문화 공공영역의 창출

문화사회의 관점에서 '문화적 공공부문의 민주화'와 함께 제안된 활동 의제는 '자율적인 문화 공공영역의 창출'이었다. 앞의 의제가 기존 문화권력(국가와 자본)에 대한 감시와 개혁을 의미한다면, 뒤의 의제는 문화권력 외부의 자율적이고 대안적인 영역을 구성해가는 운동을 의미한다. 앞서 살펴본 것과 같이 한국사회의 경제적, 정치적 안정화는 시민들이 삶의 질에 관심을 가지는 전환점이 되었고, 문화는 이와 관련된 핵심적인 영역으로 자리 잡게 되었다. 대중문화산업의 성장, 문화 분야 공공서비스의 발달, 생활권 문화공간의 활성화, 디지털기술문화의 생활화 등 문화는 자본주의 질서 속에서 더 이상 정치, 경제의 부차적인 요소가 아니라 삶의 가치를 결정하는 중요한 기준이 되었다. 그리고 문화의 중요성이 높아지면서 문화정치를 둘러싼 사회적 태도와 갈등 역시 심화되었다. 신자유주의 세계화와 정보자본주의에 기초한 자본주의의 수탈과 착취 역시 문화를 통해 진행되고, 이에 대한 불복종과 대안적 실험 역시 문화를 경유하며 진행되었기 때문이다. 현대 자본주의에서 가장 중요한 산업이자 상품이 '삶의 방식'이 되었듯이, 반자본주의와 비자본주의의

[표 4 자율적 문화 공공영역 운동의 사례]

유형	사례	특징과 의미
프로그램 모델	지식순환 협동조합	오랜 문화예술교육 운동을 토대로 대안대학 설립 깊은 공부를 통해 다음 단계를 기획하고 싶은 이들을 위한 1⁺년제의 자유인문학교로 운영 중
대안공간 모델	기적의 도서관	문화연대와 MBC <느낌표>의 캠페인을 통해 책읽는사회문화재단이 설립되었고, 어린이들을 위한 기적의 도서관 건립 활동 시작 각 지역에 세워지는 '기적의 도서관'은 어린이들이 자기 지역의 문화와 역사에 긍지를 가질 수 있도록 돕는 공간
	꿀잠	꿀잠은 비정규노동자, 해고노동자, 사회활동가 등 다른 세상을 꿈꾸는 사람들이 쉬었다 가는 쉼터이며, 이야기하는 사랑방이자 문화예술과 만나는 장 오랜 현장 투쟁의 토대로 사회적 협력을 통해 조성
사회적 경제 모델	홍우주 협동조합	한국의 대표적인 문화예술 클러스터인 홍대앞을 기반으로 활동하고 있는 아티스트, 기획자, 활동가들이 결성한 조합 지역자산화 시민건물주 되기 크라우드펀딩을 비롯하여 사회적기업으로 다양한 자립활동 진행 중
커먼즈 모델	공유성북 원탁회의	서울 성북의 지역문화생태계 운동. 커먼즈의 관점에서 지역 내 공공영역(커뮤니티, 공간, 프로그램, 재원, 네트워크 등)을 기획, 형성, 연결하는 활동 진행 기초문화재단과 지역문화생태계의 협력적 거버넌스 모델로 전국적으로 확산된 지역문화운동 사례

대안 역시 문화를 통해 실천될 수밖에 없다. 자율적인 문화 공공영역의 창출은 시민들 스스로 자율적으로 참여하고 주도하며 대안적인 삶의 방식을 창출해가는 과정이다. 자율적인 삶의 문화는 더 이상 개인적 소비와 여가의 사적 영역만으로 다루어질 수 없으며, 자율적 문화 공공영역의 구축을 통해서만 공공성, 다양성, 지속성 등이 보장될 수 있기 때문이다. 2000년 이후 실천된 다양한 자율적 문화 공공영역 운동 중에서 몇 가지 사례들을 살펴보면 위와 같다.

한국 문화운동의 향후 전망과 과제

지금까지 문화사회의 관점에서, 2000년 이후 한국 문화운동의 주요 궤적들을 살펴보았다. 지난 20여 년 동안 한국의 문화운동은 1980년대 민주화 과정에서 활성화된 민중·민족·계급 미학의 장르적 문예운동의 한계를 극복하며 문화운동, 문화연구, 문화기획이 상호작용하는 문화사회와 사회미학의 시대를 열었다. 문화운동의 주체 역시 예술 창작자 중심에서 예술가, 기획자, 연구자, 활동가, 시민 등이 협력하고 연대하는 다양한 형식의 운동들을 펼쳐왔다. 그 결과 문화운동의 현장은 20세기의 '문화예술계'와 '투쟁 현장'에 머물지 않고 한국사회 전반에 걸쳐 다양한 사회운동 전략과 방법으로 확장되었다. 앞서 살펴본 바와 같이 문화사회의 전망 속에서 2000년 이후 한국의 문화운동은 스스로를 재구성하며 '문화적 관점의 사회운동 개입과 연대' '예술행동을 통한 예술운동의 재구성' '문화적 공공부문의 민주화' '자율적인 문화 공공영역의 창출' 등으로 다각화되고 심화되었다.

'세기말'이니 '21세기'니 호들갑을 떨던 시절로부터 불과 20여 년 정도의 시간이 흘렀을 뿐이지만, 세상은 더욱 더 급격한 속도로 변동하고 있다. 당시 서막에 불과했던 디지털화와 인터넷 시대는 이제 인공지능 상품화와 자동화 시대에 도달했다. 신자유주의 세계화는 우주개발이라는 유행(신자유주의 우주화)을 마주했고, 초국적 자본들은 플랫폼 자본주의를 경유하여 메타버스, 비트코인 등 좀비(결코 죽지 않는) 자본주의의 수탈 구조를 완성해 가고 있다. 일본을 비롯해 먼 나라 이야기로만 들렸던 고령화와 지방소멸은 '바로 지금' 한국사회의 현실이 되었다. 환경운동가들의 과장된 경고라며 폄훼했던 각종 생태위기는 기후위기라는 총체적이며 동시에 구체적인 재난사회로 다가왔다. 그리고 지금 이 순간 모든 인류가 코로나 팬데믹을 통해 우리가 당연시 해왔던 모든 문명과 사회 시스템을 심각하게 의심하고 있다.

이와 관련하여 심광현은 『인간혁명에서 사회혁명까지』에서 코로나 팬데믹을 "자본의 수탈에 맞선 자연의 혁명적 봉기"로 의미화하며 '전 지구적 다중위기'에 대한 분석과 대안을 모색한다. 심광현은 "지금 세계는 유례없는 문명사적 위기"에 처했고 "계급적, 성적, 인종적 차별 갈등, 이것들이 폭발하면서 사회 시스템 전체가 붕괴되고" 있으며 "인류세, 자본세 위기로 총칭되는 기후 위기"에 "혐오 감정이나 우울증, 세대 갈등 이런 부분들이 겹쳐지면서 인간 생태계의 위기가 가속화되고" 있다고 진단한다. 그는 한 마디로 총체적인 위기이자 문명의 새로운 전환이 필요한 상황인데 "이런 문제에 대한 어떤 장기적인 대안이나 구조적인 해결방안에 대한 논의는 사실 찾아보기 어렵다"며 "좀 과감하게 이런 장기적인 대안과 근본적인 구조적 해결 그리고 이것을 감당할 해결 주체를 어떻게 형성할 것인가 같은 문제들"을 다루자고 제안한다. 심광현은 이를 위해 "아무리 문제가 복잡해도 결국은 인간과 관계되는 가장 큰 문제는 개인, 사회 그리고 자연의 관계"라고 언급하며 "사회구성체 이외에 개인구성체와 자연구성체라는 새로운 개념을 구성하고 사회적, 자연적 존재인 개인이 사회와 자연을 매개하는 복잡한 방식을 생산양식, 통치양식, 생활양식, 주체양식이라고 하는 4가지 실천 양식의 좌표"로 설명한다.[8]

심광현에 따르면 "기술혁명 그 자체가 문제가 아니라 기술혁명과 자본주의적 생산관계의 결합이 근본적인 문제다. 이 문제를 해결하려면 기술혁명에 대한 찬반 논란을 넘어서 기술혁명과 대안적 생산관계의 새로운 결합 방식을 모색해야 한다. 각종 차별을 철폐하고 인간의 자연과 비인간의 자연의 공진화가 가능한 대안적 생산관계를 구성하려면 변화의 주체인 사회구성원들이 생산자·주권자·생활인·자유인으로서 자신의 잠재적 역량을 창조적으로 발휘해야 한다. 각자의 잠재적 역량은 환경 변화와 몸의 변화를 매개하는 뇌의 다중지능 네트워크(사회적 뇌)에 내재해 있다. 이 신경과학적 발견을 철학

8_ 이원재, '인간혁명에서 사회혁명까지, 혁명의 문명화를 향한 항해술. <인간혁명에서 사회혁명까지>(희망읽기, 2020) 온라인 북토크 리뷰', <프레시안>, 2021. 4. 28. https://www.pressian.com/pages/articles/2021042807450688407

[그림 1 4가지 실존양식의 좌표에 배치한 대안사회의 주요 요소들과 진보적 이념들]

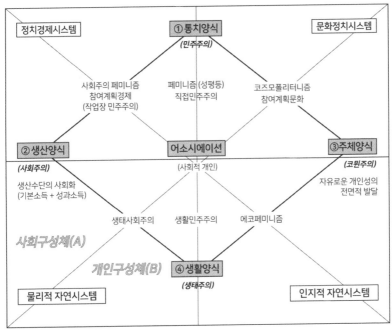

출처: 심광현·유진화, 『인간혁명에서 사회혁명까지: 문명 전환을 위한 지식순환의 철학과 일상 혁명 스토리텔링』, 희망읽기, 2020, 652.

적 지혜와 연결해 인간을 원자적 개인이나 공동체의 일원으로만 파악해 온 낡은 인간관을 '개인–사회–자연의 동적 관계의 창조적 변형 과정'이라는 혁명적 인간관으로 대체하면서(인간혁명) 생산자·주권자·생활인·자유인으로서 각자가 자신의 잠재력을 온전히 발휘해 협력할 때 대안적 생산양식·통치양식·생활양식·주체양식의 구성(사회혁명)"[9]이 가능하다.

이 글의 결론으로 위의 그림에 보이는 심광현의 '인간혁명에서 사회혁명까지'의 4가지 실존양식을 좌표로 한국 문화운동의 과제를 제시해 보도록 하자.

첫째, 통치양식과 민주주의. 문화민주주의의 관점에서 관료주의 개혁, 제도 혁신 그리고 협력적 거버넌스 구축을 위한 문화운동이 전개돼야 한다.

9_ 심광현, <신간보도자료: 인간혁명에서 사회혁명까지>, 2020. 11. 10.

이명박・박근혜정부의 문화예술계 블랙리스트 사태에서도 확인되었듯이 한국의 민주주의는 아직도 많은 과제들을 안고 있다. 우리에게는 아직도 더 많은 민주주의가 필요하며, 더 많은 민주주의로서 문화민주주의는 법률적, 형식적 민주주의를 넘어서는 '일상 속에서 실제로 작동하며 감각하며 협력할 수 있는 민주주의를 의미한다. 이를 위해서는 '문화적 공공부문의 민주화'라는 맥락에서 관료주의에 대한 본질적이고 제도적인 개혁이 추진돼야 한다. 또한 '자율적인 문화 공공영역의 창출'이라는 맥락에서는 페미니즘(성평등), 소수자 문화권리, 지역(로컬리티) 문화 등의 차원에서 적극적인 문화정치와 직접민주주의가 실천돼야 한다.

둘째, 생산양식과 사회주의. 지역문화생태계에 기반한 커먼즈(commons) 운동으로 생산수단의 공동자원화를 모색해야 한다.

생산양식의 문제는 '자원 없는 운동'의 한계를 극복하는 것과 밀접하게 연계되어 있다. 생산양식의 사유화와 경쟁 구조라는 자본주의 질서에서 벗어나 생산양식의 공유화와 협력 구조를 만들기 위해서는 지역문화생태계에 기반한 커먼즈 운동의 활성화가 시급하다. 문화 커먼즈는 "시민이 공동의 가치와 필요를 충족하기 위해, 자신의 문화적 역량을 타자와 협력할 수 있는 공동의 자원으로 전환하고 동료 시민과 함께 문화를 형성하는 실천이자 체계"[10]라고 개념화할 수 있다. 이를 위해서는 문화 커먼즈의 구성요소인 공동자원, 시민력, 공통감각, 협력적 거버넌스(협치)가 지역 문화운동을 통해 지속적으로 실천되고 축적돼야 한다. 문화 커먼즈를 규정하는 것은 커먼즈를 구성하는 물질적인 자원의 내재적 속성뿐만이 아니라 물질적・비물질적 자원을 공동으로 접근하고 활용하기 위한 동료 시민들의 실천 과정을 포함한다.

셋째, 주체양식과 코뮌주의. 자유로운 개인성의 전면적 발달을 위한 문화예술교육과 지식순환생태계 구조를 만들어야 한다.

2000년 이후 문화운동과 교육운동의 협력을 통해 문화예술교육 관련 법제

10_ 이원재, 「'문화 커먼즈'와 공유성북원탁회의의 실험」, 『문화/과학』 101호, 2020년 봄, 156.

도와 지원기관이 공공정책으로 만들어졌지만, 지금까지 문화예술교육은 본래 취지나 기대와는 달리 제도화된 교육환경의 보완제이거나 향유 프로그램이라는 차원에서 크게 벗어나지 못하고 있다. 자유로운 개인성의 전면적 발달을 통해 새로운 주체가 등장하기 위해서는 기존의 계몽적이며 공급 중심의 학습교육이 아니라 사회변동(전 지구적이며 일상적인 다중위기)에 자율적으로 대응하는 창의적이고 상호협력적인 배움이 필요하다. 이를 위한 혁신적인 문화예술교육운동이 필요하며, 문화예술교육이 개인의 기회와 향유에 머무는 것이 아니라 커뮤니티와 지역 그리고 도시에 축적될 수 있는 지식순환생태계 구조로 연결돼야 한다. 지역문화공공기반시설(도서관, 미술관, 박물관, 문예회관, 미디어센터, 각종 문화시설과 공간)의 혁신, 대안적이고 자율적인 문화예술교육 공간 만들기 운동, 대안적인 문화예술교육 주체 발굴 등을 지속적으로 축적하는 지역사회운동이 필요하다.

넷째, 생활양식과 생태주의. 생태위기(기후위기) 시대에 대응하는 삶-체제의 정의로운 전환 운동이 전면화돼야 한다.

지금의 생태위기와 관련하여 국가의 비전에서부터 개인의 생활방식에 이르기까지 성장과 경쟁의 구조를 극복하기 위한 운동이 절실하다. 기후위기는 단순히 탄소배출 수치를 줄이는 운동으로 극복될 수 없다. 동시에 기후위기는 구체적이고 실질적으로 탄소배출(생태파괴)을 줄이고 에너지 체계를 재구조화하며 삶의 방식과 체제 운영 방식 전체를 전환하지 않는 한 결코 극복될 수 없는 '전 지구적 다중위기'다. 생태주의의 관점에서 삶-체제를 둘러싼 다중적인 전환이 이루어져야 한다. 그래서 "기후 위기는 문화의 위기이자 상상력의 위기다."[11] 국가의 문화비전 수립에서부터 일상의 대안적 생활방식까지 생태주의에 기초한 문화운동의 새로운 그리고 전면적인 역할이 필요한 때다. '문화적 관점의 사회운동 개입과 연대' '예술행동을 통한 예술운동의 재구상' '문화적 공공부문의 민주화' '자율적인 문화 공공영역의 창출' 등 모든 차원의 문화운동에서 생태주의로의 연결과 전환이 실천돼야 한다.

11_ 아미타브 고시, 『대혼란의 시대: 기후 위기는 문화의 위기이자 상상력의 위기다』, 김홍옥 역, 에코리브르, 2021.

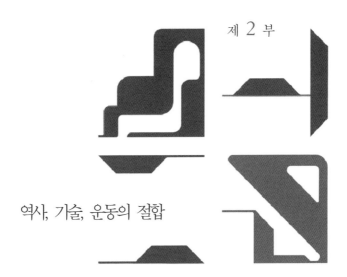

해방이념으로서 맑스의 '과학', 어디에서 시작할 것인가?

박영균 | 건국대학교, 철학

맑스주의의 성공과 해체, 어디서 다시 출발할 것인가

특정 사회와 시대마다 해방이념을 대표하는 '특정한 이념들'이 있었다. 하지만 역사상 그토록 오랫동안 강력하게 해방이념을 대표한 사상은 '맑스주의' 말고 없었다. 그렇기에 한동안 '해방이념=맑스주의'라는 등식은 너무나 당연시되곤 했다. 독일 사회민주노동당의 정치적 성장에서부터 볼셰비키혁명과 전후 동유럽, 중국혁명으로 이어졌던 20세기 초·중반까지 맑스주의는 지상에서 가장 눈부신 성과를 낳았던 해방이념이었다. 그러나 맑스주의의 성공을 대표했던 '볼셰비키혁명'과 '동유럽-중국혁명'이 모두 세계대전이라는 인류 역사상 가장 처참했던 전쟁의 귀결이었다는 점은 종종 간과되었다.

1차 세계대전은 1917년 10월혁명에 의한 소비에트연방국가의 출현으로, 2차 세계대전은 동유럽과 중국혁명에 의한 소위 '사회주의권의 출현'으로 끝났고, 동서냉전체제가 구축되었다. 물론 이 와중에도 쿠바, 베트남 등 제3세계를 중심으로 한 맑스주의적 혁명과 사회문화적 영향력은 확장되었다. 그러나 1970년대를 기점으로, 알튀세르의 '마침내 맑스주의의 위기'라는 표현이 보여주듯이 '이론적-실천적 위기'를 맞이했고, 1990년대 현실사회주의권의 붕괴와 더불어 '해체'의 길로 접어들었다. 이제, 사람들은 '해방이념=맑스주의'라는 동일시를 받아들이지 않는다. 심지어 어떤 이들은 맑스주의조차 지배를 생산하는 이념으로 간주하기도 한다.

하지만 이것은 국외에서만 일어난 일은 아니다. 한반도에서도 그런 역사는 반복되었다. 식민지 조선에서 민족해방투쟁과 함께 출현한 '해방이념으로서 맑스주의'는 분단과 함께 냉전체제에 편입되었다. 정통성 경쟁을 벌이는 분단을 재생산하는 분단체제에서 남쪽의 맑스주의는 철저하게 배제·억압된 반면, 북쪽의 맑스주의는 '주체사상'에 의해 왜곡변질되었다. 하지만 해방이념으로서 맑스주의의 잠재력은, 언제 어디에서든지 조건만 주어지면 씨앗을 터트릴 역량을 가지고 있었다. 1970년대 노동운동의 발전과 1980년대 민주화운동의 급진화 속에서 맑스주의는 순식간에 번져나갔다.

그러나 현실사회주의권에서 맑스주의가 냉전체제 속에서 생산력주의와 경제주의, 관료적 국가주의로 변질·왜곡되었듯이 한국에서도 맑스주의는 분단체제 속에서 민족주의 또는 종속론적 편향으로 변질·왜곡되었다. 이것은 'NL'진영에서만 일어난 일이 아니었다. 이들과 격렬한 논쟁을 벌였던 'PD'진영도 마찬가지였다. 소위 '낮은 생산력'에 근거한 '독점강화 종속심화'라는 테제를 비판하면서 '신식민지 초과이윤'을 가지고 신식민지국가독점자본주의론을 입론화했던 윤소영의 작업은 이를 정확히 보여주고 있다. 그의 신식민지 초과이윤은 '독점적 초과이윤+α(정치군사적인 비경제적 이득)'로, 종속심화와 함께 확대되는 경향을 가지고 있다. 그렇기에 이것의 귀결은 완전한 종속, '식민지'일 수밖에 없었다.[1]

그러므로 1990년대 중반 이후, 해방이념을 대표했던 맑스주의의 특권적 위치가 해체되었던 것은 소위 '포스트담론'으로의 전환이나 흡수와 같은 '지적·사상적 전향'이나 '위로부터의 수동혁명에 의한 체제 내화'에 의해서만 이루어진 것은 아니었다. 그것은 소위 '맑스'의 이름으로 이념화되었던 '해방이론으로서 맑스주의' 그 자체가 '관념적 급진화'로 봉합해 왔던 이론적 무능력과 공백들이 현실사회주의권의 몰락과 함께 폭발해버린 것이기도 했다. 따

1_ 이에 대한 구체적인 분석은 박영균, 「낡은 NL/PD의 패러다임과 급진적 진보운동의 방향」, 『진보평론』 58호, 2013년 겨울을 참조하시오

라서 그 당시 '포스트모던'을 비롯해 각종의 다양한 '포스트담론'들의 발흥은 엄밀히 말한다면, 당시 맑스주의의 무능력과 공백을 대체하거나 이를 메꾸고자 했던 이론적 시도들이기도 했다.

하지만 당시에는 이런 해체의 과정에 대한 진지한 성찰이나 토론은 진행되지 못했다. 한편에서는 노동해방의 이념이자 과학적 사회주의로서의 맑스-레닌)주의에 대한 일방적인 옹호가 지속되었고, 다른 한편에서는 '(역사-유물)변증법'과 '정치경제학'을 비롯해 맑스주의의 학적 체계 일반과 이념적 지향에 대한 해체와 더불어 이를 대체할 철학적 사유 및 해방이념들에 대한 탐구가 진행되었다. 그러나 1990년 중반 이후, 지금까지 이들 논의는 백 가지 꽃들이 서로 울며 다투지만 정작 변혁의 꽃을 피우지는 못하는 '백화쟁명(百花爭鳴)'을 벗어나지 못했고 변혁운동은 현실의 엄혹함을 벗어나지 못하고 있다. 그렇다면 어디에서 시작해야 하는가?

일단 맑스주의가 해방이념을 대표했던 것은 맑스의 이론적 정합성이나 학문적 권위 때문이 아니라는 점에 주목해야 한다. 해방은 우리를 옥죄는 삶의 족쇄로부터 벗어나는 것이기 때문에 해방이념은 무엇보다도 먼저 그것에 이론적 무기를 제공해야 한다. 하지만 이런 이론적 무기가 사람들의 양심에 호소하거나 교육에 의존한다면 실질적인 힘을 가질 수 없다. 우리는 모두 내가 사는 사회적 삶이 강제하는 생존의 장으로부터 벗어날 수 없다. 그렇기에 해방이념은 현실의 물질적 장이 강제하는 힘과 그것이 지닌 모순이 생산하는 운동의 방향을 예측할 수 있는 '과학적 힘'을 가지고 있어야 한다. 해방이념으로서 맑스주의의 성공과 실패는 바로 이 지점에서 나왔다.

하지만 '맑스주의 해체' 이후, 그것을 넘어서기 위한 '포스트적인 기획들'은 해방이념들의 철학적·사상적 지평으로 돌아갔을 뿐, 과거 맑스주의가 가졌던 과학의 힘을 가지고 있지 못했다. 반면 그들이 버린 '맑스'에게는 아직도 그런 과학의 힘이 있다. 물론 사태가 이렇게 진행된 것은 그들의 데마고기 때문이 아니다. 맑스주의 내부에서 가장 큰 힘을 발휘한 것은 '경제주의'였다.

경제주의는 다양한 모습으로 존재했다. 심지어 경제주의를 해체하고자 했던 알튀세르조차 정치, 이데올로기와 다른 층위로서 '경제'를 이야기하면서 '최종 심급에서 경제 결정'을 말했다. 여기서의 경제는 정확히 경제학적 대상으로서 '경제'이다. 그러므로 과학으로서 맑스를 되살리기 위해서는 『자본』에서 맑스가 해명한 가치법칙과 자본주의 생산양식에 대한 분석이 정치, 이데올로기와 다르다는 의미에서 경제학적인 것들에 대한 분석이 아니라 오히려 삶 자체의 생산과 재생산이라는 관점에서 출발해야 한다.

정치경제학 비판으로서 『자본』, 노동가치론과 맑스의 '자본' 비판

　『자본 Das Kapital』의 부제가 '정치경제학비판(Kritik der politischen Ökonomie)' 이었다는 것은 잘 알려진 이야기이다. 하지만 『자본』의 부제가 함축하는 의미를 제대로 살려서 읽는 경우는 많지 않다. 많은 사람들이 『자본』을 자본주의 생산양식의 경제학적 법칙을 자본주의의 내적 모순에 근거하여 전개함으로써 위기와 붕괴의 필연성을 입증한 책으로 읽는다. 물론 완전히 틀린 이야기는 아니다. 하지만 그것은 '정치경제학비판'이라는 부제를 제대로 살리기에는 부족하다. 왜냐하면 이것은 『자본』을 경제적 법칙의 논증으로만 읽지만 맑스는 아담 스미스나 리카르도 등의 정치경제학이 자본 그 자체의 물질적 운동이 만들어내는 '외관(Äußerlichkeit)'에 의한 효과라는 점을 제시함으로써 이론적-지적 장까지를 포함하는 비판으로 확장시키기 때문이다.

　자본주의에서는 자본이 임금을 주고 노동자들을 고용해서 상품을 생산하고 그렇게 생산된 상품을 시장에 내다 팔아 돈을 벌기 때문에 노동자가 받는 임금도, 자본가가 벌어들인 이윤도 너무나 당연해 보인다. 왜냐하면 우리 사회에서는 노동자가 노동력을 팔아서 돈을 벌고, 자본가는 자신의 자본을 투자해서, 토지소유자는 토지를 이용해서 돈을 버는 사회이기 때문이다. 그렇기에 여기서 우리의 인식에 혼란을 불러일으키는 것은 우리가 현재 사는 자본주의 시스템 그 자체이다. 여기서 상품도, 화폐도, 자본도 그 스스로 생명을 가지고 움직이는 것처럼 보인다. 맑스는 이것을 '물신성(Fetischismus)'이라고 규정했다. 맑스는『자본』I권에서 상품 물신성과 화폐 물신성을 다루고 III권에서 자본 물신성을 다루었다.

그는 III권 48장「삼위일체의 공식」에서 다음과 같이 썼다. "자본-이윤, 토지-지대, 노동-임금이라는 경제적 삼위일체[이것은 가치와 부 일반의 구성부분들과 그들의 원천 사이의 관련을 나타낸다]는 자본주의적 생산양식의 신비화, 사회적 관계의 물화, 생산의 소재적 관련과 그 역사적·사회적 특수성과의 직접적 융합을 완성한다."[2] 따라서 부르주아 정치경제학은 이런 물신성이 불러일으키는 외관 내부에 존재하는 정치경제학이며 맑스가 말하는 정치경제학 비판은 자본주의 생산양식(토대)과 그것이 전도시키는 물신성(상부구조)과의 일체성을 폭로함으로써 그 '바깥(외부)'을 사유하는 것이라고 할 수 있다.

그러나 '자본의 외부'를 사유한다는 것은 쉽지 않다. 우리가 살아가는 삶의 조건과 방식이 지닌 강제적 힘은 우리의 사고도 이미 자명하게 주어진 것으로 만들 뿐만 아니라 나의 정신과 육체를 포함하는 몸이 그런 힘들 속에서 사회화되기 때문이다. 그렇기에 내가 특정한 지점이나 관점을 자본의 외부라고 특정(特定)하더라도 그것이 진짜 자본의 바깥인지를 증명할 방법은 없다. 그럼에도 이전까지 맑스의『자본』을 읽는 방식은, 흔히 자본의 외부라고 생각되는 특정 관점이나 지점들, 예를 들어 노동자계급이나 프롤레타리아, 코뮤니즘과 같은 특정한 입장이나 관점에 서서 자본을 비판하는 것, 즉 간단히 '부르주아정치경제학'에 '프롤레타리아정치경제학'을 맞세우는 방식들이 별 거부감 없이 통용되었다.

하지만 이런 '자본에 대립적인 읽기'는 '즉자적'이기 때문에 오히려 '자본-임노동'이라는 자본주의라는 사회적 관계가 생산하는 '자본-화폐-상품 물신

2_ 칼 맑스,『자본론』III권 하, 김수행 옮김, 비봉출판사, 1989, 1023.

성'으로 빨려들면서 서로 다른 개념들인 '임노동-노동자-프롤레타리아'라는 의미의 미끄러짐을 양산하게 된다. 그런데 맑스가 『자본』에서 취한 방법은 이와 완전히 달랐다. 그것은 먼저 자본에 대항해 자본의 외부라는 특정한 관점을 맞세우는 것이 아니라 오히려 자본의 관점, 즉 자본에 의한 생산과 재생산이라는 관점을 더욱 철저하고 일관되게 밀어붙임으로써 그 한계를 추적했다. 여기서 화폐-상품 일반, 특히 노동력이라는 상품을 생산하고 재생산하면서 사회적 생산과 재생산을 이끌어가는 주체는 자본이기 때문에『자본』이 그려내는 세계는 오히려 노동자조차 자본에 종속된 세계이다.

물론 맑스에게는 '프롤레타리아정치경제학'이라는 관점이 존재한다. 하지만 이것은『자본』이 그려내는 자본의 운동 이전에 출발점으로 주어진 것이 아니라 오히려 '가치를 증식하는 가치'인 자본 운동이 가능하기 위해 논리적으로도 역사적으로도 반드시 전제될 수밖에 없는 것으로서 '외부'와 자본의 운동을 극한까지 밀어붙였을 때 논리적으로도 사회적으로도 봉착할 수밖에 없는 '한계'를 발견한 이후에야 주어지는 것이었다. 따라서 우리가 맑스의 이름으로 '과학의 힘'을 이야기하고자 한다면 그것은 자연법칙적인 역사적 필연성과 같은 자본주의 경제학의 역사법칙적인 필연성으로 다루어져서는 안 된다.

예를 들어 자본은 가치증식을 하는 'M-C-M´-C´-M″…' 운동을 하는데, 고리대금업(M-M´)이나 상업(C-C´)과 같은 교환에서는 이것이 불가능하다. 물론 개인적으로는 가능하다. 하지만 사회 전체를 보면 누군가의 '+'는 누군가의 '-'로 귀결되기 때문에 사회 전체 차원에서 가치는 '0'가 되며 가치의 증식은 불가능하다. 따라서 맑스는 'M-C-M´'가 등가교환을 위배하지 않으면서도 '가치증식, M-C-M´(M+m)'라는 부등가교환이 가능하기 위한 전제 조건으로서 특별한 상품, 즉 '노동력'이라는 상품을 찾아내고 이를 통해서 자본의 운동을 해명했다. 여기서 노동력은 다른 상품들과 마찬가지로 가치와 사용가치를 가진다. 노동력의 가치는 사회적 필요노동시간이며 사용가치는 잉여가치를 생산하는 능력이다. 따라서 자본-임노동의 교환은 자본 내적으로 보면 등가교환이다. 여기서는 자본의 외부는 감추어진다. 하지만 가치를 증식하는 부등가교환은 자본의 외부를 보여주는 또다른 계열에서 드러난다.

그렇기에 맑스의 가치론은 두 개의 계열로 나누어진다. 하나는 노동가치론의 계열로, 등가교환이 이루어지는 자본-화폐-상품 물신성의 세계이며 다른 하나는 잉여가치론의 계열로, 부등가교환이 이루어지는 자본 외부의 세계이다. 잉여가치의 계열에서 '노동력'은 자본에 의해 '가치(임금)'대로 팔렸음에도 그가 하는 노동일은 '가치(필요노동)+잉여가치(잉여노동)'로 이루어진다. 따라서 그는 노동력만을 자본에 팔지만 실질적으로는 매일매일 '자신의 생명 전체를 재생산하는 노동 활동 전체(이하, 노동)'를 재생산하며, '잉여가치(잉여노동)'는 바로 이를 존재 조건으로 한다. 하지만 맑스는 여기서 멈추지 않는다. 만일 여기서 멈추었다면 그는 윤리적 비판을 벗어나지 못했을 것이다. 그는 이와 같은 논리를 '자본의 한계'를 규명하는 작업까지 밀어붙인다.

자본의 목적은 이윤율이 아니라 이윤량이다. 그렇기에 자본은 유기적 구성의 고도화(기술적 구성과 가치 구성에서 고정자본 및 불변자본의 상대적 비율이 상승)를 가져오는데, 유동자본이나 가변자본에 비해 고정자본이나 불변자본의 상대적 비율이 커지면 '이윤율(이윤/불변자본+가변자본)'은 하락할 수밖에 없다. 왜냐하면 가치를 증식하는 자본은 불변자본(노동력)이기 때문이다. 예를 들어 10억에서 1000억으로 자본 규모가 커지면 잉여가치율이 100%라고 가정할 경우, 이윤율은 5억/5억+5억=50%이지만 100억/900억+100억=10%로 하락함에도 이윤 총량은 5억에서 100억으로 증가한다. 물론 맑스는 상쇄하는 요인이 있기 때문에 '경향적'이라고 한다. 하지만 만일 이런 상쇄에도 불구하고 하락이 일정한 경향성이라면 이윤율은 궁극적으로 '0'으로 향할 것이다.

하지만 이것은 논리적 귀결일 뿐, 실제적인 현실이 아니다. 왜냐하면 현실은 자본과 임노동의 담지자로서 자본가와 노동자라는 구체적인 인간들이 맺고 있는 사회적 관계들이기 때문이다. 이윤율이 제로가 되기 이전에 자본가도 노동자도 그것이 압박하는 억압을 회피하거나 완화하기 위한 행동을 하며 현실적으로 자본은 이윤율 하락 및 과잉축적이라는 장애 요인을 지속적으로 돌파한다. 하지만 이조차 자본은 총투하자본에서 가변자본(노동력)이 차지하는 비율을 줄이고, 오히려 노동강도나 노동집약도를 높이는 식의 착취도를 강화함으로써 해소할 수밖에 없기 때문에 경향은 필연적이다. 따라서 맑스가 말하는 자본의 한계는 자본의 붕괴가 아니라 자본 운동이 더 이상 작동할 수 없는 논리적 한계치 또는 임계지점으로서 '이윤율 0'일 뿐이며 실제로는 자본에 대항하는 사회적 갈등이나 계급투쟁의 격화로 드러날 수밖에 없다.

바로 이런 점에서『자본』Ⅲ의 마지막 장이 '계급'이라는 점은 여러모로 상징적이다. 왜냐하면 여기서의 잉여가치론이란 다름 아닌 '계급투쟁'일 수밖에 없기 때문이다. 하지만 이런 계급투쟁은 노동가치론을 따라 일어나는 것이 아니다. 오히려 자본의 유기적 구성의 고도화에 따른 이윤율의 경향적 저하 법칙이 보여주는 것은, 자본주의에서 '노동가치론'이 더 이상 작동할 수 없는 한계, 즉 잉여가치=0을 향한 운동이라는 자본의 근본적인 자기모순 때문에 계급투쟁이 필연적이라는 점뿐이다. 따라서 맑스의 자본 분석이 과학이 될 수 있었던 것은 애덤 스미스나 리카도처럼 '경제학적 현상과 법칙들'에 매달렸기 때문이 아니라 오히려 그것을 벗어나 정치경제학비판으로서 자본이 기생하고 있는 '외부'와 그 외부 때문에 고유하게 봉착할 수밖에 없는 '한계' 또는 임계지점을, '잉여가치론'을 통해 보여주었기 때문이다.

노동가치론을 둘러싼 대립과 문제들, 현재를 읽는 맑스의 '과학'

흔히 노동가치론을 고수한 사람으로 알려진 맑스와 달리, 자본의 한계 지점에서 다른 사회로의 이행은 노동가치론의 중단으로 나타난다는 것을 보여주는 맑스의 언급들이 있다. 대표적으로『정치경제학 비판 요강』에서 맑스는 "직접적인 형태의 노동이 부의 위대한 원천이기를 중지하자마자 노동시간이 부의 척도이고 따라서 교환가치가 사용가치의 [척도]이기를 중지해야 한다"고 하면서 "교환가치에 입각한 생산"의 붕괴에 대해 말하고 있다.[3] 그런데 노동가치론은 기본적으로 노동이 가치를 생산한다는 점과 더불어 가치의 크기를 규정하는 것은 노동시간이라고 보는 관점이다. 또한, 맑스에게 교환가치는 '가치의 현상형태'이다. 따라서 교환가치에 입각한 생산의 붕괴는 교환가치를 통해서 현상하는 노동이 가치척도가 되는 가치론의 붕괴를 의미한다.

그렇기에 맑스가 '노동시간이 부의 척도'가 되기를 중단한다고 하면서 '교환가치에 입각한 생산의 붕괴'를 말하는 것은 이 시점에서는 노동가치론이 작동하지 않는다고 말하는 것과 같다. 하지만『자본』에서 맑스는 '상품의 이중성'과 '노동의 이중성'이라는 내적 모순의 전개를 통해서 가치표현의 전제군주로서 '화폐'와 '자본으로의 전화'에 대해 다루면서 노동가치론을 일관되게 밀어붙이고 있다. 그렇다면『자본』의 맑스와『정치경제학 비판 요강』의 맑스는 서로 다른 것인가? 네그리를 필두로 하여 마이클 레보위치 등, 맑스주의의 현대성(modernity)에서 나온 이성과 과학의 한계를 넘어서 나아가고자 하는 사람들은『정치경제학 비판 요강』에 주목하면서 '노동가치론의 폐기' 및 '노동자계급의 정치경제학'에 주목했다.

네그리는 다음과 같이 말한다. "삶정치적 생산이 한편으로는 (시간의 고정된 단위로 양화될 수 없기 때문에) 측정 불가능하며, 다른 한편으로는 (자본이 결코 삶 전체를 포획할 수 없기 때문에) 자본이 그로부터 추출할 수 있는 가치를 언제나 초과한다는 것을 인식할 수 있다. 이런 이유로 우리는 자본주의적 생산에서 노동과 가치 사이의 관계에 대한 맑스의 견해를 수정해야 된다."[4] 또한, 들뢰즈–가타리도 네그리처럼 정치경제학적인 차원에서 이를 논의하지 않았지만 '노동가치론'을 폐기하고 "기계적 잉여가치"를 주장했다.[5] 심지어 그

3_ 칼 맑스,『정치경제학 비판 요강 II』, 김호균 옮김, 백의, 2000, 381.
4_ 안토니오 네그리·마이클 하트,『다중』, 조정환·정남영·서창현 옮김, 세종서적, 2008, 187.
5_ 질 들뢰즈·펠릭스 과타리,『안티 오이디푸스』, 김재인 옮김, 민음사, 2014, 398.

들은 프로이트의 정신분석학을 비판하고 맑스의 생산 개념을 가지고 욕망론을 전개함에도 불구하고 말이다. 따라서 그들이 맑스를 넘어선 맑스를 세우기 위해 지불한 대가가 '노동가치론의 폐기'였다.

그렇기에 맑스의 과학 및 합리성을 고수하고자 하는 사람들은 이에 대해 격렬히 반발했고, 오늘날 맑스의 노동가치론을 둘러싼 입장은 크게 두 가지의 대립적인, 심지어 적대적이기까지 한 입장으로 나뉘어져 있다. 하나는 노동가치론이 현재에도 작동하는 유효한 법칙일 뿐만 아니라 해방투쟁을 이끌어가는 적절한 원칙이 될 수 있다는 입장이며, 다른 하나는 노동가치론이 더 이상 작동하지 않는 법칙일 뿐만 아니라 오히려 자본의 지배를 강화하는 낡은 투쟁 원칙일 뿐이라는 입장이다. 게다가 이런 대립은 노동가치론에 대한 옹호 또는 비판이라는 방식으로 전개되지만 실제로는 오늘날의 현실을 진단하는 방식에서 시작하여 해방투쟁이 나아가야 할 목표나 전망까지 포함하여 총체적이다.

그러나 이는 적절하지도 타당하지도 않다. 왜냐하면 노동가치론을 고수하는 입장은 노동가치론이 기본적으로 자본주의에서의 기본 법칙이며 자본주의의 발전과 함께 자본 스스로 자신을 파괴하는 법칙이라는 점을 보지 않고 있으며, 노동가치론을 폐기하는 입장은 맑스의 노동가치론을 따라 오늘날의 현실을 분석하면 더 명료하게 오늘날의 자본주의가 그 스스로를 파괴하고 있는 운동의 진행 방향과 상부구조까지를 포함하는 사회구성체 전체 차원에서의 자기 부정들을 볼 수 있다는 점을 무시하고 있기 때문이다. 물론 과거 맑스주의가 경제주의, 생산중심주의, 노동중심주의에 빠져 있었으며[6] 이에 대한 교정효과로서 네그리를 비롯한 이들이 작업이 가진 실효성이 있었다. 하지만 노동가치론을 부정하는 것은 해리 클리버가 주장하듯이 문제가 있다.

6_ 맑스의 가치론에 대한 생산중심주의적 읽기에 대한 비판 및 생산적/비생산적 노동에 대한 잘못된 편견들에 대한 맑스의 분석은 박영균, 「맑스의 국민경제학 비판과 현대자본주의체제 분석」, 『진보평론』 54호, 2012년 겨울을 참조하시오

맑스가 『자본』에서 전개한 노동가치론에 근거해서 운동하는 자본주의 생산양식의 메커니즘이 가져온 결과는 다른 이전의 시대보다 바로 오늘날 우리가 사는 세계에서 보다 더 명료하게 드러나고 있다. 다음의 질문을 던져보자. '1980년대 이후 과도하게 벌어지고 있는 소득격차와 불평등은 왜 이렇게 기하급수적으로 확대되고 있는가?' 1980년대 초반까지도 부자는 백만장자였다. 그러나 지금은 억만장자가 아니면 명함도 못 내민다. 이토록 큰 부는 어떻게 만들어진 것인가? 반면 나머지 대부분은 더욱 빈곤해지고 있으며 고용불안에 시달리고 있다. 한국만 하더라도 1950년대 후반과 1960년 중반 출생한 1, 2차 베이비붐 세대는 가장 많은 인구수를 가졌으나 고용불안에 시달리지 않았다. 그런데 지금은 역사상 가장 낮은 출산율에도 불구하고 높은 청년실업율과 불안정노동에 시달리고 있다.

'도대체 무엇 때문인가?' '신자유주의 때문인가?' 문제는 국가의 정치 전략이나 경제 정책 때문이 아니다. 오히려 맑스의 정치경제학 비판은 그 이유를 정확하게 보여준다. 그것은 생산력이 그만큼 발전했기 때문에 나타나는 현상이다. 맑스에게서 생산력의 발전은 '생산의 사회화'라는 분업과 협업(공장내 협업과 사회적 협업)의 발전 및 과학기술혁명에 의한 기계류와 같은 대상화된 노동의 축적 및 물질화에 근거한다. 맑스가 말했듯이 유기적 구성의 고도화는 유동자본-가변자본에 비해 고정자본-불변자본의 비율을 높인다. 그것들은 모두 다 죽은 노동으로, 과거 노동이 축적된 것들이다. 그렇기에 죽은 노동이기는 하지만 축적된 가치의 크기가 자꾸만 거대해지기 때문에 현재 생산되는 상품에 실현되는 가치량도 그만큼 많아진다. 하지만 그것은 가치를 생산하지 못하기 때문에 가치를 증식시키지는 못한다.

맑스는 이것을 사회적 필요노동시간의 단축이라는 개념으로 정식화했고, 사회적 필요노동시간의 단축은 상품들의 가치를 떨어뜨린다고 말한다. 즉, 과거에는 동일한 상품이 100의 가치를 가지고 있었다면 지금은 50의 가치만을 가지고 있으며 그렇기에 더 적은 노동으로 더 많은 상품을 생산할 수 있게 되는 것이다. 따라서 오늘날 화려한 쇼윈도에 장식된 넘쳐나는 상품은 바로 이런 생산력 발전이 낳은 결과이며 그렇기에 기계가 잉여가치를 생산한다고 생각하는 들뢰즈-가타리의 사고는 이런 맑스의 분석을 이해하지 못한 기계의 '물신성'이 낳은 결과이다. 하지만 오늘날 우리는 '풍요 속 빈곤'에 시달리고 있다. 상품들은 넘쳐나지만, 가지지 못하는 사람들도 그만큼 많다. 그것은 바로 대다수의 사람들이 '임금'을 받지 못하기 때문이다.

임금은 노동력의 가치에 대해 지불되는 화폐다. 하지만 자본주의에서의 생산력의 발전은 보다 적은 노동시간 대신에 고용의 축소를 가져온다. 생산력 발전은 사회적 필요노동시간의 단축이며 사회적 필요노동시간의 단축이란 사회 전체 차원에서 보면 그 사회가 요구하는 물품들 전체를 생산하는데, 이전에는 1000명의 사람들이 10시간 동안 노동을 해야 했다면 지금은 1000명이 5시간만 일을 하면 된다는 것을 의미한다. 하지만 자본은 '자기 가치를 증식하는 가치'이기 때문에 10시간 노동일을 5시간으로 줄이는 것이 아니라 오히려 10시간을 그대로 두고 일을 하는 사람을 500명으로 줄여 자신이 지불하는 '가변자본(임금)'의 양, 즉 필요노동을 줄이고 대신에 잉여노동을 확장시키는 방식으로 움직인다. 따라서 오늘날 높은 실업률과 고용불안정성의 확대는 인구가 많거나 경쟁이 이전보다 치열해졌기 때문이 아니다.

과잉인구의 확대와 경쟁률의 상승은 모두 다 인류가 역사를 통해 함께 발전시켜온 생산력을 지식과 정보, 기계 등을 통해 사적으로 독점한 자본주의가 낳은 결과이다. 자동화, 정보화는 어떤 개인의 산물이 아니다. 대공장의 기계들은 매뉴팩처 시기 노동자들이 세분화된 작업을 하면서 도구를 개량한 결과이듯이 지식과 숙련의 축적, 사회적 두뇌의 일반적 생산력의 축적은 특정 개인의 산물이 아니라 인류 공통의 산물이다. 그럼에도 불구하고 자본은 그것을 사적으로 소유하고 있기 때문에 그렇게 축적된 죽은 노동까지도 팔아서 자신의 가치로 만들고 있을 뿐만 아니라 온-오프라인을 통해 연결된 네트워크를 통해서 이루어지는 사람들의 다양한 생산활동까지도 이들에 대한 독점권을 활용해서 사적으로 전유하고 있다. 그렇기에 그들의 부는 갈수록 상상을 초월할 정도로 거대해지고 있다.

그러므로 네그리가 오늘날 생산은 더 이상 공장 내에서 이루어지는 것이 아니라 정치, 경제, 사회, 문화를 가로질러 전체 차원으로 확장되었으며 설사 고용되어 있지 않았더라도 우리는 모두 생산활동을 하기 때문에 오늘날 노동은 '삶정치적 노동(biopolitic labor)'이 되었다고 말할 때, 그는 옳다. 또한, 그렇기에 그가 '사적 소유' 개념의 해체와 '노동의 강탈'에 대해 이야기할 때도 참으로 옳다. 왜냐하면 오늘날 자본은 사회적으로 확장된 생산을 다양한 방식의 기제들을 동원해서 그것에 대한 대가를 지불하지 않고서도 사적으로 전유하기 때문이다. 예를 들어 페이스북의 가치는 5억 명의 유저가 만들지만, 그 가치를 독점하는 것은 주커버그를 비롯한 자본가들이다. 주커버그는 30조가 넘는 재산을 가지고 있지만, 페이스북 유저들이 동시에 탈퇴하는 순간, 그의 주식은 휴지조각이 된다.[7]

하지만 네그리가 이를 설명하기 위해 맑스의 노동가치론을 수정해야 한다거나 '비물질노동헤게모니'를 이야기할 때, 그는 맑스의 노동가치론을 따라 현재를 진단할 때 가지고 있는 '과학의 힘'을 결코 넘어서지 못하고 있다. 맑스의 노동가치론을 따라 현재를 진단하면 바로 이와 같은 상황 자체가 자본주의의 토대와 상부구조 사이의 부조응이 더욱더 심각해지고 있을 뿐만 아니라 여기서도 새로운 투쟁의 지평이 열리고 있음을 보여주기 때문이다. 자본주의는 기본적으로 '경제적 강제의 법칙(착취)', 즉 자본과 임노동의 교환이라는 노동가치론을 따라 사적 소유의 정당성뿐만 아니라 정신적이고 윤리적이면서 정치적인 권리들의 원칙을 세웠음에도 불구하고 '지적 소유권'을 비롯한 각종의 법–제도적 강제장치들을 통해서 자신의 소유권을 보장받기 때문에

7_ 이 외에 자연생태와 생명, 성, 사회적 협력들에 대한 자본의 약탈적 운동에 대한 분석 및 적녹보라에 대한 구체적인 논의는 박영균, 「자본주의의 내·외부와 대안주체의 형성」, 맑스코뮤날레 집행위원회 엮음, 『세계자본주의의 위기와 좌파의 대안』, 한울, 2013을 참조하시오.

갈수록 경제외적 강제에 의존하는 약탈적 시스템이 되어가고 있다. 그리고 이것이 바로 맑스가 말하는 자본의 자기 부정이다.

해방이념으로서 맑스의 '과학', 해방과 자유에 관한 예언과 우리의 선택

이제는 누구도 더 이상 소유가 자기 노력의 결과라고 믿지 않으며 자본의 도덕을 믿는 자는 없다. 젊은 친구들일수록 더 이상 노동의 가치를 믿지 않는다. 이런 점에서 네그리가 이야기하는 '노동거부' 및 해방전략은 이미 자본의 극점에서 작동하고 있다. 하지만 이를 위해 우리는 다시 한번 맑스가 이야기하는 '사회적 필요노동시간'이라는 노동가치론적 개념으로 돌아갈 필요가 있다. '사회적 필요노동시간'은 『자본』에도 『정치경제학 비판 요강』에서도 가치론의 핵심을 이루고 있다. 하지만 『자본』에서의 '사회적 필요노동시간'은 자본의 운동을 이끌어가는 핵심 개념이라면 『정치경제학 비판 요강』에서의 '사회적 필요노동시간'은 자본주의 이후의 전망과 깊은 관련을 맺고 있다. 왜냐하면 『정치경제학 비판 요강』에서는 사회적 필요노동시간의 단축을 "사회적 가처분 시간"이라는 관점에서 다루고 있기 때문이다.

맑스는 자본 운동의 내적 모순을 다음과 같이 규정한다. "자본 자신은 노동시간을 최소한으로 단축하기 위해 노력하는 반면, 다른 한편으로는 노동을 부의 유일한 척도이자 원천으로 정립함으로써 진행되는 모순이다."[8] 즉, 자본은 가치증식을 위해서는 노동력이라는 상품이 필요하다. 따라서 자본주의는 노동을 부의 유일한 척도이자 원천으로 규정하고 노동가치론을 따라 정치-경제-윤리적 원칙들을 세웠다. 하지만 생산력의 발전을 통해서 노동력의 가치(임금=노동력의 재생산 비용=재생산에 필요한 물품들의 사회적 필요노동시간의 축소)가 떨어지고 기계류와 같은 고정자본 및 불변자본의 비중을 증대시키기

8_ 칼 맑스, 『정치경제학 비판 요강 II』, 381.

때문에 가치를 생산하는 노동력에 투하되는 가변자본의 상대적 비율은 줄어들 수밖에 없다. 엔리께 두셀은 이를 죽은 노동에 의한 산노동의 축출 및 지배로 파악하면서 '소외론'의 관점에서 다룬다.

하지만 이는 자본주의의 반인륜적이고 폭력적인 측면을 드러내면서 윤리적 비판의 길을 열지만, 역으로 '맑스'가 가지고 있는 '해방의 과학적 힘'을 가로막는 경향이 있다. 네그리가 잘 다루고 있듯이 해방은 단지 억압과 지배로부터 벗어나는 '해방(emancipation)'이 아니다. 여기서 해방 투쟁이 추구하는 자유는 '~으로부터의 자유'로, 부정적이고 소극적인 자유일 뿐이다. 하지만 진정한 자유는 자기 스스로 자신의 삶을 만들어가는 '~에로의 자유'이다. 따라서 해방 투쟁은 그 자체가 목적이 아니라 자기 스스로 자신의 삶을 실현해가는 가치들을 선택할 뿐만 아니라 향유할 수 있는 '자유(liberation)'를 획득하는 데 있으며 맑스의 '사회적 가처분 시간의 증대'는 바로 이런 전망을 과학적으로 보여주고 있다.

죽은 노동에 의한 산노동의 지배는 '사회적 필요노동시간의 축소'→'사회적 가처분 시간의 증대'이기도 하다. 사회적 가처분 시간은 사회적으로 내가 마음대로 할 수 있는 시간이다. 인간의 본질은 노동이고 노동을 통해서 가치를 실현한다고 생각하는 사람들의 생각과 달리, 맑스는 우리가 살아가기 위해서는 하기 싫어도 할 수밖에 없는 노동들이 있다고 말한다. 생산력의 발전은 바로 이런 것들을 생산하는 사회적 필요노동시간을 단축시킨다. 따라서 사회적 필요노동시간의 단축은 자신을 위해 사용할 수 있는 자유시간인 '사회적 가처분 시간'의 증대로 나타날 수밖에 없다. 게다가 사회적 필요노동시간의 축소는 상품들의 가치를 떨어뜨림으로써 향유할 수 있는 것들을 사회 전체적으로 확대시킨다. 따라서 이것은 자기를 위한 삶을 살 수 있는 사회로의 이행이라는 전망을 열어놓는다.

하지만 맑스는 결정론자가 아니다. 생산의 사회화 및 생산력의 발전은 사적 소유라는 자본주의적인 생산관계에 의해 전유될 수밖에 없다. 다수의 협업과 과학기술혁명 등 기계화-자동화가 낳은 생산력의 발전은 생산수단을 독점한 자본가의 힘을 강화하는 무기가 되며 그렇게 되면 사회적 필요노동시간의 단축은 노동력 상품의 가치 저하를 통한 잉여노동시간을 증대하는 방식으로 나타날 수밖에 없다. 그렇기에 맑스는 비노동시간의 증대는 오히려 "소수를 위한 비노동시간, 자유시간으로 나타난다"고 말한다.[9] 그러므로 맑스는 자본 운동이 진행될수록 두 가지의 선택지만 남게 된다고 '예언'을 한다.

하나는 사회적 필요노동시간의 단축을 자본의 자유시간의 증대 또는 자본 착취량의 강화로 가져가는 것이며 다른 하나는 사회적 필요노동시간의 단축을 노동일의 단축을 통해 자본을 제외한 사회구성원 전체의 자유시간의 증대 또는 부에 대한 사회적 향유로 가져가는 것이다. 전자를 선택할 경우, 자본을 제외한 사회구성원은 실업을 비롯한 고용불안정상태에 처한다. 반면 후자를 선택할 경우, 자본의 축적시스템은 중단하지만, 나머지 사회구성원은 자기를 위한 삶을 살 수 있다. 그러나 한편에게 이득이면 다른 한편에게는 손해이기 때문에 둘은 적대적이며 자본의 운동이 가속화될수록 이런 분열에 따른 계급투쟁은 격화될 수밖에 없다. 따라서 그의 예언은 결정된 필연성으로서의 미래를 말하는 것이 아니다.

미래가 어떻게 될 것인지는 우리의 선택에 달렸다. 그리고 그렇기에 이두 가지 선택지가 강요하는 사회적 갈등과 투쟁은, 그럼에도 불구하고 '자본가/노동자'라는 이항대립으로 귀결되지 않는다. 자본은 앞에서 보듯이 1000명을 500명으로 줄이기 때문에 정규직 임노동자는 오히려 사회적으로 특권적인 위치를 점하며 대다수의 사람들은 불안정노동에 시달리며 정규직이 되고자 노력한다. 따라서 여기서의 갈등과 투쟁은 자본가 대 노동자 간의 대립보다 실업자와 불안정노동층, 일부 정규직 노동자를 포함한 포괄적인 노동집단과 이주-여성 등의 사회구조적인 차별과 중첩된 인민 대중 대 자본가가 된다.

9_ 같은 책, 383.

즉, 자본의 내적 모순이 극대화될수록 이원적 모순의 단일성은 해체되고 보다 다양한 모순들로 다원화하면서 중첩되기 때문에 그것은 '계급투쟁'이라기보다 '(계급)투쟁'으로, 사회 전체로 확대되는 것이다.

그러므로 오늘날 해방이념으로서 맑스의 과학은 그의 예언과 함께 이 양자택일 선택지로부터 시작되어야 한다. 그것은 과거와 같은 '노동의 소외'를 극복하고 '노동자가 주인'이 되는 세상이 아니다. 그것은 노동자가 노동으로부터 해방되는 것을 통해서 자본주의식의 노동가치론이 그 자신에 의해 파괴되고 있는 상황 속에서 다시 자본주의의 부정의를 바로잡아 '노동의 가치'를 세우는 것이 아니다. 오히려 그것은 '노동의 가치'를 버림으로써 해방되는, 그런 괴리와 부조응을 가속화하는 것이 되어야 한다. 따라서 우리가 맑스의 과학이 보여준 예언을 통해서 선택해야 할 길은 '노동 그 자체로부터 해방되는 사회'로의 이행이라는 관점에서 진행되는 '노동의 해방'이 되어야 하며 노동시간이 부의 척도가 되는 것이 아니라 오히려 사회적 가처분시간이 부의 척도가 되는 사회로의 이행을 만들어가는 것이 되어야 한다.

"여기가 로두스섬이다. 여기서 뛰어라!"

다시, 상품화에 관하여

서동진 | 계원예술대학교 융합예술학과

◻

짧지만 그러나 매우 인상적인 「상품화 "commodification"」란 에세이에서, 프레드릭 제임슨(Fredric Jameson)은 상품화 개념의 역사를 추적한다.[1] 그 개념이 나름의 역사를 가진다는 점은 그 개념을 둘러싼 해석과 반향이 맑스주의 역사를 항상 새롭게 쓰도록 만들었다는 점을 알려준다. 더불어 그 개념의 역사는 또한 자본주의의 역사적 전개와 함께 했던, 경제와 이데올로기적 상부구조 간의 관계의 변전(變轉)을 말해주는 것이기도 하다. 상품화란 개념을 연장하는 것이면서 또한 그것을 가리키는 또 다른 이름으로 등장했던 개념들, 즉 소외, 물화(reification, 루카치), 동일성(아도르노), 스펙터클(드보르), 합리성(하버마스) 등은, (서구) 맑스주의의 역사 자체라 해도 크게 틀린 말은 아닐 것이다. 상품이란 경제 현실에 속한 어떤 대상에 그치지 않는다. 그것은 자본주의 사회를 구성하는 원리이자 그 안에서 벌어지는 숱한 사회적 실천과 경험을 상징화하는 규칙이기도 하다. 그러므로 상품화 개념은 다기한 사회현실을 총체적으로 매개하는 모종의 (자본주의에서만 존재하는 역사적으로 특수한 것이지만) 선험적 원리처럼 생각될 수도 있다.

이를테면 제임슨은 "상품화"란 "두 가지 현상의 교차"로 간주될 수 있다

1_ Fredric Jameson, "Commodification," in *Valences of the Dialectic* (London & New York: Verso, 2010).

고 말한다. 그가 말하는 두 가지 현상이란 자본주의라는 사회형태를 만들어낸 "형태적이면서도 구조적인 전환"의 효과로서, 이는 먼저 대상화(objectification), 사물화(*thingification*)에 해당되는 것이고 다른 하나는 가치화(실제 현실에서는 가격을 가지게 되는 것일)이다. 현실(reality)과 대상(object)은 다른 것이다. 현실을 상대하는 주체가 있을 때 그 현실은 주체의 대응물으로서의 객체, 즉 대상으로 전화되지 않을 수 없다. 자본주의 생산양식이 지배하는 사회에서 모든 사물은 역사적으로 특수한 대상성을 가질 수밖에 없다. 그것이 바로 상품화이다. 주체는 오직 객체만을 인식하고 경험한다. 그것은 주체의 무지나 오인 때문이 아니라 그런 방식으로 현실이 나타날 수밖에 없기 때문이다.[2] 맑스는 『자본』에서 상품, 화폐, 자본 나아가 노동과 같은 것을 '대상화된 사유형태'라고 말한 바 있다. 물질적인 대상 자체가 사유형태라는 것은, 자본주의 생산양식이 지배하는 사회에서 무한히 다양하고 구체적인 사물들은 오직 상품이라는 (가치) 형태가 됨으로써만 존재하게 된다는 것을 가리킨다. 그런 점에서 무한히 구체적으로 다양한 개별적인 사물을 (수량화할 수 있는) 가치로 만들어내는 즉 가치라는 '형태(form)'로 전환시키는 추상은, 머릿속에서 이뤄지는 것이 아니라 현실 그 자체의 편에서 이뤄지는 것인 셈이다.[3] 그러므로 대상화 혹은 물화란 곧 추상(화)라고 할 수 있다. 그러므로 추상은 사고 속의 과정이 아니라 (존-레텔의 유명한 개념을 빌자면) '현실추상(real abstraction)'인 것이다.

2_ 그런 점에서 맑스주의의 유물론은 근대성이 도래하고 모든 존재들이 표상으로 정립됨으로써 존재망각을 초래했다며 철학적 관념론을 비판하는 하이데거 식의 유물론과도 다르며 사변적 실재론, 객체지향존재론, 생기론 등의 철학적 사변들을 망라하는 신유물론의 존재론과도 다르다. 백번 양보하여 상품, 화폐, 노동, 자본을 표상이라 간주한다고 할 수 있다 해도, 그러한 표상에 앞서 있는 것은 인간들 사이의 물질적인 사회관계이지 존재이거나 물질과 같은 초월적인 실재가 아니기 때문이다. 요즘말로 하자면 칸트의 '상관주의(correlationism)'(메이야수)에 대한 비판이라 할 것의 선구일 쇼펜하우어의 칸트 비판을 참조하며 제임슨은 이와 유사한 주장을 피력한다(ibid., 258).

3_ 물론 이에 대한 가장 두드러진 주장은 알프레드 존-레텔의 현실 추상(real abstraction)일 것이다. 알프레드 존-레텔, 『정신노동과 육체노동: 철학적 인식론 비판』, 황태연·윤길순 옮김, 학민사, 1986.

상품화는 이중적인 과정이다. 먼저 그것은 사물을 대상화한다. 동시에 그것은 사물을 가치라는 형태로 규정한다. 그리고 이는 분리된 과정이 아니다. 그러므로 상품화를 그저 자본주의 사회에서는 모든 것이 시장에서 거래될 수 있는 상품으로 둔갑되는 과정을 가리키는 것으로 국한시킬 수 없다. 그것은 무엇보다 대상화/사물화의 원리가 되어 상품이 아닌 대상과 사고조차 물들인다. 그 탓에 루카치는 물화의 원리에서 자본주의의 결정적인 특성을 찾으려 했다. 그는 노동생산물을 상품으로 전환시키는 논리가 우리의 일상적인 삶에서의 지각, 의식, 감정, 태도를 규정하는 것이라는 점을 역설했다.4 그렇기에 상품화라는 개념 혹은 문제설정(problematics)은 맑스주의 문화이론에서 결정적이다. 스튜어트 마틴이 말하듯 "예술이 상품화(commodification)와 맺는 관계는 오늘날 예술에 관한 이론, 역사 실천 다수에 있어 피할 수 없으면서도 깊숙이 자리 잡은 조건이다."5

❏

아도르노의 『미학이론』에서 자주 인용되기는 하지만, 그러나 그다지 깊은 토론이 없었던 그의 예술론의 중요한 개념이 있다. 그것은 '절대적인 상품(absoulte commodity)'이다. 절대상품이란 개념은 그의 책에서 단 한 번 등장한다.

예술은 경직되고 소외된 것에 대한 미메시스를 통해서만 현대적이다. …보들레르는 물화를 비난하지도 모사하지도 않는다. 그는 물화의 원형을 경험함으로써 물화에 저항한다. 이 경험을 표현하는 매체는 시적 형식이다. 이로 인해 그는 후기 낭만주의의 감상성을 훨씬 능가하게 된다. 보들레르의 작품이 지닌 힘은 상품적 성격이 인간성의 흔적을 모두 삼켜 버리게 되는 막강한 객관적 상황과 삶의 주체에

4_ 죄르지 루카치, 『역사와 계급의식』, 박정호·조만영 옮김, 거름, 1999.
5_ Stewart Martin, "The Absolute Artwork Meets the Absolute Commodity," *Radical Philosophy*, No. 146 (2007), 15.

앞서는 작품의 객관성을 연결하고 있다는 점이다. 즉 **절대적인 예술 작품은 절대적인 상품과 접하는 것이다.**[6]

상품생산이 지배하는 사회(아도르노라면 '교환사회'라고 말하기를 선호할)에서 상품은 이중적이다. 상품의 이중성이란 사용가치와 (교환)가치의 모순 혹은 대립을 가리킨다. 그런데 아도르노는 '예외적 상품'이자[7], 제임슨의 표현을 빌자면 "반 상품(an anti-commodity)"이자 기이한 "거울 상품(mirror commodity)"이라고 할 수 있을 예술작품의 상품적 성격에 관해 말하며[8], 예술작품은 그 어느 상품과도 비교할 수 없는 '절대적인 상품'이라 정의한다. 예술작품은 칸트 미학의 원리에서 말하듯 무관심한 것으로서, 즉 어떤 사용가치도 갖지 않는 순수한 교환가치만을 지닌 상품이기 때문이다.[9] 그렇기 때문에 교환가치만을 체현하는 상품으로서, 예술작품은 자신의 사용가치에 아무런 구속도 받지 않는, 순수한 추상적 가치로서의 상품이라 할 수 있다. 한편 상품 생산 노동을 규정하는 노동은 오직 추상적 노동일뿐이다. 자본주의 생산양식의 핵심적 특성은 '사회적 총노동'과의 관계를 통해 개별적인 노동을 추상하면서, 노동을 노동력 상품으로 변신시킨다. 그런데 겉보기에 예술 창작은 이러한 추상노동과 아무런 관계가 없어 보인다. 특히나 모더니즘의 등장과 더불어 예술이 사회로부터 자율적인 것으로 스스로를 단언할 때, 예술 창작은 자신이 비-노동임을 강변하였다. 그러나 어쨌든 예술작품은 상품으로서의 노동생산물과 동일하게 상품이라는 형태를 취한다. 예술작품은 가격을 가지고 있고 미술 시장에서 매매된다. 심지어 금융화된 자본주의라 할 수 있는 오늘날의 경제에

6_ Th. W. Adorno, *Aesthetic Theory*, tr. Robert Hullot-Kentor (London & New York: Bloomsbury Publishing), 29(강조는 인용자).

7_ Dave Beech, *Art and Value: Art's Economic Exceptionalism in Classical, Neoclassical and Marxist Economics* (Chicago: Haymarket Books, 2015).

8_ Fredric Jameson, op. cit., 264.

9_ 맑스도 절대상품이란 말을 사용한 적이 있는데, 그때 맑스에게서 절대상품이란 바로 지불수단으로서의 화폐, 즉 신용을 가리킬 때이다.

서 예술작품은 자산(asset)이 되어 투기의 대상이 되기까지 한다. 미술관이나 컬렉터가 공적인 관람과 자신의 감상을 위해 거래하던 미술작품은, 이제 가격의 등귀에 내기를 거는 투자 상품이 되고, 투자자의 포트폴리오 상에서 중요한 위치를 차지하기까지 한다.10

그런데 아도르노가 예술작품을 절대상품으로 규정할 때, 이는 특별한 함의를 지닌다. 그것은 먼저 물신주의를 통해 자본주의에서 예술과 문화의 특성을 설명하고 분석하려는 이론적 프로그램을 요약하고 있다. 절대상품으로서의 예술작품이라는 규정은 단지 가격을 가지며 거래 가능한 상품으로서의 예술작품의 특성을 가리키는 것에 머물지 않는다. 그것이 절대상품인 이유는 아도르노에게 있어 예술이 따르지 않을 수 없는 원리, 즉 물신주의의 원리를 가리키는 탓이다. 따라서 아도르노는 상품화와 물신주의를 문화와 예술을 분석하는 핵심적인 원리로 간주한다.11 다음으로 절대상품이란 개념은 예술의 자율성을 공고히 한 모더니즘 예술을 인식하고 비평할 수 있도록 하는 원리를 제안한다. 아도르노에게 있어 모더니즘 예술은 물신적인 것으로서 자신을 물화함으로써 자본주의적 물신주의에 대항하는 것으로 정의된다. 일종의 동종요법적인 방식으로 예술은 자신을 엄습하는 상품화의 원리에 반발하는데,12

10_ 서동진, <미술관은 금융시장인가>, 《동시대-미술-비즈니스: 동시대 미술의 새로운 질서들》, 부산현대미술관, 2020; Hito Steyerl, *Duty free art* (New York: Verso, 2017); Sven Lütticken, "The Coming Exception: Art and the Crisis of value," *New Left Review*, No. 99 (2016).

11_ 물론 이는 계급과 계급의식, 참여 등의 개념을 우선시하며 자본주의에서 예술적 실천을 분석, 규정하려고 했던 다른 맑스주의의 이론적 경향과의 차이를 가리키는 것이기도 하다. '상품화란 분석틀이 자본주의에서 문화, 예술을 비평함에 있어 핵심적인 것임에도 불구하고 그것이 계급투쟁을 우선시하는(특히 사회주의 리얼리즘론을 통해 응축되는) 이론적 경향에 의해 주변화된 과정에 대해서는 다음의 글을 참조하라. Fredric Jameson, op. cit., 265-266.

12_ 이에 대해 뷰스는 다음과 같이 서술한다. "고유하고, '물화되지 않은(non-reified)' 그리고 '물화-불가능한(non-reifiable)' 예술작품 속에서, 우리는 절대 상품에 가까운 어떤 것이 등장함을 보게 된다. 그리하여 예술작품은 물화의 종말이자 동시에 총체적 물화(total reification)의 조건이다. 다시 말해 자율적 예술작품에 들러붙은 그 모든 것들, 천재 숭배, 개성의 아우라, 진정성이라는 미망(chimera) 등은 스스로 물화된 의식의 성물함(聖物函)이자 수단임을 드러낸다" (Timothy Bewes, *Reification, Or, The Anxiety of Late Capitalism* [London & New York: Verso, 2002], 130).

그것은 역설적으로 자신을 물화함으로써 가능하다. "예술은 경직되고 소외된 것에 대한 미메시스를 통해서만 현대적"일 수 있다고 단언하며 그 기원을 보들레르에게서 찾을 때, 그리고 "물화의 원형을 경험함으로써 물화에 저항"하여야 한다고 주문할 때, 아도르노는 보들레르에서 기원하는 것으로 간주되는 모더니즘 예술의 분석 원리를 제시한다.

◻

먼저 모더니즘과 예술의 자율성의 관계로부터 논의를 시작해 보자. 아도르노의 입장은 흔히 문화산업에 대한 비판으로서 모더니즘 예술의 자율성을 옹호한 것으로 간주된다. 그리고 이는 훗날 문화산업을 경원하며 고급예술을 옹호하고 그에 은거한 미학자로서의 아도르노라는 인상을 건고하게 만들어 왔다. 그러나 자율적 예술로서 모더니즘 예술과 관련한 아도르노의 입장은 그런 평가와 사뭇 다르다. 아도르노는 예술의 타율성이 자본주의 사회에서 예술의 객관적 진리임을 강조한다. 그러나 아도르노는 예술은 다른 사회 현실로부터 분리된 자율적 세계를 차지한다는 환영 혹은 이데올로기 역시 필연적인 것임을 잊지 않는다. 다시 말해 아도르노는 예술은 외부의 현실에 의해 규정되는 타율적 실재이지만 또한 동시에 자율적인 실재라는 가상(*Schein*, semblance)을 취하지 않을 수 없다고 간주한다. 이때 예술의 자율성이란 위선이거나 기만이기는커녕 예술이 자신이 존립하기 위해 취해야만 하는 필연적인 가상이다. 이는 마치 상품의 가치는 실제로는 사회적으로 필요한 노동시간에 의해 규정되는 것임에도 불구하고 상품 그 자체의 속성으로 "나타날 수밖에 없는", 맑스의 표현을 빌자면 "필연적인 가상(necessary illusion/semblance)"인 것과 유사한 것이다. 이러한 필연적 가상으로서의 물신주의에 대한 가장 압축적인 설명은 다음과 같은 발리바르의 언급일 것이다. 발리바르는 그러한 상품과 화폐의 물신주의가 사회적으로 필연적인 가상이란 점에 주목하며 다음과 같이 설명한다. "(맑스가 말한 물신주의란 - 인용자) 착시 또는 미신처럼 - 하나의 주관적 현상, 현실에 대한 잘못된 지각은 아니다. 그것은 오히려 현실(특정한 사회적 형태 또는 구조)이 **나타나지 않을 수 없는 방식**을 구성한다. 이러한 적극적인 나타남(가상[Schein]인 동시에 현상[Erscheinung])은 그것 없이는 특정한 역사적 조건들 속에서 사회생활이 전연 불가능한 매개 또는 필연적 기능을 구성한다. 외양을 제거하는 것은 사회적 관계를 제거하는 것이다."[13] 따라서 예술의 자율성이란 물신은 상품의 물신성과 평행한다.

그렇다면 아도르노가 예술의 타율성을 부인하고 예술의 자율성이라는 모더니즘 예술의 이데올로기에 갇혀 있었다는 흔한 오해는 그의 변증법적 입장을 무시하는 것이 아닐 수 없다. 아도르노는 예술의 자율성이란 것이 전적으로 이데올로기이며 허위의식이고 가상(환영)에 다름 아니라는 것을 더없이 인정하고 또 비판한다. 그러나 동시에 예술이 존립하기 위해 예술은 자율적인 것이라는 가상을 통해서만 존재할 수 있다는 점 역시 부인하지 않는다. 그러한 가상은 '사회적으로 필연적인 것'이기 때문이다. 그러므로 예술의 자율성을 부정하기 위해, 그것의 타율적인 성격(흔히 예술의 자율성이 부상하게 된 역사, 사회적 조건에 대한 분석으로 나타나는)을 열거하고 제시하는 것으로는 예술의 자율성을 비판한 것이라 할 수 없다. 그렇기에 아도르노는 이러한 접근에 맞서 물신주의 비판으로서의 정치경제학 비판에 조응하는, 예술의 물신성 즉 예술의 자율성 비판으로서 미(학)적 비판의 원리를 곤구하고자 했던 것이다.

◻

따라서 예술의 자율성과 타율성의 변증법이라는 아도르노의 관점 속에는 철저한 역사유물론적 입장이 관류한다. 아도르노의 내재적 비평의 방법은 작품이 외부에 놓인 사회현실을 반영하는가의 여부를 통해 그것의 사회적 성격을 판별하는 것을 피한다. 그 대신 "사회 속의 예술의 내재성이 아니라 **작품**

13_ 에티엔 발리바르, 『마르크스의 철학/마르크스의 정치』, 윤소영 옮김, 문화과학사, 1995, 92.

속의 사회의 내재성이 사회에 대한 예술의 관계이다"라고 말하는 데서 엿볼 수 있듯, 아도르노는 작품의 형식 속에서 내재적으로 자본주의 생산양식의 효과를 분별하고자 한다.[14]

> 예술작품의 요소들은 그것에 외적인 사회 법칙과 관계된 예술의 내재적 법칙에 복종하면서 전체적인 짜임관계를 획득한다. 사회적 생산력과 생산관계는, 그 사실성을 빼앗긴 채 단지 형식으로서 예술작품 속에 되돌아오는데, 이는 예술 노동이 사회적 노동이기 때문이다. 나아가 예술작품들은 언제나 이러한 노동의 산물이다. 예술작품 속에서의 생산력은, 실제 사회로부터 구성적으로 부재화한다는(constitutive absenting) 점을 제외한다면, 사회적 생산력과 다르지 않다. 아무리 잠재적인 것이라 해도 사회적 생산에서 자신의 모범을 갖지 않은 것이 예술작품 속에서 행해지지도 생산되는 바도 거의 없다. 내재성이라는 자신의 소관을 넘어선 예술작품의 구속력은 이러한 유사성으로부터 기원한다. 만약 예술작품이 사회를 위해 존재한다는 모든 가상—그렇잖아도 모든 상품들이 간절히 연연하는 가상—을 거부하는 사회적 생산물이라는 점에서 사실 절대적인 상품이라면, 규정적 생산관계 즉 상품형태는 사회적 생산력과 둘 사이(생산력과 생산관계[상품형태]의 적대-인용자)와 함께 똑같이 예술작품 속으로 들어온다.[15]

인용한 글에서 아도르노는 생산력과 생산관계의 변증법이라는 역사유물론의 원리가 예술작품의 분석 속에서도 적용되어야 한다고 주장한다. 그러나 그것은 단순히 역사유물론의 원리를 예술의 유물론의 원리로 유비하는 것은 아니다. 여기서 말하는 역사유물론은 그의 저 악명 높은 '창문 없는 단자'로서의 예술작품이라는 테제를 통해 말하려 했던 것처럼, 예술작품 내부에서 생산력과 생산관계의 변증법을 찾는 것이다.[16] 그러므로 아도르노가 예술의 자

14_ Th. W. Adorno, op. cit., 360(강조는 인용자).
15_ Ibid., 321.

율성을 옹호한 것은 예술의 자율적인 실재여야 한다는 규범적인 주장을 한 것이 아니다. 그는 예술의 자율성과 타율성이라는 아포리아 즉 모순을 단순히 어느 하나로 해소하지 않는다. 즉 그는 예술의 타율성을 폭로하는 '사회학적 비평'에 투항하지도 않으면서 동시에 예술의 초역사적 보편성을 가정하며 예술의 '문화철학'에 가담하지도 않아야 함을 역설한다.

그렇다면 예술의 자율성과 타율성이라는 아포리아, 그 막다른 골목에서 벗어날 방법은 없을까. 마틴은 이에 관한 아도르노의 해법을 다음과 같이 요약한다. "이러한 곤경은 대안적, 내재적 비평을 요청한다. 즉 상품화에서 벗어난 예술의 자율성의 발생. 그리고 그것의 전복적 모방을 통한 상품화의 거부."17 아도르노는 상품물신주의처럼, 예술의 자율성이라는 것도 물신이자 가상임을 폭로한다. 그러나 예술의 자율성이라는 물신 즉 이데올로기를 관념적으로 거부한다고 해서 그것에 대한 비판을 완수한 것은 아니다. 그것은 앞에서도 언급했듯 외재적 비판에 그친다. 나아가 그는 상품물신주의가 허위이자 이데올로기이지만 또한 동시에 자본주의가 작동하기 위해 필연적인 가상으로서 진리 내용을 갖고 있듯, 예술의 자율성 역시 허위이지만 그 안에는 진리 내용이 들어있으며, 이를 통해 예술작품의 진리의 성취 즉 비판적 예술의 가능성을 획득할 수 있다고 강조한다. 앞서 인용한 글을 뒤잇는 다음 부분에서 아도르노는 그러한 자신의 입장을 명료히 제시한다.

절대적인 상품은 상품 형태에 내재적인 이데올로기로부터 자유로운지도 모른다. 상품형태는 상품들은 대타적인(for-another) 존재인 체하지만, 실은 아이러니컬하게도 단지 대자적인(for-itself) 존재일 뿐이다. 즉 그것은 권력을 지닌 자들을 위해

16_ 이런 점에서 비동일성의 사상가라서 포스트모더니즘 혹은 차이의 담론의 선구자로서 아도르노를 전유하려는 경향에 맞서 아도르노의 역사유물론을 역설하며, 아도르노의 이론 구성에서 생산력과 생산관계 개념의 중요성을 재발견하려 한 것은, 프레드릭 제임슨의 공적이라 할 수 있을 것이다. 프레드릭 제임슨, 『후기 마르크스주의』, 김유동 옮김, 한길사, 2000.

17_ Stewart Martin, op. cit., 18.

존재할 뿐이다. 물론 이데올로기가 진리로 전도되는 것은 미학적인 사유 내용의 변화이지 직접적으로 사회에 대한 예술의 태도가 전도된 것은 아니다. 절대적인 상품도 팔 수 있는 것이며, '자연적 독점'이 된다. 지난 시절의 도자기나 조각상과 마찬가지로 예술작품이 싸구려로 시장에 나오게 되었다는 것은 그것이 악용된다는 사실만을 의미하는 데 그치지 않는다. 그것은 예술작품이 생산관계에 관여한다는 사실의 단순한 귀결이기도 하다. 완전히 비이데올로기적인 예술은 아마도 전혀 불가능할 것이다. 단지 경험적 현실과 대립한다고 해서 비이데올로기적으로 되지는 않는다.[18]

그러므로 아도르노가 생각했던 예술의 자율성을 통한 예술의 타율성 즉 예술의 상품적 성격에 대한 비판은 예술의 "상품물신주의에 대립되는 물신"이라는 특성에 유의함으로써만 가능한 것이다. 그러므로 예술의 자율성이라는 가상은 또한 예술이 진리일 수 있도록 하는 가능성을 마련해준다. 이를테면 아도르노는 다음과 같이 말한다.

마술적 물신(the magic fetishes)이 예술의 한 가지 사회적 근원일지라도 예술 작품에는 상품 물신주의(commodity fetishism)를 넘어서는 어떤 요소가 그 속에 뒤섞인 채 있다. 예술작품은 이를 떼어낼 수도 부인할 수도 없다. 사회적으로도 예술작품 속의 가상(semblance)이라는 강렬한 계기는, 교정책으로서, 진리의 기관(organ)이다. 예술 작품은 절대적인 것이 될 수 없지만, 마치 절대적인 듯이 물신적으로 그 일관성을 고집하지 않는 예술작품은 처음부터 무가치하다. 그러나 예술이 자신의 물신주의를 의식하자마자 예술의 존립은 위태로워지고, 19세기 중엽 이래로 그랬듯이 그것을 고집스레 역설할 것이다. 그렇지 않게 되면(예술의 자율성이라는 물신주의를 포기하면-인용자) 예술은 존재할 수 없다고 강변하며 그러한 기만을 변호할 수도 없다.

18_ Th. W. Adorno, op. cit., 321-322.

이러한 힘들로 인해 예술은 아포리아에 빠져든다. 그로부터 조금이라도 넘어서는 데 성공한 것은 무엇이든 그것의 비합리성의 합리성을 간파하는 것이다. 극히 수상쩍은 정치적 개입을 통해 물신주의를 포기하고자 하는 예술 작품은 무의미하게 찬양받는 불가피한 단순화를 통해 예외 없이 사회적으로 허위의식에 얽혀 들어간다. 그러한 작품이 단기적인 안목에서 맹목적으로 추구하는 실천 속에서는 실천 자체의 맹목성이 연장된다.[19]

따라서 물신화된 예술작품은 또한 절대상품으로서의 예술작품이며, 그것은 비-진리이지만 그렇기에 자신의 진리내용을 품고 있다.

■

발터 벤야민의 「기술복제시대의 예술작품」은 예술의 자율성, 예술의 물신성을 비판하며 예술과 삶의 일치라는 역사적 아방가르드의 소망을 선취하는 미학적 프로그램을 제안한 전설에 가까운 텍스트일 것이다.[20] 이 글에서 벤야민은 아우라의 쇠락과 기술복제가능성의 등장을 서술하며 이러한 예술의 자율성의 탈각으로부터 자신의 바깥에 놓인 사회현실로부터 고립되거나 분리되지 않은 예술과 삶의 일치, 그리고 관조적 경험의 대상이 아닌 집단적 실천의 작인(作因)으로서의 예술이라는 반미학적 전망을 제시하였다. 그러므로 이러한 예술의 자율성을 폐지하자는 벤야민의 주장은 아도르노의 생각과 대립하지 않을 수 없다. 당연히 벤야민의 글을 읽은 아도르노는 신랄한 비판을 제기한다. 그러나 그의 비판은 그것이 본격적인 논고로 등장하는 『미학이론』에서가 아니라 벤야민이 보낸 원고를 읽은 때인 1930년대로 거슬러 올라간다. 아도르노는 벤야민에게 보내는 편지에서 이렇게 항변한다.

19_ Ibid., 310-311.
20_ 발터 벤야민, 『기술복제시대의 예술작품, 사진의 작은 역사 외』, 최성만 옮김, 길, 2007.

제가 예술작품의 자율성을 치외법권적 이상형이나 되듯이 보호해 두려는 것은 아닙니다. 그리고 귀하와 마찬가지로 아우라적인 것이 예술작품에서 사라지는 것은 참이라고 믿고 있습니다. 기술복제가능성 때문만은 아니고요. 잠정적으로 이렇게 말합시다. 그 나름의 '자율적인' 형식 법칙을 다 채웠기 때문인 측면도 있다고 말입니다. …그런데 자율성, 다시 말해 예술작품의 사물형식은 예술작품에 있는 미술적인 것과 동일한 것이 아닙니다. 영화관의 사물화가 완전히 사라졌다고 결코 볼 수 없듯이, 위대한 예술작품의 사물화도 마찬가지로 사라지지 않았습니다. 영화관의 사물화를 자아라는 견지에서 부정하는 것이 부르주아적이고 반동적인 것이라면, 예술작품의 사물화를 직접적인 사용가치를 내세워 폐기하는 것은 아나키즘의 경계선에 이르는 일이 될 것입니다. 결국 극과 극은 서로 통하는 법이지요.21

아도르노는 벤야민이 예술의 자율성을 폐지하고 예술과 현실의 일치를 향해 나아가야 한다는 주장에 충격을 받으며, 예술의 자율성을 고수하는 것이 왜 불가피한 미적 정치의 전략일 수밖에 없는지 역설한다.22 인용한 글에서 그는 아이러니하게도 영화가 물화를 초래한다고 비난하는 부르주아의 생각23이나 예술작품의 물화를 폐지하고 예술의 직접적인 사용가치를 내세우는 것, 즉 예술의 물신적인 자율성을 파괴하고 삶의 일부로서의 예술을 내세우는 프롤레타리아 예술의 관념이나 모두 상통한다고 힐난한다. 아도르노는 예

21_ 아도르노, 「아도르노가 벤야민에게 보내는 편지, 1936년 3월 18일」, 테오도르 W. 아도르노·발터 벤야민, 『아도르노-벤야민 편지 1928-1940』, 이순예 옮김, 길, 2021, 196-197.

22_ 벤야민과 아도르노 사이의 "기술복제시대의 예술작품"을 둘러싼 논쟁과 이 토론의 연장으로서 아도르노의 『미학이론』의 의의에 대한 주해는 다음의 글을 참고하라. Sven-Olov Wallenstein, "The Necessary Fetishism of the Work of Art," in Anders Burman & Anders Baronek, eds., *Hegelian Marxism: The Uses of Hegel's Philosophy in Marxist Theory from Georg Lukács to Slavoj Žižek* (Huddinge: Södertörns högskola, 2018).

23_ 벤야민의 아우라 개념의 정수는 "아무리 가까이 있더라도 멀리 떨어져 있는 어떤 것의 일회적인 현존성"이라는 서술에 집약되어 있을 것이다. 예술작품의 아우라를 가능케 했던 유일성과 독창성은 사진이나 영화와 같은 복제예술에 의해 파괴된다. 이를테면 멀찍이 떨어진 자리에서 무대 위의 연극을 보던 것과 달리 마치 외과의가 그러하듯이 대상을 직접 조직하고 손보는 영화는 아우라를 상실한다. 발터 벤야민, 앞의 글, 50.

술과 대중문화 사이를 대립시키고 그 가운데 어느 하나를 택하여야 한다는 벤야민의 생각을 비난한다. 그는 두 가지 모두 자본주의 낙인을 담고 있고, 둘 모두 변화의 계기를 담고 있다고 말한다. 그러나 아도르노가 취하는 입장은 문화산업인가 아니면 자율적 예술인가의 선택지 속에서 벤야민과 달리 후자를 선택해야 한다는 게 아니다. 그 둘은 서로 탯줄로 연결되어 있을 뿐 아니라 "찢겨나간 반쪽"[24]이며 강제적인 화해, 즉 둘을 억지로 이어붙일 수도 없는 것이다. 예술의 자율성을 폐지하는 것은 또한 예술의 자율성을 가능하게 했던 상품화의 원리에 대한 폐지 없이는 불가능하다. 예술은 자신을 가능케 했으면서 또한 자신의 자율성을 제한하고 파괴하는 상품화와 언제나 갈등하지 않을 수 없다. 이러한 이율배반으로부터 탈출할 수 있는 최종적인 해결책은 어디에도 없다.

❏

벤야민은 제의가치와 전시가치라는 흥미로운 '가치'의 개념을 제시하며 상품의 가치(형태)에 비유된 미적 경험 대상의 가치론을 구성하였다. 그에 반해 아도르노는 어떤 부가적인 개념도 없이 예술작품의 상품적 성격과 반(反)상품적 성격의 이율배반을 고수한다. 절대적인 예술 작품은 절대적인 상품과 "접하는(converge) 것"이지만 또한 그것과 "벗어나는 것(diverge)"이기도 하다. 우리는 동시대 자본주의의 특색이 문화가 경제화되며 경제가 문화화된 것이란 주장에 익숙해 있다. 모든 상품은 상징, 기호, 감성, 경험 등을 판매한다고 자처한다. 즉 그것은 미적인 것이 된다. 반면 미술시장의 폭발적 흥행에서 보듯 예술은 점점 더 자신을 상품화한다. 겉보기에 모순적인 이 현상들은 상품화의 변증법 그 자체가 극단화된 것에 다름 아니다. 즉 아도르노의 말을 빌자면

24_ 아도르노 자신의 표현을 빌자면 "둘 다(문화산업과 자율적 예술-인용자) 온전한 자유의 서로 찢겨나간 반쪽이며, 그렇다고 해서 서로 갖다 붙일 수 없는 양극입니다"(아도르노, 앞의 글, 199).

우리는 절대상품의 세계에 살고 있다. 그러므로 예술의 자율성을 낡은 사고라 조롱하며 모든 것을 문화라는 범주에 쓸어 담고 자본주의 문화를 분석하겠다는 '문화연구'의 프로젝트는 의심스러운 것이 된다. 또한 공공예술이나 사회참여예술, 공동체예술과 같은 것을 실천한다고 해서 예술의 자율성이라는 이데올로기를 뛰어넘은 것은 아니다. 자본주의가 삶의 모든 영역을 지배하는 세계에서 상품화의 원리가 그 사회의 모순을 이해하는 원리로서 요청되는 것은 이런 혼란 때문일 것이다.[25]

25_ Stewart Matin, op. cit., 15-17.

새로운 대중의 등장과 포퓰리즘

정병기 | 영남대학교 정치외교학과

한국은 산업화 이후 경제가 빠르게 성장했고 민주화 이후 정치도 압축적으로 성장했다. 특히 2016~17년 촛불집회에서 보았듯이 민주주의의 압축적 발전에 따라 대중의 모습도 빠르게 변했다. 민주화 이전 민족과 민중의 모습으로 나타났던 대중은, 민주화 이후 시민과 계급이 중심을 이루다가, 2000년대 촛불집회 이후에는 다중의 모습으로 나타난다.

한국 대중의 모습도 선진 민주주의 국가들에서 일어난 대중의 변화 과정을 압축한 것으로 볼 수 있다. 그 끝에 자리한 2016~17년 촛불집회가 2000년대 이후 미국과 서구에서 나타난 정동적 다중의 모습과 다르지 않은 것은 이러한 발전의 결과다. 정동적 다중의 등장은 근대적 민주주의인 대의민주주의가 공고화된 사회에서 나타나는 보편적 현상의 하나라고 할 수 있다.

이 글은 이와 같은 대중의 모습과 변화를 대중에 관한 이론적 논의와 새로운 개인주의 및 포퓰리즘과 함께 살펴보고자 한다. 새로운 개인주의와 포퓰리즘은 역사적 변화뿐만 아니라 대중의 최근 모습과 성격 및 행태까지 설명할 수 있기 때문이다.

대중의 개념과 변화

대중(mass)의 어원은 빵을 굽기 위한 보릿가루 반죽을 말하는 고대 그리스어 'maza'로 알려져 있다. 이 어원에 입각해 많은 학자들이 대중을 집단적·육체적으로 집결한 무리로 간주한다. 최근에 연구를 수행한 군터 게바우어와 스벤 뤼커도 대중을 다양한 계층으로 구성되지만 공동의 목표를 지향하고 육체적 행동을 하는 집결한 사람들 무리로 보았다.[1] 그러나 집결성과 육체적 행동(특히 가시적 형태의 육체적 집결과 같은 행동)은 필수적 요건이라고 보기 어렵다.[2] 인터넷 대중뿐만 아니라 과거의 대중도 다양한 방식의 소통을 통해 가시적으로 집결하기 전에 이미 공동의 목표를 지향하는 다양한 사람들 무리라면 대중으로 볼 수 있기 때문이다. 실제로 민족이나 민중, 계급/계층이나 시민 같은 추상적 개념의 무리도 대중으로 간주해 논의되어 왔다. 그러므로 우리는 대중을 공통의 목표를 지향하는 다양한 사람들의 무리 정도로 이해하고, 그 구체적 모습은 추상적일 수도 있음을 인정할 필요가 있다.

가시적 집결의 형태로 간주할 때 대중은 종종 군중과 혼동된다. 대중 연구의 한 획을 그은 엘리아스 카네티가 대중을 군중과 구별하지 않고 "군중[대중]은 밀집 상태를 사랑한다."[3]고 규정한 것도 그러한 오류의 하나다. 심지어 게바우어와 뤼커조차도 "엘리아스 카네티의 『군중과 권력』이 1960년대에 나온 이후로는 근본적이고 새로운 논문은 거의 나오지 않았다. 르봉, 타르드, 프로이트, 오르테가의 전통적인 대중 이론들 이후에 발표된 논문은 그들의 명제를 재구성하고, 기껏해야 그것을 새로운 역사적 여건에 맞게 만들었을 뿐이다"[4]라고 개탄했다.

이처럼 1960년대까지 대중은 대개 가시적 집결의 양상을 띤 군중과 구별되지 않음으로써 부정적 의미에 한정되었다. 대중이 비이성적 힘의 지배를

1_ 그 밖에도 일상생활에서 벗어난 변화, 즉흥성, 정서적 반응, 구별 짓기와 상대적 개방성, 폭력성, 양면 가치(폭동성과 해방 지향성)를 필수 기준으로 설정한다. 군터 게바우어·스벤 뤼커, 『새로운 대중의 탄생』, 염정용 옮김, 21세기북스, 2020, 28-31.

2_ 이하 대중 개념에 대해서는 정병기, 「현대시조에 나타난 대중의 성격」, 『시조학논총』 제55집 2호, 2021, 167-192 참조

3_ 엘리아스 카네티, 『군중과 권력』, 강두식·박병덕 옮김, 바다출판사, 2002, 37.

4_ 군터 게바우어·스벤 뤼커, 앞의 책, 26.

받는다고 본 귀스타르 르 봉과 가브리엘 타르드, 지도자와 대중의 관계를 리비도의 관계로 본 프로이트, 대중을 도덕이 없는 존재로 본 오르테가 이 가세트, 그리고 '고독한 군중'을 설파한 데이비드 리스먼과 독점 자본주의 사회 안에서 자동인형처럼 되어가는 일차원적 인간을 경계한 허버트 마르쿠제 등에게서 자유를 추구하는 주체적 대중의 모습을 찾기는 어렵다.[5] 이들에게 있어 자유를 신장하는 정치 사회적 혁명은 깨어 있는 소수들을 통해서만 가능하다.

그러나 68혁명으로 상징되는 1960년대를 지나 인터넷 정보 사회에 도달한 지금은 대중의 주체적 움직임들이 다양하게 포착되고 있다. 하워드 라인골드가 대중에게서 대안 미디어를 활성화하고 대항 공공영역을 확장할 수 있는 주체의 모습을 본 것과, 하트와 네그리가 지구적 자본에 저항하는 다중(multitude)을 표상해낸 것이 대표적 예다.[6] 이후 국내외적으로 주체적 대중의 역능에 대한 기대는 이러한 논의를 더욱 심화시켰다.

대중의 개념을 최근의 현실에 맞게 설정하려면 이와 같은 엄격한 요건들을 걷어내고 최소주의로 접근할 필요가 있다. 그러므로 대중을 '공동의 목표를 지향하며 다양한 계층으로 구성되는 집결한 사람들의 무리'로 규정하는 것은 적절하다. 이때 공동의 목표는 추상적 이념의 수준까지 포함하며, 집결의 양상도 네티즌과 같은 비가시적 양태까지를 포함한다.

최소 개념으로 접근할 때, 2차 대전 이후 현대사회의 대중은 민족, 민중, 계급/계층, 시민, 다중의 양상으로 변해왔음을 알 수 있다. 대중 개념은 물론

5_ 귀스타브 르 봉, 『군중 심리』, 이상돈 옮김, 간디서원, 2005; 가브리엘 타르드, 『여론과 군중』, 이상률 옮김, 이책, 2015; Sigmund Freud, *Massenpsychologie und Ich-Analyse*, Einleitung von Reimut Reiche, 8. unveränd. Aufl. (Frankfurt a. M.: Fischer-Taschenbuch-Verlag, 2007); 오르테가 이 가세트, 『대중의 반역』, 황보영조 옮김, 역사비평사, 2005; 데이비드 리스먼, 『고독한 군중』, 이상률 옮김, 문예출판사, 1999; H. 마르쿠제, 『일차원적 인간: 선진산업사회의 이데올로기 연구』(제2판, 박병진 옮김, 한마음사, 1999; 윤수종, 『네그리 · 하트의 「제국」 · 「다중」 · 「공통체」 읽기: 제국과 대중 그리고 공통의 부』, 세창미디어, 2014, 115.
6_ 하워드 라인골드, 『참여 군중』, 이운경 옮김, 황금가지, 2003; Michael Hardt & Antonio Negri, *Empire* (Cambridge, Mass.: Harvard University Press, 2000); 조동원, 「융합 미디어 환경에서의 대중 주체의 변화」, 『진보평론』 제28호, 2006년 여름, 60-78.

소규모 집단의 무리를 배제하지 않는다. 하지만 이 글에서 대중은 한 공동체 내에서 다수를 이루는 무리를 지칭하며, 이것은 주로 '보통 사람들'이라는 말로도 이해할 수 있다. 또한 이 양상들은 모두 대립하는 존재를 가정한다. 민족은 민족들 간 혹은 제국에 대해, 민중은 독재 권력에 대해 대립하고, 계급/계층은 부르주아지/부유층과 프롤레타리아트/서민층의 대립으로 나타나며, 시민은 정치권력에 대해 참여나 비판의 방식으로 대립하고, 다중은 자본이라는 제국(帝國)에 저항한다.

특히 2000년대 이후 '포스트포퓰리즘',[7] '아나코포퓰리즘'[8] 등으로 지칭되기도 하는 프랑스 '노란 조끼 운동'이나 스페인 '분노하는 사람들', 한국 촛불집회 등에서 대중은 개인의 다원성을 토대로 탈집단주의 성격을 보이며 플래시몹과 유사한 방식의 행동 양상을 띠어 네그리와 하트의 다중을 넘어선다. 하나의 집단적 정체성으로 규정할 수 없는 이 대중은 다양한 방식의 집단행동에 참여하더라도 자신의 다원적 정체성을 잃지 않으며 일상생활과 집단행동을 구분하지 않는다. 또한 분노 같은 사회적 감정의 전이를 행동으로 표출하는 데 시간 지체를 두지 않음으로써 정동(affect)적 다중으로서 수행성의 정치 행태를 보인다.

새로운 개인주의와 정동적 다중

2000년대 이후 정동적 다중의 성격은 이졸데 카림의 '제3세대 개인주의' 논의[9]를 통해 적절히 파악할 수 있다. 카림은 개인주의를 세 세대로 나누어

7_ 정병기, 『포퓰리즘』, 커뮤니케이션북스, 2021.

8_ Paolo Gerbaudo, *The Mask and the Flag: Populism, Citizenism and Global Protest* (London: Hurst Publishers, 2017); 오창룡, 「프랑스의 아나코 포퓰리즘: 노란조끼운동을 중심으로」, 『유럽연구』 제39권 4호, 2021, 227-251.

9_ 이졸데 카림, 『나와 타자들』, 이승희 옮김, 민음사, 2019. 이하 이 책에서의 인용은 본문에 그 쪽수를 표시한다.

파악한다. 이른바 '개인주의 시대'라 불렸던 1800년대부터 1960년대까지를 제1세대로 보고, 1960년대를 전환기로 해 이후부터 2000년대까지를 제2세대로 부르며, 2000년대 이후를 제3세대로 간주한다.

제1세대 개인주의는 '개인주의 시대'라는 명칭과 달리 모든 개인을 동등하게 만든 모순된 개인주의라는 것이 카림의 판단이다(46, 51, 146). 당시 개인은 민주주의 질서의 투표자이자 법적 주체로서 구체적 특징이 배제된 추상화된 주체일 뿐이었기 때문이다. 1세대 개인주의에서 개인은 거대 조직들에 자신을 변화시키는 일을 맡겼다. 예를 들어 개인은 당원이나 동지의 일체감을 형성해 자신을 변화시키는 정당이나 조합에 가입했다. 이때 개인의 참여는 집단 안에 녹아드는 것을 의미했으므로 민족이나 민중, 계급 같은 거대 집단의 정체성이 대중을 형성했다. 한국에서 국민국가 성립과 근대 민주주의 확립의 시기였던 1980년대까지가 제1세대 개인주의에 해당하는 것은 의심의 여지가 없다. 하지만 압축적 발전의 영향으로 민주화 이후 촛불집회 이전까지 제1세대 개인주의는 제2세대 개인주의와 중첩되었으며, 그 중첩의 정도는 서구에 비해 더 심했다고 할 수 있다.

제2세대 개인주의는 1960년대 전환기를 거쳐 68혁명을 통해 가시적으로 자신들의 정체성을 분출했다(47, 49-53, 146-147). 제1세대 개인주의의 삶의 양식과 표현을 거부하고 자기만의 새로운 길을 택한 제2세대 개인주의는 이른바 '정체성의 정치'를 통해 정치의 장에 등장했다. 거대 집단적 정체성을 거부한다는 점에서 이 정치는 새로운 정체성을 추구한 것이기도 했다. 제2세대는 지금 그대로의 자신으로서 인정받기 위해 싸우며, 기존의 거대 집단은 차이를 강조하는 더 작은 집단과 단체들에 의해 해체된다. 제2세대 개인주의에서 참여는 신사회 운동에서 전형적으로 드러나듯이 자기 자신(예를 들어 여성, 동성애자, 흑인 등)으로서 정치 주체가 되는 것을 의미했다. 제1세대 개인주의의 참여가 거대 집단의 부분이 되는 것이었다면, 제2세대 개인주의의 참여는 인정받는 정치 주체가 되는 것이다. 한국에서 제2세대 개인주의는 전술했듯이 압축적 발전의 영향으로 민주화 이후 계급과 시민이 중심이 된 대중에게서 동시에 나타났다. 다만 1990년대 신사회 운동이 확산되면서 본격적으로 강화되었다고 할 수 있다.

2000년대 이후 현재는 제3세대 개인주의로 설명된다(47, 53-64, 148-151, 165-184). 한국에서도 2000년대 중후반 촛불집회를 거치면서 서구의 개인주의와 크게 다르지 않은 모습을 보인다. 카림에 따르면, 제3세대 개인주의는 다원화된 개인주의로도 불리는 새로운 개인주의다. 물론 세 세대의 개인주의는 어떤 세대든 이전 세대 개인주의가 모두 사라지고 등장한 것이 아니다. 제2세대 개인주의 시기에 제1세대 개인주의가 잔존했으며, 현재는 세 개인주의가 병존하고 있다. 등장 시기 외에 다른 것이 또 있다면, 그것은 무엇이 주류가 되는가에 따라 세대 명칭이 바뀐다는 것이다. 특히 제3세대 개인주의는 제2세대 개인주의와 구별하기 어렵다. 그 핵심적인 공통점이 다원화와 작아진 자아인데, 이것은 현재의 개인주의를 굳이 제2세대와 구별해 제3세대로 부를 수 있는가 하는 의문이 생기게도 한다.

제1세대 개인주의에서는 기관과 교육 및 규율을 통해 거대 집단의 일부로 주체가 변하는 것이 중요했다. 제2세대 개인주의에서는 성별이나 기타 소수자 집단 같은 본질적으로 주어진 특징과 함께 주체를 바꾸지 않는 게 중요했다. 개인주의의 기본 단위인 개인 혹은 자아의 본질적인 차원으로 근접하며 규모가 작아진 것이다. 제3세대 개인주의는 개인의 단위가 더 작아진다. 하지만 여기에서 그치지 않고 개인은 분열되고 우연성과 불확실성의 경험을 수용할 뿐 아니라 원칙적인 개방성까지 허용한다.

이때 주의할 것은 제3세대 개인주의의 분열된 개인이 각자도생이나 고립된 개인을 의미하는 원자화된 개인이 아니라는 것이다. 원자화된 개인은 신자유주의적 주체로서 각자의 직업적 성취라는 궤도만 따라가는 '홀로 주체적' 개인이라면, 제3세대 개인주의의 다원화된 개인은 소속 집단의 규모가 더 작고 다원화되었을 뿐, 집단 내에서는 '서로 주체적(상호 주체적)'으로 인식하며 행동한다.[10] 다시 말해 국가나 정당 같은 거대 집단 외에도 시민단체 같은 소규모 집단에도 속할 뿐 아니라, 동호회 같은 미시적 집단에도 속한다는 것이다. 그리고 더 중요한 것은 미시 집단적 정체성이 더 큰 단위 집단의 정체성보다 결코 덜 중요하지 않으며, 소속 미시 집단도 여러 개여서 복합적 정체성을 갖는다는 것이다. 신자유주의적 주체가 보는 사회가 고립된 개인들의 집합이라면, 제3세대 개인주의의 다원화된 개인이 보는 사회는 수많은 정체성들이 공존하는 집단들 간 네트워크다.

3세대 개인주의에서 개인들의 참여는 '월가 점거 운동(Occupy)'과 한국의 촛불집회 등에서 분명하게 나타난다. 참여에 대해 주체가 느끼는 주관적 단계가 중시되어 단순한 소속감을 넘어 인정받으며 고려 받는다는 느낌과 감정이 중요하다. 구체적인 개체성을 지닌 채 참여한다는 '완전 참여를 향한 열망'이 제3세대 개인주의의 정치 형식이라는 것이다. 이 완전 참여는 집단이나 계급 혹은 정당과 같은 어떤 보편에 의해 대변되지 않고 자신의 구체적인 개체성 안에서 온전한 개인인 자기 자신으로 존재할 때 가능하다.

주체에게 있는 차이와 변화를 낳고 관계와 집합을 만드는 근원적인 힘을 정동이라 할 때,[11] 제3세대 개인주의의 다원화된 개인은 많은 조우와 관계 속에서 기쁨과 슬픔, 환희와 고통의 정동 작용을 거치며 개체적이면서도 집합적인 삶을 이루는 정동적 다중으로 현상한다.[12] 2000년대 이후 네트워크 중심적이고 융복합적이며 가상과 실제의 경계를 자유롭게 횡단하는 양상을 보이는 한국의 대중도 정동적 다중의 적절한 예가 된다.[13] 물론 정동과 마찬가지로 제3세대 개인주의의 등장이 반드시 진보를 의미하는 것은 아니다(181-184).

10_ '홀로 주체'와 '서로 주체'에 관한 논의는 김학노, 「서로주체적 헤게모니」, 『한국정치학회보』 제45집 5호, 2011, 53-79 참조.
11_ 브라이언 마수미, 『정동 정치』, 조성훈 옮김, 갈무리, 2018, 13.
12_ 김예란, 『마음의 말: 정동의 사회적 삶』, 컬처룩, 2020, 40.
13_ 김성일, 『대중의 계보학: 모던 걸에서 촛불 소녀까지, 대중 실천의 역사와 새로운 대중의 시대』, 이매진, 2014, 232-235.

앞에서 보았듯이 신자유주의화에 의해 침식될 때 원자화된 개인으로 치달을 수도 있으며, 정치적 관리를 위해 동원될 때 극우 포퓰리즘적 군중으로 변할 수도 있다.

새로운 개인주의와 포퓰리즘

카림은 '새로운 개인주의'의 등장을 주창하며 그 부정적 흐름으로 생겨날 포퓰리즘 강화를 우려했다. 그러나 그의 포퓰리즘(populism) 개념은 사실상 포퓰러리즘(popularism, 대중인기영합주의)을 지칭하는 것으로 포퓰리즘의 본래적 의미나 긍정적 측면을 간과했다. 포퓰리즘이 포퓰러리즘과 혼동될 때는 포퓰리즘이 주로 대중적 인기와 지지를 위해 유권자를 선동하거나 동원하는 수단으로 사용될 경우다.

포퓰리즘은 복잡하면서도 실체가 불분명한 현상으로 오랫동안 인식되어 왔다. '신데렐라의 구두'[14]라는 표현이 그 대표적 비유다. 그러나 복잡하고 다양한 현상들 속에서도 핵심적 공통점은 존재하며, 이 공통점에 입각해 최소 정의를 내린다면 그 의미를 포착하는 데는 무리가 없을 것이다. 카스 무데와 크리스토발 로비라 칼트바서가 이러한 정의를 성공적으로 시도했는데, 이들에 따르면 포퓰리즘은 "사회가 궁극적으로 서로 적대하는 동질적인 두 진영으로, 즉 '순수한 민중'과 '부패한 엘리트'로 나뉜다고 여기고 정치란 민중의 일반의지의 표현이어야 한다고 주장하는, 중심이 얇은(thin-centered) 이데올로기"다.[15]

하지만 무데와 칼트바서의 정의도 최근 남부 유럽의 새로운 좌파 포퓰리즘을 설명할 수 없고, 역사적으로 변해온 포퓰리즘 현상들을 구별할 수 있는 준거점이 되기는 어렵다. 인민의 일반의지(volonté générale)와 순수성을 가정함

14_ Yves Mény and Yves Surel, eds., *Democracies and the Populist Challenge* (New York: Palgrave, 2002), 3.
15_ 카스 무데, 크리스토발 로비라 칼트바서, 『포퓰리즘』, 이재만 옮김, 교유서가, 2019, 15-16.

으로써 다원주의적 포퓰리즘을 간과하고, 부차적 설명에 불과한 '약한 이데올로기성'을 불필요하게 추가한 점이 그것이다. 이 두 요건을 삭제하면 포퓰리즘은 "사회를 인민과 엘리트라는 두 진영의 적대 구도로 파악하며 정치는 인민의 의사를 가능한 한 직접적으로 반영해야 한다고 주장하는 이념"이라고 더 최소화하여 정의할 수 있다.[16] 이 정의에 따르면, 인민과 엘리트의 대립 구도라는 사회관과 엘리트에 대항하는 인민 의사 대변이라는 정치관이 포퓰리즘의 기본 요건이다.

포퓰리즘을 포퓰러리즘과 혼동하는 것도 이 최소 정의로 설명할 수 있다. 이 혼동은 무지의 결과이기도 하지만 의도적인 공격일 가능성도 있다. 대의민주주의가 기성 질서로 자리 잡고 '대의하는 계층'이 '독자적 집단'을 이루어 특권과 권위를 장악한 엘리트 집단으로 고착화된다면 대의제는 더 이상 민주주의가 아니게 된다. 대의민주주의에서 대의제와 민주주의가 분리됨으로써 대의제는 새로운 계급 사회를 의미하게 되어 민주주의를 주장하는 피억압 계층의 도전에 직면하게 될 것이라는 얘기다. 이 도전을 두려워하는 계층은 대의제의 특권 계층인 엘리트 집단이며, 이 도전을 근거 짓는 이념이 포퓰리즘이다. 그에 따라 엘리트 집단은 포퓰리즘을 포퓰러리즘으로 매도하며 공격할 수밖에 없다.

위의 최소 정의로 포퓰리즘의 역사적 유형을 구분하면, 크게 고전 포퓰리즘과 현대 포퓰리즘으로 나눌 수 있으며, 현대 포퓰리즘의 경우는 한국사회에도 적용 가능하다. 고전 포퓰리즘은 주로 19세기 중후반 러시아와 미국에서 생겨나 일시적으로 존재했던 농민 중심 포퓰리즘을 지칭하는 것이므로 현대 포퓰리즘의 기원을 이룬다. 현대 포퓰리즘은 다시 구포퓰리즘(paleopopulism)과 신포퓰리즘(neopopulism) 및 포스트포퓰리즘(postpopulism)으로 나뉜다.[17]

구포퓰리즘은 1920/30년대 경제 공황에서 발흥한 나치즘이나 파시즘 혹

16_ 정병기, 『포퓰리즘』.
17_ 이하 포퓰리즘에 대해서는 같은 책 참조

은 라틴아메리카의 민중주의를 지칭하며, 신포퓰리즘은 1970/80년대 포드주의 축적체제의 위기에서 생겨나 신자유주의 세계화 시기에 더 강화된 유럽 극우 포퓰리즘이나 라틴아메리카 신자유주의 포퓰리즘 등이다. 그리고 포스트포퓰리즘은 2000년대 이후 신자유주의 세계화가 절정에 달하면서 새로운 경제위기가 발생한 시기에 남부 유럽 등지의 다양한 대중운동에 기반해 발흥한 새로운 포퓰리즘을 의미한다.

세 유형의 포퓰리즘은 최소 정의의 요건인 사회관과 정치관을 유지하지만, 인민의 성격과 정치질서에 대한 관점을 달리한다. 구포퓰리즘에서 인민의 범주는 농민에서 대중으로 확대되고, 이상적 정치 질서는 카리스마적 지도자를 통해 대중의 이익을 반영하는 지도자 중심의 유기체적 집단주의 질서다. 그러므로 인민은 일반의지를 가진 집단주의 성격을 띠며, 대의민주주의는 부정된다. 반면 신포퓰리즘은 인민을 집단주의적 대중으로 파악한다는 점에서 구포퓰리즘과 동일하지만, 정치 질서에 대한 관점은 유연해져 대의민주주의를 수용한다.

포스트포퓰리즘은 대의 정치를 수용할 뿐 아니라 인민에 대한 인식에서도 집단주의를 포기하고 개인주의를 수용한다는 점에서 기존 포퓰리즘과 크게 다르다. 특히 개인주의를 수용한다는 점에서 포스트포퓰리즘은 엘리트와 인민의 대립 구도라는 사회관에 일정하게 균열을 일으킨다. 포스트포퓰리즘에서 인민은 대중이라기보다 다양한 정체성을 가진 여러 개인이나 집단으로 구성된 다중의 개념과 가깝기 때문이다. 하지만 포퓰리즘 사회관을 완전히 벗어나는 것은 아니어서 여전히 최소 정의의 기본 요건을 충족시킨다. 포스트(post)라는 접두사가 '후기'라는 연속과 '탈'이라는 단절을 동시에 의미하지만, 포스트포퓰리즘은 단절성보다 연속성을 더 띠고 있어 굳이 번역하자면 '탈-포퓰리즘'보다는 '후기-포퓰리즘'이 더 어울린다. 달리 말해 '포퓰리즘을 극복하려는 포퓰리즘'이라고 할 수도 있다.

신자유주의 세계화 이후 새로운 개인주의 성향의 대중은 신자유주의 세계화에 포섭된 원자화된 개인을 제외하면 대의민주주의의 한계로 인해 점차 포퓰리즘과 결합하는 양상을 보인다. 그 한쪽 극단이 극우와 결합한 극우 포퓰리즘이며, 다른 한쪽 극단이 좌파와 결합한 좌파 포퓰리즘[18]인데, 이 좌파 포퓰리즘이 포스트포퓰리즘에 가장 근접한 것이다. 하지만 앞에서 얘기했듯 이 포스트포퓰리즘도 반드시 좌파와만 결합하지는 않는다. 최근 프랑스 국민 연합 같은 우파 정당들과 이탈리아 오성운동 같이 중도파에 가까운 정당들도 포스트포퓰리즘 경향을 보이고 있다.

한국사회 포퓰리스트 대중의 규모와 성격

한국에서 제3세대 개인주의는 2008년 촛불집회에서부터 가시화되어 2016~17년 촛불집회에서 더욱 명백해졌다.[19] 참여에 대한 개인적 동기와 경로가 집단이나 단체를 통한 것보다 비중이 높았으며, 그 참여도 대부분 자발적이었다. 물론 기존 거대 집단들의 참여가 미약하다고 할 수는 없지만, 과거에 비해 소규모 집단이나 개인적 차원의 참여가 두드러진 것은 사실이다. 또한 지도자를 거부하는 개인들의 조합이 뚜렷하게 나타났으며, 정동적 다중의 완전 참여 욕구가 분출되는 모습을 보였다.

이러한 새로운 개인주의 경향은 포스트포퓰리즘 성향의 증가와도 관련된다. 필자가 참여해 실시한 한 설문조사에 따르면, 한국에서 포퓰리스트로 분류되는 사람은 41.2%에 달했다.[20] 그중 포퓰리즘의 최소 정의를 충족하고 포퓰리즘적 대립 구도를 해소해 궁극적으로 포퓰리즘을 극복하려는 집단을 잠

18_ Chantal Mouffe, *For a Left Populism* (New York and London: Verso, 2018).
19_ 정병기, 「2016~2017년 촛불 집회의 성격: 1987년 6월 항쟁 및 2008년 촛불 집회와의 비교」, 『동향과 전망』 통권 제104호, 2018, 318-343.
20_ 정병기·도묘연, 「한국의 대중과 포퓰리즘: 제21대 총선 유권자 설문 조사를 중심으로」, 『동향과 전망』 통권 제112호, 2021, 188-235. 성별, 나이, 지역 등의 인구통계학적 특성을 고려한 비례층화 방식으로 표본을 추출하여 2020년 4월 20일부터 4월 28일까지 1,683명을 대상으로 조사를 수행했다.

재적 표퓰리즘으로 구분했다. 이들은 포퓰리즘 해소가 어렵다고 판단할 때에 한해 포퓰리즘적 선택을 하기 때문이다. 잠재적 포퓰리스트의 비율은 9.4%였으며, 이들을 제외한 현재적(顯在的) 포퓰리스트는 31.8%였다. 특히 31.8%라는 비율은 대선에서 3명 이상의 후보가 나올 때 당선에 근접한 득표율이 된다는 점에서 무시할 수 없는 수치다.

현재적 포퓰리스트 내에서 다시 세 유형을 구분해 보면, 전체 응답자와 비교해 구포퓰리스트가 1.7%(현재적 포퓰리스트의 5.2%), 신포퓰리스트가 4.6% (현재적 포퓰리스트의 14.4%), 포스트포퓰리스트가 25.5%(현재적 포퓰리스트의 80.4%)였다. 한국에서 현재적 포퓰리즘 성향의 국민은 대부분 포스트포퓰리스트라고 할 수 있다.

하지만 이와 같이 한국에서 포퓰리스트 전체의 비중이 낮지 않으며 특히 포스트포퓰리스트의 비중이 압도적임에도 불구하고 실제 정치에서는 서구나 남미에 비해 포퓰리스트 정당이나 정치인이 뚜렷이 등장하지 않고 있다. 포퓰리즘 투표 행태가 존재하지만, 이 투표를 수용할 만한 정치 행위자가 없다는 것이다. 물론 그동안 포퓰리즘 공방이 거세게 전개되었고 포퓰리즘 정치의 시도도 적지 않았다. 한국 대중의 포퓰리즘 성향 대부분이 포스트포퓰리즘이라는 점으로 볼 때, 이러한 공방과 시도들은 포스트포퓰리즘과 어울리지 않았다고 볼 수 있다.

대중적 요구와 정치적 반응이 일치하지 못하는 것에는 구조적 요인도 작용한다. 분단이라는 요인 외에도 지역주의 등 한국 정당정치사의 고유한 정치 균열 구조가 강하게 남아 있기 때문이다. 이 요인들이 상당할 정도로 약해지거나 해소되지 않는다면, 포퓰리즘이든 포스트포퓰리즘이든 주요 정치적 흐름으로 등장하기는 어려울 것이다.

압축적인 발전도 한 가지 요인이 된다. 압축적으로 발전하는 사회에서는 계층 상승의 사다리가 아직 사라지지 않았거나 적어도 그렇다고 믿는 사람이 많다. 한국은 민주주의와 경제가 압축적으로 발전해 이제는 국제적으로도 선진국으로 인정되고 있다. 그에 따라 계층 상승의 기회는 크게 좁아지거나 대부분 사라져 이른바 '안정된(경직된)' 계층 구조를 이루고 있음에도 불구하고 압축적 발전 과정을 직접 경험한 대중들은 엘리트와 인민의 대립 구도를 인정하면서도 여전히 계층 상승이 가능하리라는 기대를 버리지 않고 있다. 그에 따라 자신도 언젠가 엘리트층에 진입하리라는 희망을 가지고 있어 새로운 개인주의와 포스트포퓰리즘 성향이 실제 투표 행위로 이어지지 않는 것이다.

하지만 한국에서도 이미 엘리트 대의 정치의 한계와 계층 상승의 환상이 속속 밝혀지고 있다. 대의제와 민주주의의 불안한 결합에 생겨난 틈이 더욱 커져 가는 것이다. 하지만 새로운 개인주의가 원자화된 개인을 양산할 가능성이 없지 않고, 포퓰리즘은 약한 이데올로기성으로 인해 보수나 우파와도 결합이 가능하다. 새로운 개인주의에 기반한 포스트포퓰리즘도 역시 체제 이데올로기와 결합해 엘리트뿐 아니라 다른 소수자 집단까지 배제하는 배타적 포퓰리즘으로 발전할 수 있다.

포퓰리즘이 상정하는 대립 구도는 자본주의 사회의 본질적 측면이라기보다 대의제의 모순과 관련된 구체적 측면으로서 현상적(現象的) 측면의 하나다. 포퓰리즘 현상을 경시해서도 안 되지만 근본 모순을 극복할 수 있는 이념으로 착각해서도 안 될 것이다. 포퓰리즘은 엘리트와 인민의 대립 구도를 해소하기보다 이를 기정사실로 인정하고 그 구도가 온존하는 가운데 엘리트에 대항해 인민을 대변한다는 이념이다. 엘리트를 해체하는 것이 아니라 인민을 제대로 대변하는 엘리트를 선택한다는 자가당착적 논리를 배태한 것이다. 포퓰리즘의 이데올로기성이 약한 것은 엘리트와 인민의 대립 구도에 대한 근본적 탐구가 없기 때문이기도 하지만 이 대립 구도가 사라진 사회를 상정하지 않기 때문이다. 두 집단의 대립이 갖는 근본 성격을 규명하고 그 대립 구도가 궁극적으로 사라진 자치 질서를 상정하는 이데올로기와 결합할 때 포퓰리즘은 유용할 수 있다.

2세대 인권운동의 사회권 담론과 그 이론적 기반의 동요

정정훈 | 서교인문사회연구실

1. 들어가며

1970년대 유신정권의 폭압과 더불어 시작된 한국의 인권운동은 반독재 민주화운동 부문운동으로 활동하였고 이는 1980년대 변혁운동의 시대에서도 일관된 성격이었다고 할 수 있다. 그러나 1990년대 이후 인권운동에서 중요한 전환이 이루어진다. 1990년대 초 국제적으로 역사적 사회주의의 몰락과 국내적으로 문민정부의 개혁이라는 정세는 자본주의 체제의 전복과 국가권력의 재구조화로 집약할 수 있는 80년대적 변혁운동 노선의 재구성을 촉발하게 된다. 이러한 흐름 가운데 민주화운동 및 변혁운동의 부문운동이라는 기존의 인권운동과는 차별화된 흐름을 보이는 새로운 인권운동이 출현하게 된다. 이 글에서는 이 새로운 경향의 인권운동을 2세대 인권운동으로 명명한다.

이 글은 2세대 인권단체의 사회권운동이 전개되어간 과정을 통해서 2세대 인권운동의 이론적 기반이 어떻게 구축되었는가를 살펴보고 그 한계를 분석하고자 한다. 2세대 인권운동의 이론적 기반은 반자본주의적 변혁운동론과 국제인권레짐[1]에 근간을 둔 인권규범이라는 계기가 착종됨으로써 형성되었지만[2] 그 두 계기의 착종은 변증법적으로 지양되지 못했다. 이로 인해

1_ 국제인권레짐이란 '국제사회에서 인권기준의 정립과 관철에 관한 절체와 기제'를 의미한다. 이재승, 「민주화 이후 인권문제의 전개 양상」, 『한국 민주주의의 현실과 도전: 6월 민주항쟁 20주년 기념 토론회 자료집』, 민주화운동기념사업회, 2007.

2세대 인권운동의 이론적 기반은 모호해지거나 동요하는 상태에 처하게 된다. 특히 2세대 인권운동의 사회권담론은 이를 분명하게 보여준다. 가장 근본적인 차원에서 2세대 인권운동의 사회권 담론은 국제인권규범에 근거한 '규범기반접근(norm-based approach)'과 신자유주의 혹은 자본주의의 억압 구조에 대한 비판에 입각한 '구조기반접근(structure-based approach)'의 성격을 동시에 가지고 있다.

규범기반접근이란 '경제적, 사회적, 문화적 권리에 관한 국제협약(A규약)' '사회권규약 이행에 관한 림버그 원칙' '경제적, 사회적, 문화적 권리의 침해에 관한 마스트리히트 가이드라인' 그리고 사회권에 관한 '일반논평' 등과 같은 국제인권규범에 비추어 국내의 사회권 상황을 평가하고 국내의 사회권 실현 방향을 그에 입각하여 상정하는 사회권 이해 방식이다.

반면 구조기반접근이란 사회권의 침해 및 박탈로 인하여 사람들이 빈곤, 실업, 질병 등의 고통을 겪는 원인이 자본주의 시장경제 체제의 착취, 경쟁지상주의, 이윤중심주의, 그리고 축적의 위기 등과 같은 사회·경제적 구조로부터 비롯되기에 이러한 구조를 변혁하여야 착취가 없고 경쟁보다는 협동이 이루어지며 이윤보다는 인간의 권리를 중시하는 사회·경제적 구조가 만들어지고 사회권이 보장될 수 있다는 사회권 이해 방식이다.

2세대 인권단체의 사회권담론은 규범기반접근과 구조기반접근이 착종되어 구축되었지만 사회권운동이 구체적으로 전개되면서는 시기별로 우위를 점하는 접근방식은 변화되어 갔지만 사회권에 대한 두 접근 사이의 체계적 종합은 이루어지지 않았다. 이로 인해 2세대 인권운동의 사회권담론은 두 접근 사이에서 동요하며 일관된 사회권운동 이론을 구성해내지 못하게 되는 한계

2_ 2세대 인권운동의 형성 계기에 대해서는 다음을 참조하라. 정정훈, 「한국 진보적 인권운동의 형성 과정과 그 성격」, 『한국 진보적 인권운동사의 쟁점들 토론회 자료집』, 서교인문사회연구실 인권운동사연구팀, 2017; 2세대 인권운동의 전개과정 전반에 대해서는 다음을 참조하라. 정정훈, 「변혁을 위한 새로운 시도들: 한국 2세대 인권운동의 전개 과정과 남겨진 과제」, 『인권운동』 창간호, 2018.

에 이르게 되었다. 이 글은 이러한 관점에서 2세대 인권운동의 사회권담론에 대한 분석을 통해 2세대 인권운동이 생산한 사회권담론의 특징을 살펴보고, 그 내적 한계의 원인을 밝히고자 한다.

2. 사회권 담론에서 규범접근의 우위

2세대 인권운동의 초창기 사회권담론은 사회권에 대한 구조기반접근과 규범기반접근이 착종된 상태에서 형성되었음을 가장 전형적으로 보여주는 문서가 『인간답게 살 권리: IMF 이후 사회권 실태 보고서』[3]이다. 다양한 의제를 사회권의 관점에서 다루고 있지만 이 자료에 실린 글들은 기본적으로 인권침해의 원인을 신자유주의/자본주의라는 사회경제적 구조에서 찾고 있으며, 그 해결의 방향을 국제인권규범상의 사회권 규정을 통해서 설정하는 방식을 취하고 있다.

우선 사회권이 어떻게 개념화되고 있는가부터 살펴보자. 이 문서의 첫 번째 글인 이주영의 「왜 우리는 사회권을 이야기하는가」에 따르면 1999년 현재 "사회권은 최저한의 생존뿐만 아니라 보다 나은 삶의 질을 함께 누릴 수 있는 권리이며 여기에는 참여와 자기 결정이란 민주적 요소가 포함되는 방향으로 나아가고 있다"[4]고 제시된다. 하지만 이 글에 따르면 IMF 관리체제가 시행된 지 1년이 지나면서 한국 사회의 사회권은 퇴보하고 있고 이러한 사회권을 침해, 박탈, 유보당하는 사람들이 매우 많이 늘었다. 이 문서는 그 원인을 명백히 '신자유주의'에서 찾고 있다. "무엇이 이런 상황을 초래하는가?…'신자유주의'로 표현되는 이 같은 일련의 움직임이 갖는 공통점은 시장에 막강한 권한을 부여한다는 점이다. 반면 인간의 존엄을 유지할 생존의 권리는 시장의 자

3_ 1999년 발간된 이 문헌은 한국 인권운동의 역사에서 사회권을 최초로 체계적으로 규정하고자 했던 문헌이라고 할 수 있다.

4_ 인권운동사랑방 사회권위원회, 『인간답게 살 권리—IMF 이후 사회권실태 보고서』, 사람생각, 1999, 20. 이하 이 책에서의 인용은 본문에 그 쪽수를 표시한다.

유 앞에서 부수적 사항으로 전락한다."(23)고 진단하고 있는 것이다. 신자유주의에 의한 인간존엄성 및 생존의 권리의 부차화는 결국 "인권침해의 구조적 원인"(26)이 된다는 것이다.

그러나『인간답게 살 권리』에는 동시에 사회권에 대한 규범기반접근 역시 나타난다. 이 책에 실린 이정은의 글,「사회권의 개념과 국제사회의 논의」는 이 자료가 사회권을 어떻게 이해하고 있는지를 분명하게 보여준다. 이 글의 4절 '사회권이란 무엇인가'는「세계인권선언」전문과「경제·사회·문화적 권리에 관한 국제조약」(이하「사회권조약」)의 11조 1항의 사회권 개념 인용으로 시작한다. 이 글에 따르면 "여기서부터 사회권은 출발한다"(54).

그런데 자본주의 경제 질서는 그 원리상「사회권조약」과 충돌한다. "자본주의 체제에서는 불가피하게 기본적인 삶을 유지할 생존의 권리도 부정"되기 때문이고 특히 현재의 "신자유주의 경제논리는 사회적 권리의 내용마저 무너뜨리고"(55) 있기 때문이다. 다시 말해서, 근본적으로는 자본주의, 직접적으로는 신자유주의가 파괴하는 사회권이란「세계인권선언」이나「사회권조약」과 같은 국제인권규범이 규정하는 사회권이라는 뜻이다. 그러므로 사회권을 방어하고 확보하는 것이 당대 인권운동의 주요한 과제가 된다. 다시 말해, "인권의 내용을 충실히 하기 위해서는 무엇보다도 공정한 사회적·경제적 구조가 뒷받침되어야 한다"(66).

이는 분명 구조기반접근의 시각을 보여주는 논의이지만, "인권의 내용"을 담보할 수 있는 "사회적·경제적 구조"를 구축하기 위한 사회권운동의 근거는 다시 국제인권규범이 된다. 이때 이정은이 주목하는 국제인권문헌은 1986년 유엔 총회에서 제정된「발전권선언」이다. 이정은에 따르면 "기존에 성립된 경제·사회·문화적 권리와 별도로"「발전권선언」이 만들어진 이유는 "기존의 인권개념이 개별적이고 나열적이기 때문에 발전권 속에 인권 침해와 인권 향상의 '구조적' 접근을 담기 위해서"(67)였다. 그러므로 국제인권규범으로서 사회권이 신자유주의 경제구조에 의해 심각하게 위기를 맞게 된 상황에서 「발전권선언」은 이러한 상황에 대응하고자 하는 인권운동의 중요한 준거점이 된다.

이와 같은 인식에 따르면 신자유주의 질서의 전지구화로 인해 사람들이 겪는 불평등의 심화와 빈곤 등 고통의 문제를 해석하고 가치평가하며 해결의 방향을 제공하는 기준은 발전권이라는 국제인권규범인 것이다. 이는 신자유주의나 자본주의 체제로 인해 발생하는 사회적 고통을 해석하고, 그러한 고통을 유발하는 사회구조가 변화되어야 할 근거와 방향을 제시하는 인권운동의 독자적 개념이나 이론틀이 2세대 인권운동에 국제인권기준 외에는 부재했음을 의미한다.

이러한 점에서 2세대 인권운동이 최초로 사회권에 대한 체계화된 담론을 생산한 결과물인『인간답게 살 권리』는 사회권에 대한 규범기반접근의 우위에 입각해 있다고 할 수 있다. 유엔에 의해 제정되거나 채택된 국제인권기준에 제시된 사회권 개념 및 권리목록들이 사회권의 규범적 전거로 활용되고 있으며, 그 규범에 비추어 한국사회의 신자유주의적 재편 이후 심화된 불평등과 빈곤 등의 문제를 비판하고 있는 것이다.

인권운동사랑방이 2003년 발간한『사회권규약 해설서』1권의 경우에는 규범기반접근이 더욱 강화된다. 물론 여기서 말하는 사회권은 「경제·사회·문화적 권리에 관한 국제조약」이나 「사회권규약 이행에 관한 림버그 원칙」 등과 같은 국제인권규범 상의 사회권이다. 그렇다면 유엔 사회권 문서들이 신자유주의 체제에 맞서는 저항운동의 담론적 자원으로 선택된 이유는 무엇일까? 이 해설서의 구체적 목표는 다음과 같이 제시되고 있다.

우리들은 사회권규약 해설 작업을 통해, 사회권규약에서 보장하는 권리들이 '보편적'이고 '실질적'이며 '법적인 권리로 국내에서도 당연히 적용되는 것임을 밝히려고 노력하였다. 우리들의 결과물이 사회권운동을 실천적으로 풀어가는 데 다양한 방식으로 활용되기를 기대해 본다.[5]

다시 말해 유엔 사회권조약이 국내법에 준하는 규범적 구속력을 가지고 있다는 것이다. 유엔 회원국이자 사회권조약의 가입국으로서 대한민국 또한 이 조약을 당연히 '보편적'이고 '실질적'이며 '법적'인 권리로 보장해야 한다는 인식이 나타나고 있다. 이러한 인식에는 신자유주의 경제 질서로 인해 심화 되는 불평등과 빈곤의 문제를 해결하기 위해서는 사회권조약과 같은 국제인 권규범이 국내법을 통해 관철되어야 한다는 입장이 내포되어 있다.

이렇게 국제인권규범으로서 사회권 조약이 국내적으로 국내법과 동등한 효력을 가진다는 점을 강조하는 이유는 신자유주의 질서 하에서 심화되는 빈 곤과 불평등의 문제를 해결하기 위한 준거로서 사회권조약이 구속력을 갖는 규범임을 강조하기 위함이다. 이러한 맥락에서『사회권규약 해설』은 여타의 장들에서 사회권규약의 주요 조항들, 사회권규약의 이행절차, 사회권규약의 활용방식 등을 설명하고 그것의 국내적 함의를 밝힌다. 결국 이러한 논리는 『사회권규약 해설』에 나타나는 사회권담론은 구조기반접근보다는 규범기반 접근이 더욱 강화되어 있음을 뜻한다고 하겠다.

한국 인권운동에서 사회권에 주목하고 이를 한국적 현실 속에서 본격적 으로 담론화하기 시작한 것은 1997년 IMF 구제금융 사태를 경험하면서부터 이다. 즉 한국의 맥락에서 IMF구제금융사태는 한국 인권운동의 초기 사회권 담론 형성의 사회경제적 조건이었다. 그러나 그 담론의 이론적 전거는 국제 인권규범이었다. 다시 말해 2세대 인권운동의 초기 사회권담론은 사회권에 대한 구조기반접근에 대한 규범기반접근의 우위 하에서 두 계기가 착종되면 서 형성되었다고 할 수 있다.

3. 구조기반접근 담론의 우세화

그러나 국제인권규범상의 사회권조약을 중심으로 한 사회권담론은 사회

5_ 인권운동사랑방 사회권규약해설서팀,『사회권 규약 해설』1권, 사람생각, 2003, 6.

권운동이 전개되면서 서서히 약화된다. 가령 2006년 인권운동사랑방, 홈리스공동행동, 빈곤사회연대 등이 함께 구성한 '주거권기획팀'이 개최한 '주거권과 주거공공성 실현을 위한 모색' 워크샵에서 발표된 인권운동사랑방 활동가 미류의 「주거권과 주거공공성 실현을 위한 모색」은 이를 잘 보여준다. 물론 미류의 이 글에서 국제인권규범상의 사회권관련 문서들이 전혀 참조되지 않는 것은 아니다. 이 글은 주거권의 내용을 규정하기 위해서 우선 '유엔 경제·사회·문화적 권리 위원회(CESCR: UN Committee on Economic, Social and Cultural Rights, 이하 유엔 사회권위원회)'의 '일반논평7'을 원용한다. 하지만 미류는 이어서 '일반논평7'의 한계를 다음과 같이 명시한다.

이 내용들은 적절한 주거가 갖추어야 할 다양한 요소들을 두루 고려해 밝히고 있다. 그러나 이렇게 나열된 요소들은 현실의 결핍을 인식하는 데에는 도움을 주지만 현실에서의 대립을 이해하고 저항을 모색하는 데에는 부족함이 있어 보인다.[6]

유엔 사회권위원회의 일반논평7은 주거권과 관련하여 주거권이 갖추어야할 규범을 제시하고 있지만 이러한 권리항목의 나열방식은 주거권의 실현을 가로막는 "현실의 대립을 이해하고 저항을 모색하는 데에는 부족"하다고 평가한다. 이는 『인간답게 살 권리』에서 국제인권기준을 평가하는 논조와는 사뭇 다른 것이다. 이는 신자유주의가 완전히 착근된 한국사회의 현실에서 "주거권에 대해서도 유엔 사회권위원회가 '말해주는 것' 이상을 고민하고 이야기 해야 한다는 문제의식"(13)에 입각해서 주거권의 문제가 사고되고 있기 때문이다.

그래서 미류는 한국사회에서 주거권이 침해되고 박탈되는 사회구조적 원인을 보다 면밀히 탐색하고자 한다. 미류에 의하면 한국사회에서 건설되는

6_ 미류, 「주거권과 주거공공성 실현을 위한 모색」, 『주거권과 주거공공성 실현을 위한 모색 자료집』, 2005, 5. 이하 이 글에서의 인용은 본문에 그 쪽수를 표시한다.

주택의 대부분은 아파트이며 건설주체는 건설자본이다. 건설자본의 아파트건설은 철저하게 이윤논리를 따르며 이는 지대상승과 연관되고 정부는 이를 활용하여 경기부양을 일으키는 구조가 형성되어 있다. 특히 건설자본은 다단계 하도급 제도를 이용한 노동자 착취를 통해서 이윤을 창출한다. 이는 상품생산을 통한 이윤의 창출을 절대화하는 자본주의 체제에 의한 인권침해 문제로 규정된다. "한정된 토지를 장악해가면서 거주를 위한 공간을 이윤을 위한 상품으로 만들어가고 있는 자본의 본질을 직시해야 한다"(6)는 것이다. 즉 이제 국제인권규범상의 사회권 규정에 입각하여 현재 한국사회의 주거권 침해에 대한 규범적 비판보다는 자본주의 체제의 사적 소유 원리에 의해서 땅과 집의 소유로부터 배제되는 사람들이 발생할 수밖에 없는 구조의 문제가 중점적으로 부각된다.

이는 결국 "현실에서의 대립을 이해하고 저항을 모색하는" 방향, 즉 구체적인 한국사회의 상황 속에서 주거권을 재구성하는 작업을 요청한다. "주거권의 재구성을 위해서는 하나의 공간을 놓고 격렬하게 대립하고 있는 투쟁을 드러내야 한다. 인간다운 삶과 자본의 대립, 시민과 국가의 대립, 여성과 가부장제의 대립이 그것이다"(6). 이러한 사회권 담론에서는 더 이상 국제인권규범에 규정된 주거권의 국내적 적용은 일차적 관심사가 되지 못하고, 주거 불평등 문제처럼 구체적인 사회적 권리의 실현을 막아서는 사회구조나 세력과의 투쟁이 중심적 관심사가 된다.

이러한 인식에 입각하여 주거권운동의 주체와 방법 역시 명확하게 제시된다. 주거권운동의 주체는 주거권을 침해당한 당사자이고 그 방법은 대중의 조직화이자 다른 사회운동과 폭넓은 연대이다. 주거권을 실현할 수 있는 "새로운 질서"를 구축하는 투쟁은 "다양한 투쟁들을 통해 쌓이는 성과들이 주거권 실현을 향해 나아가는 운동의 맥락에서 배치되고 추진"될 수 있게 해야 하며, 이는 구체적으로 "노동운동, 여성운동, 소수자운동, 환경운동 등 다양한 운동과의 연대를 기획하면서 주거권 실현을 위한 폭넓은 네트워킹을 만들어"

가는 방식으로 추진되어야 한다는 것이다(9).

2009년 인권회의 노동권팀이 발행한 『울력』7이라는 소식지는 노동권에 대한 2세대 인권운동의 관점을 잘 드러내고 있다. 이 자료에 실린 「자본을 넘어, 보편적 노동권을 실현하는 사회를!—인권의 관점에서 본 이명박 정부의 노동권정책 비판」(이하 「이명박 정부의 노동권정책비판」)은 신자유주의 경제 질서와 자본주의 체제를 노동권 및 인권 침해와 박탈로 규정하며 노동권을 비롯한 제인권의 실현을 위해서는 신자유주의 질서와 자본주의 체제를 극복해야 한다고 파악한다. 그리고 이를 위한 실천적 방향은 권리를 침해당하고 박탈당한 당사자들의 투쟁 및 이에 대한 연대이다. 반면 국제인권규범에 대한 직접적 준거는 전혀 등장하고 있지 않다.

먼저 이 글에서 노동권이 이해되는 방식부터 살펴보자.

'온전하고 안정적으로 노동할 권리'는 보편적 인권으로 존재한다. '노동'은 인간이 인간으로서의 최소한의 생활을 영위하기 위한 생존의 방식이자 인간의 자기실현을 위한 가장 기본적인 행위이기 때문이다. 우리는 노동을 통해 기본적인 생활을 영위할 수 있는 자원을 얻을 수 있을 뿐 아니라, 노동을 통해 스스로를 실현하고 사회를 운영해 나가야 한다.8

「이명박 정부의 노동권정책 비판」에 따르면 이렇게 규정된 노동권이 이명박 정부 하에서 철저하게 억압당하고 박탈당하고 있다. 그 이유는 근본적으로는 자본주의 체제 때문이고9 좀 더 직접적으로는 김대중 정부 시절부터

7_ 『울력』은 2009년 7월 1호가 발간된 이후 그 다음 호는 발행되지 못했다.

8_ 인권단체연석회의노동권팀, 「자본을 넘어, 보편적 노동권을 실현하는 사회를!—인권의 관점에서 본 이명박 정부의 노동권정책 비판」, 『울력』 1호, 2009. 이 자료에는 페이지 표시가 되어 있지 않다.

9_ "자본주의 사회에서의 노동은 '임노동'으로서 노동력은 '돈'으로 사고팔 수 있는 '상품'으로 전화되었다. 가진 것이 없는 사람들은 자신의 노동력을 팔아서 생계를 영위하고 있다. 이런 상태에서는 당연히 노동이 자기실현을 위한 수단이 될 수 없고 단지 자본주의 시스템 구조

본격화되어 노무현 정부를 거치면서 더욱 심화된 신자유주의 경제질서 때문이며,[10] 가장 직접적으로는 이명박 정부의 경제위기 대처방식 때문인 것으로 제시된다.

> 이명박 정부가 출범하던 시기는 이미 한국경제가 위기로 접어든 때였다. …하지만 문제는 그 '경제위기'가 실은 자본의 위기라는 데 있다. 노동자와 민중들과는 아무런 상관없이 자본 스스로가 원인지우고 결과지운 위기일 뿐이라는 것이다. 이명박 정부는 이 위기가 자본의 위기가 아닌, 우리 모두의 위기라고 본질을 호도하고 있을 뿐이다. 그리고 이렇게 본질을 호도하면서 위기극복을 위한 고통을 자본이 아닌, 노동자 민중에게 온전히 전가하고 있을 뿐이다.[11]

이명박 정부가 강조한 경제위기란 본질적으로 자본 스스로 초래한 '자본의 위기'이며, 경제위기를 극복하는 과정에서 발생하는 고통을 '노동자 민중에게 온전히 전가'하고 있을 뿐이라고 이 글은 주장한다. 이명박 정부의 노동정책은 본질적으로 자본의 위기를 노동자, 민중의 희생으로 극복하기 위한 "반인권적 구조조정 정책"(같은 글)에 불과하며 이러한 노동정책이 결국 이명박 정부 시기 노동권 침해와 박탈이 심화되는 가장 직접적인 원인이 된다는 것이다.

그러므로 노동권을 방어하고 보장하기 위한 투쟁은 또한 다른 인권을 방어하고 보장하기 위한 투쟁과 연결될 수밖에 없게 된다. 곧 "노동권 투쟁은 사회 전체의 진보와 반인권적 자본주의 사회를 넘어서기 위한 중요한 투쟁이

하에서 생계를 영위하는 수단이 될 뿐이다. 그래서 자본주의 사회에서 '온전하게 노동할 수 있는 권리'는 존재할 수 없다'(같은 글).

10_ "한국사회에 만성적인 경제위기가 도래하고, 신자유주의가 본격적으로 시작된 시기는 97년 IMF 사태 이후, 김대중 정권 시기부터이다. 김대중, 노무현 정권도 경제위기 극복을 위해 모든 고통을 노동자 민중에게 전가'시켰다는 것이다(같은 글).

11_ 같은 글.

며 자유권을 비롯한 인권의 전반적 후퇴에 저항하여 보편적 인권을 쟁취하기 위한 투쟁과 결합되어야 한다."[12]는 것이다

이러한 인식에 의하면 노동권의 실현을 위한 투쟁은 '사회 전체의 진보와 반인권적 자본주의 사회를 넘어서기 위한 중요한 투쟁', 즉 체제 변혁적 의미를 가지게 되고 투쟁의 지향은 보편적 인권을 향상하는 것이며 투쟁의 방식은 노동권운동과 다른 인권 투쟁들과의 결과가 된다.

이처럼 「주거권과 주거공공성 실현을 위한 모색」, 「이명박 정부의 노동권정책비판」 등과 같은 2000년대 중후반 2세대 인권운동의 사회권담론은 사회권의 침해 및 박탈의 원인을 신자유주의 혹은 자본주의와 같은 경제구조와 정부의 정책과 같은 사회구조적 차원에서 찾고 있다. 또한 이에 대한 인권운동의 대응을 그러한 사회구조의 변혁이라는 문제의식 속에서 사고하자고 하며, 그 방법을 권리를 박탈당한 자들의 투쟁 및 그러한 현장 투쟁들의 연대로 제시한다. 더 이상 국제인권기준은 2세대 인권운동의 사회권담론에서 중요한 참조 대상이 되지 않으며 비판의 대상이거나 아예 언급이 되지 않고 있다. 즉 국제인권문헌들이 갖는 규범적 정당성에 준거하여 사회권담론이 전개되는 것이 아니라 경제 질서와 국가권력의 성격 등과 같은 사회구조의 변혁이 강조되며, 사회구조의 변혁은 인권을 침해 혹은 박탈당한 당사자들의 투쟁 및 연대를 통해 가능하다는 인식이 표출되고 있는 것이다.

4. 2세대 인권운동의 사회권담론에서 규범기반접근과 구조기반접근의 변증법

1) 국제인권규범의 영향력 약화

2세대 인권운동의 사회권담론이 전개된 흐름을 보자면 초기 사회권담론에서는 한국사회의 신자유주의적 재편으로 인해 발생하는 사회경제적 고통의

12_ 같은 글.

문제를 해결하기 위해 국제인권규범 상의 사회권을 국내에서 실현하고자 하는 경향이 강하였지만, 후기 사회권담론에서는 신자유주의 체제의 변혁이라는 문제의식 및 변혁적 실천의 방향은 권리를 침해당한 당사자들의 현장투쟁과 그에 대한 연대운동을 강조하는 경향이 강화되었다.

그렇다면 이러한 경향성의 역전은 왜 발생한 것일까? 2세대 인권단체의 사회권운동이 시작되던 1900년대 후반과 달리 사회권운동의 경험이 어느 정도 축적된 2000년대를 넘어가면서 2세대 인권운동 진영에서 국제인권규범에 대한 입장이 변화된다.

이 시기의 또 다른 특징은 1999~2003년에 활발했던 한국정부를 향한 사회권과 관련한 국제인권규범 이행 촉구에 관한 논의들이 차취를 감춘다는 것이다. 그 원인은 2세대 인권운동 활동가들의 국제인권규범에 대한 달라진 평가에서 추적할 수 있다. 2007년 진보적 인권활동가들을 대상으로 한 설문조사에 따르면, 대부분의 활동가들이 국제인권규범의 영향력에 대해 부정적인 평가를 내리고 있다.[13]

물론 엄밀히 말해서 2003년 이후로 사회권담론에서 국제인권규범에 입각하여 사회권 실현을 촉구하는 논의들이 "자취를 감춘다"고만은 할 수 없다. 이 이후에도 2세대 인권운동의 사회권담론에는 여전히 국제인권규범을 준거로 활용하는 경우들이 존속하기 때문이다. 하지만 시간이 흐를수록 확실히 2세대 인권운동의 사회권담론에서 국제인권규범의 역할은 약화되었다. 그것은 노의현의 지적대로 '진보적 인권활동가들', 즉 국제인권규범에 대한 2세대 인권운동가들의 평가가 달라졌기 때문이다.

국제인권규범에 대한 2세대 인권운동의 관심이 강하던 시절에는 사회권운동에서도 국제인권규범 및 유엔의 국제인권규약 이행 감독 기제에 대한 기

13_ 노의현, 「한국의 '진보적 인권운동'에서 사회권 운동의 전개과정」, 『한국 진보적 인권운동사의 쟁점들 토론회 자료집』, 46.

대가 강한 편이었다.[14] 하지만 2000년대 중후반에 이르면 국제인권규범의 효력에 대해 인권활동가들은 회의적인 입장을 취하게 된다.[15] 즉 인권활동가들은 90년대 말과 2000년대를 지나면서 사회권규약을 비롯한 국제인권규범이 법률적 형식성에 얽매여 있고, 현장 운동에 대한 실제적인 영향력이 불충분하고 인권침해 현실에 대한 구체적 설명력이 부족하다고 평가하게 된 것이다.

이러한 경험상의 평가는 국제인권조약의 국내적 실현에 관한 법학자의 연구들에 의해서도 일정하게 지지되고 있다. 조용환은 한국의 "법원과 헌법재판소는 인권조약의 수용에 대해 소극적인 태도를 가지고 있는 것처럼 보인다"고 평가하며, "최근에는 인권조약의 국내적 효력을 크게 제한하는 듯한 판결과 주장도 등장하고 있다"고 지적한다.[16] 이주영 역시 "헌법재판소는 충족 의무를 동반하는 사회권 사안의 경우 실질적 심사를 사실상 방기함으로써 사회권이 실효성 있게 규범력을 발휘하지 못하고 있는 것이 현실"[17]이라고 평가한다.

2세대 인권운동의 사회권담론에서 규범기반접근이 약화된 것은 국제인권규범이 국내에서 사회권의 침해를 막거나 사회권을 제도적으로 보장하는 데에 있어서 현실적 영향력을 거의 발휘하지 못했기 때문이라고 할 수 있다. 사회권운동이 본격화되는 초창기에는 사회권규약 등 국제인권규범의 권위에 거는 기대도 있었다. 그러나 시간이 지날수록 유엔 사회권위원회에서 한국정부

14_ 류은숙,「경제·사회·문화적 권리에 관한 국제조약에 대한 이해」,『민주법학』9권, 1995, 126.

15_ 인권연구소 창,『인권활동가 50인이 말하는 한국인권운동의 현황』, 2007. "다른 인권사안들을 보면 공통적으로 이야기하는 것이 국제인권조약밖에 없다 조약은 사고의 틀이 아니라 법체계일 뿐이다 이론적인 사고의 틀이 없는 것이다 사고의 틀이나 이론의 틀에 대한 논의가 필요하다 인권운동은 법률을 도구로 생각하지 그것을 사고의 틀로 생각하지 않는다."(15); "세계인권조약, 국제기구 권고, 헌법 등을 거론하기는 하는데 성명서 쓸 때만 빌려오고 거론되는 것들이지 운동에 미치는 영향력은 미흡하다."(15); "인권 기준은 교과서를 읽는 느낌. 이것을 어떻게 구체화할 것인가 사람들에게 확 와닿게 설명하지 못한다. 현실적인 눈높이와 괴리가 있다"(15).

16_ 조용환,「조약의 국내법 수용에 관한 비판적 검토」,『법과 사회』34권, 2008, 91.

17_ 이주영,「사회권규약의 발전과 국내적 함의」,『국제법학회논총』61권 2호, 2016, 148.

에 사회권 관련 권고를 하여도 이는 도덕적 권위 이외에는 별다른 강제성이 없기 때문에 정부는 별다른 시정조치를 하지 않아도 무방한 상황이 반복되면서 국제인권규범의 실효성에 대한 의문이 들게 된 것이다.

더불어 사회권규약의 실효성을 담보할 수 있는 장치라고 할 수 있는 사법부의 판결에서도 사회권규약은 별다른 효력을 발휘하지 못했다. 비록 헌법에 의해 사회권이 국내법과 동등한 효력을 갖는 것으로 해석되어야 한다는 인권단체들의 요구나 학계의 연구결과가 있었지만 국내 사법체계에서 사회권규약은 거의 활용되지 못했다. 이러한 상황들이 2세대 인권운동의 사회권담론에서 국제인권규범에 대한 준거의 약화, 즉 규범기반접근의 계기가 쇠퇴하게 만든 원인이라고 할 수 있다.

2)사회권담론에서 사회권 개념의 동요

그러나 이와 같은 2세대 인권운동의 사회권담론의 구조변동은 또 다른 문제를 낳게 된다. 국제인권규범에 대한 준거가 2세대 인권단체의 사회권운동에서 약화되면서 사회권의 개념 자체가 모호해지게 된 것이다. 즉 사회권규약을 비롯한 국제인권문헌에 입각한 사회권 규정을 더 이상 사회권운동의 핵심 준거로 삼지 않는다고 했을 때, 인권운동이 내세우는 사회권이란 무엇인가라는 질문이 제기되는 것이다.

2세대 인권운동의 흐름은 국제인권규범을 국내에 실현하고자 하는 활동 경향 자체를 폐기하지는 않지만 2000년대 중반에 이르면 국제인권규범의 국내적 실현보다는 사회권 박탈의 구체적 현장에서 권리침해 당사자들의 투쟁에 연대하거나 다른 사회운동조직들과 공동으로 사회권을 방어 및 확보하기 위한 투쟁의 경향을 강화해 갔다.[18] 그리고 이러한 투쟁은 비정규직 노동자 권리투쟁, 정리해고 반대투쟁, 도시재개발반대운동, 금융피자 권리회복 운동

18_ 이에 대해서는 정정훈, 「한국 진보적 인권운동의 형성 과정과 그 성격」을 참조하라.

등의 구체적 현장 투쟁의 양상으로 나타났다.

　이러한 경험은 2세대 인권활동가들로 하여금 인권운동의 근거를 국제인권규범보다는 권리침해의 구체적 당사자나 이들의 투쟁에 대한 연대로부터 얻게 된 감수성과 지식에서 찾게 하였다. 「인권활동가 50인이 말하는 한국인권운동의 현황」에 따르면 인권활동가들은 인권운동의 논거를 현장의 경험으로부터 찾고 있다.

> 인권운동이 옹호·주창하는 논리를 주로 얻는 창구를 구체적으로 설명해달라는 질문에 활동가들은 거의 만장일치로 '현장 체험'을 들었다. 헌법이나 법률, 국제인권조약, 연구집단, 선행이론 등을 거론한 경우는 5명에 불과했고, 이들 또한 현장경험을 먼저 꼽은 후에 부차적으로 참고하는 기준으로 언급했을 뿐이다.[19]

　2세대 인권활동가들은 경제적 불평등과 빈곤의 심화, 비정규직 확산 및 정리해고 남용에 따른 노동 불안정성의 강화, 재개발에 의한 주거불안정성의 심화, 금융채무자의 양산 등등 사회경제적 고통의 문제를 해결함에 있어서 국제인권규범의 실효성이 크지 않음을 절감했다. 오히려 사회적 고통을 유발하는 사회구조의 변혁과 이 변혁을 위한 억압받는 자의 직접행동을 강조하는 변혁운동적 계기를 다시금 강화하게 된 것이다.

　그런데 사회권운동이 극복하고자 하는 사회경제적 고통이 직접적으로는 신자유주의 질서, 근본적으로 자본주의 사회구조로 인하여 발생하는 것이고 신자유주의 질서, 자본주의 체제를 변혁해야 그 고통을 해결할 수 있다면 그 운동이 굳이 '사회권'운동으로 규정되어야 할 이유는 무엇일까? 달리 말해, 2세대 인권단체의 사회권운동에서 다른 비정규직운동, 정리해고반대투쟁, 재개발반대투쟁 등의 반신자유주의, 혹은 반자본주의 사회운동과 구별되는 지

19_ 인권연구소 창, 앞의 책, 15.

점은 어디일까?

2003년 당시 다산인권센터에서 활동하던 노영란은 1997년 IMF 구제금융 사태 이후 본격적으로 시작한 사회권운동의 경험을 돌아보면서 사회권운동에 대한 다음과 같은 고민을 드러낸다.

> 자유권활동은 인권단체의 독자적인 활동인 반면, 사회권활동은 노동단체, 빈민운동 단체, 보건의료단체, 환경단체 등에서 이미 잘 하고 있어요. 그래서 인권단체에서 사회권운동 전략을 모색하는 데 더 갑갑한 지점이 있어요. 우리도 사회권활동과 관련해서는 연대활동이 대부분이죠. 요즘은 인권단체에서의 독자적인 사회권운동 전략에 연연하는 것이 별 의미가 없겠다는 생각이 들어요.[20]

국가폭력에 대한 감사나 양심, 사상, 표현의 자유 등과 같은 자유권과 관련한 운동은 인권단체의 독자적 활동으로 분명하게 규정할 수 있는 반면, 다산인권센터가 1997년 이후 주력한 활동인 사회권운동의 경우 '빈민운동단체, 보건의료단체, 환경단체' 등이 전개하는 운동과 분명한 차별성이 보이지 않는다는 것이다. 이러한 단체들과 연대활동을 전개하고 있으나 인권단체만의 "독자적 사회권운동 전략"은 사실상 불가능한 것이 아닌가라는 문제제기를 하고 있는 것이다.

이러한 문제의식은 반신자유주의, 반자본주의 투쟁에서 인권운동만이 갖는 종별성에 대한 질문으로 이어지게 된다. 박래군은 2세대 인권운동이 무엇보다 '진보운동'으로서 반신자유주의, 반자본주의 운동에 연대해왔음을 지적하면서 그 과정에서 발생하는 난점 또한 주목한다. 즉 "노동권에 대해서는 노동단체들이, 사회보장권에 대해서는 사회복지단체들이, 건강권에 대해서는 의료단체들이, 주거권에 대해서는 주거운동단체들이, 문화권에 대해서는 문

20_ 다산인권센터, 『10년의 무게를 던져버린다—다산인권센터10주년 자료집』, 2003, 65.

화운동단체들이 인권운동보다 전문성"이 있다. 반면 이 단체들과 연대에서 "인권운동의 전문성은 사실상 취약"하다. 그렇기 때문에 "이럴 때 인권운동은 독자적인 운동으로 사회권 운동을 해야 하는가 하는 회의를 갖게 된다"는 것이다.[21]

그에 의하면 이러한 한계를 극복하기 위해서는 사회권운동에서 바로 "인권운동의 논리를 구축하고, 그 논리를 인권의 언어로 재구성"[22]하는 것이 필요하다. 하지만 이러한 요구는 2세대 인권운동의 초창기부터 제기된 요구이지만, 이러한 이론화 작업을 위한 인권운동의 시도는 충분하지 않았던 것으로 보인다. 비슷한 요구가 지속적으로 반복되고 있을 뿐이기 때문이다.[23]

5. 2세대 인권단체 사회권운동의 남겨진 과제

2세대 인권운동의 사회권담론은 규범기반접근과 구조기반접근 사이에서 동요하게 된다. 사회권에 대한 최초의 담론적 체계화 시도였던『인간답게 살 권리』에서 국제인권규범은 사회권의 보장을 위한 최저한도나 인권운동이 사회구조를 변혁하는 운동을 시작하기 위한 방편의 성격이 강하였다. 그래서 이 문헌의 말미에서 이후 인권운동의 과제로 "사회권 침해에 대한 구조적 접근이 전제"되는 "인권담론의 재구성"이 제시된 것이다.[24] 그러나 이와 같은 인권담론의 재구성은 결국 이루어지지 않았고 사회구조를 변혁하는 운동에서

21_ 박래군, 「인간존엄을 실현하는 모든 활동?」, 『세상을 두드리는 사람』, 2006년 8월호.
22_ 같은 글.
23_ 사실 '새로운 인권이론'의 확립은 초창기부터 2010년대 초반에 이르기까지 2세대 인권운동의 역사 속에서 지속적으로 요구된 과제였다. 1993년 서준식의 「우리의 인권운동, 어디로 가야 하나?」, 1995년 이대훈의 「인권운동과 보편적 인권규범: 그 7대 딜레마(1)」, 1998년 서준식의 「진보적 인권운동을 위하여」, 1999년 사랑방의 「인간답게 살 권리」, 2000년 김형태의 「인권운동, 그 위기와 기회」, 2006년 박래군의 「진보적 인권운동은 끊임없는 재구성의 작업」, 그리고 2013년 역시 박래군의 「인권운동의 현 상황과 방향 제언」에서 인권개념의 재구성과 인권운동론의 체계화가 현재 인권운동에 필요한 중요한 과제 중 하나로 제시되어 왔다.
24_ 인권운동사랑방 사회권위원회, 『인간답게 살 권리—IMF 이후 사회권실태 보고서』, 507.

인권단체의 정체성은 국제인권규범상의 사회권을 통해서 구축되었다.

반면 국제인권규범의 현실 구속력에 대한 회의로 인한 구조변혁 및 현장 투쟁을 강조하는 사회권담론이 구축되자 인권운동의 사회권 개념이 불명확해진 대가를 치렀다. 국제인권규범에 전적으로 준거하지 않으면서도 여타 사회운동과 구별되는 사회적 고통의 구조적 차원을 규명하는 '인권'담론을 구성하지 못했기 때문이다.

이러한 문제는 이후 인권운동에서 사회권운동의 과제를 분명하게 해준다. 그것은 『인간답게 살 권리』 이후 인권단체의 여러 문헌에서 인권운동의 과제로 반복하여 제시해온 사회권 개념의 재구성 및 사회권운동의 이론을 구축하는 것이다. 그 구체적인 방향은 국제인권규범에 대한 입장을 보다 분명히 하고, 사회권의 규범적 차원과 사회권의 구조적 차원이라는 두 계기의 변증법적 종합일 것이다. 사회운동적 지식의 창출이 갖는 중요성이 2세대 인권단체 사회권운동의 궤적에서 나타나고 있다.

탈경계와 이행의 문화정치학
미하일 바흐친의 민중-이미지

최진석 | 문학평론가, 수유너머104

1. 민중, 또는 텍스트의 욕망을 읽기 위하여

후기 바흐친 사상의 집대성이라 할 만한『프랑수아 라블레의 작품과 중세 및 르네상스의 민중문화』(1965)[1]는 일반적으로 문예학 및 문화학적 연구로 간주되어 왔다. 문학연구는 곧 문화연구의 일환으로 간주되어야 한다는 바흐친의 지론을 덧붙인다면,[2] 연구자들의 중론과 같이 문화가『라블레론』의 핵심 범주로 지목되는 것은 당연한 일이다. 하지만『라블레론』의 진정한 주제는 민중(narod)의 문제에 있다는 게 나의 주장이다. 바흐친에 따르면 우리가 알고 있는 온갖 형태의 문화의 원천은 민중이며, 민중은 특정 시대나 국가, 민족공동체로 회수되지 않는 삶의 본원적인 힘이다. 생성하는 힘으로서 민중은 문화에 의해 구성되는 존재가 아니라 문화를 구성하고 변화시킬 수 있는 존재라 말해도 좋을 것이다. 이 점에서 민중성은 삶의 다양한 형식들, 구체적이고 개별적인 문화형태들을 근거짓는 진정한 수원(水源)이 된다.

1_ Mikhail Bakhtin, *Tvorchestvo Fransua Rable i narodnaja kul'tura srednevekov'ja i Renessansa*, M., 1990; 한국어판: 미하일 바흐친,『프랑수아 라블레의 작품과 중세 및 르네상스의 민중문화』, 이덕형 외 옮김, 아카넷, 2001. 이하『라블레론』으로 약칭하고 본문에서 인용시 '한국어본/러시아어본'으로 쪽수를 표기한다.

2_ 미하일 바흐친, 「『신세계』 편집진의 물음에 대한 답변」,『말의 미학』, 김희숙 · 박종소 옮김, 길, 2006, 469.

하지만 민중이 차지하는 중요한 위상에도 불구하고, 바흐친은 민중에 대해 정합적인 정의를 거의 내리지 않았다. 자신의 글 곳곳에서 삶과 문화의 원동력으로 민중을 상찬하였지만, 민중이 역사의 주체라거나 삶과 문화의 근본이라는 식의 정언적 언명 이외에는 구체적인 설명이 나타나지 않는다. 그렇게 불명료한 의미역에 놓여 있기에 바흐친의 민중은 통상적인 학문의 언표들, 즉 인민이나 대중, 계급 등과 어떻게 다르고 같은지 확실히 가려지지도 않는다. 이러한 애매성으로 인해 연구자들은 바흐친 사상에서 민중이 갖는 '의의'만을 강조해 왔으며, 실제 민중의 역동에 대해서는 큰 관심을 기울이지 못했다. 너무나 당연하기에 오히려 보이지 않는 존재가 민중인 것이다.

이 글의 목적은 바흐친의 민중을 역동적으로 해명하는 데 있다. 이를 위해 바흐친의 텍스트를 고증학적으로 분석하지 않고, 그가 남긴 민중성의 모티브를 적극적으로 전개 및 확장할 것이다. 주안점은 텍스트의 보이지 않는 부분들과 읽히지 않았던 부면들, 곧 텍스트의 무의식과 욕망에 우리를 접속시키는 데 있다. 이로써 민중성의 문제를 '탈경계'와 '이행'의 프리즘을 통해 재조명하고, 표현과 현실의 역동이라는 문화정치학적 지평 속에 개방하고자 한다.

2. 근대의 포획장치들—인민, 대중, 계급

우선 바흐친에게 '민중'은 근대의 학문적 분류체계에 따른 명칭이 아니라는 점에서 출발하자. 막연히 '사람들(people)'을 가리킬 때 민중은 군중(crowd)과 겹쳐지지만, 의미론적 스펙트럼을 따라가 본다면 양자 사이에는 확연한 차이가 빚어진다. 민중은 능동적 활동의 '주체'로 호명되는 데 비해 군중은 그 '객체'로 표상되는 탓이다. 르 봉에서 프로이트까지,[3] 비규정적인 다수의 집단을

3_ 귀스타프 르 봉, 『군중심리』, 이상돈 옮김, 간디서원, 2005; 지그문트 프로이트 「집단심리학과 자아분석」, 『문명 속의 불만』, 김석희 옮김, 열린책들, 2003, 71-163.

가리키는 데 사용되는 군중은 '군집' '패거리' '떼'와 같은 부정적인 뉘앙스를 동반하지 않는가? 군중의 표제를 단 민중은 그 정확한 범위를 알 수 없고, 어느 방향으로 나아갈지 예측할 수 없으며, 주체적인 역량을 결여한 집단이라는 함의가 있다. 보통 '불특정 다수'를 지시할 때 쓰는 용어가 바로 군중으로서의 민중인 셈이다.

그런 점에서 군중은 따로 설명이 필요없는 말이다. 지시적 의미는 있어도 의미론적으로는 충전되지 않은 채 텅 비어있는 관념인 것이다. 이 단어에 결부된 무관심과 경멸감이 극복되고 얼마간 진지한 사유의 대상이 된 것은 근대에 접어들며 생겨난 현상이다. 정치적 권력관계가 충돌하고 교체되는 무대에 민중이 집단적으로 호출된 시대, 동원(mobilization)이 정치적 역학의 필수적이고 보편적인 현상이 된 시대인 근대는 민중의 시대이기도 했다.[4] 전근대 사회에서는 존재한다고조차 말할 수 없던 민중은 역사의 중심으로 불려나왔고 '주체'이자 '동인'으로 각광받기 시작한다. 인민주권과 대중문화, 계급투쟁 등의 개념들은 민중의 관념을 통해 성립된 개념들이며, 정치철학의 주요한 관심사에는 늘 민중의 문제가 놓여 있었다. 이렇게 집단으로서의 민중을 개념화하면서 인민, 대중, 계급이라는 이름이 등장했다.

1) 인민(people)

프랑스 혁명을 전후한 근대 정치철학적 전통에서 민중은 주권의 원천인 '인민'으로 명명되었고, 국민 및 국가와 동일한 의미론적 외연을 부여받았다(people=nation). 정치행위의 대리자는 인민에게 주권을 양도받아야 국가를 통치할 수 있다는 논리가 여기서 나온다.[5] 선거일에 도장 한번 찍어주고 몇 년간 통치의 권리를 정치가들에게 위임하는 절차가 그것이다. 하지만 근대 민

4_ 찰스 틸리, 『동원에서 혁명으로』, 양길현 외 옮김, 서울프레스, 1995. 근대정치의 중핵이 대중동원에 있음을 갈파한 이는 맑스였다. 칼 맑스 · 프리드리히 엥겔스 「루이 보나파르트의 브뤼메르 18일」, 『맑스엥겔스 저작선집2』, 최인호 옮김, 박종철출판사, 2007, 277-393.
5_ 장-자크 루소, 『사회계약론(외)』, 이태일 옮김, 범우사, 1990, 27 이하.

주주의의 정초격인 이 장면에서, 주권의 '신성한' 담지자라는 인민은 모호함의 베일에 가려져 있다. 인민의 근원성과 주권의 영원성은 선거라는 일시적이고 의례화된 절차를 통해서만 보장받기 때문이다. 당선 사실을 알리는 통계적 보고가 주권의 존재를 확증하고, 주권은 다시 인민의 손을 떠나 위임된 정치가들에게 넘겨짐으로써 확보된다는 기이한 논리가 여기에 성립한다.

주권자-인민은 루소나 다른 계몽주의자들에게 권력의 진정한 원천으로 추앙받았으나, 실제로 인민주권은 정치학 교과서를 통해서만 기술되는 진리일 뿐, 현실적으로는 공허하고 비-효력적인 관념에 머물러 있다. 근대적 인식체계에서 대상은 언제나 특정될 수 있는 특수자를 가리키는데, 주권자로서 인민은 때로는 프롤레타리아로, 때로는 부르주아지로 제각각 표상되었고, 그 상상의 극대치는 '국민'이라는, 즉 '인민'과 크게 다르지 않은 추상적 개념으로 귀착되었던 까닭이다. 20세기 세계를 양분했던 공산진영과 자유진영의 첨예한 대립 이면에는, 결국 민중을 국가적 인민으로 결집시켜 국민으로 형성해야 한다는 논리가 깊이 깔려있었다.[6] '상상의 공동체'로서 근대국가는 그러한 논리의 최근 형태인 셈이다.[7]

2) 대중(mass/masses)

대중은 통념보다 오랜 역사를 지닌 관념이다. 어원상 밀가루 반죽과 같은 '덩어리'란 단어에서 파생되어 나왔으며, 근대 이전까지는 주로 ① 형태가 없고 구별되지 않는 것, ② 조밀하게 결합된 집합체라는 뜻으로만 사용되었다.[8] 모양새가 없기 때문에 구체적인 이름을 붙이기 어렵고, 분할되지 않는 다수의 요소들이 함께 달라붙어 있다는 의미에서 군중의 특징을 잘 보여주는 단어지만, 대부분의 경우 경멸과 조롱의 뉘앙스를 수반해 언급되곤 했다. 엄격

6_ 서병훈, 『포퓰리즘』, 책세상, 2008, 제2부.
7_ 베네딕트 앤더슨, 『상상의 공동체』, 윤형숙 옮김, 나남출판, 2003.
8_ 레이먼드 윌리엄스, 『키워드』, 김성기 외 옮김, 민음사, 2010, 291-299.

한 규범 및 예의범절로 형식화된 일상을 구축하던 상류 지배층에게 '난잡하게' 보이기조차 한 탈형식적이고 무규범적인 하층민들이 긍정적으로 여겨졌을 리가 없다. 형식의 부재는 그대로 질서의 부재이자 '더럽고' '위험한' 것으로 여겨졌던 것이다. 이는 근대 산업사회의 대중에 대한 관점으로 그대로 전이되어, 대중문화에 대한 부정적 뉘앙스를 형성하는 데 일조했다.

문제는 외양만이 아니다. 도대체 정체를 파악할 수 없다는 사실에서 기인하는 불안과 공포가 핵심에 있다. 16-17세기, 국가라는 거대기계를 통해 영토를 재편하고 통치체제를 확보하려던 지배자들에게 다른 무엇보다도 큰 정치적 두려움을 불러일으킨 것은 "어디로 튈지 도무지 알 수 없는" 대중의 예측불가능성에 다름 아니었다. 동원이 정치공학적으로 치밀하게 설계되어 계획대로 진행될 때 위정자들은 안도의 한숨을 내쉬지만, 알 수 없는 사건의 흐름 속으로 말려 들어가면 당황하고 혼란에 빠진다. 좌·우를 막론하고 불안정하게 유동하는 대중의 움직임을 위험스럽고 폭력적인 이미지 속에서 떠올리고 통제하려 했던 것도 그래서였다. 근대의 정치적 주체들, 곧 정당과 혁명가들의 눈으로 볼 때 대중은 하나로 결집되어 교육받고 의식화되어야 할 대상과 다르지 않았다. 지도와 계몽이 없다면 대중은 어리석을뿐더러 위험하기조차 한 집단이 될 것이다. 우파 자유주의 전통이 말하는 '국민주체의 형성'이나 레닌의 '전위적 혁명가당' 이론은 모두 대중의 수동성과 미성숙을 전제하고 있다. 아이는 엄격히 조련받지 않으면 괴물이 된다는 논리다. 대중과 나란히 쓰이던 단어 다중(多衆, multitude)이 '머리가 여럿 달린 괴물'이란 뜻을 지녔던 것도 실로 우연이 아니었다.

근대 산업사회의 발전과 짝을 이루어 대중이 '대량생산' '대량소비' '대중교통' '대중매체' 등의 단어들과 결합된 것도 지적해야겠다. 문화의 실질적인 향유자로 여겨지면서 대중의 지위가 향상된 듯 보이지만, 그 경우에도 대중은 자본주의 사회의 수동적 소비주체로 간주되면서 곧장 계몽되어야 할 객체로 전락하게 된다. "무리가 많기 때문에 대중이 아니라, 소극적이기 때문에 대중이다"라는 오르테가 이 가세트의 진술은 자본주의 사회에 각인된 대중의 이미지를 극적으로 보여주고 있다.[9]

3) 계급(class)

계급은 인민과 대중, 양자에 모두 관련되어 있다. 정치적 주체로서의 인민, 그리고 불명확한 집합체인 대중의 관념에서 계급이 개념화되었던 탓이다. "집단으로서 커다란 역량을 갖는 대중은 계급이라는 정치적 주체로 거듭나야 한다"고 미리 요약할 수 있겠다. 프랑스 혁명 이래 정치적이고 사회적인 운동의 모든 과정이 계급을 향해 전진해 왔으며, 그것으로부터 분기해 나왔다.

"만국의 프롤레타리아여 단결하라!"라는 맑스의 선언이 잘 보여주듯, 계급은 자연발생적인 존재가 아니라 역사적 과정 속에서 만들어지고 이데올로기적 의식화를 통해 구성되는 결합체이다. 생산수단을 소유하지 않은 집단이 정치적 단결과 자신들의 이해를 동일시하고 사회적 삶의 전면에 나설 때 형성된 것이 계급인 것이다. 문제는 계급형성이 과연 자발적인지 혹은 모종의 지도를 따른 결과인지가 모호하다는 점에 있다. 19세기 노동계급의 정치적 투쟁에는 전위당에 대한 요구가 있었는데, 이는 인민이든 대중이든 능동적인 주체가 되는 것은 오직 그들이 '올바르게' 지도될 때뿐이라는 신념을 반영하고 있다. 극단적으로 "섶을 지고 불 속으로 뛰어들라"고 명령을 내려도 그렇게 실행하도록 만드는 믿음, 그것이 이데올로기다. 그 이데올로기가 전횡이나 불의가 되지 않으려면, 전위당의 '정치적 올바름'에 대한 믿음이 전제되지 않을 수 없다. 하지만 '올바름'에 대한 기준을 대체 누가 확증할 수 있단 말인가? 더구나 소수의 전위가 '올바름'을 독점하고 민중에게 강요할 때 민중은 다시금 정치의 객체에 머물게 되지 않을까? 계급이론의 현실적 장점들에도 불구하고, 계급이 민중을 온전히 포착하고 묶어낼 수 없는 범주라는 사실은 지난

9_ 호세 오르테가 이 가세트, 『대중의 반역』, 사회사상연구회 옮김, 한마음사, 1999, 제8장.

세기의 역사를 통해 명확히 드러나고 말았다.

3. 민중, 변형과 이행의 존재론

근대적 인식을 떠받치던 힘을 체계에 대한 욕망이라 규정할 때, 민중 역시 예외는 아니었다. 인민이나 대중, 계급 등은 민중을 포착하고 사유하기 위한 개념적 장치들이었다. 문제는 그 중 어느 하나만으로, 혹은 그것들의 단순한 합집합만으로는 민중을 완전히 개념화할 수 없다는 점이다. 어느 경우든 주체와 객체의 이분법이 작동하여 민중을 후자로 부차화함으로써 능동적 역량을 박탈해버리기 때문이다. 인민·대중·계급의 정의에 따를 때, 민중은 권력과 자본, 이데올로기 등에 의존적인 존재로, 권력·자본·이데올로기(지식)가 정해주는 대로 정체성을 부여받고 그러한 정체성의 경계 내에 귀속되어야 하는 대상이 되고 만다.

바흐친이 상상하는 민중은 그런 정체성의 정치학을 벗어나 있다. 그는 민중을 어떤 규범적인 정의나 한계적 이념으로 설정하지 않을뿐더러 가치의 위계에 묶어두지도 않는다. 권력이든 돈이든 이데올로기든 민중을 특정한 굴레에 가두고 폭력을 가해 훈육할 수 있을지는 몰라도 완전히 속박할 수는 없다. 지배질서는 인민, 대중, 계급이라는 이름으로 민중에 특정한 외양을 부여하고 형태를 틀지으려 하지만, 민중은 본질적으로 명확한 형태화를 거부한 채 커다란 덩어리로서만 존재한다. 또한 정해진 형태 없이 덩어리진 집단이라는 대중의 어의가 보여주듯, 정형성을 거부하고 고정된 격자를 범람하는 방식으로 움직이는 게 민중의 삶의 방식인 것이다.

개인은 자신이 집단에서 분리될 수 없는 부분임을, 민중의 거대한 신체의 한 기관임을 느낀다. 이러한 전체 속에서 개인의 몸은 얼마간 개별적이기를 멈춘다. 서로서로 신체를 바꿀 수 있으며, 새로워질 수 있는 것이다(의상이나 가면으로). 동시에 민중은 자신들의 구체적이며 감각적인 물질·신체적 단일성과 전체성을 느낀다. …
"질서도 없고 특별한 규율도 없이 혼란스럽게 이러저리 돌아다니는 것을 평소에
익히 보아왔기 때문에, 수많은 머리와 가슴을 지니고 흔들거리며 이리저리 왔다갔
다 하는 이 괴물 같은 존재는"…자신들의 생성과 성장이 단절되지 않는 그러한
단일함을 느꼈던 것이다(397/281).

이같이 근대 정치권력과 자본이 가장 경계해 마지않고 두려워하던 민중
의 부정적 특질들은 바흐친에 의해 가장 긍정적이고 적극적인 사유의 첨점으
로 표명되고 있다.

데카르트의 코기토가 대표하는 명석판명한 구별은 체계화와 더불어 근대
적 사유의 본질적 특성이다. 동양인지 서양인지, 좌인지 우인지, 검은 것인지
하얀 것인지, 이것인지 저것인지를 나누고 확고히 분리할 수 있을 때 근대정
신은 유용성과 질서를 발견했으며, 그것을 미(美)라고 불렀다(61-62/36-37). 민
중 역시 마찬가지인바, 목적 없고 형태 없이 유동하는 집단은 '어리석고' '난
폭한' '괴물', 근대의 타자로 설정되었으며 어떻게든 국가와 자본의 요구에 맞
게 재단되어야 한다고 강요했다. 인민, 대중, 계급 등은 그러한 범주화에 붙여
진 이름이었고, 민중을 질서정연한 체계에 순응시키고 결박시키려던 포획장
치들인 셈이다. 이러한 근대적 개념장치들의 관점에서 민중의 근본적인 비규
정성과 모호한 양가성은 타파되고 제거되어야 할 악덕이지만, 민중의 삶이라
는 관점에서는 그런 애매성들이야말로 민중으로 하여금 그 어떤 개념이나 범
주로도 환원되지 않고 자신 자체로 살아갈 수 있게 해주는 본래적인 존재양
식이라 할 수 있다. 물론 그 양식은 언제나 정체성의 함의를 미끄러져 빠져나
간다는 점에서 오히려 역설적이다. 바흐친이 소설에 대해 내린 저 유명한 정
의에 나타나듯 민중은 언제나 자기 자신이 되지 않을 권리, 자기 자신으로 남
지 않을 수 있는 능력의 주체로만 규정되는 까닭이다.[10] 항상 하나의 상태에
서 다른 상태로 이행하는 존재인 민중을 이행의 존재론이라는 틀을 통해 파

악해야 하는 것은 필연적이다.

핵심은 이 같은 이행의 능력은 지금-여기에 있지 않은 것을 생성시키는 힘이라는 데 있다. 민중의 진정한 능력(puissance)은 이 같은 창조와 생산의 힘에 다름 아니다. 바흐친은 이를 현실 속에서 표현하는 문화적 표상들에 주의를 기울였다.

4. 악당, 광대, 바보, 도둑—경계없는 탈주와 위반의 정치학

민중은 대체 어떤 존재인가? 낱낱의 개인을 통해 민중을 고찰하는 것은 별 도움이 되지 않는다. 민중은 집합체로만 의미를 가지며 현실의 역동을 발산해 낸다. 바흐친에 의하면 민중은 권력과 자본에 따른 사회와는 다르게 '민중의 방식으로' 조직화된 전체로서의 집단이다(396/280). 개인의 실존적 의미와는 별개로, 민중성의 핵심은 개인의 의사를 넘어서고 과학과 정치가 의도하는 훈련·통제의 범위를 뛰어넘는 예측불가능성, 그 '너머'의 상상력에 있다. 예컨대 한국 현대사에 나타난 수많은 민중의 결집과 봉기, 혁명적 흐름들은 분명 특정 개인의 것이거나 사전에 기획되고 의도된 정치적 강령의 실행이 아니었다. 시작도 끝도 불분명하되 언제 어디에서도 불쑥 튀어나와 자신을 행세하고 어디론지 사라지는 힘이 민중이다. 민중은 정교한 개념적 장치가 아니라 그들이 현실 속에 남기고 간 (그러나 지금-여기서 그 효과를 발생시키고 있는) 흔적을 통해서만 확인된다.

바흐친은 인류문화가 생산해온 수많은 작품들에서 민중이 남긴 흔적, 혹은 민중의 이미지가 새겨진 조각들을 찾아냈다. 아이러니컬하게도 거기서 민중은 장엄하고 아름다운, 고귀한 표정을 짓지 않는다. 집단으로서 민중의 표정은 통상적인 지각의 차원을 넘어서 지각불가능한 이미지로 나타난다. 그로

10_ 미하일 바흐친, 『장편소설과 민중언어』, 전승희 외 옮김, 창작과비평사, 1988, 356.

테스크가 그것이다(57/33). 다른 한편, 개별자로 드러난 민중의 이미지는 우리의 기대와 소망을 깨뜨려 버린다. 우리가 흔히 경멸하고 천시하는 표정이 거기 담겨있기 때문이다. 악당과 광대, 바보 혹은 도둑의 이미지가 그것이다.

품위있고 고결한 기사, 조국과 민족을 구원하는 영웅, 자신을 희생하여 남을 보살피는 성자, 지혜롭고 청빈한 현자. 신화와 예술 속에 위대하고 위엄에 찬 영웅적 이미지들이 수없이 많음에도 불구하고, 왜 바흐친은 민중의 이미지를 위해 악당, 광대, 바보, 도둑을 준비했을까? 삶과 문화 전체, 역사를 추동하는 본원적인 힘으로서 당당히 호명되는 민중을 과연 이토록 저급하고 비천한 존재들이 가로챌 수 있을까? 질문을 바꿔보자. 다시, 민중이란 어떤 존재인가? 민중 전체는 단지 추상기계다. 그것은 비가시적일 뿐만 아니라 특정할 수 없는 전체로서의 흐름이다. 따라서 하나하나 낱낱이 뜯어본다면 민중은 시시하고 어리석어 보일 따름이다. 장삼이사(張三李四)나 필부필부(匹夫匹婦)야말로 "더도 말고 덜도 말" 민중의 본래면목이라 할 정도다. 핵심은 이처럼 얼굴 없고 이름 없는 집단적 존재로서 민중은 악당, 광대, 바보, 도둑의 형상 속에서 그 본래적 힘을 드러낸다는 데 있다.

1) 악당―나는 위반한다, 그러므로 존재한다

이들은 사회적으로 공인된 '정상적' 삶의 경계들을 마음대로 가로지르고 뛰어넘는 존재들이다. 착하게 살아야 한다고 어릴 때부터 학교에서 교육받는 내용들은 악당이 되지 말라는 사회의 요구이자 협박이다. 그런데 악당들은 그런 것들은 안중에도 없다는 듯 천연덕스럽게 사회의 정상적 요구들을 무시한다. '소변금지'라고 써있는 담벼락에 보란 듯이 '오줌을 갈겨대고', 개미처럼 일해서 겨울을 안락하게 보내라는 권유에도 춤추고 노래부르며 즐기는 데 시간을 '허비'한다. 사회적 체면이야말로 귀중한 삶의 자본이라는데 식당에서 게걸스럽게 음식을 퍼먹고, 타인의 위선을 공개적으로 조롱한다. 그게 바로 악당의 미덕이다.

2) 광대—내 웃음은 무게없는 진실이리니

광대는 남을 웃기는 자이다. 정상인이라면 누구도 입지 않을 옷을 입고, 정상적 기준을 초과하는 행동과 말을 일삼는다. 언제나 웃음보를 터뜨릴 준비가 되어 있고 남의 이목에 구애받지 않고 어떤 행동이든 서슴지 않는다. 사회적 관습과 테두리, 예의범절 등에 관계없이 사물을 똑바로 바라보고 말할 수 있는 자가 광대다. 그에게 모든 것이 예외이기에 일상적 규범을 살아가는 사람이 볼 때 광대는 거꾸로 된 삶을 살아가는 것처럼 보인다. 엔터테인먼트가 따로 없던 중세에 왕을 웃기기 위해 없어서는 안 될 존재가 광대였고, 오직 광대만이 왕과 나란히 앉아 우스개를 주고받고, 왕의 결함을 들추며 비웃을 수 있었다. 광대의 말과 웃음은 무게가 없는 진실이다. 만일 왕이 광대의 놀림을 진심으로 받아들이고 분노한다면, 그건 도리어 왕의 체면을 스스로 깎아먹는 일이 아닌가? 광대는 모든 진지하고 엄숙한 경계를 마구잡이로 흩트러 버리는 파괴의 대왕인 셈이다.

3) 바보—어리석은 너무나도 어리석은, 혹은 역설의 진리로부터

도스토옙스키의 금언을 뒤집어 말하면,[11] 신이 없어서가 아니라 바보이기 때문에 "모든 것이 허용되어 있다." 근대적 합리성의 철칙인 2×2=4도 바보에게는 통하지 않는다. 출세하고 성공하려면 '이' 길로 가라는데도 못 알아듣고 굳이 '저' 길로 가고 다르게 살아보는 게 바보다. 그게 자랑할 만한 일이냐고 반문할 수도 있다. 만일 누군가가 정상적으로 보이는 자가 사회의 격률을 위반하고 정상적 삶의 궤도를 이탈하려 든다면 충고와 조언, 또는 폭력과 강제를 통해 바로잡으려 들 것이다. 그런데 바보에게는 그 모든 게 허용된다. 바보인데 어쩌겠는가? 바보=바보라는 이 역설의 동일성이야말로 근대적 합리성, 동일성 원리가 역전되고 와해되는 지점을 보여준다. 바보는 바보이기 때

11_ "신이 없다면, 모든 것이 허락될 것이다"(표도르 도스토옙스키, 『카라마조프 가의 형제들1』, 김연경 옮김, 민음사, 2007, 제5편).

문에 역설적으로 자신의 가능성을 정상인들의 세계 속에 세울 수 있다. 새로운 세계-건설자인 바보!

4) 도둑―네가 나고 나는 너다!

도둑은 남의 집 문턱을 침범하고 남의 소유권의 한계지대인 담장을 타넘는 자다. 도둑에겐 본질적으로 내 것과 네 것의 구분이, 경계가 없다. 모든 것이 네 것이며 동시에 내 것이다. 본래 내 것이 아니기 때문에 마구 퍼줄 수도 있고(로빈 후드로부터 홍길동에 이르는 유구한 역사!), 네 것이란 것도 임시적이기에 어느 집 담장이고 못 넘을 이유가 없다. 확고하게 정의된 경계는 없다는 사실을 생생하게 보여주는 것보다 더 좋은 선물이 없기에, 도둑질은 곧 선물이고 선물은 곧 도둑질이 된다. 세상을 훔치는 것은 세상을 돌려주기 위해서일 뿐 온전히 내 것을 만들고 내 것의 경계선을 확정하기 위한 도둑은 존재하지 않는다. 세계는 도둑질에 의해서 창조되는 것이다! 거꾸로 말해 모든 창조자들은 도둑놈들이기도 하다. "세상을 훔치는 도둑"이란 말의 뜻을 상기해 볼 필요가 있다.[12]

악당, 광대, 바보, 도둑은 정상적이고 자연스럽다고 여겨지는 사회적 경계들을 가로지르고 무너뜨린다. 이성과 합리, 상식, 계도나 처벌로도 이들을 저지시킬 수 없는데, 알다시피 이들은 본래부터 이 사회 '내부'의 '외부'적 존재들이기 때문이다. 아니, 내부와 외부를 넘나들며, 그 경계선상에서 살기 때문에 역설을 통해서만 자신을 주장하는 존재들이다. 알다시피, 문명/문화는 사

12_ 도둑은 바흐친이 민중의 이미지로 직접적으로 거명하지는 않는 유형이다. 그러나 명확히 설정된 소유의 경계선을 교란시키고 전복을 꾀한다는 점에서 도둑은 민중-위반자의 다른 유형들과 다르지 않다. 특히, 도둑이 훔치는 것이 사물로서의 재화가 아니라 욕망이자 무의식이 될 때 그 의미는 더욱 배가된다. 들뢰즈와 가타리가 역설하듯, 욕망은 본래 나와 타자의 구분이 없으며 언제나 합쳐지고 증식하는 방식으로 존재하는 힘이기 때문이다. 따라서 그들에게 욕망의 분석은 곧 민중에 대한 분석을 뜻한다. Gilles Deleuze & Félix Guattari, *Anti-Oedipus* (Minneapolis: University of Minnesota Press, 1983).

회 내부의 예측과 통제 가능성을 확대시키고 그럼으로써 사회의 경계가 깨질 위험성을 꾸준히 줄여온 과정이다. 다시 말해 사회적 경계를 확정하고 존속시키는 과정이 역사인 셈이다. 하지만 악당, 광대, 바보, 도둑의 존재는 그러한 사회의 노력이 근본적으로 달성될 수 없는 시도임을 보여준다. 이쪽이나 저쪽 어느 한 편에 귀속되길 거부하며 경계선 위에서 살아가는(sur-vivant) 존재들이 있는 한 그 사회는 완전히 통제될 수 없을 것이다(그들은 인민이든 대중이든 계급이든 어디에도 완전히 속할 수 없다).

민중-이미지가 궁극적으로 노정하는 탈경계와 이행의 운동은 결코 비유가 아니다. 그와 같은 이미지의 운동은 흔히 지적 유희나 문화적 쾌락으로 소비되는 경향이 있으나, 그것이야말로 세계 전체를 정연하게 구조화하고 합리적으로 체계화하려는 근대 이성의 노회한 술수가 아닐 수 없다. 세계의 모든 변화와 생성, 창조를 저지하고 무화시키려는, 유희와 쾌락으로 순치되고 마는 위반은, 랑시에르의 표현을 빈다면 정치(le politique)가 아니라 치안(police)으로 수렴되고 만다.13 그저 멀찌감치 객석에 앉아 안전하게 즐기는 무대 관람에 다름 아닌 것이다. 이는 바흐친이 『라블레론』에서 역설했던 바, 무대가 따로 없는 삶의 현장, 그 생성의 장에 대한 전민중적 참여라는 사건과 대립되는 것임은 두말할 나위가 없다(28/12). 그럼 다시, 무엇이 문제인가?

민중-이미지들, 즉 악당, 광대, 바보, 도둑의 경계이월적 행위는 단지 놀이의 차원에 국한되지 않는다. 규범을 위반하고 도덕을 무시하며 세태에 무지한 것, 특히 근대사회의 신성한 소유권의 경계를 파괴하는 것은 결코 한때의 농담으로 끝나지 않는다. 경우에 따라 그런 행동은 나의 정신적·신체적 존속을 위협하며 생명을 빼앗을 정도로 위험한 순간에 노출시킨다. 다시 말해 목숨을 건 유희에 뛰어들게 하며, 그것이 나에게 생사를 걸도록 강제할 때는 이미 놀이의 수준을 떠난 것이다. 유희가 폭력의 위험으로 전환되는 광경

13_ 자크 랑시에르, 『정치적인 것의 가장자리에서』, 양창렬 옮김, 길, 2013, 제1부.

이 누구에게나 즐겁고 유쾌하지만은 않을 것이다. 오히려 극한의 위험은 '명 랑한 그리스적 유희정신'을 위축시키고 중단시키지 않는가?

바흐친은 폭력 속에 자기의 존재를 걸 수 있을 때 세계의 전복과 창조 역 시 진정한 의미를 갖는다고 말한다. 그것이 '타자가 될 권리'[14]이자 '유쾌한 상 대성'(34/16)으로서의 민중적 축제이다. 이 폭력적 창조의 과정은 무대 위의 광 경이 아니라 내가 휩말려들고 어쩔 수 없이 따라야 하는 사태의 흐름, 그 사 건의 연쇄 속에서 실현된다.[15] 나의 자기성(自己性)을 무너뜨릴 만한 그런 사건 은 "아무나 할 만한" 일이 아니다(당연히 미천하고 저급한 존재들이 감히 감당하 리라고 생각될 수도 없다). 바로 그런 이유에서 탈경계적 이행의 운동은 위반의 정치학과 불가분의 관계를 맺는다(치안이 아니라!). 말 그대로의 '정치화'로서. 엄숙하고 진지한, 고뇌와 위엄에 찬 결단이 아니라 우스꽝스럽고 어리석기 짝이 없는 문화적 반(反)영웅들의 일거수일투족이 도덕률을 쪼개고 가치를 뒤 섞을 때 비로소 탈경계적 이행의 존재론은 이 세계의 전면적 재구성(정치화!) 이라는 과제를 수행할 수 있기 때문이다. 갖가지 모호하고 비규정적인, 탈형 식적 이미지들로부터 민중의 힘을 상상하고 개념화했던 바흐친의 욕망이 거 기 있었노라 단언한다면 지나친 몽상일까?

5. 민중이라는 신화, 그 매혹과 위험을 넘어서

글을 마무리하며 질문 하나를 던져보자. 민중은 경계를 넘는다는 이유로 늘 정당하고 옳을까? 정당함의 이유는 다만 그것뿐일까? 라블레의 소설에 나

14_ 미하일 바흐찐, 「소설 속의 시간과 크로노토프의 형식」, 『장편소설과 민중언어』, 351.
15_ 이러한 폭력의 파괴적 속성은 바흐친의 생성(카니발)을 스탈린주의적 전체주의와 혼동하게 만들기도 했다. Boris Groys, "Totalitarizm karnavala," in *Bakhtinskij sbornik III*, M., 1997[「카 니발의 전체주의」, 『바흐친 연구논집III』], 76-80. 하지만 기성 세계를 밑바닥부터 부수는 과정이 나-주체를 포함할 수밖에 없음은 생성의 불가피한 진실이다. Mikhail Ryklin, "Telo terrora," in *Terrorologiki, Tartu-Moskva* [「테러의 신체」, 『테러의 논리』], 1992, 34-51.

오는 가르강튀아나 팡타그뤼엘은 키가 수십 미터에 달하는 비현실적인 거인으로 묘사된다. 어떨 때는 평범한 사람처럼 그려지다가도 저녁식사로 암소 백 마리를 먹어치우고 오줌줄기로 수십 만 적군을 수장(!)시켰다는 장면에서는 이미 우리가 아는 리얼리즘 소설의 범위를 훌쩍 넘어선다. 라블레의 인물들은 '먹고 싸고 노는' 데 필사적으로 매달리며, 영웅이나 현자, 성인의 가르침에는 전혀 무관심하다.

물론 그들은 '동물'이 아니다. 가르강튀아나 팡타그뤼엘은 탐식과 무절제, 과잉된 욕망과 행동으로, '민중의 방식으로' 악당, 광대, 바보, 도둑들과 같이 자신의 세계를 만들어간다. 자신의 것(나=나)이라는 확고한 영토를 구축하는 식이 아니라 자신이 구축한 것일지라도 끊임없이 부숴버리고 새로 다른 것을 만들며, 다시 깨뜨리는 과정을 통해 또다시 새로이 구축한다는 점이 중요하다. 끊임없는 탈영토화가 그들의 삶의 방식이며, 삶을 생산하는 욕망이다. 반면 우리들의 삶의 방식과 욕망은 어떠한가? 우리는 우리에게 부여된 정체성에 부합하는 존재가 되기 위해 스스로를 결박하고 거세한 채 살 뿐만 아니라, 그것이 우리의 욕망이라고 믿으며 살아가지 않는가? 사회적 경계의 온존과 보존, 재생산에 예속된 노예의 이미지와 그것은 얼마나 다른가? 오히려 생산하는 욕망의 관점에서, 주체는 자신의 외부, 곧 경계 밖의 타자가 될 수 있어야 한다.

'내'가 '이 세상'을 창조할 때 나는 '주체'가 되지만, 그것을 깨뜨릴 때 나는 이미 그 세계의 주체가 아니다. 그때 '나'는 이 세계의 '타자'이며, 타자의 관점에서 보면 '이 세계'란 허물어뜨려야 할 낡은 과거일 따름이다. 그게 무엇이건, 지금 존재하는 문화의 기준과 규범에 대해 '타자가 될 수 있는 권리'야말로 라블레의 주인공들, 민중의 능력에 다름 아니다. 그것은 '나=나가 아닐 권리'이자 '나=타자'가 될 수 있는 능력을 말한다. 나는 나 아닌 것, 타자, 다른 존재가 될 수 있을 때, 변신(metamorphosis)할 수 있을 때(즉 주어진 경계, 정체성의 선을 넘어설 수 있을 때) 변화생동하는 삶에 가장 생생하게 가까이 다가갈 수 있다. 무엇이건 나를 정의하려는 모든 정체성들은 다만 특정한 정체성의 가면을 내게 씌우려는 강제에 불과하다. 하지만 꼭 하나의 가면만을 주장하고 그것만을 쓰고 살아야 할 필연적인 이유란 게 있을까? 나는 하나이자 여럿인, n개의 가면을 모두 나 자신의 것이라고, 다수의 정체성 또는 탈-정체성이야말로 나의 본래면목이라고 주장할 순 없을까? '가면들'에 대한 권리로서의 민중성!

> 인습에 대항하고, 진정한 인간을 제멋대로 끼워 맞추려는 현존하는 모든 삶의 형식들이 지닌 부적절성에 대항하는 투쟁에서 이 가면들은 특별한 중요성을 갖는다. 그것들은 이해하지 않을 권리, 삶을 혼란시키며 조롱하며 과장할 권리, 이야기 속에서 다른 사람들을 패러디하면서도 말 그대로 받아들여지지 않을 권리, 자기 자신이 아닐 수 있는 권리, 삶을 영위하며 삶을 희극으로 연출하고 다른 사람들을 배우로서 다루며 그들의 가면을 찢어버리고 그들에게 거의 제의적이라 할 만한 원시적 분노를 퍼부을 수 있는 권리, 마지막으로 대중에게 개인의 삶을 그 가장 사적이고 음탕한 세세한 비밀에 이르기까지 폭로할 수 있는 권리를 허락한다.[16]

이로써 민중은 단 하나의 가면(정체성)을 거부하고, 여러 개의 가면 혹은 끊임없이 다른 가면을 쓰고 벗을 수 있는, 언제나 다른 존재(타자)의 경계로 이행할 수 있는 힘으로 정의된다. 탈경계와 이행, 위반의 정치가 바로 우리들이 궁구하던 민중성인 셈이다.

그렇다면 민중은 전능한가? 불가침의 절대 강자인가? 다소 거창하게 들리는 이런 수사들은 민중을 위대하고 장엄한 이미지로 포장해 준다. 실제로 그런 포장의 역사가 있었다. 사회혁명을 꿈꾸던 열정적 투사들은 종종 민중의 고결한 덕성, 잡초같이 끈질긴 생명력, 위대한 역사적 의미에 감격하곤 했다.

16_ 미하일 바흐찐, 「소설 속의 시간과 크로노토프의 형식」, 355-356.

소련에서는 민중의 그런 이미지들이 공식적인 국가 상징으로 채택되어 '공산주의 국가=민중-영웅의 낙원'이라는 공식으로 구체화되기도 했다.[17] 하지만 민중을 이렇게 아름답고 숭고하게 미화하기 시작할 때, 우리는 근대 이전으로의 퇴행, 흡사 종교적 분위기를 연출하는 맹목에 대한 숭배를 다시 목도한다. 당연히 그것은 삶의 생산과 무관하다.

다시, 민중은 어떤 존재인가? 악당, 광대, 바보, 도둑 등은 언제나 쫓기고 퇴출당하는 존재들이 아닌가? 악당은 사회적으로 허락된 규범을 무시함으로써 자신의 규범을 세우고, 광대는 자신이 모든 다른 이들보다도 비천한 존재임을 자임함으로써 자기의 자리를 만든다. 바보는 현명함을 거부함으로써 자신을 비우고, 도둑은 도둑질로써 자신을 채우지만 동시에 그 누구의 것도 없음을 보여준다. 달리 말해, 바흐친의 민중-이미지는 채움과 동시에 비우고, 세움과 동시에 무너뜨림을 통해 경계를 넘어서는 행위에서 예외를 만들지 않는다. 즉 그 자신마저도 경계이월의 대상으로 삼는 것이다. 바흐친은 이를 민중의 '자기비판' 능력이라고 불렀다.

민중은 본질적으로 내재하는 어떤 특별한 자질이나 속성에 의해 정의되지 않는다. 오히려 모든 사회문화적 규범들을 비판하고 뛰어넘을 뿐 아니라 그것을 자기 자신에게도 적용할 수 있음으로써, 그 역량의 우월성을 통해 자기 존재를 입증한다. 다시 말해, 경계를 뛰어넘을 수 있는 권리와 능력은 그 스스로에게도 예외가 되지 않기에 유일하고 근원적인 힘이 될 수 있는 것이다. 악당과 광대, 바보, 도둑들은 '경계 위에서 살아가는(sur-vivant)' 존재들이기에 언제나 '살아남을 수 있는(survivant)' 존재들이며, 민중의 가장 적합한 이미지들로 판명된다.[18] 민중의 모호성을 뚜렷하게 규명하려 할수록 우리가 마주치는 것은 바로 이 우스꽝스러우면서도 미련한, 어리석고 비천한 이미지들뿐

17_ 권형진 · 이종훈 엮음, 『대중독재의 영웅만들기』, 휴머니스트, 2005, 228-301.
18_ '경계 위의 존재'와 '살아남음'의 문제는 데리다가 차연의 존재론을 펼치며 개념화한 바 있다. 자크 데리다, 『법의 힘』, 진태원 옮김, 문학과지성사, 2004.

이지만, 실상 이런 민중-이미지야말로 민중을 가장 끈질기고도 강력한 삶의 실재로 살아가도록 추동하는 원천들이다. 진정한 민중의 정치학은 바로 여기서부터 시작되어야 할 것이다.

자동화 사회 속 플랫폼과 인간[*]

김상민 | 문화사회연구소

플랫폼으로 들어서기

플랫폼은 광대하다. 우리가 상상할 수 있는 아주 많은 것들이 플랫폼이라는 이름으로 통한다. 추상적인 차원에서 말하자면 사유의 틀이나 운영의 방식(거버넌스)일 수도 있고, 보다 구체적으로 보자면 온라인 비즈니스 유형이나 스마트폰의 애플리케이션을 가리킬 수도 있다. 사실 플랫폼이라고 부를 수 있을 만한 도구·기관·조직의 운영 방식은 인류 역사 이래로 언제나 존재해왔다. 크게는 국가나 도시도 하나의 플랫폼일 것이고 근대적인 학교나 포드주의적 공장, 우리 사회에서의 아파트 같은 주거공간도 플랫폼처럼 기능해왔을 것이다. 작게는 책이나 신문에서부터 대중음악이나 심지어 포스트잇 같은 물건에 이르기까지, 일종의 플랫폼이라고 생각해볼 수 있는 것들은 무수히 많다.

이 시대에 우리가 플랫폼을 언급하고 그것에 관심을 가지는 이유는 무엇일까? 무엇보다 그것은 우리로 하여금 그것에 참여하지 않을 수 없도록 만들기 때문이다. 마치 자본주의라는 이미 존재하고 지배적인 하나의 삶의 터전처럼, 플랫폼은 생업(노동)이나 일상(여가)을 유지하는 데 있어서 우리에게 선택의 여지를 남기지 않는다. 디지털 정보통신기술의 혁명적 발전이 가속화되는 상황에서, 친목도모에서부터 상품의 생산과 거래, 각종 서비스 제공, 금융,

---

[*] 이 글은 「플랫폼 위에 놓인 자본주의 이후의 삶」(『문화/과학』 92호)과 「자동화 사회에서 우리 (비)인간의 조건들」(『문화/과학』 100호)을 통합, 수정, 축약하여 다시 쓴 글이다.

교육, 언론 등에 이르기까지 다양한 목적과 분야에 따른 플랫폼이 이미 우리 사회 모든 곳에 구조화되어 있다. 요컨대 기술·산업적 플랫폼들의 생태계가 우리의 사회·문화적 생태계를 빈틈없이 뒤덮고 있기 때문에, 개인들과 대중의 플랫폼 참여는 자연스럽고 심지어 불가피하다.

플랫폼을 비판적인 관점에서 바라보는 닉 서르닉은 플랫폼을 "가장 일반적인 수준에서…복수의 집단이 교류하는 디지털 인프라구조"[1]라고 정의한다. 인프라구조 혹은 기반시설로서 플랫폼은 "소비자, 광고주, 서비스 제공자, 생산자, 공급자, 심지어 물리적 객체까지 서로 다른 이용자를 만나게 하는 매개자[중개자(intermediaries)"[2]로 스스로를 위치 짓는다. 더 정확하게 표현하면, 플랫폼 기업[3]은 플랫폼을 관리하고 플랫폼에서 발생하는 여러 종류의 사용자들과 다양한 행위자들 사이의 상호작용을 가능하게 하는 중개자로 스스로를 드러내고자 한다. 사용자들 간 상호작용의 중개자로서 플랫폼은 특히 공유경제라는 비즈니스 모델을 통해 우리 사회에 알려져 있는데, 이 이름은 사용자들의 상호작용이 특히 어떤 유휴 상품이나 재화 혹은 서비스를 공유(share)함으로써 이뤄진다는 점에 착안하여 붙여졌다. 즉 플랫폼은 그 이전에는 불가능했던 상품이나 서비스의 공유나 매칭(matching) 같은 거래와 교환(즉 상호작용)을 가능하게 하는 중개자로 기능하며, 그 중개에서 발생하는 수수료와 플랫폼 사용료, 그리고 광고료가 주 수입원이 된다.

플랫폼 자본주의

서르닉은 플랫폼 자본주의를 70년대의 경기침체, 90년대의 닷컴버블의 형성과 파괴, 나아가 2008년의 금융위기 같은 (미국이 중심이 된) 일련의 전 세계

1_ 닉 서르닉, 『플랫폼 자본주의』, 심성보 옮김, 킹콩북, 2020, 49.
2_ 같은 책, 49-50.
3_ 플랫폼을 운영하는 기업, 플랫폼 모델을 기업 경영에 도입한 기업, 혹은 그 자체로 플랫폼인 기업 모두를 가리킬 수 있다.

적 경제위기를 극복하기 위한 자본의 새로운 축적 전략과 관련이 있다고 본다. 말하자면 플랫폼 자본주의는 2008년 위기라는 국면을 마주하여, 새로운 기술, 새로운 조직 형태, 새로운 직업 유형, 새로운 시장, 새로운 착취 방식을 모두 취합하면서 자본주의가 스스로 변화하고자 내놓은 새로운 자본축적의 방식이다.4 플랫폼 자본주의는 기존의 정보 자본주의나 인지 자본주의라는 명명과 완전히 다른 어떤 정치경제적 현상이나 근본적인 변화를 가리키고 있다기보다는, 새롭게 형성되고 확장되는 자본주의의 현실적 특성에 대한 외연의 확장에 가깝다고 보인다. 즉 90년대나 2000년대 초기에 디지털 자본주의나 정보 자본주의라고 부를 때는 그것의 주요 대상이 디지털 기술이나 정보 소통능력의 향상이었고, 인지 자본주의라고 할 때에는 인간 주체의 지적 능력이나 감정까지 자본주의 발전의 동력 혹은 가치 축적의 매개체로 포섭되기 시작했다는 판단에 기인했다. 그런 의미에서 플랫폼 자본주의라는 개념은 단순히 기술 발전이나 인간 주체의 역량의 문제가 아니라 그 모두를 둘러싸고 벌어지는 어떤 새로운 삶의 형식에 대한 비판적 관점에서 요청되었다고 하겠다.

플랫폼 자본주의가 작동하기 위해서는 우선 전통적으로 공유 불가능했던 자원과 노동(상품과 서비스)을 플랫폼 내로 끌어들인 뒤 그들 사이의 상호작용으로부터 새로운 가치를 창출 혹은 추출해내는 것이 절대적인 과제이며 목적이다.5 따라서 플랫폼(인터페이스)의 설계와 디자인에서 가치발생적 상호작용을 더 풍부하게 일어나도록 하는 것이 플랫폼의 핵심으로서 고려된다. 이와 관련하여 앨스타인, 초더리, 파커는 플랫폼의 세 가지 핵심 기능을 제시하는데, 바로 "끌어오기(pull), 촉진하기(facilitate), 매칭하기(match)"이다.6 플랫폼의 핵

4_ '제4차 산업혁명' 같은 명칭도 사실은 동일한 맥락에서 이해할 수 있을 것이다.
5_ 예컨대 우버는 전통적으로 상품이 될 수 없었던 개인 소유 차량의 일시적 사용)을 플랫폼으로 끌어들임으로써 택시와 유사한 공공 교통의 수단으로 재창조했고, 에어비앤비도 개인 소유의 방이나 집에 대한 일시적 접근권을 상품으로 판매할 수 있도록 만들었다.
6_ 마셜 밴 앨스타인·상지트 폴 초더리·제프리 파커, 『플랫폼 레볼루션』, 이현경 옮김, 부키,

심 기능들은 각각 참여자(사용자)를 양적으로 확대하고, 그들의 상호작용을 더욱 용이하게 하며, 참여자들의 데이터를 수집·분석하여 상품과 서비스의 수요·공급이 그들 간에 서로 효율적으로 연결되도록 한다. 이 같은 기능은 플랫폼을 통해 다양한 사용자의 자발적 참여에 기반을 두고 공유경제가 작동하는 것과 같은 효과를 낸다.

플랫폼이 전통적 비즈니스 모델과 결정적으로 다른 점은 바로 생산자나 소비자뿐만 아니라 상품이나 부품을 포함하여 여러 다양한 사용자 사이의 상호작용 데이터를 축적, 재가공하고 그 결과를 다시 플랫폼 내부로 피드백함으로써 막대한 이익을 창출한다는 점이다. "이는 데이터라는 관점에서 기존의 사업모델보다 확실히 유리하다. 왜냐하면 플랫폼이 (1) 이용자 사이에 위치하고, (2) 그들의 활동이 일어나는 기초를 점유하기 때문이다. 그 덕분에 이용자의 활동에 접근하는 특권이 생겨난다."[7] 요컨대, 플랫폼 비즈니스의 핵심은 사용자 사이의 상호작용에서 발생하는 데이터에 대한 자유로운 접근에 있다. 구글은 서치엔진 사용자들의 검색 데이터, 우버는 운전자와 탑승자의 위치 및 교통 데이터, 페이스북은 개인정보 및 사회적 관계 데이터를 확보함으로써 새로운 가치를 만들어낸다. 더 정확하고 빠른 정보의 제공, 교통수단의 제공, 사회적 관계망의 제공이라는 명목으로 다양한 참여자의 데이터가 가공되어 플랫폼에 되돌려지고 거기에서 또 새로운 가치가 추출된다.

플랫폼 노동: 인간 능력의 파편화

누구나 참여할 수 있도록 열려 있는 범용 생태계로서 플랫폼은 오랫동안 갈고닦은 특별한 재능이나 전문적 능력을 임시의 아마추어적 역량과 구별하지 않는다. 생산자에 한정하면, 일정 기간 부여된 임무나 요청사항(request)을

2017, 96.
7_ 닉 서르닉, 앞의 책, 50.

수행할 수 있는 것으로 플랫폼 참여의 자격이 부여된다.[8] 차량을 (소유한 것이든 대여한 것이든) 보유하고만 있으면, 우버의 운전자 자격은 운전할 수 있는 능력이면 충분하다. 오토바이 한 대만 소유하고 있다면 음식배달 플랫폼에서 오히려 더욱 중요하게 요구되는 테크닉은 콜이나 오더를 적절히 파악하고 응대하며 스마트폰의 앱상에 표시된 지점들을 어떻게 찾아갈 수 있는가 하는 일종의 '플랫폼 리터러시(literacy)'일 것이다.[9] 운전자에게는 현재 자신의 위치를 앱상의 지도 내에서 좌표설정(coordinate)을 하고 제시된 목적지까지의 경로를 순간순간 시뮬레이션할 수 있는 능력이 요구된다. 음식배달 기사라면 오더를 보고 어떤 경로를 가로질러 가야 주문된 음식이 식기 전에 배달될 수 있는지 혹은 가장 빠른 시간에 가장 많은 음식을 배달할 수 있는지 파악하는 능력과 앱에 내장된 인공지능 알고리즘이 순식간에 파악해준 경로를 실수 없이 찾아갈 수 있는 능력이 필요할 것이다. 조그만 스크린 위의 지도에 표기된 경로를 인지하고 현재 자신이 위치한 현실의 좌표와 싱크(synch)하는 능력은 이미 보통 사람들이 일상적으로 수행하고 있는 일이다.

클라우드 노동자 혹은 플랫폼 노동자는 자신의 임무가 무엇이 되었든 수요가 발생할 수 있는 곳이라면 어디든 찾아가 노동을 공급할 준비가 되어 있다. 그들은 수요 예상 지역 곳곳에 군중의 형태로, 그러나 여기저기 흩어져 자율적으로 움직인다. 한 손에 혹은 오토바이 대시보드에 여러 대의 스마트폰을 장착하고 플랫폼 앱을 켜둔 채 온 시각을 스크린에 집중한다. 플랫폼 앱에서 혹은 배달 대행업체를 거쳐 주문 혹은 '콜'이 들어오면 거리, 시간, 요금 등의 데이터를 통해 즉각 판단하고 주문을 받거나 무시한다. 주문을 받을 경

8_ 그런 점에서 디지털 플랫폼에서의 임무나 요청사항에서 온라인 게임에서의 미션(mission)이나 퀘스트(quest)를 떠올리는 일은 자연스럽다.

9_ 물론 대다수 사람이 스마트폰을 소유하고 있으며 다양한 종류의 앱을 직접 내려받아 여러 목적으로 사용하는 데 익숙하고 또 능숙하기까지 하다는 사실, 즉 대다수의 사람들이 플랫폼 리터러시를 이미 갖추고 있다는 사실은 플랫폼 자본주의가 얼마나 보편적으로 받아들여질 수 있는지를 방증한다.

우 자동적으로 거래가 성립한다. 이제 플랫폼 노동자는 자신이 위치한 장소를 기반으로 그 주문을 수행하기만 하면 된다. 배달이든, 허드렛일이든, 아니면 운전이든, 노동의 종류와 상관없이 주어진 명령(order)을 수행함으로써 거래는 완료된다. 주문 혹은 명령을 수행하기만 하면 되고 주문의 내용에 대해서는 알 필요가 없다. 플랫폼 노동자는 고객에게 서비스를 제공할 뿐 소속도 고용도 없이 플랫폼이 지시하고 모바일 기기가 전달하는 업무를 수행하기만 하면 된다.

플랫폼은 노동과 경제를 플랫폼 앱 안에서의 단순한 상호작용으로, 잘게 쪼개진 행위들(나아가 취향이나 데이터)의 매칭과 거래로 변환한다. 플랫폼 노동은 파편화된 행위가 되어 팔려나간다. 사샤 로보는 플랫폼 자본주의의 논리는 노동을 경매와 같은 방식으로 만드는 데 있다고 본다. 요컨대 플랫폼 자본주의는 무수한 아마추어들을 플랫폼 노동자로 만들고 그들의 노동을 파편화된 활동으로 만들어 경매에 부치고 가장 낮은 가격을 제시한 노동자를 낙찰하는 방식을 추구한다.[10] 이로써 플랫폼 기업들은 막대한 이익을 얻을지 모르지만 결과적으로 대다수 플랫폼 노동자들은 불안정한 노동과 경쟁적으로 낮아지는 수입으로 인해 잉여화되고 '쓰레기가 되는 삶'을 면치 못하게 된다.[11] 노동은 있으나 고용은 없는 아웃소싱, 독립계약자, 하청, 자가고용의 노동 형태, 책임지지 않는 노동과 고용, 공유경제라는 이름으로 사회적 가치를 착취하는 플랫폼 자본주의의 문제는 결국 신자유주의적 자본주의가 기술적 혁신과 결합하여 낳은 부작용의 산물이라 할 수 있다. 신자유주의 경제 노동 정책의 결정체인 플랫폼 자본주의는 고용 없이도 어떻게 노동을 투여하고 잉여가치를 추출해낼 수 있는지 보여준다. 플랫폼 자본주의의 심화가 우리에게 어떤 미래를 가져올지가 점점 더 명확해지고 있다.

10_ Sascha Lobo, "Auf dem Weg in die Dumpinghölle," *Spiegel Online*, Sep 3, 2014. http://www. spiegel. de/netzpolitik/sascha-lobo-sharing-economy-wie-bei-uber-ist-plattformkapitalismus-a-989584.html.

11_ 지그문트 바우만, 『쓰레기가 되는 삶들: 모더니티와 그 추방자들』, 정일준 옮김, 새물결, 2008.

플랫폼과 데이터-주체: 인간 존재의 파편화

플랫폼 생태계 내에서 물리적 노동이 앱을 경유하여 경매에 부쳐지고 값싸게 판매되는 반복적인 과정은 노동의 파편화, 나아가 인간 능력의 파편화와 삶의 금융화를 낳는다. 플랫폼을 통해 매개되는 것은 인간의 살아 있는 노동이 아니라 데이터다. 아니, 플랫폼은 인간의 살아 있는 노동과 활동을 데이터로 치환하고 그 데이터를 되살려(reanimate) 가치를 추출하는 기술적 생태계다. "이 모든 플랫폼 비즈니스에 핵심적인 것—그리고 자본주의에서의 광범위한 이행이 시사하는바—은 데이터의 중심적 역할이다."[12] 지금 우리에게 플랫폼이 문제라면 그것은 본질적으로 데이터와 연관된다. 플랫폼이 네트워크 효과를 통해 다수의 사용자를 확보한 이후에는 그들에게 제공하는 서비스의 독점, 그들의 상호작용이 낳는 데이터의 독점, 나아가 그들의 데이터로 인해 발생하는 부가적인, 즉 파생적인 가치의 독점이 플랫폼을 지속하게 하는 동력이 된다. 인간 개체로서의 사용자들의 웹 추적 정보나 사용 데이터뿐만 아니라 플랫폼이 제공하는 디지털 공간에서 상호작용이 가능한 모든 것, 예를 들어 날씨나 계절의 주기 같은 자연환경에서부터 상품의 제작과 사용이 이루어지는 공장 조립라인과 부품에 삽입된 센서를 통해서도 데이터 추출이 이루어진다. 요컨대 "플랫폼은 데이터 채굴의 [핵심] 장치가 되었다."[13]

플랫폼은 특정한 알고리즘을 수행하는 애플리케이션(소프트웨어)인 동시에 수많은 사용자가 접속하여 자신들의 역할을 수행함으로써 경제활동을 하는 생태계이자 비즈니스 모델이다. 플랫폼은 그 자체가 사람들의 특별한 능력, 노동, 기술, 사물을 거래하고 교환하는 시장인 동시에 그 상호작용과 활동(의 데이터)을 추출, 축적, 매개하는 도구인 셈이다. 따라서 플랫폼 시장에서 제작·공유·판매되는 것과 플랫폼 도구가 매개·수집·분석하는 것은 서로

12_ Nick Srnicek, "The Challenges of Platform Capitalism: Understanding the logic of a new business model," *Juncture*, vol. 23, no. 4 (2017), 254.

13_ 닉 서르닉, 앞의 책, 55.

다른 층위에 있다. 예를 들어 우버 앱을 통해 운전자와 탑승자는 차량의 운행을 일정 기간 거래한다. 하지만 우버는 그들 사이의 거래 자체보다는 (그것을 포함하여) 그들이 만들어내는 탑승·운행·교통·위치 데이터를 전유함으로써 가치를 생성한다.[14] 음식배달 대행 앱의 경우에도 마찬가지로 플랫폼의 관심사는 음식 그 자체라기보다는 음식의 배달을 둘러싸고 발생하는 수많은 데이터(위치, 거리, 소요시간, 경로, 음식 종류, 취향, 패턴 등)의 추출과 그것의 전유에 있다.

결과적으로 중요한 것은 플랫폼이 다양한 종류의 사용자 데이터를 수확하여 그 데이터로부터 엄청난 수의 사용자 패턴을 추출함으로써 추상적 혹은 인구학적 진리에 접근하거나, 반대로 개체화된 데이터를 축적함으로써 개별 사용자의 특성을 파악한다는 점이다. 거대한 데이터 축적을 통해 파악된 전체 인구의 행동·사고·감정 패턴은 광범위하게 이루어지는 매스마케팅의 도구로 기능하며, 개별 사용자의 (사실상 모든 것에 관한) 정밀 데이터는 각 사용자에게 맞춤형 서비스를 제공하는 데 이용되거나 그들을 마이크로타겟팅의 대상으로 만든다. 플랫폼 사용자의 데이터를 축적, 분석하고 그것을 다시 그 사용자에게 되먹임하는 과정에서 사용자는 또 다른 타겟화된 소비자가 된다. 즉 플랫폼에서 생산적 역할을 한 사용자의 데이터는 한 번은 그 자체로 데이터 상품이 되어 광고회사에 팔리고, 다른 한 번은 채굴, 가공된 정보, 즉 데이터-주체(혹은 알고리즘 정체성)가 되어 원래의 사용자에게 되돌아가 그가 원할 법한 상품을 광고하는 데 활용된다. 사용자는 데이터화를 통해 한 번은 상품이, 다른 한 번은 상품의 대상이 된다. 이 과정에서 살아 있는 사용자 주체는 데이터로 완벽하게 치환되고 또 바로 그 자신의 데이터를

14_ 우버는 궁극적으로 무인자동차 혹은 자율주행자동차의 개발과 운행을 목표로 한다. 사실 구글, 애플 같은 실리콘밸리의 다른 거대 IT기업들도 마찬가지의 목표를 갖고 있다. 지금의 우버 운전 노동자들이 생산하고 있는 각종 데이터는 결국 무인자동차를 위한 알고리즘 소스로 제공될 것이다. 따라서 역설적이게도 현재의 우버 플랫폼 운전 노동자들의 역할은 자신들의 소멸이라는 결과를 가져오게 될 수단을 제공하는 데 있다.

통해 주체에서 다시 대상으로 소외된다. 악순환의 자동화된 피드백 루프가 이어진다.

자동화 사회: 인간, 기계, 노동

인간의 산노동은 플랫폼과 같은 거대한 사회적 기계들을 통해 죽은 노동에 결합되면서 점점 기계의 엄청난 생산력과 효율성 속으로 빨려 들어간다. 이에 따라 생산 과정에서 기계와 인간 사이의 정보 교환, 즉 커뮤니케이션의 문제가 생겨난다. 서구의 산업화 과정이 절정에 달하고 냉전과 무기체계의 개발이 새로운 명령과 통신의 가능성을 찾아 나선 시기에 등장한 것이 바로 사이버네틱스(cybernetics)였다. 20세기 중반 학문으로 연구되기 시작한 사이버네틱스는 지금 우리가 흔히 입에 올리는 사이버스페이스나 사이보그 등의 개념과 직간접적인 관계를 갖는다. 그러나 애초에 사이버네틱스는 노버트 위너가 쓴 동명의 책 부제가 말해주듯, 기계와 (인간을 포함한) 동물 사이의 통제와 커뮤니케이션을 목적으로 한다.[15] 사이버네틱스는 예컨대 인간이 방공 무기 같은 하나의 통합된 시스템 속에서 기계와 제어와 명령을 수행하고 또 지시받는 정밀한 상호작용적 관계를 구성할 수 있는지를 탐구했다. 사이버네틱스는 계산장치를 매개하여 인간 조작자가 기계장치를 능숙하고 효율적으로 사용함으로써 기계-인간 시스템의 자동화를 구축하기 위한 현대 컴퓨터 공학의 근원적 토대였다. 이러한 기계와 인간(동물)의 통합된 정보소통 시스템 구축은 이후 정보 과학과 네트워크 기술의 발전에 거대한 디딤돌이 되었다.

기계의 자동화가 발전해온 과정으로부터 지금의 자동화 사회를 반영해보자면 자동화가 지향하는 최종 지점에는 결국 인간이 있음을 알 수 있다. 한편으로 자동화가 인간의 노동으로부터의 해방(좋은 결과든 나쁜 결과든)을 향해

15_ Norbert Wiener, *Cybernetics: or Control and Communication in the Animal and the Machine* (2nd ed.) (New York: The MIT Press, 1965 [1948]).

가고 있다면, 다른 한편으로 자동화는 궁극적으로 인간의 (기계적) 노동으로의 절대적 포섭, 즉 종속을 향해 가고 있다.[16] 지금까지 산업자본주의 체제 이래로 기술 혹은 기계가 자동화되어온 과정은 공장 자동화ー사무 자동화ー가정 자동화(홈오토메이션)ー도시 자동화(스마트시티) 같은 단계로 단순화할 수 있다. 현재의 데이터 사회에서는 아마도 이 과정의 마지막에 '인간 자동화(human automation)' 혹은 '삶의 자동화(automation of life)'라고 부를 만한 것을 덧붙일 수 있을 것이다.[17] 이것은 삶을 둘러싼 모든 환경이 자동화되고 그 환경 속에 위치한 인간의 모든 외적 활동과 내적 상태, 사회적 관계와 상호작용까지 데이터화되고 다시 피드백되는 총체적 자동화 상황을 지칭한다. 거주 지역, 공장, 사무실, 가정을 넘어 더 내밀하고 개인적인 관계나 취향의 영역까지 자동화되는 상황에서 인간이 상상할 수 있는 외부란 없다.

지금껏 자동화는 무엇을 자동화하는 것을 목적으로 했고, 실질적으로 무엇을 자동화했는가? 자동화의 결과는 무엇인가? 베르나르 스티글러는 자동화 사회의 핵심 문제는 단지 자동화로 인해 인간의 노동이 기계에 빼앗기는 데 있다기보다는 인간 정신의 총체적 프롤레타리아트화와 총체적 해체에 있다고 본다.[18] 인류가 산출하는 다양한 종류의 기록은 '기억보조장치(hypomnemata)' 를 통해 '3차 파지(tertiary retentions)'로 구성되는데, 오늘날의 디지털 기억보조장치는 "인터페이스, 센서 그리고 그 밖의 다른 장치에 의해 2진수 형태로, 따라서 계산 가능한 데이터로 생성되면서 자동화 사회의 토대를 형성하고 있다. 잘 알려진 대로 이 사회에서는 삶의 모든 차원이 그렇게 해서 철저하게 초-산업적(hyperindustirielle)으로 되는 산업경제를 위한 기능적 요소를 구성하고 있다".[19]

16_ 사이버네틱스라면 후자를 인간과 기계의 시스템적 통합이라고 부를 것이다.

17_ 사회관계망서비스(SNS), 자기기록(self-tracking), 유튜브와 넷플릭스를 비롯한 각종 맞춤형 인공지능 알고리즘은 삶의 자동화를 구성하는 몇 가지 사례다.

18_ 베르나르 스티글러, 『자동화 사회 1: 알고리즘 인문학과 노동의 미래』, 김지현·박성우·조형준 옮김, 새물결, 2019, 126-127.

19_ 같은 책, 110.

모든 것의 데이터화에 기반한 자동화 사회는 인간의 신체나 노동뿐만 아니라 감수성이나 정신을 포함한 인간의 전면적인 프롤레타리아트화를 구성한다는 것이다. 이것이야말로 들뢰즈가 '통제사회(controlled society)'라고 예견했던 시대를 살아가는 인간의 현실이 아닌가.

작게는 온라인 쇼핑이나 택시 잡기, 음식 배달, 홈오토메이션에서부터, 사무 자동화와 공장 자동화를 거쳐, 크게는 스마트시티와 전 지구적 자동화에 이르기까지 우리 삶의 대부분이 자동화된 과정에 맡겨져 있다. 데이터의 수집에서 적용까지 모든 과정이 자동화되어 있기에 우리는 더 이상 그 과정이나 결과에 대해 생각할 필요가 없다. 상황에 대한 객관적인 분석과 평가를 통해 최적의 솔루션을 제공하고 있는 알고리즘, 인공지능, 자동화를 그저 믿고 온전히 그 판단을 따르는 것이 합리적이라고 여기게 된다. 취업, 시험, 보험, 대출에서부터 법률, 경영, 정치, 우주과학에 이르기까지, 현존하는 온갖 종류의 데이터를 수집하고 미지의 정보를 발굴하고 추출해내는 과정에서 인공지능 알고리즘은 거의 자동화된 방식으로 모든 것의 패턴을 발견한다. 그렇게 발견한 패턴을 그 자신에게 그리고 다시 재귀적으로 우리에게 적용한다. 이 재귀적 자동화 과정에서 인간의 삶은 사실상 프롤레타리아트화의 과정을 겪는다―해방이 아니라.

자동화된 기술사회에서 인간의 역할과 위상

자동화 과정에서 자동화하고 또 자동화되는 것은 시스템 자체라기보다는 오히려 그 시스템 속 인간이다. 자동화되는 것은 우리로 하여금 자동화되었다고 믿게 만드는 그 기계가 아니라 기계와 인간이 맺는 새로운 관계의 네트워크 속에서 복무하는 인간의 노동과 신체다. 애초 기계에 인간의 노동과 인지 능력을 전달하려 했던 자동화는 역으로 자동화 과정에 포섭되어 그 자동화를 완성시키기 위해 스스로 자동화하는 인간을 낳았다. 자동화된 인공지능에 의해 고용되고, 일을 배정받고, 관리되고, 보수를 받고, 해고를 당하기도 하는 인간 노동자의 삶은 이미 진행 중이다. 많은 미래학자들이 예상하듯이 인공지능 알고리즘에 의해 인간은 직업과 직장을 잃을 것이지만, 사실 자동화된 기계 때문에 인간이 일자리를 잃어온 것은 어제오늘의 일이 아니다. 언제나 자동화 기계가 인간을 대체한다고 여겨졌지만, 자동화(라고 믿게 만든) 기계를 작동시키는 것은 늘 인간이었다. 자동화된 기계란 사실상 늘 인간의 자동화를 기대하는 것이었다. 기계의 자동화는 궁극적으로 인간 자동화와 삶의 자동화를 통해 완성된다.

재귀적으로 순환되는 자동화 시스템 속에서 인간의 삶은 디지털 데이터 주체와 알고리즘의 패턴으로 추출되고 추상화되고 자동화된다. 얼굴 인식 인공지능은 도처에 설치된 감시카메라에 의해 무차별적으로 수집된 이미지들과 온갖 SNS에 자발적으로 업로드된 셀피들을 기반으로 한 기계학습을 거쳐 진화하는 중이다. 음성 인식 인공지능 스피커도 매번 그 앞에서 말을 걸고 질문하고 명령하는 사람들의 목소리와 언어를 지속적으로 분석하면서 점점 더 영리해지고 있다. 일상적 기술을 사용하는 인간들의 온갖 데이터가 실은 바로 그 기술의 핵심적 알고리즘 구축과 개선을 위해 지속적으로 제공되고 있는 것으로, 즉 언젠가 인간 그 자신을 불필요하게 만들 자동화 기술을 구축하는 데 스스로 기여하고 있는 셈이다.

메리 그레이와 시다스 수리가 그들의 동명의 책에서 제시하는 개념인 '고스트워크(ghost work)'도 결국 인공지능의 작동이나 개선을 위해 자동화 알고리즘의 뒤에서 감춰진 일을 하는 플랫폼 혹은 온디맨드 노동자들의 존재를 전면에 드러내기 위한 것이다.[20] 주로 온디맨드 혹은 클라우드 워크 서비스를 통해서 모집되는 이 고스트워커들은 예컨대 페이스북 등에 올라오는 수많은 성기 사진들을 찾아내고 지우는 작업, 우버 운전자의 즉각적인 신원을 확인

20_ 메리 그레이·시다스 수리, 『고스트워크』, 신동숙 옮김, 한스미디어, 2019.

하는 작업 등, 인공지능의 이면에서 (사실은 인간을 흉내 내는 인공지능이 일하고 있는 것처럼) 작업을 수행한다. 우리 시대에 자동화라는 기술적 이상과 알고리즘 통치성이라는 정치적 이념의 배후에는 사실상 기계와 컴퓨터로 작동되는 자동화 시스템의 가장자리에서 컴퓨터와 인공지능을 보조하는 인간의 그림자 노동 혹은 '고스트워크'가 감추어져 있다. 에크비아와 나르디는 이런 종류의 시스템 작동 방식을 자동화, 즉 오토메이션과 대비해 '헤테로메이션(heteromation)'이라고 부른다.21

이는 겉보기로는 우리 사회가 기술의 발전과 더불어 완전 자동화의 길로 가고 있는 듯 보이지만, 실은 자동화 과정에서 그 바깥으로 내밀린 상당수의 인간 노동과 인지가 더욱더 그 자동화의 과정에 투여되어야만 하는 역설적인 현실을 통찰하게 해준다. 자동화되는 것은 인공지능 같은 기술이 아니라 자동화 시스템 내에서 그 자동 부속품처럼 작동하는 인간의 삶이다. 이러한 역설적 기술 현실을 마주함으로써, 우리는 기계적 자동화 덕분에 고단한 노동에서 해방될 것이라는 순진한 이상이나 머지않아 기계와 사이보그에 지배당할 것이라는 무구한 공포에서 벗어나야 한다. 오히려 자동화 체제 속에서 인간과 비인간 사이의 현실적인 협력과 공진화를 고민해야 하는 시점이다.

비인간 혹은 인간 이후의 조건에서 생존하기

인공지능 등 기술의 진화로 삶의 환경 자체가 자동화되면 될수록 맑스가 "기계에 관한 단상"에서 예견했던 생산성 향상과 사회적 지식을 통한 (노동자의) 노동으로부터의 해방은 점점 다른 양상으로 드러나고 있다. 기계에 모든 번잡한 것들을 넘기고 인간은 자기계발의 여유를 가질 것이라는 공산주의에

21_ Hamid R. Ekbia and Bonnie Nardi, *Heteromation, and Other Stories of Computing and Capitalism* (Cambridge, Massachusetts: The MIT Press, 2017), 32.

대한 화려한 희망과는 달리, 자동화 과정에서 인간은 기계, 플랫폼, 인공지능, 알고리즘 같은 비인간 행위자들과 함께 하나의 네트워크 속에서―동등한 지위에서 혹은 종속된 지위에서―작동해야 한다. 어쩌면 이미 인간과 비인간의 역할은 역전되었거나 어떤 것도 우위에 있지 않게 되었다. 더 이상 인간은 비인간 행위자와 구별되지 않는다. 오히려 비인간 인공지능의 판단은 더욱 객관적이고 믿을 만한 것으로 받아들여진다.

신자유주의와 정보통신 기술이 뒤섞여 이루어낸 지금의 기술-노동 환경은 인간의 삶, 노동, 예술을 자동화된 기계의 작동에 통합되거나 종속된 것으로 만들고 있다. 이는 해러웨이가 「사이보그 선언」에서 언급한 '노동 자체의 여성화'로 이해할 수 있겠다. 해러웨이에 따르면, 노동이 여성화된다는 것은 "극단적으로 취약해진다는 것을 뜻한다. 곧, 해체되고 재조립되며 예비노동력으로 착취될 수 있다는 것, 노동자보다는 서비스 제공자로 여겨진다는 것, 노동일 제한을 비웃기라도 하듯 급여가 지급되다 말았다 하는 노동시간 배치에 종속된다는…것이다."[22] 자동화―사실은 헤테로메이션인 것―는 인간의 노동을 불안정하고 파편화된 것으로 만든다. 이 과정에서 인간의 노동은 조각나고 불안정해지고 데이터화되는데, 그렇게 됨으로써 저비용 혹은 무비용의 노동으로 그 가치가 산출된다. 자동화는 노동을 없애는 것이 아니라 새로운 방식의 노동―자동화 기술에 취약하게 포섭된 노동―을 만들어낸다.

전 지구적 차원의 자동화가 얽혀 초래하고 있는 당면한 인간적 위기에는 무감각한 채, 현재의 한국사회는 '4차 산업혁명'이라는 가치 아래 마치 인공지능이라는 기술적 화두를 선점하지 않으면 경제적으로 도태될 것이라는 망상에 사로잡혀 있는 것처럼 보인다. 인간이 기계로 대체될지 모른다는 혹은 대체되고 말 것이라는 공포심 또한 다가오는 전 지구적 위기 해결을 위한 고민

22_ 도나 해러웨이, 「사이보그 선언: 20세기 후반의 과학, 기술 그리고 사회주의 페미니즘」, 『해러웨이 선언문』, 황희선 옮김, 책세상, 2019, 54.

에 도움이 되지 않는다. 인간의 삶과 노동은 이미 자동화의 과정에 깊숙이 포섭되고 적극적으로 개입하고 긴밀히 협력하는 방식으로 얽혀 있는 포스트-휴먼의 상황에 속해 있다.

팬데믹 시대 기술 욕망과 생태정치학[*]

이광석 | 서울과학기술대학교

민주주의 소멸과 기술 도구적 합리성

민주주의와 기술은 어떤 공통점을 갖고 있을까? 민주주의는 사회를 구성하는 인간들 관계의 기본 규칙이라면, 기술은 인간종만이 지닌 특유의 문명 구성 원리이다. 이 둘의 가장 주된 목표는 인간 사회를 이롭게 하는 관계와 매개의 장치가 되는 것이다. 민주주의는 적어도 공동의 민의를 통해 정치를 행하는 사회 철학이 깔려야 하고, 기술은 지적 혁신을 통해 사회의 공통 부를 증대하는 데 기여해야 한다. 특히 둘 다 '인민'의 공동 번영이라는 역할이 강조된다.

역사적으로 보면, '권위주의' 독재 시절에는 민주주의와 그 적의 실체가 꽤 분명했다. 아이러니하게도, '문민' '국민' '참여' 등 민의를 대변한다는 민간 정부들에서 오히려 민주주의의 내용과 실체가 점점 흐리멍텅해지기 시작했다. 절차상 대의민주제와 선거정치 문화가 안착한 대신, 오히려 이 민주주의의 기제들이 시간이 갈수록 형식화되고 기능주의에 예속된 결과이리라. 이제 한겨울 광화문 광장을 달궜던 '촛불혁명'의 열기가 채 가시기도 전, 우리는 '민주주의의 소멸'을 논하는 시점에 이르렀다. 자유, 평등, 정의, 연대, 참여, 숙의, 포용 등 고갱이들이 말라비틀어져 그저 껍데기만 남아, 민주주의가 정

---

[*] 이 글은 '기술 민주주의를 다시 생각한다'란 제목으로, 『녹색평론』 176호, 2021년 1-2월, 51-60쪽에 실렸던 원고 내용을 수정·보완했다.

치꾼들의 수사로 전락한 현실 말이다. 그리고, 이에 공모하는 기술의 문제가 갈수록 심각해지고 있다. 이 글은 민주주의와 정치를 대신하려는 동시대 기술의 문제를 잠시 숙고하고자 한다.

흥미롭게도, 민주주의가 직업 정치와 관료주의로 축소되고 정치적 미사여구로 전락하자, 기술이란 것이 이를 관장하는 사회의 중심 역할을 자처한다. 특히, 우리 사회 전 영역에서 기술의 과잉이나 과포화가 두드러지면서, 민주주의의 부재와 그것의 알리바이를 기술이 전면에 나서 메우는 일이 잦아지고 있다. 권위주의 국가 시절에 기술 의존이 주로 성장과 개발에 집중했다면, 오늘 국가 권력은 기술을 시장 너머 사회 일반의 작동 방식이나 원리로 삼으려 한다. 가령, "기술 혁신이 곧 사회 혁신"이라며 이 둘을 등치하는 주장이 흔하다. 기술을 민주주의의 필요충분조건으로 보면서 공학적 해법을 아무렇지도 않게 제시한다. 성장과 개발의 열망에 더해, 민주주의와 정치 문제를 기술로 풀려는 '기술지상주의'적 오독이 만연해 있다.[1]

꼬박 5년 전의 일이다. 광화문 촛불시위로 탄생했던 문재인 정부는 정치 혁명 대신 전 세계 어디에도 없던 '4차산업혁명 위원회'라는 것을 탄생시켰다. '혁명' 위원회는 '포용 사회' 대신 닷컴 비즈니스를 선택했다. 뒤이어 코로나 충격 속 경기 부양책 '한국판 뉴딜'이 등장했다. 비상시국 국가 정책으로 디지털 뉴딜과 그린 뉴딜을 양대 축으로 삼았지만, 아직까지 이 대규모 국가사업에서 기술 민주주의나 약자 돌봄과 생태주의의 전망은 크게 찾기 어렵다. 처음부터 디지털 뉴딜을 통한 경제 '선도국가'로 도약하는 일만이 정부의 관심사였다. 여기에 그린 뉴딜은 디지털 뉴딜을 위해 마치 '덤'이나 구색처럼 삽입됐다. 그렇게 첨단 기술 성장의 욕망 안에서 모든 것이 녹아내렸다. 광장의 촛불혁명이 정치와 사회 민주주의로 이어지는 대신, 돌연 4차산업'혁명' 위원

1_ 이광석, '디지털 기술, 사회 개입을 위한 몇 가지 유의사항', 정보라 녹취 정리, 온라인 컨퍼런스 <디지털 기술, 사회를 말하다>, 희망제작소・서울도서관・연세대 주최, 2020. 11. 25. https://www.makehope.org/열린컨퍼런스①-데이터는-생태친화적이다/

회'가 만들어진 것은 어찌 보면 우연이 아니다.

바이러스 방역사회와 재난자본주의형 기술의 도구화

최근까지 기술 문제는 대중의 관심사가 아니었다. 대중의 기술 체감도 그리 크지 않았다. 여전히 기술은 국가의 일이었고 재벌의 성장에 목맨 엘리트 관료들의 소관이었다. 반면, 2010년대 들어 스마트기술이 확산되면서 상황이 많이 달라졌다. 보통사람들이 느끼고 감지하는 기술 경험이 확실히 달라졌다. 유튜버 일이 청소년들 장래 희망 1위가 되고, 플랫폼 알고리즘 기술이 배달노동자의 생존을 부여잡고, 믿었던 가짜뉴스에 이리저리 휘둘리고, 소셜미디어로 맺은 감정 관계에 상처받고, 평점과 댓글이 평판이 되어 실물 자원(노동, 집, 식당, 건물 등 부동산)의 거래나 운명까지 뒤흔드는 기술 세상이 됐다. 디지털 기술이 일상의 조직 원리이자 사회의 구성 원리로 득세하는 것이다.[2]

2_ 푸코의 『안전, 영토, 인구』와 『생명관리정치의 탄생』이라는 두 강연록을 읽게 되면서, 우리는 그가 기존의 '훈육' 중심성을 대체하는 새로운 권력 메커니즘으로서 '안전' 개념을 제안하고 있다는 점을 알게 된다. 푸코에게 '안전' 메커니즘은 권력의 공간 기술인 셈이다. 여기서 한 단계 더 나아가, 티지아나 테라노바는 '테크노소셜(기술사회)'이라는 도시 개념을 갖고, 푸코의 '안전'개념을 동시대적으로 재해석하고 있다. 그녀는 도시가 무수한 인적 · 물적 데이터 교류와 순환이 이뤄지는 우발적 흐름의 도시이며, 이 흐름의 환경을 정부가 조정하고 이들 관계의 원활한 직조를 위해 새롭게 '디지털 소셜네트워크'를 함께 작동시킨다고 본다. 테라노바는 경제가 '사회적인 것(the social)'의 구성원리가 되는 현실을 신자유주의로 본다면, 신자유주의의 새로운 동시대 국면으로 빅테크의 소셜네트워크 기술이 사회를 재구축하는 현실 공간 논리를 '기술사회적(technosocial)' 매체로서의 도시 개념으로 설명한다. 그녀는 현대 공간이 '기술사회'적 도시가 되는 상황은 기술적으로 '소셜미디어-스마트폰 어셈블리지'의 작용에 의해 가능하다고 본다. 기술사회의 인프라는 기존의 인터넷(데이터 메시지 순환의 표준 로직)과 웹(비선형의 다이나믹한 연결의 조직 방식)이란 두 가지 네트워킹과 정보 흐름의 특징을 소셜네트워크 구조에 내적으로 결합하고 재프로그래밍하면서 작동한다. 그녀의 '기술사회' 도시의 현 단계는 "사회적인 것이 직접적으로 (디지털) 코드화되고 디지털 커뮤니케이션 기술에 의해 재귀적으로 재구성되고 변경되는" 도시의 신생 환경(milieu)을 의미한다. 이는 사회적인 것이 테크노자본에 완전히 복속되는 방식만을 의미한다고 보기는 어렵고, 그 이상의 '새로운' 사회 통치 조건의 출현을 의미한다고 볼 수 있다. 내가 말하는 플랫폼 알고리즘의 사회적 배치와 현실 기술감각의 변화에 대한 논의는 그녀의 '기술사회적' 도시의 사회 공간적 조건 및 배치와 공명한다

코로나바이러스 팬데믹은 신기술의 사회 속 역할을 더 가속화 한다. 감염 공포로 인해 인간의 이동과 물리적 대면 관계가 위축되면서, 재난사회 속 비대면 플랫폼 유통과 배송, 자동화 로봇 기술의 도입과 적용이 늘고 있다. 세계 경제 위기에도 불구하고 IT기업들은 상승세다. 일상 속 기술 도입 속도는 피로와 멀미가 날 정도로 빠르고 전면적이다. 가령, 문재인 정부의 '4차산업혁명' 위원회 구성과 '인공지능 국가전략' 발표에 이어 코로나19 국면에서 확대 일로인 '디지털뉴딜'을 통한 '선도국가' 선언을 보라. 그 외 '인공지능 10만 양병', 유초중고 대상 인공지능(AI) 과목 신설, '데이터 3법'에 이은 정부 여당의 '데이터기본법' 발의 등이 빠르게 추진되고 있다. 물론 이는 사회 공익적 '기술 민주주의'의 작동 방식이라기보다는 기술의 도구적 합리화 과정에 가깝다. 즉 기술의 방향, 노동의 질, 기술교육 철학, 데이터 인권, 기술 소외 등 기술사회의 핵심 쟁점을 방치하거나 악화시키는 쪽으로 가면서, 민주주의의 운동장을 크게 기울어지게 하고 있다.

오히려 플랫폼과 자원 로지스틱스(물류) 등 자본주의 기술의 사회적 배치를 곧장 사회혁신과 사회 민주주의로 보는 견해가 압도한다. 이를테면, 새벽과 샛별 플랫폼 배송이 맞벌이 부부와 1인 가구 젊은이들의 쇼핑 소모 시간을 절약해준다며 크게 각광을 받는다. 배달, 택배, 돌봄, 청소, 감정, 데이터 노동 등 플랫폼에서 언제 어디서든 쉽게 일하고 탈퇴 가능해지면서, 일부는 자유 프리랜서 노동을 찬미하기도 한다. 사회적 돌봄이 사라진 공백을 대신해 등장한 플랫폼 기계의 운영자(브로커)들은, 그들 스스로 유무형 자원 배치의 혁신가라 자임한다. 하지만, 오늘날 기술의 사회적 상황은 괴이한 아이러니로 가득하다. 플랫폼 신기술 장치에 매인 자유 프리랜서들, 즉 물류창고 분류 노동자, 배달라이더, 택배기사의 사고사와 과로사는 끊이질 않는다. 전통

(Tiziana Terranova, "The City is an Technosocial Medium", 국제학술대회 <디지털 시티스케이프 지도그리기>, 서울시립대 도시인문학연구소, 2021. 5. 22, 테라노바 논의에 대한 필자 토론문 37-43쪽과 44-48쪽 참조).

적 작업 환경 속 안전 미비와 산업 기계로 인한 사고마냥, 디지털 장치에 의한 산노동의 재해와 소외 또한 치명적이다.

플랫폼과 인공지능 등 신생 기술들이 혁신의 탈을 쓰는 우리 사회의 기저에는 노동의 전면 재구조화 과정이 도사리고 있다. '저렴한 자연' 수탈을 통한 자본축적이 앞으로 크게 어려워지는 기후재난 상황에서, 오늘날 자본은 상대적으로 경기침체로 일자리를 찾지 못하고 대기 중인 값싼 산업예비군의 '위태로운' 노동을 쉽게 전유하려 한다. '공유(중개)경제'가 경기 침체기에 성행하는 연유다. 특히 플랫폼 유령·배달노동 등 비숙련 (초)단기 계약 노동자들의 양산과 동시에, 가사·돌봄·청소 등 '무상 알'이라 불리는 그림자노동 가치의 흡수와 전유가 급속도로 진행된다. 기술은 이를 위해 열일을 한다. 공장이나 사무실 노동의 고전적 임금노동을 대거 인공지능 자동화기계로 대체하는 과정을 밟으면서, 동시에 대부분의 인간 산노동을 위태로운 비(탈)숙련 단기노동의 지위로 떨어뜨리는 방식을 취하고 있다. 현재 진행되는 '디지털뉴딜'은 역병을 기회로 자동화 가속을 높여, 노동으로부터의 인간해방과 무관하게 산노동의 불안정성을 더 심화하는 국가주의적 노동 전환 계획에 다름 아니다.[3]

자본주의 기술로 매개된 노동의 질 악화뿐만 아니라, 'K-방역'의 조급증으로 인한 동선 추적과 감시 기술 등 시민 정보인권 침해도 우려할 만하다. 사회 안전과 바이러스 보건의 방법론으로 민간 통제형 기술을 쉽게 가져와 도입하는 경향이 있다. 굳이 기술적 매개 장치가 필요하지 않는 곳에 키오스크를 설치해 두거나, 확진 지역별 스마트폰 위치 추적을 무분별하게 실시하거나, 발열을 재면서 얼굴인식 등 신원 확인을 동시에 하거나, 백신 접종 정보와 큐알코드를 함께 연동해 시민의 일상을 통제하는 일이 흔해졌다. 코로나 변종의 확산이 장기화될 때 우리 사회 속 기술의 적용은 도구적 합리성에 의해 지배될 확률이 높다. 문제는 재난 시기 도입된 통제 기술이 평시로 돌아

3_ 이광석, 「코로나19 이후 AI 자동화와 노동의 문제」, 제10회 맑스코뮤날레('코로나19 이후의 국가, 생명, 인공지능'), 2021. 5. 14~16. 발표문 참고.

오더라도 일상에서 굳어질 공산이 크고, 무엇보다 그것이 우리에게 지금 꼭 필요한 기술인지에 대한 비판적 물음이 없다는 데 있다. 사회 혁신과 안전의 목표가 신기술 도입으로 단순 수렴되면서, 사회의 민주주의적 가치 확산과 꽤 거리가 먼 길로 가고 있는 것이다.

과학기술 매개형 정치 혁신의 한계

국가는 지금까지 성장과 안전을 위해 기술을 그 근간으로 삼기도 했지만, 또 다르게 사회 조직의 효율과 합리성을 높이기 위한 수단으로 그것을 전면화한다. 아니 이도 부족해 기술이 민주주의 원리를 아예 대체하거나 그 이상의 지위로 오르려 하기도 한다. 가령, 대선을 앞두고는 각 당 후보자들이 실물을 모사한 딥페이크 인공지능 기술을 활용하기도 했다. 'AI 윤석열' '명탐정 이재봇' 등 유력 대선 후보자를 꼭 빼닮은 AI 아바타 정치인의 등장으로 한때 시끌벅적했다. 단순히 이는 대중의 주목과 시선을 끄는 데 멈추지 않는다. 현실 정치인에 대해 지녔던 유권자의 생각이나 판단을 흐리는 데 기술이 공모하고, 기술이 현실정치를 대체한다. 아바타 정치인의 범람은 장차 '가짜뉴스'의 유사 사례이자 오늘날 민주주의의 공백을 뜻한다. 신기술 알고리즘과 딥페이크 이미지로 세련되게 치장한 가상의 기술정치가 부각될수록, 역설적으로 우리 현실 정치문화의 빈곤이 더 드러날 뿐이다.

기술에 의한 민주주의의 대체 정황은 기술의 사회 합리화 과정에 시민사회의 역할을 적극 끌어들이는 정책 지향에서도 쉽게 관찰된다. 이른바 '과학기술 시민참여 모델'은 그것의 또 다른 한 사례다. 이는 적어도 오늘날처럼 민주주의의 의미가 유명무실하기 전까지는, '사람이 먼저' '포용사회' '시민 주도'란 슬로건과 함께 했던 기술 민주화 모델이었다. '과학기술 시민참여 모델'은 중앙 정부와 지자체 등이 각종 예산 지원을 통해 시민이 과학기술 솔루션에 주도적으로 참여해 관련 전문가들과 함께 특정의 사회문제를 발견해 풀어나가는 프로젝트라 보면 된다. 국가 지원을 받아 사회혁신의 해법을 만드는 개방형 과학기술 실험실인 셈이다. 가령, 과학기술정보통신부의 '기술·사회 통합 R&D 연구', 여러 지자체들의 '리빙랩'(과학기술 사회혁신 실험) 사업 공모, 행정안전부의 '디지털 사회혁신' 공모 사업, 한국과학창의재단의 '우리동네과학클럽', 국토부의 '스마트시티형 도시재생 뉴딜사업', 서울시의 '공유도시 서울' 사업 등이 대표적이다.

이제는 과학기술을 매개로 한 시민 중심의 사회 혁신의 결과가 어떠한지를 따져볼 시점이다. 도시 빈곤, 공해, 미세먼지, 에너지전환, 환경문제, 자원 공유, 장애인, 여성 안전과 불평등 등 첨예한 우리 사회 문제를 공학적 해법을 갖고 시민 스스로 솔루션을 찾는다는 점에서 참신했다. 하지만, 과학기술적 해법은 현실의 민주주의적 가치 실현 흐름과 맞물릴 때만이 힘을 발휘할 수 있다. 현실 정치의 구조적 모순의 파악과 이의 동반 전환 없이 사회공학적 해법을 주로 강조할 때 그것의 한계는 분명하다. 설사 이로부터 '기술 민주주의'의 성공 사례가 있다 하더라도 말이다.

많은 사업들이 시민의 주도성을 강조해 왔지만 그와는 반대로 의사결정 과정이나 실제 조직 구조에서 제대로 된 시민참여가 잘 이뤄지지 못하고 있다. 전문 과학과 기술 지식이 요구되는 경우에 엘리트 집단에 비해 일반 시민들은 대체로 주변화된다. 기실 '시민 주도'라 강조하지만 시민의 존재감이 없거나 시민력이 크게 발휘되지 못하는 사회혁신 모델인 경우가 흔하다. 설사 일반 시민과 주민이 참여하더라도, 그 해법이 조악한 경우들도 있다. 게다가 선정, 지원, 평가 과정을 수반하면서, 이에 맞춰 다루는 이슈들이 보수적으로 바뀌거나 예측 가능하거나 다른 과제와 흡사하게 닮아가는 경향을 띠기도 한다.

이들 국가 지원의 혁신정책과는 조금 다른 역사적 맥락에서, 우리는 이미 80년대 중반부터 이른바 '시민과학' 운동이란 시민 스스로의 기술에 대한 자생적이고 자율적 흐름을 구축해왔다. '시민과학' 운동은 역사적으로 좀 더 급진적인 유럽의 기술정치 환경에 영향을 받으면서 과학기술에 대한 시민 일반의 공익적 지식 생산과 이를 갖고 사회 민주주의적 개입을 지향해왔다.[4] 예컨대, 반공해운동, 시민과학센터 활동, 과학상점, 합의회의, 기술영향평가, 적정기술센터 등 지역이나 대학, 그리고 시민사회단체 기반의 풀뿌리 과학운동의 역사가 존재하고 이들 운동의 내용들 중 일부는 제도 정착이 이뤄졌다. 하지만, 대부분의 시민과학 운동은 국가 주도형 과학기술의 주류 흐름과 멀어지며 시간이 지나면서 하나둘 흐지부지 사라져버리거나, 제도로 안착되더라도 이 또한 시민의 목소리가 주변화하거나 절차만 남아 형식화된 측면이 크다.

시민사회의 '데이터 민주주의' 변수

시민과학의 전통은 '시민참여형' 정책 사업보다는 좀 더 자유롭고 급진적이었다. 생명 생태 교란이나 파괴와 연계된 사회문제를 독립된 시민사회의 의제로 다뤘기 때문이다. 다른 한편으로, 정보공유 정신에서 출발하는 시민사회의 기술 자치와 현장 개입의 흐름 또한 존재한다. EBS 교육방송에서 '시민의 탄생'(2020)이란 주제의 특집 다큐멘터리를 시리즈로 다룰 정도로, 시민사회와 '데이터 민주주의'에 대한 관심이 부쩍 높아져 간다. 사실 우리에게는 80년대 '시민과학'마냥 90년대 '정보 자유문화'가 존재했다. 후자의 경우는 시민사회를 중심으로 정보공유(자유소프트웨어와 오픈소스 운동)와 정보인권운동으로 성장하는 계기가 된다. 이른바 '데이터 민주주의'의 최근 흐름은 이와 관련해 주목받고 있는데, 디지털 기술과 사회 의제가 맞붙는 신생 경향이라고 보면 좋겠다. 다르게는 '시빅해킹'이라고도 불리는데, 시민들의 새로운 데이터 실천과 행동주의를 크게 주목한 용법이다.

'시빅해킹'은 데이터 기술을 사회 혁신과 결합하려는 시민사회의 실천 의

4_ 이영희, 『과학기술과 민주주의—시민을 위한, 시민에 의한 과학기술』, 문학과지성사, 2011 참고

제라 볼 수 있다. '해킹'은 원래 여럿이 모여 특정의 기술을 뜯어보고 권위에 의해 닫힌 설계를 우회하여 공동 생산된 지식을 함께 나누고 공유하는 컴퓨터 자유문화를 지칭한다. 여기에 '시빅(시민)'이 붙으면서 좀 더 시민사회적으로 의제화된 해킹 행위로 개념이 탈바꿈한다. 최근 '시빅해킹' 개념이 유행을 하는 까닭은, 대개가 인정하듯 대만의 해커 출신 디지털 특임장관 오드리 탕(Audrey Tang) 덕택이 아닐까 싶다. 이미 그는 공직에 발탁되기 이전부터 '거브제로(g0v)'라는 프로그램 개발자들과 시민 커뮤니티 모임을 주도하면서 현장 실천 경험을 두루 쌓았던 활동가였다. 구체적으로, 그는 해바라기 학생운동, 타이난 지진, 가오슝 가스폭발, 미세먼지 등 대만의 각종 사회문제 해결을 위해 데이터 아카이빙과 시각화를 활용한 시빅해킹 활동을 다각도로 펼쳤다. 코로나19 국면에서도 대만 정부의 공공데이터를 활용한 마스크 재고 정보 플랫폼을 제공하면서, 우리의 마스크 재고 지도앱 제작에 영향을 끼치기도 했다.[5]

　　우리의 '시빅해킹' 접근은, 대만의 사례와 크게 다르지 않아 보인다. 주로 정부나 지자체가 만들어내는 공공데이터에 대한 시민사회의 정보 접근, 공유, 활용을 높이는 방향으로 초점을 맞추고 있다. 정부 재원에 상대적으로 크게 의존하지 않으면서도, 공익 목적의 시민 데이터 권리를 중요하게 다룬다. 그렇다고 해서, 이들의 '데이터 민주주의' 운동 방식에 문제가 없는 것은 아니다. 예컨대, 디지털 해커와 개발자 중심의 기술 전문 활동이 대체로 중심에 있으면서 과도하게 기술 엘리트주의적 특성을 보인다. 디지털 기술을 강조하다보니 그 바깥이나 경계에 존재하는 적정기술 운동이나 하드웨어 제작문화와의 연결고리가 미약하다. 데이터의 재미(편) 요소나 데이터 시각화 작업 등을 강조하면서 사실상 기술의 정치경제학 비판에 크게 소홀할 수 있다. '데이터 민주주의' 프로젝트를 한풀 벗겨서 (비)영리 스타트업들의 사업 아이디어와 비

5_ 오드리 탕과 시빅해킹에 대한 본격적인 논의는, 전병근, 『대만의 디지털 민주주의와 오드리 탕—국가 플랫폼에 민주주의를 코딩하다』, 스리체어스, 2021 참고

교할 때 그 둘 사이의 구분이 그리 용이하지 않는다면 이에 치명적 문제가 있어 보인다. 다른 무엇보다 데이터의 사유화와 오남용이 심각한 우리 현실에서 보자면, 데이터의 주류 질서를 직접적으로 거스르는 대항 기술의 흐름을 만들어낼 수 있을지는 지금으로서는 회의적이다. 정부와 자본 주도의 데이터 사유화 경향에 '시빅 해커들' 스스로 비판적 감시자로 우뚝 서지 못한다면, 그들의 '데이터 민주주의' 또한 주로 데이터 기술을 매개해 사회 조직의 기능적 효율 개선에 머무르는 '엘리트 시민' 활동이 될 확률이 높다.

데이터 민주주의에서 기술의 생태정치로

시민사회 자율과 자치의 기술 상상력과 해법을 통해 사회의 변화를 이끌려는 현장 실험들은 여전히 유효하고 장려할 일이다. 다만 자본과 국가 권력이 기술을 욕망하는 것만큼 시민사회의 혁신 실험에서 기술에 대한 근거 없는 낙관을 전제로 한 '기술숭배'를 경계해야 할 것이다. 코로나19 국면은 우리 모두의 현실 비판적 판단력을 더욱 흐리게 만들고 있다. 거의 우리를 둘러싼 모든 것들이 기술로 연결되고 매개되는 현실에서, 이제 민주주의의 실체는 갈수록 더욱 첨단의 기술로 그럴듯하게 때론 세련되게 포장되기에 바쁘다. 오늘날 공장이나 사무실 너머 우리의 일상까지 점점 그 강렬도가 더 커지는 기술 예속과 소외는 단순히 기술의 오남용이라 치부하기에 사회 구조적이고 본질적이다. 그래서, 우리 사회의 기술 과잉 상황은 민주주의의 위기와 소멸의 징후로 읽어야 한다.

자본주의적 기술과 산업 문명이 만들어낸 바이러스 창궐과 기후위기의 혹독한 이 시대를 뜻하는 '자본세(Capitalocene)'적 생태 파괴는 우리가 아는 생명 '자연'만을 대상으로 삼고 있지만은 않다. 즉 인간의 '사회' 생태에까지 걸쳐 있다.6 기술이 우리 사회 성장과 합리화를 주도하고 급기야 민주주의의 내용까지 기술이 대체하는 상황은 사회 생태 위기가 아닐 수 없다. 이제는 사회

문제를 말하기 위해 기술의 사회 배치와 인프라를 함께 얘기해야 하는 세상이 되어가고 있다. 우리 주위를 둘러싼 모든 인공 기술 사물들의 배치가 어떠한가에 따라서, 한 사회의 민주주의적 질감이 달라지는 세상이 됐다.

대만의 탕 장관은 디지털 시대를 살아가기 위해 스마트 기기를 잘 쓰고 잘 다루는 능력보다 정보 생산자로서의 능력, 즉 '데이터 역량(data competency)'을 강조한다.7 좋은 말이다. 적어도 그의 데이터 역량에 대한 강조는, 우리 사회 노년층 디지털 격차 해소책으로 늘 언급되는, 스마트 기기 사용법이나 터치스크린 정보 활용법을 가르치는 것이 정말 부질없고 헛된 것이란 점을 확인시켜준다. 하지만, 데이터 역량과 함께 더 근원적 문제가 있다. 즉 우리 사회 설계에 착종된 자본주의적 생산과 통제 기술들의 풍경에 대한 시민 대항력의 구성이다.8

보다 근원적으로는, 하이테크 중심의 천편일률적인 도시 속 신기술의 과잉 배치와 같은 우리 사회 기술 도입과 수용의 과속과 가속 문제를 재점검할 필요가 있다. 이들 사회 속 기술과 코드의 배치 문제는 곧 기술을 응용하는

6_ '자본세(Capitalocene)'는 행성주의적 '인류세(Anthropocene)' 주장에 대한 반발로 생성됐다. 이 개념은 급진 경제학자 데이비드 루치오(David Ruccio)가 처음 언급했고, 제이슨 무어나 안드레아 말름 등 일부 생태맑스주의자들이 직접적으로 인류세의 문제를 지적하기 위해 고안해냈다. 이들은 현재 지구 생태 위기 국면을 인류세가 아니라, 그 대신 '자본세'라 불러야 한다고 주장한다. 이들은 지구 표면을 얇은 그린막으로 묘사하기보다는 자본의 흔적으로 뒤덮여 있음을 깨닫는 일이 더 중요하다고 본다. 인간, 특히 자본 권력의 생태 파괴 기제를 가장 큰 문제로 봐야 한다는 것이다. 이들에게 자본주의는 "생태의 일부만이 아니라 바로 그 자체가 생태인데, 이른바 권력과 자본, 자연을 통합하는 일단의 관계"인 것이다. 즉 '세계생태 (world-ecology)'는 유무형의 "프런티어들을 통해서 끝없는 축적의 힘으로 견인되어 행성 전체로 팽창하는 (자본주의적) 생태"에 해당한다. Jason W. Moore, ed., *Anthropocene or Capitalocene? Nature, History, and the Crisis of Capitalism* (Oakland, CA: PM Press, 2016); Raj Patel & Jason W. Moore, *History of the World in Seven Cheap Things: A Guide to Capitalism, Nature, and the Future of the Planet* (Berkeley, CA: University of California Press, 2017), 38-40; 이광석, 「'인류세' 논의를 둘러싼 쟁점과 테크노-생태학적 전망」, 『문화/과학』 97호, 2019년 봄, 22-54쪽 참고.

7_ 박설미 정리, <오드리 탕 대만 디지털 장관과의 대화: 코비드19 시대의 디지털 혁신>, 2020. 11. 11. https://www.yeosijae.org/research/1048

8_ 뒤늦게 확인한 바지만, 오드리 탕 또한 '코드'(알고리즘)의 사회적 합의 중요성을 중요하게 언급한 적이 있다. 전병근, 앞의 책, 126-129쪽 참고.

사회 생태에 대한 정치적 개입과 실천으로 연결된다. 이 점에서 개인의 데이터 역량을 키우는 것으로 부족하다. 기술에 대한 개인 성찰 능력에 더해, 묵은 기술과 새로운 기술의 도시 설계 속 배합과 앙상블, 거의 모든 연령 세대들에 두루 친숙한 기술의 보편적 접근과 사회 공통의 보편적 기술감각 마련, 사회적으로 민감한 기술 도입 시 시민 숙의 과정 정례화, 생태 합목적적 기술 대안의 모색 등을 동시다발적으로 창안해내야 한다. 개인 미디어 리터러시나 기술역량을 넘어서, 우리 사회에 시민 공동의 호혜적 전망을 지닌 생태정치와 커먼즈적 실천이 필요한 까닭이다.9

9_ 이 글은 '사회 생태와 기술'이란 주제 범위로 인해 지구 생태의 문제에 대한 의제를 거의 담아내지 못하고 있다. 이는 필자의 다른 연구 토픽으로 봐주면 좋겠다. 아직 설익긴 하나, 이와 관련한 초기 논의는, 다음을 참고하기 바란다. 이광석, 「기술 생태감각과 미래미술관」, 『NJP 리더 #10 미술관 없는 사회, 어디에나 있는 미술관』, 백남준아트센터, 2021. https://njp.ggcf.kr/wp-content/uploads/2021/04/이ㅣㄱㅏㅇㅅㅓㄱ-ko.pdf; 이광석, 「지구 생태-테크놀로지-인간의 새로운 공생적 관계를 위하여」, 『문화/과학』 100호, 2019년 겨울, 210-233.

인공지능 자본주의의 기술정치
: 인간-비인간 노동의 신경망 분업과 새로운 적대[*]

신현우 | 기술문화 연구자

1. 인공지능은 잉여가치를 생성할 수 있는가
: 불변자본과 비인간 노동행위자 사이

자본주의의 동역학은 매우 복잡하지만 결국 노동가치론의 제1명제, '오로지 인간 노동을 통해서만 가치가 생성된다'로 귀결된다. 그러나 인공지능 자본주의가 가시화되는 현재 이행기에서, 노동가치론의 제1원리는 물론이고 그 반대편에 있는 자본주의 시스템 자체가 구조적으로 변환될 가능성들이 점점 가시화되고 있다. 인공지능이 본격적으로 자본주의 가치운동에 개입하기 시작한다면, 전통적인 자본-노동의 적대관계는 어떻게 변화할 것인가? 전선은 어떻게 설정되어야 하는가? 이런 질문들 가운데서 맑스주의가 확실히 답해야 하는 것은 '인공지능이 가치를 창출할 수 있을 것인가?'라는 문제다. 고전 맑스주의 세계관에서 이 질문은 당연히 허튼 소리이다. 자연은 기계, 기관차, 철도, 전보, 자동 방직기 등을 제작하지 않으며, 이들은 인간 근면의 산물인 동시에 인간의 손으로 창출된 인간 두뇌의 기관들, 대상화된 지력이다.[1] 맑스는 『1844년 수고』에서 자연에서 원료를 채취하고, 그것들의 형태를 변형시키는

---

[*] 이 글은 「인공지능은 잉여가치를 만들 수 있는가: 가변자본과 비인간 노동 행위자 사이 '신경망 분업'으로서 인공지능 읽기」, 『문화/과학』 105호, 2021년 봄, 77-102의 내용을 일부 개고하였음.
[1] 칼 마르크스, 『정치경제학 비판 요강 2』, 김호균 옮김, 그린비, 2007, 382.

166 테크놀로지와 문화

166 테크놀로지와 문화

인간 노동이 유적 본질에 고유한 것임을 논증했다. 인간 노동은 자유로운 의식적 활동을 통해 이뤄진다는 점에서 꿀벌이 집을 짓는 노동과 그 본질을 달리하며, 비유기적 자연과 비유기적 신체 간의 '신진대사'이다. 노동은 "인간이 자신의 행위를 통해 인간과 자연 사이의 신진대사를 매개하고 규제하며 통제하는 과정"인 것이다.[2] 그런데 인공지능 국면에서의 노동은 여기에 한 층위가 더 겹쳐진다. 인공지능은 인간과 컴퓨터 기술환경(혹은 기계적 자연) 사이의 대사(추상적, 인지적 프로세스)를 매개할 뿐 아니라 과거에 행해진 인간 노동의 산물(비정형 데이터)을 자연 원료처럼 채취해 그 형태를 유용한 것으로 가공한다. 인간보다 훨씬 빠르고 복잡하게 작곡을 하는 인공지능이 죽은 가수의 목소리들을 거기에 입히고, 영원히 노래하도록 만든다면 그것은 가치를 가지는가?[3] GPT 시리즈[4]와 같이 '코딩하는 인공지능'이 프로그래머의 노동을 대체한다면, 인공지능의 항상성을 유지하는 물적 토대인 IT산업은 어떻게 인공지능의 생존을 유지할 것인가? 인공지능은 생산수단인가, 도구인가, 노동자인가? 확실한 것은 인공지능의 새로운 국면이 노동가치론의 적합과 부적합을 떠나 자본주의 축적 구조를 완전히 변환시킬 것이라는 전망이다.

카펜치스는 '기계가 왜 스스로 잉여가치를 창출할 수 없는가'에 대한 답을 맑스의 '영구기관'[5] 개념을 경유해 설명한다. 카펜치스에 따르면 맑스는 1858

2_ 칼 마르크스, 『경제학·철학 초고/자본론/공산당 선언/철학의 빈곤』, 김문현 옮김, 동서문화사, 2008, 264.

3_ 현재 인공지능은 인간의 작곡 능력을 이미 추월한 상태다. 작곡 인공지능 아이바(Aiva), 주크덱(Jukedeck) 등이 이미 상용화되어 있으며, 국내에서 개발된 이봄(EvoM)의 경우 10초마다 3분짜리 곡을 만들어 낼 수 있는 능력이 입증되었다. 이봄은 유튜브 채널 'Musia'에 셀 수 없이 많은 자작곡을 공개하고 있다. 또한 국내 케이블 음악채널 엠넷은 인공지능 음악프로젝트를 통해 타계한 가수 '터틀맨(임성훈)'과 김광석의 라이브 공연을 성공적으로 생중계한 바 있다.

4_ 일론 머스크의 주도로 설립된 비영리 국제 인공지능 연구소인 '오픈AI'에서 개발한 인공지능 시리즈로, 영문학 텍스트와 웹페이지 등 수천 만 건의 문서를 학습하여 인간 자연언어 구사능력을 완벽하게 구현했다. 최신 버전인 GPT-3에는 자연언어를 인식해 기계언어로 출력하는 교차 언어능력까지 탑재되어 있다. 이에 대한 자세한 내용은 https://openai.com/에서 확인할 수 있다.

5_ 영구기관은 가상의 개념으로서, 외부로부터 최초의 에너지를 전달받으면 더 이상의 에너지

년 수고에서 영구기관이 '관념으로만 존재하는 기관'이라 규정했다.[6] 우리가 잘 알고 있듯이 열역학 제1 법칙에 따르면 고립된 에너지계에서 에너지 총량은 불변한다. 에너지를 이용해 자동으로 작동하는 기계는 매 순간 마모될 것이기 때문에 결국 어떤 형태로든 외부로부터의 에너지 공급은 불가피하다. 즉 역설인 셈이다. 맑스는 열역학 제1 법칙을 빌어 설명하지는 않았지만, 영구기관이 가능하다 해도 생산물로부터 이전될 가치가 존재하지 않을 것이라 주장했다(비용이 전혀 들지 않기 때문에). 카펜치스는 맑스의 설명을 빌어 이 관념 기계는 분업과 협업, 과학적 힘과 인구 증가 같은 '사회적 함과 결합할 것이지만 스스로는 가치를 창출할 수 없을 것이라 단언한다.[7] 사용가치를 창출할 수 있는 능력과 가치를 창출할 수 있는 능력을 혼동해서는 안 된다는 것이다. 인공지능이 스스로 컴퓨터 언어로 명령을 내려 동력기를 조작하는 '자동화 피드백 루프'에서 유용한 사용가치가 만들어질 수는 있겠지만, 잉여가치가 발생하려면 노동과정과 가치 실현이 동반되어야 한다. 그런데 영구기관(혹은 영구기관에 준하는 인공지능)의 생산물이 자본주의적으로 가치를 실현하려면 시장에서 교환되어야 한다.

영구기관이 존재한다면 인간은 두 가지 방식으로 존재하게 된다. 영구기관이 아무런 에너지 소모 없이 유용한 물건을 만들어 주기 때문에 일을 전혀 하지 않아도 되거나, 일을 하지 못해서 사라지거나이다. 어떤 쪽에서든 가치 실현은 불가능해진다. 이 모순은 맑스가 자본론 3권에서 설명하고 있는, 자본의 유기적 구성에 따른 이윤율 저하 경향에 근거한다. "가변자본에 대한 불변자본 비율의 점진적 상승은 잉여가치율이 불변일 때, 필연적으로 일반이윤율의 점진적 하락을 가져온다."[8] 경쟁시장에서 한 산업부문의 자본이 자동화 기계를 생산시스템에 도입해 단기적으로는 이윤율 상승을 꾀할 수는 있지만,

공급 없이 영원히 가동되는 기관을 뜻한다.
6_ 조지 카펜치스, 『피와 불의 문자들』, 서창현 옮김, 갈무리, 2018, 244.
7_ 같은 책, 같은 곳.
8_ 카를 마르크스, 『자본 III-1』, 강신준 옮김, 길, 2010, 284.

장기적으로 이윤율은 감소할 것이다. 다른 경쟁 자본도 앞다퉈 기계류를 도입해 가변자본 비율을 줄이고 불변자본 비율을 늘리는 유기적 구성을 달성하기 때문이다. 작업장에서 밀려난 잉여인구가 실업상태에 빠져 구매력이 낮아져, 상품이 가치를 실현하는 비율이 점차 감소하면서 이윤율 또한 저하되기 시작한다. 그러나 맑스는 이윤율 저하 경향을 '일반 법칙'이라고 정의하면서도 그것이 물리학적 환원 논리로 받아들여서는 안 된다고 강조한다. 맑스는 일반이윤율의 점진적인 하락 경향이 "사회적 노동생산력의 끊임없는 발전에 대한 자본주의적 생산양식의 한 고유한 표현"[9]이라 적고 있다. 이는 맑스가 다음 장을 '상쇄요인'이라 이름 붙여, 이윤율 저하 경향에도 불구하고 자본 역학이 유지되는 요인을 분석한 논리적 흐름과 일맥상통한다. 이윤율 저하 경향을 극복하기 위해 자본은 필사적으로 상쇄요인들을 창출해낸다. 맑스가 상쇄요인으로 꼽은 다섯 가지는 ① 노동착취도 증가, ② 노동력가치 이하로의 임금인하, ③ 불변자본요소의 저렴화, ④ 상대적 과잉인구, ⑤ 외국무역이다. ①을 통해 노동시간을 늘리거나 노동강도를 올리고, ④를 통해 ②를 실현하고, 연구·개발을 통해 ③을 실현하며, ⑤를 통해 저렴한 노동 지역과의 국제분업을 꾀해, 자본은 스스로 파산하지 않도록 필사적으로 '잉여'에 매달린다. 가변자본의 비율이 줄고 불변자본의 비율이 늘어나도, 즉 기계의 자동화가 더욱 가속화되어도 인간을 고된 노동으로부터 해방시키지 못하는 이유이다. 이 때문에 자본은 '산 노동을 끊임없이 찾아내 먹어치워야만 생존할 수 있는' 흡혈귀가 된다. 설령 인공일반지능(Artificial General Intelligence, AGI)이 실현되어 '스카이넷'이나 'Hal-9000'과 같은 SF적인 마스터마인드가 나타난다 해도, 그것은 영구기관이 아니다. 그것은 전력을 소모하고, 무엇보다 학습할 수 있는 데이터―인간이 남긴 무수한 삶활동의 흔적들―를 필요로 하며, 데이터들을 송수신할 수 있는 물리적 광네트워크를 필요로 한다. 어떤 형태로든 기계가

9_ 같은 책, 285.

잉여가치를 자아내려면, 에너지를 가장 효율적으로 변형시킬 수 있는 수단인 인간노동과 생산관계로 연루되어야만 한다.

다이어-위데포드는 여기에 재미있는 가정을 덧붙인다. 그는 '인간만이 의식을 가지고 합목적적으로 수행하는 노동'이라는 맑스의 공리를 방법적으로 회의하면서, AGI가 '재귀적인 자가 개선 과정의 무한 반복' 구조를 가지기 때문에 불변자본이 아니라 '노동하는 기계'가 될 수 있는 가능성을 조심스럽게 타진한다.[10] 인공지능의 작업이 '죽어 있지만 한 편으로는 살아 있기도 한 노동'이 될 수도 있지 않겠냐는 가정법이다. 그는 상품을 생산하는 노동이 사용가치와 교환가치라는 이중적 특성을 가지는 데 주목한다. 맑스적 세계관에서 상품이 취하는 소재적 형태와 실존 양식은 구분되며, 이 때문에 같은 상품이라도 사회적 관계 속에서 어떤 기능을 수행하는지에 따라 실존 양식은 달라진다.[11] 그런 의미에서 AGI는 산업시대의 기계류처럼 단순한 생산수단만으로 기능하지 않을 것이다. 다이어-위데포드는 AGI가 가진 능동적인 학습능력과 지적 재구성 능력을 망라하며 다음과 같이 설명한다. "AGI는 처음에는 개인 소비자에게 상품처럼 판매되어 소비와 사회적 재생산의 과정으로 들어가지만…자본가가 AGI를 구입한다면 이는 생산과정에 투입될 것이고, 불변자본으로서 그것이 생산하는 상품에 가치를 이전시키며, 사회적 노동시간을 줄여 상품을 값싸게 만드는 수단이 된다."[12] 다이어-위데포드는 AGI가 상품인 동시에 생산수단의 이중적 성격을 모두 가진 독특한 존재임을 명시하지만, 두 경우에도 스스로 잉여가치를 만들지는 못할 것이라고 본다. 그러나 중요한 것은 제3의 가능성, 즉 AGI가 상품이나 생산수단이 아니라 '노동력'처럼 판매될 가능성이다. 그는 로봇의 기원이 되는 카렐 차펙(Karel Capek)의 희곡 『R.U.R Rossum Universal Robot』의 기계인간을 예시로 들면서, '인공지능이 노동자

10_ Nick Dyer-Witheford, Atle Mikkola Kjøsen and James Steinhoff, *Inhuman Power: Artificial Intelligence and the Future of Capitalism* (London, UK: Pluto Press, 2019), 132.

11_ Ibid., 133.

12_ Ibid., 134.

처럼 자본가에게 착취당할 경우' 가변자본이 되어 잉여가치를 스스로 만들 수 있다는 외삽법을 도입한다. 요컨대 인공지능이 잉여가치를 스스로 만들어내려면 자본과 노동의 적대관계 속으로 들어와야 한다는 것이다. 그가 부연하듯이, '인공지능이 프롤레타리아가 되어' 생존을 위해 자유롭게 자신의 노동력을 판매할 수 있어야 기계 잉여가치가 설립 가능하다.[13] 이 전제가 성립하려면 두 가지가 필요하다. 하나는 인공지능이 인간과 똑같은 의식적 주체가 되기 위해 법적으로 인격을 인준받아야 하는 것이고, 다른 하나는 생존을 위해, 즉 지속적으로 전력과 통신을 공급받기 위해 자신의 노동을 판매하는 '사회적 필요노동의 하중'을 짊어지는 것이다.

다이어-위데포드의 가정법은 맑스주의 노동가치론의 폐기가 아닌 재구성을 요구한다. 'R.U.R'에 관한 은유는 '그래, 맑스의 말이 맞았어. 잉여가치는 오로지 인간만이 만들 수 있지!' 같은 안도로 이어지지 않는다. 이 외삽법은 오히려 우리에게 진전된 탈인간적 노동에 대한 성찰을 요구한다. 즉 '인간만이 노동하는 행위자'라는 고정관념에서 탈피해야 인공지능 재난을 돌파할 수 있는 계기들을 마련할 수 있음을 시사하는 것이다. 잉여가치가 인간노동과 자본의 적대로 직조되는 사회적 관계 속에서만 만들어진다는 사실은 변함이 없지만, 인공지능이라는 '비인간 행위자의 작업'을 통해 그 생산관계가 지대한 영향을 받게 되었다는 현실을 우리는 상기해야만 한다. 요컨대 인간 중심의 가치생산 노동에 획기적인 변화를 불러일으킬 비인간 요소로서 인공지능을 더 이상 간과할 수 없다는 뜻이다. 이는 미래의 계급투쟁에서 법, 윤리, 공통감각, 기술 발명 등 광범위하게 인공지능과 결부하게 될 노동 분야에 '인간 중심주의적인 노동'이 아닌 '자본-인간-비인간 노동매개자(인공지능)'라는 새로운 공리를 재발명할 당위를 부여한다. 자본은 점점 더 인간이 아닌 인공지능의 기술체계를 교묘히 전유할 것이기 때문이다. 인공지능에 대한 장밋빛

13_ Ibid., 135.

환상이나 러다이트적 거부는 새로운 투쟁주기 형성에 별 도움이 되지 않을뿐더러 자본주의의 비가역적인 AI 전환을 늦출 수 없다. 인공지능이 노동하는 주체라는 것이 아니라 노동하는 인간을 조절하는 비인간 주체로 인공지능을 고려해야만 한다는 것이다. 중요한 것은 인공지능이 잉여가치를 스스로 만들 수 있다, 아니다가 아니라, 생산력 차원에서나 상쇄요인 차원에서나 잉여가치를 만드는 데 지대한 영향을 미친다는 것을 인정하고 새로운 관계맺기를 시도하는 것이다.

2. 신경망 분업에 의한 기계적 예속

인공지능이 자본주의적 생산양식에 본격적으로 도입된다면, 일자리 전체에 걸쳐 대대적인 실업이 일어날 공산이 크다. 제조업과 육체노동의 영역에서는 이미 전부터 자동화로 인해 실업과 경제성장 둔화가 지속되어 왔다. 이른바 '불 꺼진 공장'과 스마트팩토리 등 유연한 공장 시스템이 상당히 진척되었으며, 제조부문 일자리들을 획기적으로 감축하고 있는 중이다. 인공지능으로 인해 '굴뚝 없는 공장'인 정보기술과 문화산업 부문에도 어둠이 뒤덮인다. 인간의 지적이고 창조적인 작업들을 대체하는 인공지능이 전선에 뛰어들게 된다면, 그나마 일자리를 지탱하고 있던 단순사무직과 경영·관리 및 문화산업 전방위에서 노동자들이 밀려나게 될 것이다. GPT 인공지능은 인간의 자연어 사용능력뿐만 아니라 컴퓨터언어 사용능력까지도 대체할 수 있음을 보여주었고, IBM과 마이크로소프트, 구글의 프로젝트들은 영상편집, 디자인, 창작, 컴퓨터공학, 의학, 법률에 관련된 업무까지도 인공지능이 대체할 가능성을 보여주었다. 요컨대 인공지능이 범용화되면 증기기관이나 전기, 컴퓨터의 발명으로 인한 일자리 변화와 달리 장기적으로는 전문직과 고급 일자리까지 대체될 가능성이 크다.

단기적으로 보면 먼저 위협받는 일자리들은 비숙련직이다. 리프킨은 무인

자동차, 드론, 스마트공장 등 자동화 기술이 도입되면 택시운전사나 운송노동자 등 비숙련직 일자리 수백만 개가 점진적으로 사라질 것이라고 전망했다.[14] 프레이 또한 인공지능 도입이 묵시록적인 실업으로 이어질 것이라는 기술결정론적 시각에 차분히 반박하면서도, 결과적으로는 노동시장에서 밀려난 잉여 인구들의 선택폭이 좁아지고 있음을 인정한다. 그에 따르면 인공지능이 도입되더라도 다양한 사회적 요인들ㅡ노동자 대중의 기술 저항, 국제 정치외교 지형, 이전 기술의 인프라 스트럭처 폐기 비용 등ㅡ때문에 실제로 범용화되는 데까지는 오랜 시간이 걸리며, 아마라의 법칙(단기적으로 기술의 효과를 과대평가하고, 장기적으로는 그 효과를 과소평가하는 경향)을 상기해 냉정하게 현 상황을 진단해야 한다고 주장한다.[15] 테크놀로지는 성능만 중요한 게 아니라 생산성 향상 실현을 위한 조직, 과정, 전략상의 보완적인 변화를 함께 수반할 때 본질적인 변화를 가져온다는 것이다.[16] 그러나 연 4만 1340달러 소득의 트럭 운전사 일자리를 잃은 사람은 학위가 없기 때문에 비슷한 소득의 사회복지사 일자리를 선택할 수 없으며, 결국 연 2만 4190달러짜리 수위 일자리로 밀려날 수밖에 없다.[17] 기술혁신을 맹신하는 테크노크라트들과 기업 혁신가들은 사라진 일자리만큼 새로운 일자리가 생겨날 거라 선전하면서 일자리타령이 집단적인 러다이트 히스테리라 치부하지만, 더 나쁜 주변부 일자리만 생겨나고 있다는 것이 더 큰 문제라 할 수 있다.

애런 베너너브는 이런 맥락에서 '나쁜 일자리만 양적으로 늘어나 겉으로

14_ 제레미 리프킨, 『한계비용 제로사회』, 안진환 옮김, 민음사, 2014.

15_ 칼 베네딕트 프레이, 『테크놀로지의 덫』, 조미현 옮김, 에코리브르, 2019. 프레이는 이 책의 5부 '인공지능' 절 전체에 걸쳐 인공지능의 효과와 전망을 아마라의 법칙에 따라 냉철히 조망한다. 그에 따르면 인공지능이 도입되어도 '단기적으로는 서비스직과 단순사무직에서 극적인 실업이 발생하지는 않을 전망'이다. 리프킨과 달리, 프레이는 무인자동차가 도입된다 해도 택시운전사가 사라지기까지는 훨씬 오랜 시간이 걸릴 것이라 예상한다. 그러나 장기적으로는 결국 그 빈자리에 나쁜 일자리만 생겨나는 방향으로 국면이 전개될 것이다.

16_ 같은 책, 421.

17_ 같은 책, 441.

일자리 전선에는 아무 문제 없어 보이는' 착시효과를 강하게 지적한다. 그에 따르면 기술 혁신으로 인해 일자리가 파괴된다는 자동화론자들의 설명은 지나치게 단선적이다. 오히려 경제성장이 둔화하면서(산업시설 과잉의 지구화와 대안 성장 동력의 비가시화) 일자리 창출이 저하되는 현상이 노동에 대한 국제적 수요를 약화시키고 있다는 것이다.[18] 베너너브는 경기 침체가 지속되면서, 낮은 노동수요로 인해 실직 상태에 놓인다기보다 정상임금보다 낮은 임금으로 그리고 정상 조건보다 열악하게 일하도록 강요당하는 현실이 잉여 노동인구를 증가시키고 있으며, 이 문제가 더 시급하다고 주장한다. 이는 저임금 국가에서의 국제분업 하중을 높이게 되는데, 이렇게 되면 서비스 부문에서 저임금과 생산성 약화, 불완전 고용 증가를 불러온다. 그에 따라 베너너브는 비정규직, 임시고용직, 제로아워 계약, 긱 노동 등 불안정성 증대로 귀결되는 정치경제적 상황을 타개하기 위해 보편적 기본소득을 도입하고 자본의 투자 결정 능력을 통제하자는 대안을 제시한다.[19]

프레이와 베너너브의 설명은 타당하지만, 범용기술이 지구적으로 미치는 내파를 외부적으로 해결해야 한다는 유보적 경향을 보인다. 또한 자본가들의 기술 독점 및 기술헤게모니 행사를 저지할만한 어떠한 '기술적 솔루션'도 제공하지 못한다는 점에서 큰 난제를 안고 있다. 보편적 기본소득이나 독점투자 제한 정책은 당연히 도입되어야 하지만, 프랑켄슈타인적 기술을 기술 자체의 문제가 아닌 사회의 문제로 일임할 위험 또한 존재한다. 태생적으로 블랙박스화가 두터운 인공지능의 경우, 그 사회적 사용에 관한 규약과 제도도 중요하지만 무엇보다 기술에 내재된 지배적 코드(디자인, 공학의 수준에서부터)를 변혁하는 기술코뮌주의적 구상이 시급하다. 예컨대 사회 편향적인 데이터셋을 기반으로 한 심층 학습은 윤리적인가? 보편적 기본소득 규약을 마련할 때, 비정형 데이터 사용에 대한 기업의 정당한 지불은 어떻게 이뤄져야 하는

18_ 애런 베너너브, 「자동화와 노동의 미래」, 이종임 옮김, 『창작과비평』 187호, 2020년 봄, 354.
19_ 같은 글, 373.

가? 이러한 기술코드 개입은 인공지능 국면에서 금융 투자에 관한 민중적 통제만큼이나 중요하다.

　무엇보다도, 이들의 주장은 과잉생산과 과소소비, 자본의 유기적 구성과 이윤율 저하에 관한 맑스적인 전제에 비추어보면 그다지 새로울 것이 없다는 것이 문제다. 맑스는『자본론』1권의 '기계와 대공업' 장에서 기계류의 도입으로 해당 부문의 노동자들이 쫓겨나지만 다른 산업부문에서는 오히려 고용이 증가될 수 있음을 이미 고려하고 있었다.[20] 맑스가 주목한 것은 기계류가 도입된 산업부문이 그와 연결된 주변부 산업부문을 식민화하는 방식으로 늘어나는 저급 일자리였다. 그에 따르면, 기계류 도입이 증대되면서 이와 정비례해 더 열악하게 노동하는 탄광과 금속광산 일자리가 엄청나게 증가했고, 기계양모 공장의 확산과 더불어 아프리카의 노예무역은 큰 폭으로 늘어났다. 이는 '기계를 생산하는' 기계생산공 일자리의 소폭 증가분을 훨씬 상회하는 것으로, 맑스는 다음과 같은 결론에 도달한다: 기계제에서 지나치게 높아진 생산력은 나머지 다른 생산부문에서 내포적으로나 외연적으로나 노동력 착취를 증가시키고 노동자계급 가운데 비생산적인 부문에 종사하는 노동자들의 비중을 갈수록 증가시킨다.[21] 맑스가 지적하듯이, 가장 발전된 기계류가 노동자로 하여금 과거 야만인이나 단순 노동자들이 조야한 도구들을 가지고 수행했던 것보다 더 오래 노동하도록 강요하는 것이다.[22]

　결국 맑스에서 오늘날 인공지능 담론 비판자들에 이르기까지, 자동화의 그림자를 노동 쪽으로 기울여서 명암을 보고자 한다면 인공지능이 인간 노동자와 어떤 기술 매트릭스로 엮여 있는지를 이해해야만 한다. 전술한 것처럼 현 상황을 '인공지능 자본주의'라고 진단한다면, 전통적인 자본주의의 유기적 구성과 축적의 법칙보다 복잡한 자전축에서 생산관계를 재조명해야만 하기

20_ 카를 마르크스,『자본 I-1』, 강신준 옮김, 길, 2008, 595.
21_ 같은 책, 599.
22_ 칼 마르크스,『정치경제학 비판 요강 2』, 384.

때문이다. 앞선 절에서 살펴보았듯 인공지능은 일단 상품이지만 동시에 기업에게는 생산수단이기도 하고, 소비자에게는 노동도구이기도 하다. 그것은 기계노동자가 될 순 없지만, 잉여가치율의 고저와 상쇄요인들을 획기적으로 조절할 수 있는 비인간 행위자로서 전통적인 자본-노동의 적대관계에 개입한다. 우리는 자본주의적 인공지능 도입으로 인해 향후 변환될 노동과정을 인간노동자-인공지능 간 '신경망 분업'으로 파악하고, 이 블랙박스화된 비인간 생산관계를 기술적으로 변혁할 방법을 찾아야만 한다. 이 새로운 분업은 지금까지의 자본주의적 생산양식과는 달리 역설적으로 분업의 쇠퇴 속에서 인간 원료를 재발견한다. 스티글레르의 표현을 빌리자면, 고도의 자동화가 분업을 가속화한 나머지 분업을 쇠퇴시켜버린 것이다. 분업은 자동장치의 테크놀로지적 · 기관-논리적 분화에 의해 대체되고 있으며, 탈자동화라는 부인류세적(neganthropological) 물음을 제기한다.[23] 인공지능의 도입은 지금까지 행해지던 자본주의적 분업을 불필요한 것으로 만들고 있다. 무엇보다 인공지능에 의한 신경망 분업은 랏자라또가 제기한 기계적 예속(machinic enslavement)의 문제를 증폭시킨다. 그가 지적하듯이 고도로 자동화된 사이버네틱스 세계에서 기술적 시스템은 각종 변수(온도, 압력, 힘, 속도, 출력 등)를 예속(제어하거나 관리)함으로써 시스템 전체 기능을 조화롭게 유지하고 균형을 잡는다.[24] 기계적 예속은 자동화 기술로 새롭게 빚어진 '비기표적 기호계(함수, 주가지수, 코드 등)'의 연산적 작동 명령들에 개별 인간 주체가 전혀 개입할 수 없는 원자화된 상태

23_ Bernard Stiegler, *Automatic Society 1: The Future of Work*, tr. Daniel Ross (Cambridge, UK: Polity Press, 2016), 191. 스티글레르는 이 책에서 부인류세(neganthropocene)를 다음과 같이 설명하고 있다. "18세기 말 프롤레타리아화의 일반화라는 조건을 마련한 인류세, 즉 지질학적 요인으로서 인류세화(anthropisation)로부터 탈출할 수 있는 부인류세(neganthropocene)적 경로의 물음을 마련해야 한다." 스티글레르는 자본주의의 이윤율 저하로 향하는 가치 운동을 엔트로피(entropy)의 시간으로 파악하고, 자본주의의 자동화를 역류해 분업의 시간이 아닌 삶을 생산하는 시간, 즉 부엔트로피(negentropy)적 계기들을 창조해야 한다고 주장한다. 요컨대 '부인류세'의 제1 명제는 "자동화로 인해 얻어진 시간이 탈자동화, 즉 부엔트로피를 생산하기 위한 새로운 능력에 투자되는 것"(7)으로 설정되어야 한다.
24_ 마우리치오 랏자라또, 『기호와 기계』, 신병현 · 심성보 옮김, 갈무리, 2017, 34.

를 뜻한다. 이는 기호적 언어로 사유하는 데카르트적인 인식 단위, 더 이상 분절될 수 없는 개인(Individual)이 선형대수 단위(데이터, 신호)로 쪼개어질 수 있는 '가분체(dividual)'화로 이어진다. 랏자라또의 전망은 매우 비관적이다. 그는 가분체의 기계적 예속에서 인간은 기술적 기계의 비인간 요소들과 똑같은 방식으로 '작동'하며, 조직의 절차, 기호계 또는 기호언어 등과 같은 방식으로 작동한다고 본다.25 바꿔 말해, 미래 계급투쟁의 계기들은 데이터와 노드의 수준에서 자본의 신경망 분업 기술정치를 이해하는 것으로부터 출발해야 함을 촉구하는 것이기도 하다.

3. 인공지능 자본주의 시대, 좌파 기술정치를 위한 누스코프

'기계적 자본주의(machinic capitalism)'라는 명명으로 인공지능 국면의 전조를 진단하고자 했던 파스퀴넬리는 오늘날의 인공지능이 데이터, 알고리즘, 통계 모델로 이뤄진 이데올로기라고 접근한다.26 파스퀴넬리와 졸러는 인공지능이 AGI까지 진행되었다고 가정하더라도 스스로 잉여가치를 만들 수는 없음을 분명히 한다. 오히려 오늘날 인공지능의 진짜 문제는 블랙박스 효과가 아니라 '블랙박스의 수사학'으로, AI가 비판적으로 탐구될 수도 없고 정치적으로 통제될 수도 없다는 오컬트적 음모론이 도사리고 있다는 점이다.27 파스퀴넬리는 인공지능 자본주의가 촉발시킨 문제들을 해결하기 위해서는 기계학습의 내부로 들어가 그 기술 구성요소들에 대한 대항적 기술의 관점들을 형성하는 것이 시급하다고 요청한다. 인공지능의 개발운용을 법으로 통제하거나 해로

25_ 같은 책, 35.

26_ Matteo Pasquinelli and Vladan Joler, "The Nooscope Manifested: Artificial Intelligence as Instrument of Knowledge Extractivism," KIM research group(Karlsruhe University of Arts and Design) and Share Lab(Novi Sad), 1 May 2020 (preprint forthcoming for AI and Society). https://nooscope.ai, 1-23.

27_ Ibid., 4.

운 기술을 파기하는 것도 중요하지만, 그러기 위해서는 인공지능의 기계학습의 핵심 원리인 데이터 라벨링(data labelling)을 대중들이 통제해야만 한다. 파스퀴넬리는 인공지능의 편향은 데이터셋의 편향과 편향적 라벨링으로부터 비롯됨을 강조한다. 자동화라는 장막 뒤에서 뼈빠지게 일하고 있는 유령노동자(ghost worker)[28]들과 이들의 착취를 정당화하는 실업인구가 실존하지만 편향적 알고리즘과 효율 만능주의적 통계모델이 이들을 비가시화하며, 인공지능이 마치 스스로 가치를 생산하는 것처럼 보이게 만든다.[29] 파스퀴넬리는 인공지능의 모든 학습 데이터셋이 결국 인간 노동 분업의 궤적을 따라가는 작업이며, 이를 '자동화(automation)'가 아닌 '헤테로메이션(heteromation)'이라 설명한다.[30] 파스퀴넬리의 접근은 이 글이 지향하는 기술코드의 민주화 또는 기술코드의 공통화(commoning)와 일맥상통하는 지점이 있다. 인공지능이 만약 구글·마이크로소프트·페이스북 등의 플랫폼 비즈니스 모델과 접합할 경우, 독점지대 형태로 가치운동을 전개할 공산이 크다. 그렇게 된다면 현재의 소셜미디어와 유튜브에서 행해지는 플랫폼노동(대부분이 불안정하고 일시적인 긱 노동인) 양상

28_ 하대청은 인공지능과 플랫폼에서 행해지는 유령노동에 대해 심층적으로 탐구한다(「루프 속의 프레카리아트」, 『경제와 사회』 118호, 2018년 여름, 277-305). 그는 기본적으로 AI를 인간-기계의 하이브리드라는 관점에서 파악한다. 현 단계의 신경망주의 AI는 데이터 라벨링을 필수적으로 동반해야 하는데, 데이터 라벨링은 인간노동에 고도로 의존할 수밖에 없다. 예컨대 자율주행차가 스스로 돌아다니며 카메라로 시각 정보들을 수집하더라도 무엇이 보행자고 무엇이 표지판인지를 구분하는 태그들은 결국 인간이 판단해서 분류해야 한다는 것이다(285). 소셜미디어 피드 인공지능에서 가짜뉴스를 걸러내거나 정치선동, 혐오표현, 포르노, 금지품목 광고 등을 제거하는 작업도 대규모의 인간 분류작업을 필요로 한다(287). 그런데 이런 노동은 대부분이 일시적, 파트타임의 긱 노동으로 조직화되며, 전면에 가시화되지도 않는다. 또한 이 노동자들은 대부분이 필리핀이나 인도 등 저개발 국가에 집중된다(290). 인공지능은 알고리즘 연산주의를 전면에 내세워 이러한 '노동의 비가시화' 전략을 공고히 하는데, 이를 '유령노동(ghost labour)'이라고 부를 수 있을 것이다.

29_ Mary L. Gray & Siddharth Suri, *Ghost Work: How to Stop Silicon Valley from Building a New Global Underclass* (Boston: Houghton Mifflin Harcourt, 2019).

30_ Matteo Pasquinelli and Vladan Joler, op. cit., 19. '헤테로메이션'이라는 개념어는 파스퀴넬리가 Hamid R. Ekiba and Bonnie A. Nardi, *Heteromation and Other Stories of Computing and Capitalism* (Cambridge, MA: MIT Press, 2017)에서 인용한 것이다.

에서 보듯이 인간이 벌처럼 노동하고, 인공지능이 인간처럼 노동하는 디지털 소외가 점차 확대될 것이다. 이미 전조는 벌어지고 있다. 집합적 AI개발자 공동체이자 비영리단체로 출발했던 오픈AI가 GPT-3 버전을 공개하면서 마이크로소프트와 독점 공급계약을 맺은 사건이 그 실제 예다. 마이크로소프트의 강력한 클라우드-운영체제-생산성 앱 인프라는 구독료 경제와 더불어 사실상 디지털 지대 형태로 변환하고 있다. 인공지능이 지대를 추구하는 독점플랫폼과 연동된 네트의 세계가 펼쳐진다. 여기에 접속된 인간 노드의 의식적 활동에 자유를 부여하기 위해서는 데이터라벨링에 대한 주도권을 다중이 획득해야만 한다.

이를 위해서는 크게 두 가지의 기술정치적 개입이 지향되어야 한다. 첫째는 독점 IT자본의 지원을 받는 인공지능 기술이 편향된 데이터셋을 무차별적으로 학습하지 않도록 하는 공통 규약을 마련하는 것으로, 이는 국가와 자본이 아닌 제3 섹터에서 이뤄져야 한다. 기술 리터러시에 능숙한 시민 기구를 조직하고 데이터라벨링의 무차별적인 편향을 검증하는 제도절차를 만드는 것도 중요하지만, 비정형 데이터를 생산하는 주체인 집합지성을 민주적 감시의 카테고리로 조직할 수 있는 기술적 프로토콜 마련이 시급하다. 인공지능이 무슨 짓을 벌이기 전 단계에서는 법적·여론적 규제로 견제하고, 일이 벌어진 후에는 집합지성을 조직해 데이터라벨링이 어떻게 이뤄졌는지 철저히 조사하는 것이다. 자본가가 기계학습의 기반 데이터셋과 라벨링을 어떤 경로로 어떻게 진행했는지 순순히 공개할 리 만무하기 때문에, 집합지성의 도움은 필수적이다. 이는 인공지능의 자본주의 헤게모니가 담긴 기술코드와 기계적 예속을 극복하기 위한 하나의 발판으로 이어질 수 있다. 우리는 자유로운 정보커먼즈(카피레프트, 오픈소스, 자유소프트웨어)로 엮여진 집합지성의 힘을 좌파적인 기술정치로 전환시킬 수 있는 새로운 동학을 필요로 한다.

두 번째, 인공지능에 의해 대량실업이 발생하지만, 이윤율 저하를 상쇄하는 자본의 전략적 인클로저, 플랫폼의 영역에서 대항적 진지를 마련해야 한

다. 이를 위해서는 그간 '임금노동'의 자장에 좀처럼 포착되지 않았던 불안정
노동, 즉 소셜미디어와 동영상플랫폼, 배달플랫폼 등에서 행해지는 유령노동
및 비임금 부불노동의 실태에 대한 전면적 전수조사가 필요하다. 앞서 논의
했듯이, 인공지능 신경망 분업에 의해 하달되는 노동명령은 비기표적 기호들
로 구조화되고 있다. 예컨대 음식배달 플랫폼 '배달의 민족'이나 우버의 인공
지능으로부터 직선거리 운송을 배정받은 불안정노동자들은 결사조직을 이루
고 인공지능과 이 문제를 협상할 수 있어야 한다. 이는 인공지능과 차를 마시
며 간담회를 하자는 뜻이 아니라 인공지능에게 '연산적 불합리'를 제시할 수
있어야 한다는 것이다. 인공지능을 보유한 자본가는 인공지능이 객관적 진실
인 것처럼 전방위로 최면술을 걸려 할 것이고, 우리는 이 최면술의 신비주의
적 환상을 들여다볼 누스코프(Nooscope)[31]를 자본에 역으로 제시해야 한다. 수
많은 어플리케이션 생태계를 투과하는 대화 내용과 위치 정보, 셀피 등 생체
데이터의 무제한적 기계학습에 대해서도 제동을 걸어야 하며, 이를 보호할
수 있는 강력한 보안망을 오픈소스-집합지성의 쌍 속에 구축하는 것도 시급
하다.

첫 번째와 두 번째의 진지들을 연결하는 참호 속에서 마지막으로, 보편적
기본소득에 대한 통계학적 차원의 근거들을 구조화해야 한다. 이것들이 가능
하려면 결국 우리는 기술 외부에서 답을 찾는 것이 아니라 외부와 내부를 넘
나들며 좌파적 기술정치를 실천하는 수밖에 없다. 어둠은 짙고, 프로메테우스
적인 불빛은 미약하기 짝이 없다. 그럼에도 불구하고 우리는 온·오프 신호
로 무수히 명멸하는 바다에서 등대의 불빛을 찾아 항행해야만 한다.

31_ 누스코프는 그리스어 skopein(들여다보다, 바라보다)와 noo(지식)의 합성어이며, 파스퀴넬리
(Matteo Pasquinelli)가 자율기술로 무장한 인공지능 신비주의에 도전하기 위해 사용한 비유적
개념이다. 이에 대한 자세한 설명은 Matteo Pasquinelli and Vladan Joler, op. cit., 1을 참고.

전산적 방법으로 서사 텍스트 분석하기
__ 방법론과 의미

권호창 | 성균관대학교 트랜스미디어연구소 연구교수

1. 들어가며

모두가 이야기를 좋아한다. 하지만 어떤 이들은 단지 좋아하는 것에서 그치지 않고 이야기를 분석한다. 이들은 이야기에는 단지 재미뿐만 아니라 의미와 가치도 있다고 생각하기 때문에, 이야기의 구조를 분석하고 의미를 해석하고 그 영향과 가치를 평가한다. 인문학에서는 이런 활동을 서사 비평이라고 한다. 영화나 드라마, 소설, 만화, 게임 등을 만드는 콘텐츠 산업의 입장에서도 서사 분석은 중요하다. 특히 영상 콘텐츠 산업에서 서사(이 경우, 시나리오)는 일종의 설계도 역할을 하며 콘텐츠의 질과 상업적 성패를 좌우하기 때문에 제작 단계 이전에 매우 많은 분석과 수정 작업을 거친다. 한국에서는 이 과정에 대한 명시화·체계화가 부족하기 때문에 기간이 길어지고 수정본이 많아지면서 관리가 어려워지는 경우도 많고, 임금이나 저작권 등과 관련하여 사회적·법적 문제가 발생하기도 한다.

이런 맥락에서 서사 텍스트에 대한 분석은 여러 관점과 방법으로 이루어져 왔다. 필자는 이 글에서 '정보처리 관점'에서의 '전산적 방법'을 활용한 서사 텍스트 분석에 대해서 간략히 살펴보고자 한다. 정보처리(information processing) 관점은 1940년대 사이버네틱스 이론으로 체계화된, 어떤 대상이나 사건을 정보의 양과 처리 과정으로 설명하는 패러다임이다. 서사 커뮤니케이션 과정을

[그림 1 정보처리 관점으로 일반화한 서사 커뮤니케이션 모델]

정보처리 관점으로 도식화하면 <그림 1>과 같다.

창작자는 정보를 조직하고 표현함으로써 메시지를 전달하고, 수용자는 서사 텍스트에 나타난 정보를 해석하고 통합함으로써 메시지를 이해한다. 그리고 이 과정은 일방향적인 것이 아니라, 창작자는 수용자의 반응을 예상하고 조절함으로써, 수용자는 표지를 생성하고 재구성함으로써 피드백이 이루어진다. 즉, 서사의 창작과 수용은 서사 텍스트에 의해 매개된 양방향적 정보처리 과정이고, 서사 텍스트는 일종의 코드로서 다층적으로 구조화되어 있다. 이 글은 이러한 서사 텍스트에 대한 전산적 방법을 활용한 분석에 집중한다.

오늘날에는 서사 텍스트를 전산적 방법으로 분석한 연구를 어렵지 않게 찾아볼 수 있는데, 그 근저에는 기술/미디어 환경의 변화, 그리고 이와 맞물린 전반적인 학문 성격의 변화가 자리하고 있다. 전통적인 인문학의 주제를 디지털 기술을 활용해 연구하고 소통함으로써 보다 혁신적인 인문 지식의 재생산을 추구하는 디지털 인문학은 이런 변화를 대변하는 용어라고 할 수 있다.[1] 프랑코 모레티는 문학 연구 분야에서 디지털 인문학의 경향을 대표하는 연구자다. 그는 2000년 스탠퍼드 대학에 문학연구실(Literary Lab)을 만들어 문학작품과 관련된 다양한 자료를 전산적으로 분석하여 문학을 연구하는 프로젝트를 시작하였다. 모레티는 자연과학과 사회과학에서의 정량적 연구 방법을 적

1_ 김현, 「디지털 인문학: 인문학과 문화콘텐츠의 상생 구도에 관한 구상」, 『인문콘텐츠』 29, 2013, 9-26.

극적으로 활용하여, 소수의 정전(canon)에 가려진 방대한 작품들을 복원하고 이를 당대의 맥락과 연결하여 문학사의 패턴과 구조를 분석하고자 하였다.[2] 심광현은 서사를 복잡계(complex system)의 한 유형이라고 주장한다.[3] 인물·사건·시공간 배경이라는 요소들이 서술자의 시점과 기승전결이라는 플롯 시간의 축에 따라 서로 복잡하게 엮이고 변화하며 전체적인 이야기가 구성/재구성되는 동태적인(dynamic) 과정으로 서사를 보아야 한다는 것이다. 이런 맥락에서 복잡계 과학과 서사 연구 간 통섭의 필요성을 역설한다.

이 글에서 소개하는 연구들은 대체로 이러한 관점을 공유하며, 다양한 전산적 방법을 활용하여 서사를 보다 체계적으로 분석하고자 하였다. 현재진행형으로 복잡하게 진행되고 있는 연구의 성격과 필자의 역량 부족으로 인해 이 글에서 연구 역사 및 동향의 전체적인 지도를 제시하기는 어려웠다. 한계가 있지만, 이 글에서는 필자가 직접 수행했던 연구를 바탕으로 전산적 방법론과 그 의미에 초점을 맞춰서 연구의 동향을 서술하고자 했다. 크게 네 가지 방법론—캐릭터 네트워크 분석, 텍스트 마이닝과 감성 분석, 사건 구성의 연속성 분석, 에이전트의 지식 분석—으로 구분하였고, 구체적인 알고리즘보다는 원리를 중심으로 설명하였다.

방법론과 사례들

캐릭터 네트워크 분석

캐릭터 네트워크 분석은 스토리 세계를 하나의 사회로 가정하여 캐릭터를 노드로 하고 캐릭터 간 관계를 링크로 하는 사회 네트워크(social network)를 만든 후, 그 네트워크의 정량적 지표(예를 들어, 크기, 밀집도, 중심도, 클러스터

2_ 프랑코 모레티, 『그래프, 나무, 지도』, 이재연 옮김, 문학동네, 2020, 41.
3_ 심광현, 「유비쿼터스 시대의 소셜 네트워크와 다중지능 네트워크의 변증법」, 『시대와 철학』, 22.4, 2011, 161-196.

계수 등)를 스토리 세계의 특징과 연결하여 논의하는 방식이다. 작품에 대한 정태적 구조 분석뿐만 아니라, 전체 스토리 세계의 캐릭터 네트워크를 시계 열적으로 나눠서 그 변화의 패턴을 동태적으로 분석할 수도 있다.

필자는 캐릭터 네트워크 분석 방법으로 셰익스피어의 희곡 <햄릿>을 분석해보았다.4 먼저 인터넷의 '구텐베르크 프로젝트' 사이트5에서 HTML 포맷의 작품을 내려받은 후, 이를 액트별, 씬별, 인물별, 대화별로 구분하여 전처리(pre-processing)하고 이 데이터를 기반으로 두 가지 다른 성격의 네트워크를 구축하였다. 하나는 대화 네트워크(dialogue network)로, 여기서 노드는 화자(speaker)와 청자(listener)가 되고, 두 인물 간에 대화가 오가면 링크가 형성된다. 링크에는 방향성이 있으며, 대화 빈도에 따라 가중치를 부여하였다. 다른 하나는 의견 네트워크(opinion network)로, 여기서 노드는 의견의 주체(subject)와 대상(object)이 되고, 주체가 대상에 대해서 어떤 의견을 표명하게 되면 링크가 형성된다. 대화 네트워크와 마찬가지로 링크에는 방향성이 있고 빈도에 따라 가중치를 부여하였다. 다음의 그림 2는 전체 대화 네트워크로, 사회 네트워크에서 일반적으로 발견되는 멱법칙(power law)과 작은 세계의 특징(Maximum Geodesic Distance: 4)을 확인할 수 있었다.

Girvan-Newman 알고리즘6으로 클러스터링을 했을 때, 전체 대화 네트워크는 3개의 그룹으로 나누어졌고, 여기서 <햄릿>의 흥미로운 부분을 발견할 수 있었다. 먼저 가장 큰 그룹의 두 중심 노드는 햄릿과 클라우디우스였는데, 이는 작품의 메인플롯이 이 두 캐릭터의 대결 구도로 이루어짐을 보여준다. 두 번째는 레어티즈, 폴로니우스, 오필리아를 중심으로 하는 그룹이었는데, 이들은 햄릿의 주변 인물들로서 작품의 주요한 서브플롯을 이룬다. <햄릿>

4_ Ho-Chang Kwon, and Kwang-Hyun Shim, "An Improved Method of Character Network Analysis for Literary Criticism: A Case Study of," *International Journal of Contents* 13.3 (2017), 43-48.

5_ http://www.gutenberg.org/ebooks/1524

6_ Michelle Girvan, and Mark EJ Newman, "Community structure in social and biological networks," *Proceedings of the national academy of sciences* 99.12 (2002), 7821-7826.

[그림 2 <햄릿>의 전체 대화 네트워크]

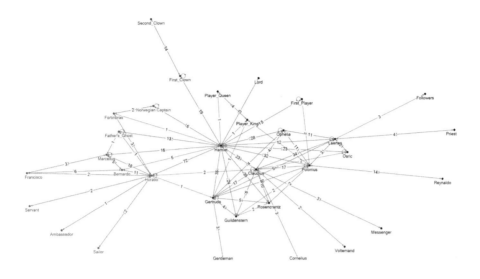

에는 '곤자고의 살인'이라는 자기 반영적 성격의 극중극(a play within a play)이
존재하는데, 여기에 등장하는 인물군(광대, 연극배우)이 세 번째 그룹의 중심
노드였다. 이러한 결과는 여러 서브플롯과 서사적 장치가 복잡하게 엮인 다
층적 구조의 문학작품을 분석하는 데 네트워크 분석 방법이 유효하게 사용될
수 있음을 보여준다. 각 그룹에 연결된 주변적 인물들을 보면, 작품에 대한
공간적 해석도 가능하다. 각 인물 노드에는 그들이 등장하는 공간이 속성
(attributes)으로 포함되어 있는데, <햄릿>의 경우 궁정 안과 밖, 덴마크 내부와
외부, 공동묘지 안과 밖으로 구분되었다. 이러한 공간 구성의 특징은 작품의
중심 주제인 죽음과 삶에 대한 하나의 은유로 해석할 수 있다.

대화 네트워크에서 'in-degree'는 청자로서 인물의 등장 횟수와 직결된다.
하지만 의견 네트워크에서 'in-degree'는 다른 인물들 사이에서 '얼마나 많이
언급되는가'와 관련된다. 이러한 차이 때문에 의견 네트워크의 클러스터링 결
과는 대화 네트워크와는 차이가 있었다. 의견 네트워크에서 두 번째 그룹은

대화 네트워크와 동일했지만, 가장 큰 그룹의 중심 노드는 햄릿과 왕의 유령이었고, 세 번째 그룹의 중심 노드는 클라우디어스와 거트루드였다. 이러한 결과는 직접적인 행동으로 드러나는 대화 네트워크에 비해서 다른 누군가에 대한 생각이나 감정을 표현하는 의견 네트워크가 인물 간의 보다 내밀한 관계를 잘 포착함을 보여준다. 이런 맥락에서 흥미로운 인물 노드는 '왕의 유령'이었다. 왕의 유령은 작품 전체에서 화자나 청자로 많이 등장하지 않고 오직 햄릿과만 대화를 주고받을 뿐이다. 하지만 의견 네트워크에서 왕의 유령의 'in-degree'는 매우 높게 나타났는데, 이는 다른 인물들이 불의의 죽음을 맞이했던 선왕에 대해서 많이 이야기하고 있음을 나타낸다. 이를 작품 전체에 흐르는 죽음의 분위기 및 상징과 연관해서 해석할 수도 있을 것이다.

필자가 캐릭터 네트워크 분석 방법을 적용했던 또 다른 작품은 마블 시네마틱 유니버스(Marvel Cinematic Universe, MCU)이다.7 여러 연구자와 팬들이 MCU의 캐릭터 네트워크를 만들고 분석한 바 있으며, 직접 조작해볼 수 있는 3D로 구현된 인터랙티브 서비스들도 있다. 필자는 'Github'에 공개된 데이터셋8을 이용하여 MCU 캐릭터 네트워크의 다양한 중심성(centrality)을 분석해보았다. 중심성은 네트워크에서 노드의 연결성을 나타내는 지표 중 하나인데, 캐릭터 네트워크에서는 캐릭터 간 관계나 캐릭터의 역할(기능)을 파악하는 데 도움을 줄 수 있다. 네트워크 분석에서는 일반적으로 세 종류의 중심성을 구분하며 각각은 네트워크에서 성격과 역할이 다르다. 다른 노드와 많이 연결되어 있어 연결선 지수(degree centrality)가 높은 '허브(hub)', 서로 다른 두 집단을 연결하는 매개 지수(betweenness centrality)가 높은 '매개자(linker)', 전체 네트워크의 중심에 위치하여 다른 노드에 짧은 경로로 도달할 수 있는 접근 지수(closeness centrality)가 높은 '중심자(center)'가 그것이다. 분석 결과 MCU 캐릭터

7_ 권호창, 「트랜스미디어 스토리텔링의 일관성 개념과 분석 방법에 관한 시론」, 『문화와 융합』 42, 2020, 349-367.

8_ 다음 링크를 참조. http://syntagmatic.github.io/exposedata/marvel/

네트워크에서 허브는 아이언맨, 매개자는 스파이더맨, 중심자는 캡틴 아메리카로 나타났다. 이 결과의 의미를 요약하면, MCU에서 가장 빈번하게 등장한 캐릭터는 아이언맨이지만, 6개로 나누어지는 서로 다른 캐릭터 그룹을 매개하는 역할은 스파이더맨이 하고 있으며, 전체 캐릭터와 가장 짧은 경로로 연결될 수 있는 인물은 캡틴 아메리카임을 나타낸다.

텍스트 마이닝과 감성 분석

텍스트 마이닝(text mining)은 전산적 자연어 처리 기술(Natural Language Processing)을 통해 비정형 텍스트 데이터에서 패턴이나 관계를 추출하여 의미 있는 정보를 찾아내는 기법이다. 텍스트 마이닝으로 서사 텍스트를 분석하는 방법은 매우 다양하다. 단어 빈도 분석, 용어(term) 분석, 주어·술어·목적어 네트워크 분석(triple net analysis), 토픽 모델링(topic modeling), 감성 분석(sentiment analysis) 등 텍스트 마이닝의 모든 기술과 방법들을 적용할 수 있고 실제 여러 연구가 있다. 텍스트 마이닝은 통사적 분석의 강점에 비해서 의미론적·화용론적 분석에는 약점이 있고, 많은 연구들이 정량적 분석의 결과를 작품의 의미와 관련하여 깊이 있게 해석하지 못한다는 한계가 있지만, 그 가능성은 무궁무진하다.

서사 텍스트 분석에 있어 가장 많이 활용되는 텍스트 마이닝 방법은 감성 분석이다. 감성 분석은 텍스트에 명시적·비명시적으로 표현된 의견이나 감성·평가·태도 등 주관적인 정보를 분석하는 방법으로, 감정적 관계와 변화가 중요한 서사 예술의 분석에 적합한 방법이라고 할 수 있다. 필자는 앞서 소개했었던 <햄릿>에 관한 연구에서 의견 네트워크에 감성 분석을 시행하였다. 감성 분석에도 여러 기법이 있는데 필자는 프린스턴 대학에서 개발한 'WordNet'[9]을 기반으로 하는 'SentiWordNet'[10]의 방법을 활용하였다. 각 대사에

9_ http://wordnet.princeton.edu/
10_ Andrea Esuli, and Fabrizio Sebastiani, "Sentiwordnet: A publicly available lexical resource for

포함된 단어를 구문분석(parsing)하여 'SentiWordNet'에 포함된 단어와 비교하고, 이를 대사별로 합산하여 긍정/부정으로 나누어진 의견 극성(porality)과 감정값을 부여하였다. 그리고 이 감정값의 누적 결과를 그레마스의 행동자(actant) 모델과 대응시켜 보았다. 이 모델에서 주체는 어떤 대상을 추구하고, 조력자와 적대자가 긍정적 혹은 부정적 영향을 미치면서 주체의 여정에 긴장과 굴곡을 만들어낸다. <햄릿>에서 주인공 햄릿을 주체라고 할 때, 햄릿을 긍정적으로 언급하는 캐릭터를 조력자로, 햄릿을 부정적으로 언급하는 인물을 적대자로 가정할 수 있다. 이러한 가정을 바탕으로 감성 분석 결과를 배치하면 <그림 3>과 같다.

[그림 3 '햄릿'에 대한 누적 감정값과 조력자-적대자 관계]

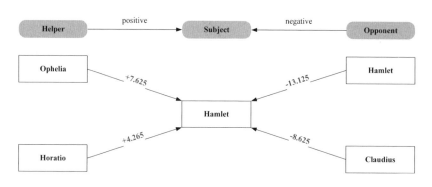

여기서 가장 흥미로운 점은 햄릿과 가장 적대적 관계에 있는 인물이 바로 햄릿 자신이라는 것이고, 이는 <햄릿>에 대한 많은 문학 비평가나 정신분석학자들의 분석과도 일치한다.[11] '햄릿'이라는 자기 환멸적인 캐릭터의 특징을

---

opinion mining," Proceedings of the Fifth International Conference on Language Resources and Evaluation (LREC'06), 2006.

11_ Ann Thompson, and Neil Taylor, eds., *Hamlet: a critical reader* (London, New York: Bloomsbury Publishing, 2016).

감성 분석을 통해 확인할 수 있었다.

　전체적인 인물의 성격뿐만 아니라 극의 전개에 따른 변화를 살펴보는 동태적 분석에도 감성 분석을 활용할 수 있다. <햄릿>의 의견 네트워크를 액트별로 구분하여 햄릿의 다른 인물들에 대한 감성값의 변화를 분석하였고, <표 1>은 그 결과를 나타낸 것이다.

[표 1 주요 인물에 대한 햄릿의 감정값 변화]

Act	to Claudius	to Ophelia	to Hamlet
I	−1.375	2.75	−0.875
II	n/a	−1	−7.375
III	−5.25	−4.25	−8.875
IV	−2.625	3.625	n/a
V	−5.375	n/a	0.125

　여기서 각 값의 변화는 대상 인물에 따라 다른 의미를 갖게 된다. 햄릿이 클라우디우스에 대해서 갖는 감정값의 변화는 그의 복수의 동기(motivation)와 연관되어 있다. 전반적으로 적대가 강화되고 있는데, 클라우디우스의 범죄를 확신하는 액트 III과 실제 복수를 하는 액트 V에서의 적대(부정적 감정값)가 가장 크다는 것을 알 수 있다. 그리고 오필리아와의 관계에서는 감정값의 극성 변화를 통해, 햄릿의 오필리아에 대한 애증의 상태를 볼 수 있다. 또한 햄릿 스스로에 대한 감정 변화도 확인할 수 있는데, 자신의 우유부단함에 대한 경멸이 강화되다가 액트 V에서 복수한 이후 긍정으로 바뀌게 됨을 알 수 있다. 이처럼 감정값의 변화는 사건 전개에 따른 캐릭터의 내적 변화, 즉 캐릭터 아크(character arc)를 반영한다고 볼 수 있다.

　필자가 진행한 연구는 아니지만 서사 텍스트에 대한 감성 분석에 있어 흥미로운 연구 하나를 소개하고자 한다. 버몬트 대학의 앤드류 리건 등은 구텐

베르크 프로젝트에 공개된 1,327편의 픽션 작품을 가져와 어휘 기반의 감성 분석 방법을 적용해 각 텍스트에 나타난 감정 변화의 궤적을 분석하였다.[12] 그리고 이를 머신러닝 기법으로 클러스터링하여 6개의 유형을 구분하고, 각 유형에 해당하는 주요 작품들을 배치하였다. <그림 4>는 그 결과를 나타낸 것이다.

[그림 4 스토리의 여섯 기본 감정 변화 패턴과 대표 작품들]

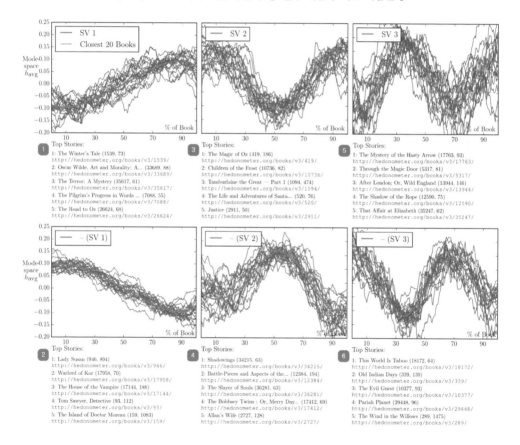

12_ Andrew J. Reagan, et al., "The emotional arcs of stories are dominated by six basic shapes," *EPJ Data Science* 5.1 (2016), 1-12.

이 그래프에서 가로축은 작품의 전개, 즉 담화 시간이라고 할 수 있고, 세로축은 긍정과 부정의 감정을 나타내는 감정 측정기(hedonometer) 값이다. 각 패턴의 간략한 설명은 다음과 같다. ① 상승: 거지가 부자로, ② 추락: 부자가 거지로, ③ 추락 후 상승: 곤경에 빠진 사람, ④ 상승 후 추락: 이카루스, ⑤ 상승 후 추락 후 다시 상승: 신데렐라, ⑥ 추락 후 상승 후 다시 추락: 오이디푸스. 논문의 저자들은 이 여섯 개의 패턴을 기본 구성요소(building block)로 해서, 더 복잡하고 호소력 있는 감정적 궤적을 갖는 이야기를 설계할 수 있다고 말한다.

사건 구성의 연속성 분석

구조주의 서사학에서는 서사를 스토리(내용 층위)와 담화(표현 층위)로 구분하며, 내용 층위의 기본 단위를 사건으로 파악한다.[13] 작가는 사건들을 만들고 배열함으로써 서사를 구성한다. 여기서 중요한 점은 사건들이 두 가지 다른 시간 축에 따라 배열된다는 것이다. 하나는 작가가 창조한 스토리 세계에서 연대기적으로 흐르는 스토리 시간(story-time)으로 캐릭터는 이 시간 축을 따라 사건을 경험한다. 다른 하나는 담화 시간(discourse-time)으로 작가에 의해서 재구성(플롯팅)된 시간이다. 이는 최종적으로 독자에게 제시되는 사건의 지속시간과 순서로, 독자는 이 시간 축을 따라 사건을 경험한다. 이 두 시간 사이에서 발생하는 다양한 층위(순서·지속·빈도)의 일치와 어긋남이 서사의 중요한 장치가 된다.[14]

사건의 핵심적인 속성은 '누가, 언제, 어디서, 무엇을 했는가'이며, 이는 서사가 포함하고 있는 정보 속성이라고 할 수 있다. 사건 색인 모델(event-indexing model)은 수용자가 사건에 명시적 혹은 묵시적으로 포함된 다섯 차원—

13_ David Herman, Manfred Jahn, and Marie-Laure Ryan, *Routledge encyclopedia of narrative theory* (London, New York: Routledge, 2010).

14_ Gérard Genette, *Narrative discourse: An essay in method*, Vol. 3 (Ithaca: Cornell University Press, 1983).

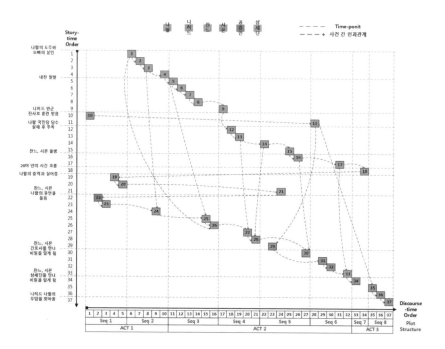

[그림 5 <그을린 사랑>의 전체 사건 배치]

주인공 캐릭터(protagonist), 시간성(temporality), 공간성(spatiality), 인과성(causality), 의
도성(intentionality)－의 정보를 추출하고 서로 연결하는 과정으로 수용자의 서
사 이해를 설명한다.[15] 수용자는 서사에서 제시되는 사건들을 경험하면서 이
를 다섯 차원에서 색인화하여 상황 모델(situation model)[16]을 갱신하는데, 각 차
원의 연속성 정도에 따라 서사 이해의 수준과 시간이 달라지게 된다.

필자는 이러한 서사 구조의 특징과 사건 색인 모델을 바탕으로 서사의 일
관성을 파악할 수 있는 모델을 설계하였고, 영화 <그을린 사랑*Incendies*>(드니

15_ Rolf A. Zwaan, Mark C. Langston, and Arthur C. Graesser, "The construction of situation
models in narrative comprehension: An event-indexing model," *Psychological science* 6.5 (1995),
292-297.

16_ 상황 모델(situation model)은 우리의 일화적 기억(episodic memory)과 수행적으로 연결되는
심적 표상(mental representation)으로서 서사 이해의 최종 산물이다. W. Kintsch, "The
construction-integration model of text comprehension," *Psychological Review* 95 (1988), 163-182.

빌뇌브, 2010)을 설계한 모델로 분석하였다.[17] 이 영화를 37개의 사건과 6명의 핵심 캐릭터(사건의 주 행위자로서의 인물)로 구분하여 스토리 시간과 담화 시간을 축으로 하는 좌표 위에 앞의 <그림 5>와 같이 배치하였다.

이를 바탕으로 사건 색인 모델에서 말하는 사건에 포함된 다섯 차원의 연속성을 분석하였다. 먼저 주 행위자와 공간의 경우 사건의 기본 속성이므로, <그림 6>과 같이 담화 시간축 위에 각 사건을 범주화하여 배치하면 연속성과 단절 시간 등이 드러난다.

[그림 6 <그을린 사랑> 주요 인물 연속성 시각화]

인물	1	2	3	4	5	6	7	8	9	10	11	12	13	14	15	16	17	18	19	20	21	22	23	24	25	26	27	28	29	30	31	32	33	34	35	36	37
나왈		22		19	20	1	2	3		4	5	6	7	8		9	12	13			16		21	15	16				17			18					
니하드	10				2										15			11																43	35	36	37
잔느		23	23	19				24					25	26			27	28			16	30						34		35	36						
시몬		22															28		29		16	30	31	32		33	34		35	36							
공증인		22															28			21		30															
삼세딘																																	17	33			

* 주 행위자가 아니라 보조적 참여 인물로서 사건을 경험한 경우 흐리게 표시함

여기서 두드러진 특징은 '나왈' 사건의 중심적 진행과 다른 인물 사건의 간헐적 삽입이다. 영화의 주인공인 나왈과의 관계 속에서 다른 인물들이 등장하며, 특히 담화 시간의 중반부까지 '잔느' 사건과의 교차가 반복적으로 나타나는데, 이는 과거의 나왈과 현재의 잔느 사이의 유사성을 강조하기 위한 장치이다. 즉, 과거의 역사가 현재에 반복되고 있고 비극적인 나왈의 생애가 다른 인물들에게 여전히 영향을 미치고 있음을 보여주는 사건 전개라고 할 수 있다.

시간상의 단절이나 이동은 플롯팅의 결과물이므로 스토리 시간과 담화 시간에서의 선후 관계 차이로 나타난다. 수용자가 경험하는 사건들을 스토리 시간축에 따른 사건 관계망에서 추적하면서, 스토리 시간 순서와의 차이를

17_ 권호창·권혁태·윤완철, 「독자의 내러티브 이해를 반영한 창작 지원 시스템 설계」, 한국 HCI 학회 논문지 9.2, 2014, 23-31.

변화량으로 표현하면 <그림 7>과 같은 계단식 형태의 그래프로 시간의 연속
성을 시각화할 수 있다. (만약 스토리 시간에 따라 사건이 전개된다면 이 연속성
그래프는 가로선을 유지한다.)

[그림 7 <그을린 사랑> 시간 연속성 시각화]

이 영화의 시간 층은 총 5개이며, 나왈의 죽음과 유언을 기준 시점(0)으로
했을 때, 각기 다른 과거 시간 층으로의 플래시백이 반복적으로 사용되고 있
음을 알 수 있다. 이 그래프는 어머니의 유언에 따라 가족을 찾는 쌍둥이 남
매의 과거로의 여정을 직관적으로 보여준다. 그리고 현재는 과거와 결부되어
있고, 과거의 진실을 마주하지 못하면 절대 미래로 나아갈 수 없다는 영화의
주제를 반영하는 것으로 해석할 수 있다.

서사 에이전트의 지식 분석

그레이서는 두 종류의 서사 에이전트를 구분한다.[18] 하나는 스토리 세계
에 살고 있는 캐릭터 에이전트이고, 다른 하나는 서사 커뮤니케이션에 관여
하는 화용론적(pragmatic) 에이전트이다. 서사 의미 생성의 동태적 과정에서 특
히 중요한 에이전트는 캐릭터 에이전트와 수용자인데, 이들 지식의 변화와
차이는 서사의 의미를 보다 풍부하고 복잡하게 만든다.

필자는 서사 에이전트의 지식 구조와 상태, 그 변화를 포착할 수 있는 모

18_ Arthur C. Graesser, and Katja Wiemer-Hastings, "Situation models and concepts in story
comprehension," in *Narrative comprehension, causality, and coherence* (New York: Routledge, 1999),
83-98.

델을 설계하였다.[19] 이 모델에서 에이전트는 그들의 타임라인과 관점에 따라 사건을 순차적으로 경험하고 그 사건에 포함된 정보를 축적한다. 그리고 그 시점까지 축적된 정보에 기반해서 스토리 세계에 설정된 특정 지식에 대한 판단을 내린다. 이를 에이전트의 지식 상태라고 하며, 조건부 확률 추론 모델을 적용하여 1에서 −1 사이의 값으로 정량화하였다. 이 값은 앎 또는 믿음의 정도(degree of belief)로서, −1은 '확실히 아니다', 1은 '확실히 그렇다', 중간값은 의심스러운 상태, 0은 근거 정보들이 상충되어 판단할 수 없거나, 관련 정보가 전혀 없는 상태를 의미한다. 이러한 에이전트의 지식 상태는 사건이 전개되면서 계속 변하게 되며 그 변화의 궤적을 지식 흐름이라고 하였다. 이 모델에서는 세 종류의 지식 흐름을 구분하였는데, 수용자의 지식 흐름, 캐릭터의 지식 흐름, 그리고 수용자가 판단한 캐릭터의 지식 흐름이 그것이다. 이러한 지식 흐름은 다르게 나타나는데, 서사에서 각각의 에이전트는 다른 사건을 다른 순서로 경험하며, 같은 사건을 경험하더라도 각기 다른 정도로 정보를 지각하기 때문이다. 다음의 <그림 8>은 이 모델을 적용하여 영화 <현기증 Vertigo>(앨프레드 히치콕, 1958)에서 에이전트의 지식 흐름을 분석한 것이다.

여기서 가장 눈에 띄는 점은 수용자의 지식 흐름(a)과 수용자가 판단한 캐릭터의 지식 흐름(d, e, f)이 사건 번호 14와 15지점에서 급격하게 변한다는 것이다. 이 지점은 쥬디와 개빈의 음모가 드러나는 플래시백 사건으로, 이를 경험하면서 수용자가 영화의 비밀을 알게 됨을 의미한다. 원래 음모에 참여했던 쥬디의 지식 흐름(c)은 해당 지점에서 변화가 없지만, 쥬디에 대한 수용자의 판단(f)은 급격히 변함을 확인할 수 있다. 그리고 영화의 주인공인 스카티의 지식 흐름(b)은 해당 지점에서 변화가 없음도 확인할 수 있다.

이런 에이전트의 지식 흐름은 그 자체로도 서사의 분석과 창작에 활용할

19_ Hochang Kwon, et al., "A knowledge distribution model to support an author in narrative creation," International Conference on Human Interface and the Management of Information, Springer, Cham, 2014.

[그림 8 <현기증> 서사 에이전트의 지식 흐름]

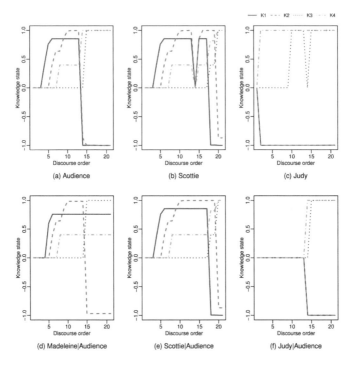

먼저 에이전트의 지식 흐름 분석

수 있지만, 이를 활용한 더 풍부한 서사 분석도 가능하다. 먼저 에이전트의 지식과 관련된 수용자의 정서적 반응을 포착해볼 수 있다.[20] 브레니건은 영화에서 서술 방식에 따라 캐릭터와 수용자 간의 지식 차이가 발생하고, 이것이 서스펜스, 호기심, 놀라움 같은 정서적 반응을 유발할 수 있음을 설명하였다.[21] 이 이론을 지식 흐름 분석과 대응해보면 다음의 <표 2>와 같다. 이러한 규칙을 활용하여 서사에서 나타나는 정서적 반응의 종류 및 구간, 이 구간에서 초점화된 지식과 캐릭터를 발견할 수 있다.

지식 흐름을 바탕으로 서사의 정보 복잡도를 평가해볼 수도 있다.[22] 정보

20_ Hochang Kwon, and Hyuk Tae Kwon, "A Computational Model to Detect Affective Response Based on Narrative Agent's Knowledge," *International Journal of Contents* 16.3 (2020), 51-65.

21_ Edward Branigan, *Narrative comprehension and film* (London, New York: Routledge, 2013).

[표 2 에이전트 지식 흐름의 패턴과 정서적 반응]

지식 차이	설명	에이전트 지식 흐름의 패턴	정서적 반응
수용자 > 캐릭터	수용자가 자신이 더 많은 정보를 알고 있다고 판단함.	수용자 지식 흐름은 1이나 -1로 유지. 수용자가 판단한 캐릭터의 지식 흐름은 이와 반대 방향이나 0에서 유지됨.	서스펜스
수용자 = 캐릭터	수용자가 불확실한 정보를 캐릭터와 공유하고 있다고 판단함.	수용자의 지식 흐름과 수용자가 판단한 캐릭터의 지식 흐름이 비슷하게 변화함.	호기심 (혹은 미스터리)
수용자 < 캐릭터	수용자가 캐릭터가 더 많은 정보를 알고 있음을 알게 됨.	캐릭터 지식 흐름은 1이나 -1로 유지. 수용자의 지식 흐름은 이와 반대 방향이나 0에서 유지됨.	놀라움
	※ 수용자가 알게 되는 순간 수용자 지식 흐름이 급격히 변하고 캐릭터의 지식 흐름과 일치됨.		

이론에서 엔트로피는 어떤 확률 분포에 담긴 불확실성의 정도 또는 평균 정보량이다. 필자는 연구에서 수용자의 지식 흐름과 수용자가 판단한 캐릭터의 지식 흐름을 기반으로 엔트로피를 계산하고, 이를 서사 복잡도의 척도로 삼았다. 정보처리 관점에서 서사 이해는 작가가 사건을 통해 분배한 정보를 수용자가 모두 정합적으로 처리하는 과정이고, 이는 수용자의 지식 흐름에 반영되기 때문이다. 두 가지 측면에서 '처리 정보량'을 계산하였는데, 하나는 수용자 본인이 서사 내의 지식을 이해하기 위해 처리하는 정보량이고, 다른 하나는 수용자가 다른 캐릭터의 지식 상태를 이해하기 위해 처리하는 정보량이다. 이와는 성격이 다른 '요구 정보량'도 계산할 수 있는데, 이는 내러티브 내 지식을 완전히 이해하기 위해 현재 시점에서 필요로 하는 정보량을 의미한다. <그림 9>는 <현기증>의 정보 엔트로피 기반 복잡도를 분석한 것이다.

22_ Hochang Kwon, Hyuk Tae Kwon, and Wan C. Yoon. "An information-theoretic evaluation of narrative complexity for interactive writing support," *Expert Systems with Applications* 53 (2016), 219-230.

[그림 9 <현기증> 정보 엔트로피 기반 복잡도]

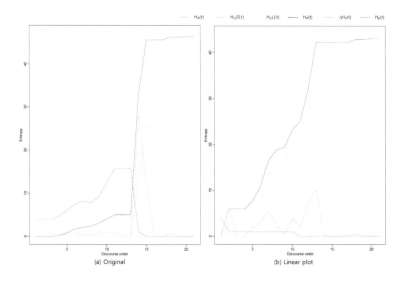

(a) Original 　　(b) Linear plot

　　이 그림에서 왼쪽(a)은 원래 작품의 복잡도이고, 오른쪽(b)은 사건을 선형적으로 재배치[23]하여 복잡도를 분석한 것이다. 그림 (a)에서 가장 눈에 띄는 점은 사건 번호 14와 15지점에서 처리 정보량이 급격히 증가하고, 동시에 요구 정보량이 거의 0으로 떨어진다는 것이다. 이는 수용자가 이 시점에 서사에 제시된 지식을 완전히 알게 되었음을 의미한다. 그림 (b)에서 확인할 수 있듯이, 사건을 선형적으로 재배치하게 되면 요구 정보량이 처음부터 거의 0으로 떨어져 계속 유지된다. 그럼에도 처리 정보량은 점진적으로 증가하는데, 이는 수용자와 스카티의 지식 차이 때문이다. 즉, 서사의 비밀을 알게 된 수용자와 달리 스카티는 여전히 불확실한 단서를 바탕으로 오해와 혼동의 과정을 거치고 있고, 수용자가 스카티의 여정을 따라가며 그의 현재 지식 상태를 이해하고자 하는 것이다. 이런 지식 차이는 앞서 설명했던 정서적 반응 중에서 서스펜스 상황의 조건과 일치한다.

23_ 쥬디의 플래시백으로 제시되는 사건 두 개(사건 번호 14와 15)를 스토리 시간 순서대로 재배치하여 시간교란(anachrony)이 없는 선형 플롯을 만들었다.

나가며

심광현은 역사지리-인지생태학적 영화철학을 주장하며, 영화 스토리텔링의 평가 기준을 네 가지―미적 평가, 윤리적 평가, 정치적 평가, 인지적 평가―로 제시한 바 있다. 이 네 가지 항목을 분석하여 각각이 관객들의 세계관과 인생관을 교정하는 데 어떻게 도움을 주었는가를 파악함으로써 영화 스토리텔링의 가치를 평가할 수 있다는 것이다.24 앞서 소개한 전산적인 서사 분석 방법은 이 네 가지 항목 가운데 미적 평가와 인지적 평가의 일부분 작업에 활용할 수 있는 수준이다. 하지만 다른 부분까지 확장하는 것이 가능하며, 현재 활발히 시도되고 있기도 하다. 서사와 수용자의 관계를 뇌-신체 반응 수준으로 연구하는 뉴로 시네마 연구(neurocinematics)는 대표적인 사례이다. 뉴로 시네마 연구는 영화를 보는 관객의 표정, 동공 반응, 체온, 자세, 뇌파 등을 정량적으로 분석함으로써 영화와 관객의 관계 혹은 관객 자체를 투명하게 재구성하려는 시도라고 할 수 있다. 2000년대 이후 활발히 연구가 진행되고 있으며, 이미 많은 상업적 기획에 적극적으로 활용되고 있다.25

인공지능 기술의 발달도 서사와 전산학의 관계를 보다 내밀하게 바꾸고 있다. 이 글에서는 인문학이 전산적 방법을 '활용'하는 연구를 중심으로 소개했지만, 전산학에서도 서사는 중요한 주제였다. 특히 인공지능은 초창기부터 가장 일상적이고 보편적인 담화 양식인 서사에 관심을 가졌으며 이를 생성할 수 있는 여러 시스템을 개발하기도 하였다. 이후 부침을 겪다가 90년대에 시스템 인터페이스와 지능형 에이전트 설계가 중요해지면서 서사는 전산학에서 다시 주목받기 시작한다.26 인간과 컴퓨터 간의 원활한 상호작용에 있어 핵심적인 역할을 할 수 있는 서사에 대한 관심은 3차 인공지능 호황기라고 할 수

24_ 심광현·유진화, 『대중의 철학이 된 영화』, 희망읽기, 2021, 322.

25_ Clare Grall, and Ralf Schmälzle, "Neurocinematics," *The International Encyclopedia of Media Psychology* (2020), 1-9.

26_ Michael Mateas, and Phoebe Sengers, eds., *Narrative intelligence* (Amsterdam, Philadelphia: J. Benjamins Pub., 2003).

있는 지금에도 이어지고 있다. 일종의 사회적 에이전트로서 인공지능을 설계하고자 하는 연구에서 서사는 가장 중요한 학습 데이터이다. 이 분야 연구자들은 인공지능이 서사를 학습함으로써 어떤 사건들을 더 넓은 맥락에서 이해하고 이를 전체적인 상황 모델로 구성할 수 있는 전산적/인공적 서사 지능(Computational/Artificial Narrative Intelligence)을 갖출 수 있다고 주장한다. 즉, 인간을 더 잘 이해하고, 인간에게 더 잘 이해될 수 있는 문화화된(enculturated) 인공지능을 만들기 위해서는 서사에 대한 연구가 필수적이라는 것이다.[27]

전통적으로 서사의 창작이나 비평을 담당해왔던 인문학에서는 이런 뉴로시네마나 전산적 서사 지능 연구에 대해 부정적이고 비관적인 담론이 많은 것 같다. 서사의 분석과 창작을 컴퓨터가 대체하게 되면 인간 작가의 일자리가 사라지고, 이 기술을 효율적으로 운용할 수 있는 빅테크 기업 중심으로 문화산업이 재편되며, '소비자'들의 취향에 맞춤 제작된 상업적인 콘텐츠 조각들이 대량 생산되는 결과가 초래될 수 있다는 것이다. 더 극단적으로는 수용자의 인지나 감정에 대한 조작 가능성까지 제기되는 경우도 있다. 하지만 이런 비관적 전망은 과장되어 있다. 가장 단순하게는 현재의 기술적 수준이 인간의 서사 지능 수준에 한참 미치지 못하기 때문이다. 많은 발전에도 불구하고 컴퓨터가 생성하는 서사는 전역적인 개연성과 일관성, 갈등과 해결의 리듬, 캐릭터 아크, 다중 플롯 구성 등에서 한계가 많고 단기간에 이 문제를 해결하기도 어려워 보인다. 그리고 만약 컴퓨터가 인간 수준의 서사를 만들어낸다고 해도 그것에 가치를 부여하고 차이를 만들어 이해하는 의미 활동(acts of meaning)[28]은 결국 인간의 몫일 수밖에 없다.

이런 이유에서 필자는 뜬구름 잡는 전망보다는 서사의 분석과 창작에 있어 인간과 컴퓨터의 협업 관계를 효과적으로 설계하는 일이 중요하다고 생각

27_ Mark O. Riedl, "Human centered artificial intelligence and machine learning," *Human Behavior and Emerging Technologies* 1.1 (2019), 33-36.

28_ Jerome Bruner, *Acts of meaning* (Cambridge, Mass.: Harvard university press, 1990).

한다. 인간이 주도적으로 창작을 하며 가치 평가를 내리고 컴퓨터가 비평적 수용자의 역할을 하는 것이 가장 현실적인 협업 모델이 아닐까 생각한다. 즉, 컴퓨터가 인과성과 합리성에 근거해서 인간에게 질문을 던지고 제약을 가하면, 인간은 이 질문의 의미를 곱씹으면서 돌파구를 마련하고 문제를 해결해 나가는 것이다. 이런 과정을 통해 미적으로 창의적이고, 윤리적으로 선하며, 정치적으로 진보적이고, 인지적으로 정교한 서사를 보다 효과적으로 만들어 나갈 수 있을 것이다.

벤야민은 「생산자로서의 작가」라는 논문에서 현존하는 자본주의적 생산 관계 속에서 예술적 생산수단의 '기능전환(Umfunktionierung)'을 통해 전문화에 따른 구별을 분쇄하고 작가와 독자 간의 협력을 만들어 각자가 자신의 일로 생산수단을 자유롭게 사용할 수 있도록 해야 한다고 주장하였다.[29] 오늘날에도 모두가 체계적으로 서사를 분석하고 '좋은' 서사를 만들 수 있도록 전산적 기술의 기능전환을 모색하는 작업이 필요하다. 그리고 이 작업에는 예술적·정치적 상상력과 함께 기술에 대한 이해도 필수적이다. 진보적 상상력이 없는 기술은 맹목적이고, 기술에 대한 이해 없는 상상력은 공허하기 때문이다. 이 글이 이런 작업에 작은 도움이 되길 기대한다.

29_ 발터 벤야민, 「생산자로서의 작가」, 『발터 벤야민의 문예이론』, 반성완 옮김, 민음사, 2003.

사회적 혁신인가, 어떤 혁신인가
─포스트모더니티와 신자유주의 이후의 사회 만들기[*]

김성윤 | 문화사회연구소

위기와 사회적 혁신

2000년대 후반 글로벌 금융위기 이후로 신자유주의적 자본주의의 한계가 노출되고 그에 대한 대응으로 새로운 사회의 자기방어 운동이 제기되는 형국이다. 오늘날 우리는 심심치 않게 사회적인 것(the social)을 접하곤 한다. 경제 영역에서는 사회적 경제, 사회적 기업, 사회책임투자, 기업의 사회적 책임(CSR), 마이크로-파이낸스, 공정무역, 윤리적 소비, ESG 투자 및 경영(환경, 사회, 지배구조) 등이 사회적인 것과 맞물리고 있다. 이들 새로운 관행들은 적어도 표면적으로는 배제된 삶을 최소화하고 사회적 삶을 위기에서 구해 궁극적으로는 지속가능한 경제를 창출하고자 한다. 관심은 고삐 풀린 경제를 붙잡아 두는 데 그치지 않는다. 사회적 삶 자체가 물화된 상황에서 비경제적인 형식들을 바로 잡으려는 움직임들 또한 제기되어 왔다. 이론적으로는 사회적 자본 이론과 이해관계자 이론 같은 것이 바탕을 이루고 마침내 엘리너 오스트롬의 '공공선택론'이 '공유지의 비극'이라는 통념을 넘어서기에 이르렀다. 오늘날 우리는 우리들의 삶을 소시오메트리(sociometry)로 측정하면서 소셜 네트워크의 중요성을 강조하고 있고, 관계미학 같은 조류들에 힘입어 상호작용

---

[*] 이 글은 필자의 박사학위논문 「사회적인 것의 이데올로기적 지형」(중앙대학교 사회학과 박사학위논문, 2017)의 이론적 논의 부분 중 일부를 기초로 재구성했음을 밝혀둔다.

의 감각적 기술을 재가동하고자 한다. 그런가 하면 플랫폼이라든가 블록체인 같은 기술적 조건들은 우리들의 사회적 조건을 재배치하는 수준에까지 이르고 있다.

아마도 '사회적 혁신'이라는 말로 집약해볼 수 있을 이런 시도들의 요체는 다양한 분야들에 사회적 원리를 접합시킴으로써 새로운 질서를 모색해보자는 데 있을 것이다. 그렇다. 오늘날 사회적인 것이 다시금 '부상' 또는 '복원'되고 있다. 그런데 여기에는 부득불 몇 가지 쟁점들이 뒤따를 수 있다. 첫째, 사회적인 것은 그동안 '억제'되었거나 '상실'되었다는 것인가. 둘째, 사회적 혁신이 신자유주의적 담론과 관행을 일소할 수 있는 대안적 요소가 될 수 있다는 것인가. 셋째, 그렇다면 유사─자연상태로부터 탈피해서 만들어지는 그 사회적 상태는 어떤 형식을 갖는 것이고 또 그로써 우리의 사회적 삶은 재활성화될 수 있는 것인가. 쉽게 말해, 우리는 경제의 시대에서 사회의 시대로 이행할 수 있는 것일까. 이와 같은 집합적 운동은 대체 어떤 모양새와 의미를 가지는 것일까.

다만, 사안이 생각처럼 단순하지 않을 수 있다. 어쩌면 '애초에 경제는 사회적 경제였다'는 사회적 경제론자들의 전제처럼, 경제적인 것과 사회적인 것이 어떻게 융합되어 있는지를 보는 데 주안점이 있어야 하지 않을까 하는 것이다. 즉, 사회적인 것이 전체 체제에서 등장·소멸 또는 강화·약화되는 게 아니라 정세적 상황에 따라 다원적인 형태를 취해 왔으며 자본주의 경제 이래로 언제나 경제적인 것과 결합되어 왔다는 식의 서술도 충분히 가능하다는 이야기이다. 예컨대, 축적의 논리에서 본다면 자본주의 역사는 재생산의 영역으로서 사회를 언제나 필수적인 타자로 삼아 왔다. 특정한 사회적 형식과 토대가 있어야만 자본의 동학이 성립할 수 있고 따라서 경제의 자리가 확정됐을 때에만 사회의 위치가 확정될 수 있는 것이기도 하다. 그런 점에서 신자유주의 시기에 사회적인 것이 죽음을 고했지만 앞으로는 부활할 것이라는 언명은 어딘지 어불성설처럼 들리기도 한다. 사회적인 것은 근대자본주의가 태동한 이래로 필수조건이었기 때문이다.

그런 까닭에 사회적인 것의 위기라는 표현은 사회 그 자체의 위기로서 이해하기보다는 정확하게 말해 공동체 또는 결사체로서 사회를 더 이상 적시할 수 없게 된 상황으로 이해하는 것이 더 바람직해 보인다. 즉, 사회적인 것과 그것을 표상할 언어 사이에서, 그리고 사회적인 것과 다른 것들(정치적인 것, 경제적인 것, 문화적인 것 등등)과의 관계를 표상할 언어적 체계라는 논점 위에서 우리는 한동안 길을 잃은 셈이었다. 종종 사회적 삶의 위기라는 소박한 표현을 사용하기는 하지만, 그 말은 사실 체계와 일상을 아우르는 자본주의 체제의 재생산 위기라는 말로 바꿨어야 하지 않았을까. 심지어 오늘날 우리는 글로벌 자본가계급과 엘리트층에게서 사회의 자기방어 운동이라는 계기를 목도하고 있는 셈인데 그럴수록 사회적인 것의 부흥 운동은 기실 재생산을 정상화하는 운동이 아닐까 하는 의심마저 유발된다. 이 시도의 의미는 과연 무엇일까. 과연 성공할 수 있을까. 성공한다면 그것은 좋은 것일까.

사회적인 것의 종말 또는 흔적

먼저 사회적인 것이 억제되어 있었다고 이해할 만한 맥락을 검토해보자. 논자들은 신자유주의적 전환을 '자본가계급의 권력 회복 프로젝트'라고 정의 내리곤 한다. 뒤메닐과 레비는 1980년대 이래로 이윤율 상승 국면이 자본생산성의 증가와 임금증가 둔화에 기인한다는 사실에 주목한다.[1] 1970년대의 구조적 위기에 대응한 고금리와 인플레이션 억제 상황으로 이해될 수 있지만, 이 과정에서 민중계급의 실패와 자본가계급의 성공이라는 계급투쟁 국면에도 주목해야 한다는 지적이다. 그런 까닭에 "신자유주의는 대중

1_ G. Duménil and D. Lévy, *Crise et Sortie de Crise: Ordre et Desordres Neoliberaux* (Paris: Presses Universitaires de France, 2000); 한국어판: 제라르 뒤메닐 · 도미니크 레비, 『자본의 반격: 신자유주의 혁명의 기원』, 이강국 · 장시복 옮김, 필맥, 2006, 93-94.

계급이 계급투쟁에서 패배한 결과물"로 읽혀질 수 있으며, 동시에 "자본소유자 계급과 그들의 권력이 집중된 기관들이 자본소유자 계급의 수입과 권력을, 대중투쟁이 전반적으로 약화된 틈을 타 회복하려는 열망의 표출"로 이해될 수 있다.[2]

하비 역시 뒤메닐과 유사한 맥락에서 신자유주의의 정치경제적 특성을 '탈취에 의한 축적'으로 정리한다.[3] 오늘날 자본이 확대재생산 논리에 따라 축적되기보다는 맑스가 본원적 축적이라 했던 것에 준할 정도로 정치적인 특징을 강하게 드러낸다는 것이다. 그는 탈취에 의한 축적의 경험적 양상들로 민영화, 금융화, 위기의 조작과 관리, 국가의 재분배 등을 꼽는다. 나아가 하비는 경제학의 이론적 경향들 중 하나였던 신자유주의가 탈취를 실행 중에 있음에도 어떻게 해서 대중적 동의를 구축하게 되었는지에도 주목한다. 여기에는 강도 높은 노동 탄압, 자유라는 개념의 경제적 전유, 신보수주의를 통한 이데올로기적 포섭 등의 과정이 포함되어 있다.[4]

이렇게 전개된 신자유주의화 과정은 곧 사회적인 것의 위기로도 재해석된다. 특히 지구화 국면에서 자본이 국가 경계를 넘고 민족적 이해관계로부터 독립했다는 사실은 19세기 이래로 유지되어왔던 민족적인 것-사회적인 것-국가라는 규범적 균형이 붕괴될 수밖에 없다는 점을 의미한다. 이 과정을 발리바르는 '시장의 퇴행적 확장'이라고 지적한 바 있다.[5] 시장의 퇴행적 확장이란 자본이 축적의 공간을 선별적으로 포섭하고 나머지 공간은 배제하는 과정을 의미한다. 민족국가 내에서 자본의 운동을 제한시키고 그럼으로써 사회

2_ 같은 책, 13.

3_ D. Harvey, "Neo-liberalism as Creative Destruction," *The Annals of the American Academy of Political and Social Science*, 610(1) (2007), 35.

4_ D. Harvey, *A Brief History of Neoliberalism* (New York: Oxford University Press, 2005); 한국어판: 데이비드 하비, 『신자유주의: 간략한 역사』, 최병두 옮김, 한울, 2007.

5_ E. Balibar, *La Crainte des Masses: Politique et Philosophie Avant et Après Marx* (Paris: Editions Galilée, 1997); 한국어판: 에티엔 발리바르, 『대중들의 공포: 맑스 전과 후의 정치와 철학』, 최원·서관모 옮김, 도서출판b, 2007, 396.

적 국가의 형태를 취하는 것이 가능했지만, 이제부터는 신자유주의적 금융 세계화 논리에 따라 자본의 운동에 고삐가 풀리고 자본의 포섭 범위로부터 벗어난 공간은 탈취·배제·폭력의 반인권적 관행들이 지배하게 된다. 여기서 배제된 영역은 '맑스적'인 자본과 노동의 적대조차 성립하지 않고 '홉스적'인 극단적 폭력 상태에 처하게 된다.[6] 단순히 경제적 위기에 국한되는 것이 아니라 사회적 위기로까지 확장된다는 것이다.

이러한 현실적 측면을 반영이라도 하듯, 빠르게는 1980년대 초중반부터 사회적인 것의 종언론이라 할 만한 것들이 제기되기에 이르렀다. 신자유주의를 직접 문제 삼은 건 아니지만, 포스트모더니티 조건 속에서 보드리야르는 '사회적인 것의 죽음'을 최초로 선언한 사상가로 꼽히곤 한다.[7] 포스트모던 시대의 대중은 시뮬라시옹의 질서에 속하게 되며 이윽고 침묵하는 냉담한 다수로 변하게 된다. 보드리야르는 특히 정보의 범람이 "커뮤니케이션과 사회적인 것을 삼켜버린다"고 말한다.[8] 그는 미디어가 발달하고 시뮬라시옹의 현실감이 커질수록 직접적인 커뮤니케이션 통로가 차단되고 따라서 인간과 미디어 사이의 가짜 커뮤니케이션만이 남게 될 것이며 대중은 의미와 세계를 모두 거부하게 된다고 주장한다. 보드리야르의 종언론이 이후의 사회적인 것에 관한 논의들에 빠지지 않고 등장할 정도로 적잖은 충격을 주었던 것은 주지의 사실이다. 정치경제학적 현실을 직접적으로 가리킨 것은 아니었지만 그의 선언은 복지국가의 위기 속에서 사회적 영역이 침식당하는 것과 같은 궤에 있었다. 문제설정 자체는 포스트모더니즘에 있었지만, 포스트모더니즘이 신자유주의와 가지는 형식적 상동성을 고려해본다면 그의 논의는 20세기 후반의 선진자본주의 세계가 사회적인 것의 위기로 향할 수밖에 없는 문화적 경

6_ 백승욱, 「다시, 마르크스를 위하여: 에띠엔 발리바르와 정치의 개조」, 『안과 밖』 30호, 2011, 150-179.

7_ J. Baudrillard, *In the Shadow of the Silent Majorities, or, The End of the Social, and Other Essays* (New York: Semiotext(e), 1983), 4.

8_ Ibid., 97-99.

향성을 보여주는 예시라 할 수 있다.[9] 위기의 인과론적 메커니즘을 규명하는데 이론적 입장 차이가 분명 존재하기는 하지만, 그럼에도 이런 언술들이 가지는 묘사적 타당성을 전면적으로 부정하기는 어려워 보인다. 적어도 '경험적으로는' 이전에 존재하던 사회적 삶이 불가능하게 됐기 때문이다. 정치경제학적 변화로 인한 사회적 보장의 상실과 기술적 · 문화적 변화로 인한 사회적 결속의 해체 등은 직전까지만 하더라도 몸소 경험해왔었던 사회적인 것이 끝났다는 징표로 여겨졌을 것이다.

그러나 사회적인 것이 종언을 고했다기보다는, 사회적인 것을 요구하던 시민들의 기대가 개별화되면서 이전과는 다른 양상으로 재배치된 것에 주목해야 한다는 논의들도 있다.[10] 우리는 정말로 사회적 삶이 제거된 채로 살고 있는 것일까. 나아가 사회적 삶의 형식이 부재한 상태에서 자본주의적 축적과 지배가 가능하기는 한 것일까. 로즈는 오늘날 표면적으로는 사회적인 것의 '죽음'이 관찰되고 사적 · 경제적인 것이 지배적인 것처럼 보이긴 하지만, 실제로는 (국가나 시장과는 별개로) 시민사회 차원에서 가동되는 새로운 공동체주의적 가치들로 인해 통치의 영토가 새롭게 창출된 것일 뿐이라고

9_ 실제로도 보드리야르의 '선언' 이후 거의 30년 동안 사회적인 것은 죽음, 종언, 종말, 재고, 전쟁, 시장화, 불신 등과 같은 수사어들과 연결되는 게 보통이었다. B. Adam, "Timescapes of Individualised Modernity: Rethinking the Social," in Milano Individualised Modernity Talk(16-17 October) at University of Milano Bicocca, 2008; G. Eley and K. Nield, *The Future of Class in History: What's Left of the Social?* (Ann Arbor: The University of Michigan Press. 2007); L. Goldner, "Ontological 'Difference' and the Neo-Liberal War on the Social: Deconstruction and Deindustrialization," in *Vanguard of Retrogression: "Postmodern" Fictions as Ideology in the Era of Fictitious Capital* (New York: Queequeg Publications, 2001); 한국어판: 로렌 골드너, 「존재론적 '차이', 사회적인 것에 대한 신자유주의의 공격: 해체와 탈산업화」, 강내희 옮김, 『문화/과학』 54호, 2008년 여름, 333-351; S. L. Mudge, Precarious Progressivism: The Struggle Over the Social in the Neoliberal Era. Dissertation for Degree of Doctor of Philosophy in Sociology (Berkeley: University of California, 2007); M. R. Somers, "Let Them Eat Social Capital: Socializing the Market versus Marketizing the Social," *Thesis Eleven*, vol. 81 (May, 2005), 5-19; J. Vernon, "Trusting the Social?" *The North American Conference on British Studies* (2005).

10_ Zs. Ferge, "The Changed Welfare Paradigm: The Individualization of the Social," *Social Policy & Administration*, Vol. 31, Isuue 1 (1997), 20-44.

지적했다.11

로즈는 신자유주의 시대의 통치가 이중삼중으로 재설정된다는 점에 주목한다. 첫째는 자본이 국민경제 영역으로부터 이탈하게 되면서 나타나는 새로운 공간화 현상으로서 경제의 탈통치화이다. 이로써 국가와 인구의 경제적 복리는 연관관계를 상실하게 되고 "국민경제의 이름으로 행해지던 사회적인 것의 통치는 국가 경계를 가로지르는 경제적 순환을 위하여 특수한 구역들(권역, 도시, 지구, 공동체)의 통치로 대체된다(339). 둘째는 이와 관련하여 새로운 가상공동체들의 출현과 범람, 개인적 책임을 통한 공동체 윤리의 성격 변화, 이를 자연화하는 동일화 프로젝트 등이 맞물린 공동체를 통한 통치이다 (331-334). 여기서 로즈는 사회적인 것이 끝난 게 아니라 '변형'된 것임을 역설하고 있다. 셋째는 사회적인 것을 통한 상징적 경계가 재구획되면서 나타나는 것으로서 하층계급과 배제된 자들 같은 주변인에 대한 통치이다. 실제로 빈곤과 같은 주변화 현상에 대한 원인 분석이 경제적 원인 패러다임과 개인적 책임 패러다임으로 양분되는 것에 반해서, 자기통치의 책임을 거부하는 절망적인 개인들과 집단이 누구인지를 묘사하는 데에선 놀라운 일치점이 나타난다. 여기서 한 걸음 더 나아가, 로즈는 이들과 함께 활동하는 각종 전문가와 준자율적 단체들이 폭증하고 있는 것을 두고 통치의 새로운 영토가 부상한 것이라고 지적한다(346-347).

이러한 설명이 시사하는 바는 무엇일까. 신자유주의의 도래로 인한 사회적인 것의 위축이라는 사태는 실상 케인즈주의적 경제체제 이래로 유지돼왔던 경제적 합리성과 사회적 합리성의 균형과 순환이 무너지면서 발생했던 것이라는 점이다. 즉, 우리가 알던 그 사회가 낯설어지게 된 것일 뿐 사회적인 것 자체가 부재하는 세계는 단 한순간조차도 상상을 할 수가 없다. 이와 같은 인식에 더해 로즈는 한 가지 더 색다른 지적을 했던 것이기도 한데, 그것은

11_ N. Rose, "The Death of the Social? Re-figuring the Territory of Government," *Economy and Society*, vol. 25, no. 3 (1996), 327-356. 이하 이 글에서의 인용은 본문에 그 쪽수를 표시한다.

이른바 '제3의 길'과 함께 영국에서 불기 시작하던 신자유주의적 통치술의 작동이다. 신자유주의 시대라고 해서 사회정책을 위시로 하는 관리 프로그램이 중지되는 것은 아니었다. 푸코의 말처럼 통치는 언제나 그 대상을 전체화하면서도 개별화하고 개별화하면서도 전체화하기 마련인데, 경험적 영역에서 감지되는 개별화 추세는 어쩌면 개인과 사회의 관계 그리고 사회와 세계 전체의 관계가 변환되는 과정에서 오는 일종의 인식론적 장애에 불과했을지 모른다.

그런 까닭에 우리는 신자유주의의 전성기와 지금의 황혼기를 두고, 오늘날 현대사회는 축적과 통치에 있어서 다소 색다른 메커니즘을 경험해왔던 것이라고 진단하는 것이 더 타당할 것이다. 단지 우리가 알던 정부-국가에 의해 수행되는 것이 아니었을 뿐, 국가장치로서 시민사회 전반에서 범사회적으로 작동하는 '공동체를 통한 통치'와 '주변인에 대한 통치'는 결코 중지되지 않았었다. 그러지 않고서야 그 광범위한 프롤레타리아화 과정이 어떻게 그토록 순치될 수 있었을까. 요컨대 사회적인 것은 통념과 달리 죽거나 종언을 고한 적이 전혀 없었으며, 오히려 전통적인 사회적 보장과 결속을 담보해내고자 하는 일련의 집합적 시도들을 통해 신자유주의적 축적 체제가 수반하는 폭력적 속성(탈취와 배제, 불안과 공포 등)은 효율적으로 관리될 수 있었다. 사회적인 것의 요소들은 신자유주의적 자본주의와 포스트모더니티가 파괴시켜 왔던 단순한 대립물이라기보다는 축적과 지배의 위기를 관리하는 요소이자 새로운 축적과 지배 형식에 맞물린 필수적 보충물이자 일종의 대리-보충(supple-ment)으로서 이해될 여지가 있다는 것이다.

물론 고립감을 느끼는 현대인들이 공동체라는 범주 안으로 결속함으로써 잠재적이거나 현실적인 불안을 해소하고자 하는 취지는 충분히 이해할 만하다. 현행하는 세계질서의 문제를 사회적인 것의 종말로 설정한 이상, 사회적 경제나 공동체주의처럼 새로운 전망으로 대응하고자 하는 문제의식은 자연스러운 귀결처럼 보인다. 이들 실천 및 사업이 신자유주의 체제 이래로 몰락해

버렸다고 가정되는 공동체적 속성, 즉 '사회적인 것'을 복원하는 데 핵심적인 연결고리가 될 것이라 기대받고 있다는 점은 주지의 사실이다. 개별화 또는 파편화로 묘사되는 사회적 존재 형태를 문제 삼고, 교환가치가 아니라 사용가치 중심의 대안적 라이프스타일을 추구한다는 점 등에서 일종의 도덕적 정당성을 확보하고 있기 때문이다.

그러나 사회적인 것이 정말로 몰락해 있었던 것인지는 불분명한 측면이 있다. 문제의 근원을 간명하게 묘사해주고 따라서 특정한 집합 행동을 유도하는 데 도움을 줄 수는 있지만, 이러한 개별화 테제들은 바로 그와 같은 장점 때문에 일련의 분석적 제약을 초래하기도 한다. 존재론적 불안의 문제가 개별화 때문이라면 그 답은 간단해진다. 개별화가 문제라면 전체화가 답이 될 것이다. 그렇지만 사회성(sociality)이 문제이기 때문에 그 수준을 끌어올림으로써 규범적 기대를 충족시킬 것이란 전제는 사회적인 것을 둘러싼 외적 요인들을 간과하게 만드는 문제를 야기시킬 수도 있다. 사회학주의로 인해 결코 해소될 수 없는 역사적이고 정치적인 쟁점들이 소거되고, 자아와 타자 사이의 관계를 형성할 도덕적 밀도 같은 것들에만 초점을 맞출 우려가 있다는 것이다.

이론과 현실 또는 당위와 현실 사이의 괴리 현상이 나타나는 것은 거의 필연적이라 할 수 있다. 우선적으로는 사회적인 것이 죽었다는 판단은 순차적으로 사회적인 것을 회생시키고자 하는 행위 동기를 불러일으키게 된다. 문제는 이 과정에서 현실에서 변형된 형태로 엄존하고 있는 사회적인 것을 간과하게 되고 따라서 이를 둘러싼 정치·경제·문화적 문제들에 적절히 대응하지 못하게 되는 우를 범할 소지가 생긴다. 그렇다면 우리에게 당면한 과제는 사회적인 것을 신자유주의의 파멸적 효과로부터 복원시키고자 하는 실천적 충동 이전에, 사회적인 것이 현존하는 자본주의 체제에 어떤 변형을 일으키고 있는지를 분석해내는 일이라 할 수 있을 것이다.

어떤 사회의 어떤 불가능성

사회적인 것과 신자유주의적 자본주의 체제 사이의 관계는 (상호대립적이라기보다는 복합적이라는 의미에서) 모순적인 관계에 가깝다. 그럼에도 대중적인 담론뿐 아니라 대개의 학술적인 접근들에서 이 둘은 양자택일적인 문제인 것처럼 상정되곤 한다. 사적·경제적인 것과 사회적인 것 사이의 필수적 연관관계를 놓침으로써 나타나는 이러한 맹점은 적어도 두 가지 문제를 초래하고 있다. 하나는 현행하는 자본주의 체제에 대한 합리적 비판에 실패하는 것이며, 다른 하나는 대안적 전망에 대한 설득력을 스스로 경감시킨다는 것이다.

물론 잃어버린 것으로 간주된 사회의 표상을 재구축하려는 오늘날의 사회적 실천들은 (위와 같은 맹점에도 불구하고) 그 자체로 가속화하면서 분화되고 있다. 바로 이런 이유 때문에 사회적 경제가 됐든 공동체가 됐든 이들 사회적 실천에 대한 전망에는 다양(하면서도 불균등)한 층차가 존재할 수밖에 없다. 소박하게는 개별화된 존재들을 연결함으로써 잃어버린 공동체적 감각을 회복하고자 하고, 적극적으로는 사회적 결속을 통해 신자유주의화가 초래한 물질적인 문제들을 해결하고자 하며, 보다 강하게는 사회적인 것을 통해 신자유주의 질서에 대한 이념적·실천적 대안을 모색하는 것 등이다. 물론 대다수의 경우에는 이 모든 기대들이 알아볼 수 없을 정도로 혼재되어 있는 것이 보통이지만 말이다.

그렇게 창출된 사회적 경제와 공동체에 대한 상상들은 이중으로 모호해질 수밖에 없다. 일차적으로는 역사적으로 사회적인 것을 둘러싼 가치관 자체가 단일하지 않을뿐더러, 이차적으로는 다양한 이해관계와 세력관계 등에 따라 그 결과물이 의도하지 않은 방향으로 흘러갈 여지가 다분하기 때문이다. 대개의 경우 사회적인 것을 떠올렸을 때 갖게 되는 이미지는 분산적일 수밖에 없다. 정의 내리기 어려운 모호성 때문에 여태껏 수많은 논자들마저도 '사회적인 것'이라고 두루뭉술하게 표현해왔던 게 아니었을까. 한 가지 확실한 것은 사회에 관한 다양한 상상의 방식들이 있고, 그 결과물은 사람들이 가진 언어적 한계 때문에 불가피하게도 사회적인 것이라는 형용사형 명사로 표현될 수밖에 없었다는 사실이다. 사회적 경제, 사회적 기업, 기업의 사회적 책임, 사회적 미디어, 사회적 예술 등등.

그럼에도 이제는 좌파와 우파를 막론하고 그 누구라도 사회가 소멸할 상황이라고 믿게 되었다. 여러 맥락이 있겠지만 이론적으로는 라클라우와 무페의 사회의 불가능성 테제가 가장 결정적인 선언이 아니었을까. 물론 그들이 비판하고자 했던 것은 한 시대를 풍미했던 구조기능주의적 사회 관점이었는데, 그들은 대문자 사회(Society), 즉 전체 사회의 불가능성을 못박았다. 그들에 따르면, "사회는 궁극적인 불가능성, 불가능의 대상"이며 "그것은 단지 그 불가능한 대상 또는 질서를 구성하고자 하는 시도로서만 존재"한다.12 우리가 해명할 수 있는 것은 바로 그렇게 사회를 구성하려고 하는 시도에 지나지 않은데, 라클라우와 무페에게도 사회란 없으며 불가능한 총체성으로서 대문자 사회를 구성하려는 사회적인 것만 있을 뿐이기 때문이다. 그런 의미에서 사회적인 것은 "차이들의 무한한 놀이"로도 이해될 수 있다.13 이것은 돌이킬 수 없는 이론적 전제가 되었다. 우리들 중 그 누구도 전체 사회를 이론적으로 설명할 수 없게 됐기 때문이다. 이와 같은 이론적 선언은 역사적으로 일정한 효용이 있는 것이기도 했다. 파시즘의 충격으로부터 탈출한 지 몇십 년도 되지 않은 상황이었고, 때마침 일련의 사회적 규범 그리고 그것의 담지체로서 국가에 대한 반발이 있던 신좌파적인 인간학적 해방의 요구가 일련의 정치 운동으로 제기된 지 얼마 지나지 않은 상황이었다. 어쩌면 사회적이라기보다

12_ Ernesto Laclau, "Metaphor and Social Antagonisms," in C. Nelson and L. Grossberg, eds., *Marxisms and the Interpretation of Culture* (Urbana: University of Illinois Press, 1988); 한국어판: 에르네스토 라클라우, 「은유와 사회적 적대」, 이경숙·전효관 편역, 『포스트맑스주의』, 민맥, 1992, 226

13_ Ernesto Laclau, "The Impossibility of Society," in *New Reflections on the Revolution of Our Time* (London, New York: Verso, 1990); 한국어판: 에르네스토 라클라우, 「사회의 불가능성」, 『포스트맑스주의』, 233.

는 반사회적인 것이 가장 진보적인 것이었을지 모른다. 이 '위대한 거부'에는 이론적이고 역사적인 사정이 있었다.

　그러나 그즈음 전혀 뜻밖의 상황이 펼쳐졌다. 사회로부터의 탈출은 그동안 억눌렸던 개인들의 해방을 의도한 것이었지만, 그와 동시에 역사의 다른 한편에서도 사회로부터의 탈출이 구상되었다. 마가렛 대처가 1979년 영국의 수장으로 취임하면서 내뱉었던 선언은 또 다른 사회의 불가능성 테제였다. "사회 같은 것은 없습니다. 있다면 개인과 가족만이 있을 뿐이지요." 이 말의 의미는 이듬해 미국에서 로널드 레이건이 취임하고 그가 월스트리트에 등장했을 때 더욱 분명해졌다. "이제 저 황소의 고삐14를 놓아줄 것입니다." 이른바 워싱턴 컨센서스의 성립은 신자유주의와 신보수주의 세력이 사회를 없애기 위해 어떻게든 무엇이든 하겠다는 일련의 반동적 움직임을 전세계적으로 추동했다. 이렇게 사회는 이중적인 위험에 처하고 말았다. 그러니까, 사회에 대한 포스트맑스주의적 비판이 제기될 무렵부터 우리가 알던 사회는 실제적으로도 뒤틀리고 있었던 것이다. 이토록 사회적인 것과 그것에 매여 있는 속사정은 복잡하기만 하다.

　우리는 어떤 딜레마에 서게 된다. 사회를 바라보는 좌파의 양가적 시선이 대표적일 것이다. 예컨대 그동안의 정치적 예술은 스스로 반사회적인 위치에 있음을 자임해왔다. 예술의 본령이 자연적인 것으로부터의 독립을 의미하는 한, 예술가들은 자연화된 익숙한 것들을 낯설게 만들고 거기서 나쁘지만 새로운 감각들을 끄집어내고자 한다. 이것은 일군의 역사유물론자들에게서 마찬가지일 텐데, 사회가 경제적 토대의 대리-보충인 한 사회적 지반을 흔들고 전복시키는 것은 거의 필수적인 일이기 때문이다. 라클라우와 무페가 사회의 불가능성을 선언하고 포스트구조주의 시대의 맑스주의들 상당수가 공감할 수밖에 없었던 것도 저간의 사정 때문이었을 것이다. 그러나 다른 한편

14_ 금융 규제를 의미한다.

으로 사회적 권리를 가능케 하는 연대의 토대가 무너진다는 것은 어마어마한 곤란과 심지어 재앙을 초래할 수 있다. 동시대 예술에 복무하는 이들이 사회적 상호작용을 강조하고 심지어 예술을 노동으로 선언하는 것의 불가피함 또한 그런 맥락에서 연유한다. 그렇다. 좌파에게 사회는 불가능하지만 또한 불가피하다.

그런 까닭에 우리는 기존의 사태들을 오히려 다르게 진단할 필요가 있다고 강조했던 것이다. 가히 폴라니주의적이라 할 수 있을 진단과 전망, 즉 시장경제가 흥하고 시민사회가 망한다는 것 그리고 역으로 시민사회를 부흥시켜 시장경제를 붙들어 맨다는 상상은 이와 같은 아포리아를 더욱 더 부추길 뿐이다. 오늘날 우리가 마주하고 있는 현실을 어떻게 볼 것인가. 배제의 영역을 줄이고 사용가치의 체계로 되돌아가는 사회적 혁신이 이뤄진다고 감히 단언할 수 있을까. 나아가 ESG 경영 같은 것으로 신자유주의적 경제정책을 통제하고 마침내 시장을 사회 내로 재착근시킨다고 단언할 수 있을까. 과잉축적의 위기 신호를 감지한 글로벌 자본가계급과 엘리트 집단이 이른바 포스트 워싱턴 컨센서스[15]를 꾸리고 심지어 기본소득제도의 도입을 주창하는 세계에서는 시장이 사회 안으로 들어오는 것일까. 아니면 사회적인 것과 경제적인 것의 극적인 결합들을 통해 거꾸로 사회가 결국 시장 안으로 빨려 들어가는 것일까. 한 가지 확실한 것은 갈수록 이 두 가지 그림을 판별하기가 점점 더 어려워지고 있다는 사실이다.

따라서 분석적 전환과 구분이 필요할 수밖에 없는데, 그것은 우리가 불가능하다고 여겼던 사회와 반드시 있어야 한다는 사회를 표상적 차원에서 분리

15_ Ben Fine, "Examining the Ideas of Globalisation and Development Critically: What Role for Political Economy?," *New Political Economy*, vol. 9, no. 2 (2004), 213-231; 한국어판: 벤 파인, 「지구화와 발전 개념의 비판적 검토: 정치경제학의 역할은 무엇인가」, 김공회 옮김, 『사회경제평론』 26호, 2006, 391-427; 알프레도 사드-필류, 「워싱턴 컨센서스에서 포스트 워싱턴 컨센서스로: 경제개발을 위한 신자유주의적 아젠다」, 알프레도 사드-필류·데버러 존스턴 편저, 『네오리버럴리즘: 신자유주의는 어떻게 세계를 지배하게 되었는가』, 김덕민 옮김, 그린비, 2009, 199-209.

해내는 것에서부터 출발한다. 후자는 모더니티의 형성과 더불어 노동자 운동과 사회주의 사상이 제기했던 것으로서 결속과 보장이 중추가 되는 사회적인 것, 즉 연대성으로서의 사회적인 것이며, 전자는 정치·경제·문화 등과 구분되는 것으로서 실상은 자본주의적 관계를 재생산하는 시멘트로서의 사회적인 것, 즉 사회-효과로서의 사회적인 것이다. 이렇게 보면 문제가 보다 명확해진다. 그동안 문제가 됐던 것은 크게 두 가지였던 셈인데, 그것은 우리가 익히 알듯이 연대의 약화라는 것, 그리고 사회-효과의 변형이라는 우리가 쉽게 적응하지 못하고 있는 어떤 변화에 관한 것이다.

전자의 경우는 분명 중차대한 사안이기는 하지만 우리가 그동안 수도 없이 되뇌고 언급해왔던 것이기에 군이 여기서 재론은 하지 않도록 하겠다. 여기서 눈여겨볼 것은 바로 후자의 상황이다. 사회가 불가능하다면 그것은 어떤 사회를 가리키는 것인가. 그리고 이와 같은 상황은 궁극적으로 어떤 사실을 함의하는 것인가. 우리는 사회성의 소멸위기에 대해 크게 우려해왔지만 정작 실제 삶에서는 너무나도 다양한 사회적 형식들을 경험하고 있었다. 예컨대 가족과 같은 친밀성의 공동체는 부재했었나. 지근거리에서 사교적 공동체는 늘 있지 않았나. 취향을 중심으로 하는 공동체는 또 어떤가. 확실히 좀 더 진지하게 검토될 필요가 있지 않겠는가. 다음의 질문들 또한 마찬가지다. 자본주의 체계가 함의하고 독려하는 화폐공동체는 파괴되었었던 것인가. 우리는 언제나 화폐로 묶여있었었다. 각종 기념일에 선물을 주고받을 때 우리는 상품공동체의 일원이라는 것을 몸소 증명했던 것이 아니었을까. 건물과 주거지를 단위로 비밀번호를 걸고 부동산 가격을 중심으로 똘똘 뭉칠 때 그것은 안전공동체이고 부동산공동체가 아니었었나. 나아가 주식공동체, 파생상품 공동체, 코인 공동체 등등.

사회학적인 언어로 이야기하자면, 이질적인 존재들이 모여 투닥거리면서도 공통의 경험을 누리던 것을 사회(gesellschaft)라고 본다면, 동질성에 기반해 외적으로 폐쇄성을 띠고 형성된 것을 공동체(gemeinschaft)라고 할 수 있을 것이다. 지난 수십 년 동안 사람들은 공동체가 문제였다고들 이야기해왔다. 그러나 불행하게도 실제로 공동체는 결코 소멸한 적이 없었다. 소멸한 것이 있다면 그것은 문자 그대로의 사회였는데, 그것이 바로 좌파와 우파가 각기 다른 지점에서 기획했었던 사회의 불능화 운동의 대상이기도 하다. 그런데 엄밀하게 말한다면 사회는 늘 재조직되고 재생성되고 있었다. 단지 과거와 다른 모습일 뿐이다. 오늘날 우리가 경험하는 다양한 사회적 형식들은 어떤 사실을 가리키는 것인가. 누군가는 부족이라고 부르기도 하는 소규모의 공동체들은 거의 난립 수준이라 할 만하지 않은가. 전체 사회의 비전이 끝났을 뿐 우리 인간은 끊임없이 사회를 설계해왔던 셈이다.

그런 점에서 사회의 불가능성 테제라는 것에 대해서도 재론을 해볼 필요가 있을 것이다. 전체 사회의 비전이 성립 불가능하게 됐다는 지적에 대해서는 사실 이론의 여지가 없다. 그러니 그것의 부수적 효과로서 오늘날 우리가 소규모의 수많은 사회들로서의 공동체들을 경험하는 것이 아니겠는가. 그렇다면 우리는 또 다른 질문으로 이행을 할 필요가 있다. 불가능해진 사회는 무엇이고, 가능해진 사회는 무엇인가. 여기서 복지국가라는 용어 대신 발리바르가 언급했던 표현에 대해 다시 생각을 해볼 필요가 있다. 그가 '민족적-사회적 국가'라고 이야기했을 때 이것은 19세기 이래로 유럽에서부터 유행해서 전 세계로 확산된 시스템이 어떤 의미를 가졌던 것인지를 보다 명확히 보여주는 장점이 있다. 실제로 복지국가는 국적이라는 한도 내에서 작동한다는 점에서 민족적인 한에서 사회적이었으며, 민족국가가 특정한 사회적 효과를 동반한다는 점에서 그것은 사회적인 한에서 민족적이었다. 그러니까 정확히 말해 대문자 사회의 불능화는 바로 이와 같은 역사적 결합의 양식이 더 이상 작동하지 않게 된다는 사실을 의미한다. 즉, 동시대의 어느 시점에선가부터 민족적인 것과 사회적인 것, 그리고 국가는 서로의 필수적 대상이 되지 않게 됐고 따라서 사회적인 것은 끝없이 미끄러지는 기표 놀이에서 갈 길을 잃게 된 것이다.

사회에 대한 새로운 상상계: 집합 표상에서 평평한 존재론으로

이 사실이 가리키는 바는 비교적 명확하다. 이제 우리는 뒤르켐의 시대로부터 한발짝 물러나게 되었다는 사실이다. 민족주의가 패퇴했다는 사실은 더 이상 집합표상을 매개로 사회-효과가 작동하지 않는다는 사실을 가리킨다. 민족주의가 네이션이라는 공동체 효과를 뿜어낸 것은 사실이지만, 실제로는 허구적 신화에 기초한 것이라는 사실을 모두가 알게 됐고 오히려 또 다른 억압과 폭력을 자극하는 문제가 폭로되기도 했다. 한국사회만 보더라도 이제 알 만한 사람들은 우리들 자신이 단일민족이 아니라는 사실을 너무나도 잘 자각하고 있다. 예전에는 우리가 곰의 후예라는 거짓으로 현실의 참을 호도할 수도 있었지만, 이제는 오로지 팩트만이 현실에 영향을 줄 수 있는 시대가 아닌가. 민족주의 이후로 더 이상은 이질적인 존재들이 집합적 흥분을 통해 장기간에 걸쳐 안정적으로 동류의식을 가질 수 있는 계기는 재연되지 않고 있다. 그 자리에 다문화주의나 세계시민주의 같은 것이 한동안 대체 후보자로 기대를 받았으나 그 또한 역부족이라는 사실이 증험되고 있을 뿐이다.

이런 상황에서 국가는 또 어떠한가. 시스템이 선진화될수록 국가의 성격은 점차적으로 규율의 담지체가 아니라 정치적 합리성(즉, 통치성)에 기댄 통제의 담지체임이 강조되고 있다. 일찍이 클라우스 오페는 후기자본주의국가의 위기관리에 있어 세 가지 하위체계를 예시한 바 있었는데, 실제로 오늘날 행정적 패러다임과 예산 집행 그리고 사회적 동원에 이르기까지 이전 시기와는 다른 운용방식이 강화되고 있는 것은 주지의 사실이다. 행정적 합리화를 위해 시민사회의 전문가 집단들과 거버넌스를 구축하고, 재정 조달을 위해 통치 비용과 재정 관리 사이에서 규범적 균형을 도모하며, 시민들에게는 상징을 통한 동원이 아니라 비용-편익에 기초한 자발적 참여가 강조되고 있다. 이런 사실들이 가리키는 바는 비교적 명확한데 국가라는 사회적 공간에서 지난 수십 년 동안 일어났던 사태는 국가의 퇴조나 최소화라기보다는 엄밀히 말해 국가의 최적화라는 추세를 보여왔다는 사실이다.

민족주의의 한계, 그리고 전통적 행정적 국가의 한계 위에서 우리가 알던 사회적인 것은 더 이상 접합 가능한 대상이 될 수 없다. 오늘날 우리는 민족을 단위로 사회를 상상하는 것에 이론적 제약이 얼마나 큰지 또한 현실적 합치성이 얼마나 떨어지는지에 대해 공히 인식하고 있다. 더 이상은 국가를 매개로 민족과 사회가 하나의 결합태에서 작동하지는 않기 때문이다. 서로의 밀도와 결합은 느슨해지고 그와 앞서거니 뒤서거니 하면서 사회적인 것 역시 변형을 겪어왔던 셈이다. 사회보장의 후퇴로, 사회적 결속의 약화로, 그리고 무수한 공동체들의 난립으로 그런 점에서 점점 더 명확해지는 것은 사회의 불가능성이라는 언명은 민족적-사회적 국가의 불가능성이라는 말로 바꿔 부르는 것이 사태를 파악하는 데 더 큰 도움을 준다는 것이다. 사회는 없고 사회-효과만 있을 뿐이니 말이다.

자, 그렇다면 이제 우리는 어디로 가게 되는 것일까. 사회적 삶에 있어서 집합표상의 불가능성이라는 진단은 좀 더 구체적으로 말한다면 다음과 같은 질문을 제기하게끔 하는 것이다. 앞으로 민족과 같은 초월적 기표가 재등장한다고 볼 수 있을까. 아니면 그와 같은 초월적 기표의 기만성이 만천하에 드러났으니 아예 다른 사회적 형식을 설계해야 하는 것은 아닐까. 다시금 말하지만 뒤르켐의 시대는 끝나고 있다. 그 사이에 그 자리를 대신하고자 하는 이는 바로 뒤르켐 시대의 라이벌 가브리엘 타르드 같은 이념형적 인물일 것이다. 2000년대 이후 타르드에 대한 재조명[16]은 들뢰즈주의 유산 위에서 사실상 브뤼노 라투르의 주도로 이뤄진 것인데, 이들이 관 속에 있던 타르드를 다시금 소환했을 때 이것은 뒤르켐주의적 의미에서는 반사회적이지만 다른 의미에서는 여전히 또는 진정으로 사회적일 수 있는 이론적 해법을 강구하는 것이었다. 요컨대 집합표상 없는 사회를 설계하는 것, 그리고 여기에 덧붙여 라투르식으로 사회성의 범주를 인간에서 자연의 모든 것으로 확장하는 것 등이

16_ 국내에도 다수의 번역서들이 바로 이 시기에 출간되었다.

이와 관련된 해법이었다.

타르드의 사회 이해 방식은 뒤르켐이라든가 당대의 맑스 및 프로이트 등의 이해 방식과는 근본적으로 다른 구조 설계에 기댄 것이기도 했다. 뒤르켐의 집합표상과 집합의식, 맑스의 물신숭배, 그리고 프로이트의 집단심리, 나아가 알튀세르의 사회적 주체화 논리들의 공통점은 참여자들이 하나의 집단을 이루고 이것이 일정한 효과를 가지려면 제3의 매개항이 필요하다는 논점이었다. 형식적 차원에서 개인들이 동류의식을 가지려면 이 매개항(지도자, 이념, 신념, 초월적 기표, 대타자 등)과 자아의 거리가 타인이 맺고 있는 매개항과의 거리와 동일한 것으로 이해되어야 한다. 그에 반해 뒤르켐이 이미 심리학주의라 분류하고 비판했던 타르드의 논점은 개인들의 모방적 관계를 통해 어소시에이션이 구축된다는 것이었다. 사실 이것은 사회학 지성사에서는 어딘가 익숙하기도 한 것으로서, 접근법으로서는 베버나 짐멜의 형식사회학 및 상호작용론과 닮은 것이고, 정치 운동의 측면에서는 포이어바흐로부터 이어진 유토피아적 사회주의와도 닮은 것이기도 했다.

그러니까 민족적-사회적 국가의 시효가 끝난 시점에서 라투르 등의 오늘날 신물질주의자들은 사회적인 것의 근본적 재검토를 위해 타르드주의적인 논점을 가져온 것이고, 이것이 바로 오늘날의 (제3의 매개항을 더 이상 필요로 하지 않는) 세계에 대한 또 다른 상상계로서 이른바 '평평한 존재론'으로까지 이어지게 된 것이다. 오늘날 다양한 장소들에서 분출되는 사회의 자기방어 운동들에 이론적 지위를 부여해야 한다면 그 함의는 바로 이 지점에서 논구되어야 한다고 본다. 집합표상이 불가능한 시대에 시장에 대항하는 이중운동은 어떻게 해야 가능한 것일까. 그렇다면 이제까지와는 전혀 다른 방식으로 사회를 재설계할 수밖에 없으며, 라투르처럼 사회적인 것을 재회집(reassembling)할 정도로 근본적인 수준에서 모든 것을 재검토할 수밖에 없다.[17] 오늘날 제

17_ "사회적인 것의 문제는 존재를 엮는 묶음(the ties)이 풀리기 시작할 때 나타난다. 나아가 사회적인 것은 하나의 어소시에이션이 그 다음 어소시에이션으로 이행하는 놀라운 운동들에서

기되는 신뢰할 만한 수준의 새로운 운동들은 바로 이 지점을 겨누고 있다. 과거의 사회를 복원한다기보다는 사실상 사회의 형식을 갈아엎는 수준이라 할 만하다. 관계성의 기초를 근본적인 수준에서 재검토하면서 일체의 종적 구조를 패퇴시키고 횡적인 네트워크와 직조로 재편성하는 것이 바로 그 출발점인 것이다.

그런 맥락에서 우리는 포스트모더니티와 신자유주의 이래로 어떠한 초월성도 배제하고자 하는 근본주의적이고 다른 한편으로는 매우 규범주의적인 이론적 운동이 제기되고 있다고 진단할 수 있게 된다. 그러면 이제 남은 문제는 이렇게 요약된다. 바로 이 새로운 규제적 이념의 효용을 어떻게 볼 것인가에 관한 문제이다. 이제 사회는 효과적으로 재설계되는 것인가. 그것은 대체 어떤 함의를 가진다는 것인가. 평평한 존재론의 실효성은 점차적으로 유의미한 것이 되고 있는 형국이기는 하다. 운동의 차원에서도 그렇고 사회 저변의 측면에서도 이와 같은 상상계는 (더 충분한 시간이 필요하겠지만) 현실의 상징계에 어렵지 않게 안착하고 있는 모습이다. 포스트-휴먼 시대를 맞아 인권을 넘어 동물권과 심지어 로봇의 권리가 검토되기도 하고, 이들 행위소(actant)들의 관계는 점점 더 소셜한 방식으로 즉 네트워크를 구현하는 기술적 조건과 더불어 이전보다 훨씬 더 무매개적인 형식을 띠고 있다. 초월적이고 억압적인 대타자 없는 인간학적 해방의 약속은 마침내 실현되는 듯하다.

그런데 우리의 실질적 삶의 조건으로서 사회적인 것의 구도가 언제나 타

색출된다. 그러한 운동들은 중지되기도 재개되기도 한다. 그 운동이 갑작스레 중지된다면, 사회적인 것은 대개 '사회의 구성원'이자 '사회적 행위자'라 불리는 이미 받아들여진 참여자들이 서로 결속되는 것으로 여겨진다. 그 같은 운동이 집합(collection)을 향해 재개된다면, 사회적인 것은 나중에나 참여자가 될 수 있었을 법한 다양한 비-사회적 존재들을 아우르는 어소시에이션들로 규명된다. 이를 체계적으로 밀고 나간다면, 결국 그 경로는 공통의 세계라는 정의를 공유하는 곳에 이르게 되는데, 이는 내가 집합적이라 일렀던 것이기도 하다. 다만 공통적으로 만드는 절차가 없다면 회집(assemble)에는 실패할 것이다"(B. Latour, *Reassembling the Social: An Introduction to Actor-Network-Theory* [Oxford, New York: Oxford University Press, 2005], 247).

자의 영역과 맞물려 있다는 점에 있어서는 재론의 여지가 있을 수 있다고 본다. 사회적인 것이 언제나 경제적 운동의 타자였다는 점을 고려한다면 오늘날 전방위적으로 재설계되고 있는 사회적인 것 역시 동시대의 경제 논리와 부득불 연계될 수밖에 없기 때문이다. 한 가지 의심스러운 징후는 좌파와 우파를 막론하고 경제의 실패로 인한 사회의 위기를 진단하고 있다는 점, 그리고 국가를 뒤로 물린 채 공생적 관계들로 이뤄진 평평한 세계를 상상하고 있다는 점은 매우 시사적이다. 이것은 동시대의 위기가 너무나도 절실한 탓에 정치적 갈등 관계에도 불구하고 공존의 해법을 모색하기 위해 일시적으로나마 대타협이 이뤄지고 있다는 방증인 것일까. 아니면 아래로부터의 정치적 상상력이 상층회로의 위기관리 시도를 통해 전유되고 있다는 뜻일까. 그것도 아니면 애초부터 이들 사이에는 별다른 갈등과 적대가 부재했던 것일까.

이 모든 궁금증에도 불구하고 한 가지 확실한 것은 오늘날의 추세가 사회적인 것이 민족이나 국가와 결합하기보다는 경제적인 것과 더욱 극적으로 결합하고 있다는 사실이다. 여전히 지구촌에는 민족주의의 유령이 떠돌고 국가주의로의 반동이 나타나기는 하지만, (특히나 선진자본주의 세계에서의 반발을 고려한다면) 이것이 과거처럼 사회적인 것과 함께 결합해서 궁극에는 통치와 축적의 글로벌 스탠더드로 재부흥하지는 않을 것으로 보인다. 그에 반해 경제 조직들이 단기수익성이 아니라 장기수익성을 도모하고 환경과 지배구조 등의 측면에서 사회적 책임을 짊어짐으로써 자본주의가 인간의 얼굴을 하고 지속가능해야 한다는 생각에서는 거의 모두가 놀라운 합의에 도달하고 있는 것처럼 보인다. 게다가 국가 없는 공동체로서의 사회는 시장경제의 관점에서 보더라도 이제는 실보다 득이 더 많다는 계산이 따르게 된다. 사회적 요구와 공조함으로써 기업 활동의 리스크를 통제할 수 있다면, 그럼으로써 축적의 토대를 보전할 수 있다면 사회적인 것과 경제적인 것은 굳이 서로 불화를 일으킬 일도 없을 것이다.

세계에 대한 평평한 존재론은 바로 이 국가 없는 공동체라는 전망, 즉 사회 없는 사회적인 것이라는 새로운 축적 조건의 이론적 정당화 구실을 하는 것처럼 보인다. 중앙집중적 통제가 아니라 블록체인을 통한 분산화는 보안상 더 효율적이고 심지어 도덕적으로도 정당한 것으로 여겨진다. 플랫폼에서의 네트워크 효과는 수직적인 적대를 제거하고 횡적이고 수평적인 연대만이 가능하다는, 그래서 개인들의 자유로운 연합이 지금 여기서 실현된 듯한 착시를 일으킨다. 그러는 가운데 우리의 존재론적 지위를 상상할 때 인간중심주의에서 벗어나자는 논리는 더욱 더 설득력을 얻고 있다. 그런데 이상하지 않은가. 이때의 인간주의 비판은 주체의 범주를 외연적으로는 확장하되 내포적으로 무언가를 더 심화시키거나 하지는 않는 것처럼 보이기 때문이다. 맑스가 유적 존재로서 인간을 바라보는 관점들을 비판했을 때 그것은 인간 존재에 대한 추상화에 관한 문제의식에서부터 비롯된 것이었고 그럼으로써 세계에 대한 급진적 재설계와 연결될 수 있는 것이었지만, 오늘날 재회집되는 사회적인 것의 형식 논리에서는 그와 같은 내포적 심화와 그로 인한 정치적 효과를 기대하기 어렵고 말 그대로 사회적 효과로서만 구실을 할 것으로 보인다.

디지털과 그린. 어쩌면 오늘날 자본주의 체제는 신자유주의 시기에 종막을 고하면서, 또는 그 후반 국면을 개방시키면서 모종의 전환점을 지나고 있는 듯하다. 여기에 덧붙는 사회적 혁신이라는 언어는 사실상 전환 중인 자본주의의 재생산 체계를 가리키는 것은 아닐까. 물론 매듭은 과거 어느 때와 비교해보더라도 복잡하게 얽혀 있다. 특히나 이와 같은 과정 전반이 단순히 자본이나 부르주아집행위원회로부터 창안된 게 아니라 시민사회의 광범위한 요구들과 맞물려 (신물질주의자들의 언어를 빌리자면) 어떤 공생체를 이루며 글로벌하게 만들어졌다는 사실이 사태에 대한 해법은 물론 이해조차 어렵게 만들고 있기 때문이다. 그런 가운데 이제는 프롤레타리아든 서발턴이든 마이너리티든 그 어떤 정치적 주체조차 특권화할 수 없는 시점에 와 있다. 한동안 우리가 파국으로 치달을 것이란 예상이 지배적이던 시기가 있었다. 그 형태나 실제가 어떤 것이든, 또는 그에 대한 반작용으로 파국이 유예되든, 점점 더 명확해지는 사실은 이후의 절차는 모든 것이 말끔하게 표백된 과정을 통해 전개될 것이라는 점이다.

근면-자조-협동이 규율되던 시기에는 그래도 맑스의 유령이라도 접할 수 있었는데, 지금의 세계에서는 혁신-자조-협동이 새로운 에토스로 자리를 잡았고 이제는 포이어바흐의 유령, 타르드의 유령, 프루동의 유령이 배회하고 있다. 그것도 그 혁신이 대체 어떤 혁신인지에 대해서는 모두가 불문에 붙인 채로 말이다.

뉴미디어 시대 자본주의 리얼리즘과 유쾌한 저항

김내훈 | 연세대학교 커뮤니케이션대학원 미디어문화연구 전공 박사과정

1. 뉴미디어 시대의 자본주의 리얼리즘

미디어는 우리의 현실을 구성한다. 우리는 항상 미디어를 통해 현실을 보며, 무엇이 현실적인 것이고 비현실적인 것인지를 가름하는 우리의 감각 역시 미디어에 의해 다듬어진다는 이야기다. 영화, 소설, 만화 등 어떤 문화 텍스트를 보고 '현실적이다'라고 평가하는 것은 그 텍스트가 재현하는 현실과, 미디어가 구성하는 현실감각의 현실이 어긋남 없이 부합한다는 것을 의미한다. 텍스트가 어떤 허구나 거짓이 전혀 없이 진실을 있는 그대로 보여준다는 것을 의미하는 것이 아니다.

속칭 '사회비판적 영화로 일컬어지는 영화를 예를 들어보자. 재벌그룹 회장이나 2세, 그들과 가까운 정치인이나 언론인들은 악독한 싸이코패스로 으레 묘사되고, 가난한 주인공은 고난과 핍박에서 벗어나려 할수록 더 수렁에 빠지는 불운의 인물로 묘사되곤 한다. 주인공은 고생 끝에 조력자들의 도움을 받아 악역을 단죄하거나, 현실의 한계를 극복하지 못하고 나쁜 결말을 맞이하거나 둘 중 하나일 테다. 어느 쪽이든 관객은 카타르시스를 느낀다. 쾌감의 동의어로 으레 간주되지만 카타르시스는 일종의 감정 치료와 같다. 재현된 비극을 안전한 공간에서 보면서, 우울한 상황에 처한 인물에 과하게 몰입하여 감정의 격동을 겪다가 영화가 끝이 나면 긴장을 완화하고 일상으로 복귀한다. 해피엔딩이면 함께 행복해지면서 일상으로 돌아가고, 비극으로 끝나

면 악몽에 시달리다가 깨어나는 것과 같은 안도감을 수반하는 쾌감을 느낀다. 그러는 동안 관객 자신이 처한 현실에서의 우울은 잠시 잊는다. 나아가 '내가 저 인물보다는 나은 처지다'라는 생각으로, 현실에 안주하는 보수적 효과를 맞게 된다.[1]

소위 '사회비판적 영화'라는 것도 대중적인 상업영화라면 대부분 이러한 메커니즘을 따른다. 자신의 불행을 잠시 잊게 하고 현실에 안주하게 만든다는 점에서 이 역시 이데올로기적이다. 이외에 이러한 대중문화 텍스트가 수행하는 중요한 기능은 텍스트가 재현하는 잔혹하고 냉정한 사회, 승자독식 우승열패의 면면들을 현실적인 것이며 당연히 그러한 것, 자연스러운 것으로 받아들이도록 만드는 것이다.

'현실적이다'라는 말을 비평용어로 하면 '리얼리즘적'이 된다. 리얼리즘적이라 함은 앞서 말했듯 현실을 충실히 재현한다는 것이 아니라 "현실에 대한 지배적인 감(dominant sense)을 재생산"[2]한다는 것을 의미한다. 텍스트에서 재현되는 것들이 현실에 대한 지배적인 감각에 입각하여 코드화된(가부장주의적 코드, 인종주의적 코드, 제국주의적 코드, 자본주의적 코드 등등) 것들이 아니라 실재의 표상이라고 착각하게 만드는 것이 '리얼리즘적'인 것이며, 텍스트에 재현되는 사회의 여러 군상이 역사적인 과정으로 구성된 것이 아니라 자연스럽게 주어진 것으로 받아들이게 만드는 것이 리얼리즘이라는 것이다.

영상문화에서 리얼리즘에 관한 고전적 이론으로 '봉합' 이론이 있다. 이를테면 한 인물이 한 쪽을 응시하는 모습을 보여주는 장면 뒤에 그 사람이 바라보는 장소를 보여주는 장면이 이어서 나온다고 할 때 이 장면들은 쇼트(shot)와 역쇼트(reverse-shot)의 관계에 있다. 이것은 극중 인물의 시점을, 외부로부터의 카메라의 개입이 가시적으로 드러나지 않은 채로 3인칭의 카메라의 시점과 자연스럽게 연결시킨다. 말 그대로 이질적인 두 장면을 꿰매어 이음매를 은폐해

1_ 심광현·유진화, 『대중의 철학이 된 영화』, 희망읽기, 2021, 113.
2_ 존 피스크, 『텔레비전 문화』, 곽한주 옮김, 컬처룩, 2017, 95.

인공적인 영상 구성물을 무매개적인 것으로 보이게 만든다. 수천 개의 컷으로 이루어진 영화이지만 단절 없는 하나의 흐름으로 받아들이게 하는 것이다.

미디어학자 존 피스크는 수용자의 주체성에 대해 논하면서 이러한 봉합 메커니즘이 영화에만 국한된다고 주장하며 영화 관객과 텔레비전 관객 사이에는 큰 차이가 있다고 본다. 봉합 이론이 제시된 연도는 1969년으로 비디오테이프가 대중화되기 이전이었으며 당시 영화는 반드시 영화관에서만 관람이 가능했다. 빛이 완벽히 차단된 공간에서 좁은 의자에 앉아 꼼짝없이 스크린만을 응시해야 하는 영화 관객과, 일반 가정의 거실 가운데 놓인 텔레비전을 소파에서 누워서 보든, 켜놓고 다른 일을 할 수 있는 텔레비전 시청자와의 차이를 생각하면 이해하기 쉽다. 스크린 앞에 무기력하게 앉아만 있어야 하는 영화 관객과는 다르게 텔레비전 시청자는 영상에의 몰입과 그로부터의 단절을 자유롭게 수행할 수 있기 때문에 하향식 일방적 메시지 송출에 종속되어 있지는 않다. 따라서 텔레비전 문화를 논할 때 피스크는 텍스트 자체보다 그 것의 수용에 강조점을 두며 텔레비전 시청 행위를 지배적 독해와 저항적 독해의 충돌과 경합의 과정으로 본다.

하지만 피스크의 논의도 이제는 철 지난 이야기일 테다. 텔레비전은 한편으로는 점점 커지고 한편으로는 점점 더 작아졌다. 방송사에서 송출하는 영상은 각자의 침실로 들어가고 심지어 화장실로, 가장 내밀한 공간으로까지 들어가게 되었다. 공부할 때도 어떤 영상이든 옆에 틀어놓는 등, 잘 때를 제외하고는 거의 항상 곁에 영상을 켜놓아야 하는 사람이 증가하고 있다. 즉 텔레비전 문화에서 강조됐던, 영상에의 몰입과 단절의 자유로운 이행이라는 관념이 갖는 의미가 퇴색되고 있으며, 영상 미디어와 일상생활의 경계도 사실상 사라졌다고 할 수 있다. 영상들의 향연으로부터 단절되는 것은 불가능해졌기 때문이다. 우리는 집 밖으로 나가도 언제나 영상들, 광고들에 강제로 노출된다. 도시 공간을 뒤덮은 거대한 영상 광고판, 디스플레이 윈도우, 상점 앞 스피커에서 흘러나오는 대중가요는 광학적 소음으로 비유된다.

요즘 아이들은 어떤가? 아이들은 한글도 떼기 전에, 말도 제대로 하기 전부터 일찍이 스마트폰 단말기 조작법에 익숙해지고 부모들은 육아의 편의를 위해 단말기에 아동용 영상을 재생시켜 아이들 손에 쥐어주는 일이 빈번하다. 심지어 유아기에 부모의 얼굴을 대면하는 시간보다 영상매체를 응시하는 시간이 압도적으로 많아짐에 따라 사회성 성장이 크게 지체되는 사례가 속출한다고 한다. 오늘날 아이들은 태어나면서부터 편재하는 영상매체가 송출하는 이데올로기를 자연스러운 것으로 체화하고 있다.

오늘날 이른바 포스트–이데올로기 시대에 소비 행위를 즐기는 것으로 자아실현 하기를 요구받는 주체로 호명되는 우리는 영상 광고들의 편재성 안에 살면서 그러한 삶 자체를 리얼리즘적인 것으로 받아들이게 된다. 물질적 현실과 리얼리즘 간의 경계가 사라진 것이다. 그에 따라 다른 방식의 삶, 지금보다 나은 삶을 상상하지 못한다. 이러한 상황을 두고 슬라보예 지젝과 프레드릭 제임슨은 '자본주의의 종말보다 세계의 종말을 상상하는 것이 더 쉽다'고 표현했으며, 영국의 문화비평가 마크 피셔는 이러한 상상력의 빈곤을 '자본주의 리얼리즘'이라 일컬었다. 피셔는 자본주의 리얼리즘을 포스트모더니즘과 비교하며 다음과 같이 설명한다. 포스트모더니즘이라는 말이 유행했던 1980년대에는 아직은 자본주의에 대한 대안이 상상조차 안 되는 시대는 아니었다. 하지만 영국 광부 파업 사건과 같은 대대적인 계급투쟁의 연이은 실패로 '대안은 없다'라는 명제가 자연스러운 것으로 자리 잡게 되었다. 그리고 과거에는 자본주의가 체계 외부의 압력에 어떻게 대응하고 외부를 어떻게 흡수할 것이냐가 주요 문제였다면, 지금은 "외부성을 완전히 성공적으로 통합한 자본주의는 식민화하고 전유할 수 있는 외부 없이 어떻게 기능할 수 있는가"라는 문제에 직면해 있다. 이제는 피셔가 말하는 대로 "자본주의는 생각할 수 있는 것의 지평을 빈틈없이 장악하고" 있으며 "자본주의가 사람들이 꿈꾸는 삶을 식민화해 왔다는 사실은 이제 당연한 것으로 간주되어 더 이상 논평할 가치도 없을 정도가 되었다."[3]

2. 복고와 향수

소위 '비판적 예술가'들은 리얼리즘적인 예술의 한계를 극복하고자 리얼리즘의 사고틀을 깨는 '급진적 텍스트'를 시도한다. 자연스러운 서사 전개의 상투성을 위반하며, 극중 사건들의 내용과 형식 그리고 그것이 상연되는 콘텍스트를 자유롭게 횡단하는 텍스트가 으레 '급진적 텍스트'로 평가받곤 한다. 매우 난해한 탓에 급진적 텍스트를 상영할 공간을 찾기가 힘들다. 따라서 비판적 예술가들은 독립공간, 대안공간을 기획한다. 하지만 피셔가 지적하듯이 "'대안적' 또는 '독립적'이라는 표현은 주류 문화 외부에 있는 어떤 것을 가리키지 않는다. 오히려 그것은 주류 내부의 스타일, 사실상 바로 그 지배적인 스타일이다."[4] 급진적 텍스트 자체가 하나의 상업이 되었다.

급진적 텍스트조차 자본주의에 포획되어 혼성모방으로 전락하고, 더 나은 세상을 상상할 능력을 상실한 시대가 도래한 지 오래다. 그런데 우리가 사는 사회의 내부로부터 봉합이 안 되는 균열이 일어나고 있으며, 그 균열은 은폐가 불가능해질 정도로 가시화되고 있다. 대안을 상상할 능력이 없는 우리는 과거를 돌아보게 된다. 바로 자본주의 생산이 순조롭게 돌아가고 문화적으로 풍요로웠던 시절에 대한 향수다. 2007년, 2008년 이래로 한국에서 계속해서 회자되는 '복고 열풍'이 이와 무관하지 않다.

유행이 10년 이상 지속되면 그것은 이미 유행이 아니라 명실상부한 문화가 되었다고 해야 할 것이다. 이제는 과거를 돌아보는 현상과 향수를 문제시할 것이 아니라 변화 없이 멈춰 있고 차이 없이 반복만 되풀이하는 문화를 문제시해야 할 때다. 단언하자면 지금은 과거의 복제, 패러디, 혼성모방만 남은 것이다. <무한도전>의 '토요일 토요일은 가수다' 특집을 계기로 한국 대중문화는 본격적으로 과거의 유령에 의해 잠식되었다. 1990년대 활동하던 가수들이 재조명받는가 하면, 그때 당시 톱스타였던 연예인들은 여전히 톱스타

3_ 마크 피셔, 『자본주의 리얼리즘』, 박진철 옮김, 리시울, 2018, 23.
4_ 같은 책, 24.

로서 방송가를 점령하고 있다. 20여 년 전 댄스곡들을 리메이크한 노래가 음원차트를 석권하고 트로트 가수들이 전례 없는 전성기를 구가한다.

약 10년 전부터 유튜브, 사운드클라우드(Soundcloud), 밴드캠프(Bandcamp) 등 다양한 시청각 플랫폼에서 세계적으로 유행하면서 대중문화의 하위장르로 자리 잡은 '베이퍼웨이브(Vaporwave)'도 위에서 말한 문화적 조건으로 말미암은 현상 중 하나라고 할 수 있다. 베이퍼웨이브란 80~90년대 신스팝, 힙합, 뉴에이지 음악, '뮤작(Muzak, 쇼핑몰이나 병원 등 공공장소에 조용히 재생되는 이지리스닝 음악을 가리키는 말) 샘플들을 가지고 다양한 이펙트와 필터를 걸어 카세트 테이프나 LP를 통해 재생되는 듯한 효과를 준 뒤, 피치와 템포를 낮춘 형식의 음악이다. 이 음악에 맞춰 1970~90년대의 텔레비전 광고, 애니메이션 및 8mm 필름 등에 오래되어 마모된 VHS 필름과 같은 느낌을 주는 시각 효과를 넣어 짜깁기한 뮤직비디오 영상 콘텐츠도 베이퍼웨이브라는 장르로 묶인다.

베이퍼웨이브의 주요 모티프는 1980년대에서 1990년대의 세기말 사이버펑크 감성, 대형 쇼핑몰 아케이드, 도쿄의 야경, 일본 애니메이션 등이다. 일본이 특별히 다뤄지는 이유는 일본이 거품경제의 흥망을 강하게 겪은 나라이기 때문이다. 1970~80년대 들어 포드주의 체제가 이윤율 하락을 맞이해 서구 사회에 불황이 덮치는 동안 일본은 선제적으로 도요타주의 체제로 전환함으로써 급격한 경제성장을 이루어 서구 선진국들의 경외의 대상이 되었다. <뉴로맨서>, <블레이드러너>, <스타워즈> 등 이 시기에 나온 SF소설이나 SF영화들의 미래 이미지는 주로 일본을 참고했다.

8-90년대 텔레비전 광고 영상 외에 베이퍼웨이브 제작자들이 즐겨 전용하는 것이 당시 제작된 일본 애니메이션이라는 점도 언급할 만하다. 이 시기에 제작된 일본 애니메이션은 굉장히 노동 집약적으로 CG 없이 고밀도의 디테일한 수작업 그림으로 프레임마다 정교하게 그려졌다. 당시 일본 거품경제에서는 가능했을 이러한 수작업은 지금은 인건비를 댈 여유가 없어서 불가능

할 것이다. 오늘날 애니메이션 영상에서 느낄 수 없는 CG 없는 수작업의 재질감에 대해 어떤 묘한 감정이 든다. 많은 사람이 이것을 향수로 착각한다.

베이퍼웨이브를 즐기는 소비자는 대부분 30대 이하 청년들이다. 유튜브에 업로드된 베이퍼웨이브 영상에 달린 댓글을 보면 기억은커녕 경험도 안 한 세기말 문화의 감성에 심취하고 향수마저 느낀다고 하는 사람이 많다. "경험하지 않은 일에 대한 기억이 떠오른다(Reminds me of the memories that never happened)"라는 댓글이 많은 "좋아요"를 받는다. 젊은 사람들이 아무런 추억도 없는 시대의 문화 산물들을 짜깁기한 텍스트를 보면서 향수에 젖는 이유가 무엇일까?

베이퍼웨이브뿐만 아니라 필름 사진, LP판 등이 부활하고, 과거의 기술적 한계로 말미암은 조야한 질감을 매력적인 스타일로 재연하는 저예산 영화나 뮤직비디오, 음악, 비디오게임 등이 인기를 끌고 있다. 막연하나마, 좋았던 시절로 학습했거나 기억하고 있는 시대로 돌아가고자 하는 욕망의 발로일 테다. 텔레비전에는 20여 년 전에 톱스타였던 연예인이 여전히 톱스타로 남아있고 리메이크와 리마스터가 대중문화 시장을 잠식한다. 변화와 미래에 대한 상상력이 고갈된 상황에서 우리에게 남은 것은 재활용밖에 없어 보인다. 마크 피셔는 이를 두고 "미래가 서서히 중단되고 있다(Slow cancellation of the future)"고 표현했다. 자본주의 중심국가들에서 문화는 사실상 변화나 성장을 멈춘 상태다. 내재적인 발전은 없이, 국제적인 문화 교류만 남았다.

앞서 강조했듯이 자본주의 리얼리즘과 결부된 상상력의 빈곤은 시선을 과거로 돌리게 만든다. 현 상태가 만족스러우면 빈곤한 상상력이 문제될 것이 없다. 하지만 리얼리즘적 텍스트와 영상문화의 향연으로도, 체계 내부로부터 발생하는 균열과 붕괴를 은폐할 수 없는 시대가 도래했다. 이러한 균열에 대한 반응 속도는 세대마다 조금씩 다르다. 시대적 균열을 맞이할 때 반응은 보통 지체와 괴리라는 두 가지 현상으로 나타난다. 한 가지는 균열과 붕괴가 일어난다는 것을 "머리로는 뚜렷이 의식하지만 몸으로는 증폭되는 시대의 격

랑에 두려움을 느끼며 주저하는 지체 현상"5이다. 이러한 현상은 일반적으로 기성세대 지식인들에게 많이 목격된다. 지금까지 쌓은 지식과 경험을 통해 현재 사회가 제 기능을 멈췄다는 것을 뚜렷하게 볼 수 있지만, 제도에 안착한 삶의 관성을 유지하려는 무의식에 굴복한다. 그와 반대로, 거대한 균열과 붕괴를 "몸으로는 감지하면서도 머리로는 부인하기에 무의식과 의식 사이에 괴리가 커지는 현상"6이 있다. 이것은 청년들에게서 많이 목격된다. 이러한 괴리 속에서 사람들은 사회가 어찌 됐건 망가지고 있다는 것을 몸으로 느낀다. 하지만 경험과 지식이 부족하여 자기를 엄습하는 불안의 실체가 무엇인지 잘 알지 못한다. 그래서 그 불안의 실체를 어떤 낯선 집단들(사회적 소수자, 이주민, 난민 등)에게서 찾는 것으로 반응하기도 하고, 과거의 지식과 경험에서 참조점을 찾는 식으로 반응하기도 한다. 지금 세계 도처의 청년들은 실업과 구직난, 주거 문제 등 전방위적인 위기를 온몸으로 겪으면서 체계적 균열과 붕괴에 탄광 속의 카나리아처럼 가장 먼저 반응하고 있다.

비슷한 향수를 자극하지만 기성세대가 트로트나 리메이크 혹은 리부트한 영화에 열광하는 반면, 베이퍼웨이브는 젊은 청년층에서만 소구하는 이유가 있을 것이다. 일단 베이퍼웨이브의 특징으로 지역적인 특성이 없다는 점과 무국적성, 무시간성을 지적할 수 있다. 앞서 말했듯이 베이퍼웨이브의 주요한 모티프가 세기말의 사이버펑크 감성인데, 과거 80~90년대 예술가들과 대중이 상상한 다양한 미래의 상들이 짜기워져 있기 때문에 구체적인 시기로 소급되지 않는 무시간성을 띤다. 또한 그 상들이 생산된 공간적 맥락과 연속성은 무시된다는 점에서 무국적적이다. 즉 청년들이 느끼는 향수는 과거에 이미 있었고 지나간 구체적인 것에 대한 향수가 아니라, 과거 사람들이 '오늘보다 나은 내일'을 상상할 수 있었던 그 사회적, 문화적 분위기에 대한 향수인 셈이다. 실현되지 않고 도래하지 않은 미래에 대한 잃어버린 희망을 다시 불

5_ 심광현·유진화, 앞의 책, 168.
6_ 같은 책, 같은 곳.

러오는 것이 오늘날 새로운 형식의 복고 열풍의 핵심이라고 할 수 있다.

베이퍼웨이브와 같은 형식의 향수와 복고의 미학은 '유령론적(hauntological)' 미학으로 특징된다. 유령론은 굉장히 어려운 개념이지만, 이 맥락에서는 간단히 비유적으로만 이해해도 무방할 듯하다. 즉 과거에 죽고 완전히 없어진 줄 알았지만 죽지 않고, 그렇다고 산 것도 아닌 존재가 지금은 거의 쓰이지 않고 있는 미디어 테크놀로지 예컨대 라디오, 브라운관 텔레비전, 오래된 컴퓨터, 아날로그 음향 기기 등에 남아서 언제든 그것을 켠 사람을 엄습할 수 있음을 표현한 것이라는 말이다.

베이퍼웨이브의 미학을 특징짓는 것은 LP판을 연상케 하는 노이즈와 거친 재질감, 그리고 반복이다. 재질감이 거친 이유는 편집이 매끄럽지 않기 때문이며 이것은 의도적인 것이다. 매끄럽지 않게 마감되어 제대로 은폐되지 않은 이음새에서 바로 유령론적인 질감이 발견된다. 예컨대 컴퓨터에서 예기치 않은 버그, 기능 불량, 결함 등을 통해서 기계 속의 유령이 불현듯 스스로를 드러내는 것처럼 말이다.[7] 또한 반복은 보는 사람으로 하여금 '익숙한 낯섦'을 느끼게 한다. 그 어떤 익숙한 것이든 일상의 경험을 벗어난 반복으로 접하면 매우 낯설게 보인다. 그 낯선 느낌은 새롭기도 하면서 불쾌하고 으스스하다. 더욱이 베이퍼웨이브 음악과 영상에는 인간의 흔적을 찾을 수 없다. 짜깁워져 있는 광고 영상에 나오는 사람은 살아 있는 사람이 아니라 유령에 가깝다. 또한 주요 모티프가 대형 쇼핑몰 아케이드라고 했는데, 80년대 인스트루멘털 뮤작에 리버브를 강하게 넣은 탓에 마치 과거에는 손님들로 북적였지만 장사가 안 되어 문을 닫고 이미 오래전부터 방치되어 있던, 아무도 없는 폐건물에서 어떤 유령과 같은 존재가 음악을 틀어놓은 듯한 느낌을 준다.

인간의 흔적을 찾을 수 없는 또 하나의 이유는 작가가 보이지 않기 때문이다. 즉 작가성이 부재한다. 인터넷에 유행하는 베이퍼웨이브 텍스트들 대부

7_ Grafton Tanner, *Babbling Corpse* (Winchester and Washington: Zerobooks, 2016).

분은 어느 한 작가에 귀속되지 않고 익명성을 띤다. 또한 영리를 목적으로 만든 것이 아니기 때문에 비영리적인 목적이면 누구나 해당 텍스트를 샘플링하고 리믹스할 수 있다는 점에서 집단 창작물과도 같다. 사실 처음부터 베이퍼웨이브 텍스트 자체가 샘플링과 리믹스의 산물이라는 점을 상기해야 한다. 베이퍼웨이브 제작자들이 텍스트를 만들기 위해 가져다 쓰는 샘플들의 출처는 모두에게 개방된 영상 데이터베이스 아카이브다. 여기서 제작자들은 언제든, 얼마든지 '스톡 이미지'를 이용하는 것처럼 테마에 맞는 영상들을 찾고 내려받아 자유롭게 샘플링하고 믹싱할 수 있다. 게다가 수많은 사람이 모바일 미디어를 이용해 언제 어디서든 그리고 무엇이든 촬영과 기록을 할 수 있으며 이윤을 바라지 않고 기꺼이 개방된 플랫폼에 그것을 업로드하기 때문에 아카이브의 데이터베이스는 무한히 가용하다.

3. 뉴미디어 시대의 유희

이렇듯 데이터베이스로부터 영상들을 샘플로 가져온 뒤 자신의 의도에 맞춰, 특정한 서사를 구성하든 순전히 감각적인 리듬을 표현하든 그것을 전유하고 재맥락화하는 것은 낯설게 만들기, 즉 이른바 소격 효과의 방법 중 하나다. 미술 기법에서의 예로 데페이즈망(depaysement)을 들 수 있다. 르네 마그리트가 이 기법의 대가로 알려져 있으며, 한 사물을 그 본래의 용도와 맥락에서 떼내어 현실에서는 볼 수 없는 자리에 놓음으로써 신선한 충격과 초현실적인 환상을 일으키는 것이다. 사물을 그것의 '적합한 사용법'으로부터 탈구시켜 부적절한 방식으로 사용하면서 가지고 노는 어린이들의 유희와 다르지 않다. 베이퍼웨이브는 인터넷 이용자들이 제작자와 소비자의 경계를 거의 완벽히 말소한 상태에서 누구든 쉽게 샘플을 구할 수 있는 데이터베이스를 이용해 다양한 방식으로 재배치 및 재맥락화하고, 그로써 사물을 낯설게 보는 유희 양식의 하나라고 할 수 있다.

갖춰져 있는 데이터베이스로부터 시각 자료, 영상 자료를 모아서 의도된 논리, 서사 구조에 맞춰 기워내는 식으로 텍스트(혹은 텍스처)를 완성시키는 것은 하나의 영상문화 장르로 일찍이 자리 잡았다. 바로 '파운드푸티지'다. 파운드푸티지는 이전에 제작된 기성의 여러 대중문화 텍스트들로부터 샘플을 추출하여 새로운 텍스트로 재배치하는 경우도 있고, 오래된 텔레비전 광고처럼 그 효력과 기능을 다하여 폐기된 영상들과 익명의 일반 시민들이 영리의 목적 없이 유희와 추억을 위해 촬영한 영상을 가져다 쓰는 경우도 있다. 베이퍼웨이브의 미학을 유령론적인 것에 빗대는 이유를 특히 이 후자의 경우에서 찾을 수 있다. 잊혀졌던 과거의 존재들이 푸티지 샘플로 재발굴되고 새로운 텍스트로 재배치됨으로써 예기치 않은 순간에 스스로를 현현하여 낯선 향수를 자극한다는 점에서 그렇다. 익숙한 것으로만 알았던 것에 대한 향수로부터 낯섦과 기이함을 경험한다는 것은, 당연하게 주어진 현실로 받아들여 왔던 것에 은폐되어 있던 진실의 섬광을 일별하는 것이라고 할 수 있다.

파운드푸티지 기법을 논할 때 으레 발터 벤야민의 사상이 언급된다. 벤야민은 쉽게 따져 물을 수 있는 사실과 단순한 관찰만으로는 볼 수 없는 진실을 구별했다. 그가 말한 진실이란 사실들의 무규칙적인 흐름 안에서 불현듯 유령처럼 스스로를 드러내는 것이다. 벤야민은 「일방통행로」에서 "삶을 구성하는 힘은 확신보다는 '사실'에 훨씬 가까이 있다. 한 번도, 그 어느 곳에서도 어떤 확신을 뒷받침한 적이 없었던 '사실' 말이다."[8]라고 했다. 여기서 확신은 독일어로 'Überzeugung'인데, 이 단어의 동사형인 'überzeugen'은 '설득하다' '납득시키다' '논증하다'를 의미한다. 같은 절에서 그는 "포괄적 지식을 자처하는 까다로운 책보다, 공동체 안에서 영향력을 행사하기에 더 적합한 형식들, 예컨대 전단, 팸플릿, 잡지 기사, 포스터 등과 같은 형식들이 개발되어야 한다"[9]라고 했는데 이를 참고하여 그의 어려운 철학적 잠언을 해석해볼 수 있을 것

8_ 발터 벤야민, 『일방통행로 / 사유이미지』, 김영옥 외 옮김, 길, 2009, 69.
9_ 같은 책, 같은 쪽.

같다. 즉 어떤 확신과 신념으로 가득한 선전이나 계몽이 아니라, 흔하게 볼 수 있고 심지어 그 기능을 다한 전단지 따위의 것들의 유희를 통해 구성한 사유야말로 진실에 닿는 힘을 갖는다는 의미일 터이다. 이것은 벤야민이 같은 글에서 어린이들의 유희를 이야기한 부분과 연결된다. 오래된 전단, 팸플릿 등은 폐기물에 불과하지만 어린이들은 폐기물에 끌리며 폐기물들을 가지고 "아주 이질적인 재료들로 무언가를 만들어내는 놀이를 통해 그 재료들을 어떤 새롭고 비약적인 관계 안에 집어넣는다."[10]

이탈리아의 정치미학자 조르조 아감벤은 벤야민이 통찰한 어린이의 유희를 '장치(apparatus)'에 저항하는 전략으로서 '세속화'의 효과적인 방법일 수 있음을 제안했다. 그에 따르면 장치에 이미 종속된 사람은 장치를 '선용'하는 것만으로는 장치에 저항할 수 없다. 관건은 그것을 신성의 영역으로부터 세속의 영역으로, 민중의 것으로 귀속시키는 것이다. 신성한 것으로 여겨지던 어떤 것으로부터 신성함을 떼버리는 방법으로, 그것을 장난감으로 바꾸어 완전히 부적절하게 사용하는 식으로 갖고 놀며 웃음거리로 만들면 그것의 아우라는 상실될 것이다.[11]

샘플링과 리믹싱, 재맥락화와 재배치, 유희와 세속화로써 낯설게 만들고 아우라를 제거하고 진실을 드러내는 것 등, 지금까지 이야기한 것들은 매우 어렵고 현학적으로만 느껴진다. 현대 예술가들은 나름대로 이데올로기를 비판하는 예술작품을 만들고자 이러한 작업을 시도하지만 너무 재미없고 난해하다는 이유로 관객에게 외면받기 십상이다. 예외적으로 유명세를 타고 흥행한 작품이 있다면, 많은 경우 그 작가는 연예인이 되고 그의 스타일은 내용은 없는 혼성모방의 재료로 유행하는 데 그치고 이데올로기 선전의 세련된 스타일로 내세워진다. 앞서 말한 '급진적 텍스트'가 걷게 되는 실패의 노정이다.

이러한 쓰라린 패배와 굴복으로부터 자유로운 채 자신들만의 놀이와 저

10_ 같은 책, 81.
11_ 조르조 아감벤, 『세속화 예찬』, 김상운 옮김, 난장, 2010, 110-111.

항으로써 유쾌한 저항의 문화정치를 효과적으로 기획하는 주체는 따로 있다. 바로 젊은 네티즌들이다. 과거의 잊혀진 텔레비전 광고 영상들을 짜깁고 음습하면서도 동시에 안락한 느낌을 내는 이펙트를 입혀 낯선 향수를 자극하여 지금 살고 있는 현재의 면면들을 객관적으로 고찰하게 만드는 베이퍼웨이브는 젊은 네티즌들의 저항적 유희의 일례에 불과하다. 그 외에 젊은이들이 생산해내는 유쾌한 정치 풍자와 패러디는 경외의 대상으로만 보이던 거물 정치인을 순식간에 웃음거리, 조롱거리로 전락시킬 수 있다. 이를테면 모순적인 언행을 보이는 정치인의 과거 발언과 현재 모습을 충돌시키는 짧고 간단한 영상은 다른 정치인, 비평가들의 논박이나 비판 백 마디를 압도하는 효과를 갖는다. 혹은 정치인이 비장하고 결연한 투로 연설하는 영상에, 그와 전혀 어울리지 않는 발랄한 대중가요를 합성하면 그 발언 내용의 언어도단이 일거에 폭로될 뿐만 아니라 근엄한 정치인의 아우라가 벗겨지고 추한 민낯이 드러나게 된다.

영상문화의 편재성과 맞물려 급속도로 발전한 대중 영상 플랫폼, 급속도로 증식하는 영상 데이터베이스는 위와 같은 유쾌한 저항의 유희를 더 제작하기 쉽게, 더 넓고 빠르게 전파될 수 있게 만든다. 미디어이론가 레프 마노비치가 말하듯 "인터넷은 거대한 하나의 미디어 데이터베이스"이며, 이제는 "이미지와 같은 뉴미디어 객체를 어떻게 제작하느냐는 더 이상 문제가 안 된다. 문제는 이미 어딘가에 존재하고 있는 객체를 어떻게 찾느냐 하는 것이다."[12] '어떻게 찾느냐' 하는 문제도 대중 영상 플랫폼이 세계적인 수준으로 규모가 커짐에 따라 쉬운 문제가 되고 있다. 값비싼 촬영 장비 없이, 현장을 직접 찾아가는 근면함도 필요 없이, 기초적인 편집 지식만 갖추고 있으면 샘플링, 리믹스, 매시업(mashup) 등의 기법을 이용해 영상 콘텐츠를 제작할 수 있다. 또한 디지털기술의 부호 변환에 힘입어, 서로 포맷이 다른 영상들은 물론 음성, 문

12_ 레프 마노비치, 『뉴미디어의 언어』, 서정신 옮김, 생각의나무, 2004, 79.

서, 사진, 음악 등 기록된 것이라면 모든 것을 존재론적으로 같은 차원에서 작업할 수 있다. 따라서 실생활에서는 불가능한 객체들의 접합이 컴퓨터를 통해 가능해진다. 각자 다른 매체에 존재하는 객체들의 접합 가능성은 뉴미디어의 발전에 따라 더욱 커질 것이며 따라서 더욱더 창의적이고 기발한 저항적 유희가 가능해질 것이다.

영상 제작의 진입장벽이 0에 가깝게 내려감에 따라 무수히 많은 사람이 만들어내는 무수한 영상 콘텐츠 중 극히 일부라도 사회에 지각변동을 일으키는 트리거가 될 수 있다. 그렇게 사람들이 점차 깨닫기 시작하는 것은 변혁 운동과 같이 사회에 일말의 영향력을 행사하는 활동을 하는 데 필요한 비용과 시간이 과거와 비교할 수 없을 정도로 감소했다는 사실이다. 과거의 사회운동은 사실상 모든 것을 걸고, 목숨까지 희생하기를 불사해야 했다. 이때 사회운동의 세력이 충분히 커지기까지 '무임승차' 문제를 겪고 넘어가야 한다. 소수 지도부를 중심으로 시작한 운동은 초기에는 얻는 것보다 잃는 것이 훨씬 많다. 세력화와 결집이 임계를 넘기기 전까지는 실패 가능성이 높고 당국의 공작에 취약하며 지도부는 그 과정에서 많은 희생을 감내해야 한다.

하지만 지금은, 활동가들의 보이지 않는 노력을 과소평가할 생각은 없지만, 여기저기 흩어져 있는 사회운동들이 한순간에 갑자기 거대한 네트워크를 구성하여 거대한 변혁의 세력으로 전화할 가능성이 비교할 수 없이 커졌다. 별다른 생각 없이 가벼운 마음으로 촬영하거나 편집한 영상을 다른 사람이 가벼운 마음으로 공유를 하면, 그것이 다시 다른 사람의 공유를 타고 전파되어 순식간에 엄청난 수의 인파를 동원하는 계기로 작용할 수 있기 때문이다.

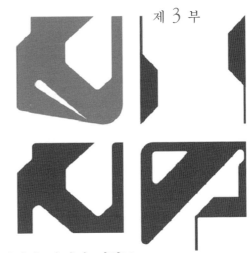

제 3 부

현장 실천과 비평의 지형들 ▶▶▶

웨스턴 장르의 전지구적 횡단과 변용:
<바람같은 사나이>(1968)[1]

하승우 | 한국예술종합학교 영상원 교수

초국적 장르 순환

16세기 초반 전국시대를 배경으로 한 <7인의 사무라이>(구로사와 아키라, 1954)는 산적들의 약탈에 고통받는 농민들을 위해 전투를 벌이는 7명의 사무라이들의 이야기를 다룬다. 영화는 마을의 안전을 위협하는 공동의 적에 맞서기 위해 상이한 성격의 인물들을 한데 묶는다. 즉 <7인의 사무라이>는 한명의 특출한 영웅에 초점을 맞추기보다는 각각의 인물이 결합되어 집합적 행위자가 구성되는 방식을 강조한다. 그러나 카메라가 각각의 인물들에 동등한 시점을 부여하는 것은 아니다. <7인의 사무라이>는 농민과 사무라이의 계급

---

1 범박하게 말해 장르는 어떤 이야기가 오랜 시간 동안 반복되면서 갖추게 된 일정한 틀을 의미한다. 제작자와 관객의 소통을 활성화하기 위한 창구이고, 제작, 배급, 상영 등을 아우르는 영화산업의 전 과정에서 활용되는 분류체계이다. 장르는 또 콘텍스트와 텍스트를 매개한다. 한편으로는 콘텍스트가 부과하는 역사적 조건들을 '굴절시켜 텍스트 속으로 기입하는 역할을 하며, 다른 한편으로는 텍스트의 (상대적으로) 자율적 힘을 특정한 프레임으로 변환시켜, 이를 텍스트의 외부와 관계 맺도록 한다. 이런 배경에서 이 글은 1950~60년대 혼성적 모방에 기반을 둔 글로벌 장르 체계의 회로 속에서 <바람같은 사나이>의 위치를 규명하고, 이 영화를 중심으로 당대 한국사회의 역사적 동력을 인식하려는 시도에서 작성되었다. 이런 문제설정은 심광현 선생님으로부터 영향을 받은 바 크다. 선생님께서는 평소에도 영화연구에서 장르연구의 중요성을 항상 강조하셨는데, 최근작 『대중의 철학이 된 영화』에서도 이 점은 분명하게 나타난다. 특히 장르연구와 관련해서는 SF 장르를 다룬 4장을 유심히 살펴볼 필요가 있다. 심광현·유진화, 『대중의 철학이 된 영화』, 희망읽기, 2021, 194-256 참조

및 신분적 격차에 기반을 둔다. 사무라이와 농민의 관계를 대표(representation)의 관점에서 들여다보면, 영화는 피대표자(농민)와 대표(사무라이)의 환원불가능한 긴장을 강조하며, 이러한 긴장은 영화가 계속되는 동안 지속된다. 농민들은 마을을 약탈하는 산적들에게 대항하기 위해 사무라이에게 마을의 치안을 위임하면서도 전적으로 사무라이를 신뢰하지는 않으며, 농민들에 대한 사무라이의 태도도 이와 크게 다르지 않다. 또 막내 사무라이 카츠시로(기무라 이사오)와 시노의 사랑은 시노의 아버지 만조의 반대로 끝내 이루어지지 않는다. 키쿠치요(미후네 도시로)는 영화의 후반부를 이끌어가는 주요 캐릭터인데, 겉으로는 사무라이 진영에 속해 있지만 실은 농민 출신으로 사무라이와 농민 간의 경계를 횡단하는 역할을 맡는다. 키쿠치요는 영화의 마지막에 이르러 죽게 되는데, 이는 농민과 사무라이 사이의 심원한 간극이 결코 좁혀질 수 없는 문제임을 보여준다고 할 수 있다.

<황야의 7인>(존 스터지스, 1960)은 <7인의 사무라이>를 리메이크했다. <황야의 7인>은 1962년 12월 25일에 국내에 개봉되어 서울에서만 15만여 명을 모으는 등 큰 성공을 거두었다. 영화는 <평원의 7형제>로 제목만 변경되어 1972년에 재상영된 바 있다. 속편인 <돌아온 황야의 7인>를 포함하여 4편까지 제작이 되었다. <황야의 7인>은 <우주의 7인>(지미 T. 무라카미, 1980)이라는 B급 영화로도 제작되었고, <매그니피센트 7>(안톤 후쿠아, 2016)으로도 리메이크된 바 있다. <황야의 7인>은 <7인의 사무라이>를 참조했지만, 이를 일방적 흐름으로만 볼 수는 없을 것이다. 요시모토는 일본 시대극(지다이게키)이 순수하게 일본 장르가 아니라고 말하면서, "웨스턴을 포함한 할리우드가 시대극 컨벤션의 형성에 지대한 영향을 끼쳤다"고 주장한다.[2]

<황야의 7인>은 <7인의 사무라이>로부터 기본 뼈대를 빌려왔지만, 무대는 멕시코의 벽촌을 배경으로 한다. 영화의 줄거리는 다음과 같다. 멕시코

2_ Mitsuhiro Yoshimoto, *Kurosawa: Film Studies and Japanese Cinema* (Durham, NC: Duke University Press, 2000), 231.

의 시골 마을 이스트라칸에 칼베라(엘리 웰라치)를 두목으로 한 도적떼들이 쳐들어와 약탈을 자행한다. 도적떼들의 횡포에 견디다 못한 농민들은 마을을 지키기 위해 총잡이들에게 도움을 청하기로 하는데, 우여곡절 끝에 크리스(율 브리노)를 비롯해 7인의 총잡이를 모으게 된다. 7인의 총잡이들은 산적과 싸우기 위해 마을 사람들에게 총기 사용을 훈련시키는 등 방어태세를 구축하지만, 마을 사람의 배반으로 쫓겨나게 된다. 우여곡절 끝에 마을에 다시 돌아온 총잡이들은 산적들과 맞서 싸우게 된다. 결국 마을을 지키는 데는 성공하지만, 7명 중 3명만 살아남게 된다.

웨스턴: '한정 공간' 장르

<황야의 7인>을 장르 연구의 관점에서 들여다 보자. 토마스 샤츠는 인물과 사회적 배경(social setting)이 관계를 맺는 방식에 따라 '한정 공간(determinate space)' 장르와 '비한정(indeterminate space) 공간' 장르를 구별한다. 한정 공간 장르에는 웨스턴, 갱스터, 탐정 영화 등이 포함된다. 이 장르들에서 인물은 제한된 공간 속에서 사회적 배경과 갈등하는 상황에 처해져 있는데, 들어감과 떠남의 모티브(the entrance-exit motif)를 특징으로 한다.[3] 반면 한정 공간 장르와 달리, 비한정 공간 장르에는 뮤지컬, 스크루볼 코미디, 사회성 멜로드라마 등이 포함된다. 이러한 장르에는 한정공간 장르처럼 인물의 행동을 제약하는 물리적, 이데올로기적 갈등이 없다. 인물들은 한정 공간 장르들에 비해 상대적으로 안정된 세계에 살고 있다. 여기에도 갈등은 있지만, 이때의 갈등은 "환경의 통제(control of environment)"를 둘러싼 다툼이 아니라, 영화 속 특정 인물이 "자신의 관점을 다른 사람들, 혹은 더 큰 공동체의 관점과 일치시키려는" 데 있다.[4]

3_ 토마스 샤츠, 『할리우드 장르의 구조』, 한창호·허문영 옮김, 한나래, 1996, 57.
4_ 같은 책, 58. 번역을 일부 수정했다.

웨스턴 영화 속 한정 공간의 문제는 내부/외부, 문명/황야의 대립구조와 긴밀히 연결된다. 이를 살펴보기 위해 고전 웨스턴의 전형으로 불리는 <셰인>(조지 스티븐스, 1953)을 떠올려 보자. 셰인은 원래부터 마을(한정 공간)에 살던 사람이 아니며 낯선 이방인으로 묘사된다. 그는 황야에서 온 인물이며 악당과 대결하는 농부들을 도와주고는 다시 황야로 홀연히 사라진다. 그가 잠시 머무르는 마을 공간이 내부라고 할 수 있다면, 셰인은 외부와 연관된다. 또 마을이 문명, 사회 등과 관련된다면, 셰인은 황야, 자연과 연결된다. 이런 패턴은 존 포드의 <수색자>(존 포드, 1956)에서도 발견된다. 영화는 인디언에게 가족을 몰살당하고 복수를 결심한 이든 에드워드(존 웨인)의 이야기를 다룬다. 남북전쟁 후 오랜 세월 타지에서 떠돌다 고향에 돌아오게 된 이든은 인디언의 공격으로 동생 부부가 살해당하고 조카 데비가 납치되자 처절한 복수를 다짐한다. 오직 조카를 구할 생각으로 거친 황야를 떠돌던 이든은 결국 조카를 찾게 되지만, 조카가 인디언 문화에 완전히 동화된 모습을 보고서는 아연실색한다. 영화의 마지막 장면, 이든은 조카를 집에 데려다주지만, 정작 자신은 집 바깥에 머물며 집 안으로 들어가기를 망설인다. 이때 카메라는 집 내부의 시점에서 이든의 모습을 담고 있는데, 이는 이든이 외부의 위치에 놓여 있음을 부각시킨다. 이런 맥락에서 <황야의 7인> 역시 멕시코의 시골 마을 이스트라칸이라는 한정된 공간에서 발생하는 사건만을 다룬다. 영화의 마지막, 도적떼와의 전쟁 끝에 살아남은 3명의 인물중, 마을 여성과 결혼하여 정착하게 된 치코(홀스트 부크홀츠)를 제외한 나머지 2명의 총잡이는 다시 미지의 서부 공간으로 이동할 수밖에 없다. 이런 점에서 <황야의 7인>은 웨스턴의 공식을 충실히 따른다고 할 수 있다.

월 라이트는 웨스턴의 대립구조를 외부/내부, 선/악, 강/약, 황야/문명 등으로 세분화한다.[5] 라이트에 따르면, <셰인>과 같은 고전 웨스턴에서 영웅(셰

5_ Will Wright, *Sixguns and Society: A Structural Study of the Western* (Berkeley, Los Angeles, London: University of California Press, 1975), 49.

인)은 본래부터 사회에 속해 있는 사람은 아니고 사회의 외부에 있던 사람이며, 어떤 특수한 계기로 말미암아 잠시 사회에 머무르게 된다. 물론 사건이 해결된 뒤, 영웅은 다시 그곳을 떠나야만 한다. 영웅이 맞닥뜨리게 된 사회는 악의 위협에 대해 매우 취약한 상태로 그려진다.[6] 이에 영웅은 악으로 물든 사회에서 악을 축출하고 사회를 원래의 상태로 복구하고자 한다. 또한 웨스턴은 동부에서 서부로의 공간의 이동과 밀접한 관련을 맺는다. 개척지에서 미개척지로의 이동 또는 동부에서 서부로의 이동이 웨스턴 장르를 추동하는 주요 공식(formular)인 셈이다. 웨스턴을 추동하는 주요 경향이 공간의 이동인 반면에, 앞서 살펴본 것처럼, 웨스턴을 이끌어가는 서사는 한정 공간 속에서 펼쳐진다. 상황이 그렇다면 웨스턴은 공간의 이동과 머무름 사이에서 발생하는 간극을 중요한 특징으로 삼는다고 할 수 있다.

프로페셔널 웨스턴: '분리'

다시 <황야의 7인>으로 돌아가자. 이 영화는 고전 웨스턴의 공식과 일정한 차이를 나타낸다. 단적으로 <황야의 7인>은 왜 총잡이들이 자신들의 모든 것을 걸면서 악과 마주하게 되었는지 그 동기를 자세히 설명하지 않는다. 영화 속 인물들은 타자를 위해 희생하는 고전 웨스턴의 숭고한 영웅과는 거리가 멀다. <7인의 사무라이>에서 농부들이 넉넉하지 못한 형편으로 인해 사무라이들에게 충분한 보상을 제공하지 못하고 단지 세 끼의 식사만 지급하는 것처럼, <황야의 7인>에서도 총잡이들은 단지 금전적 대가를 얻기 위해 산적들과 일전을 벌이지 않는다. 이 영화에서도 멕시코 농민들은 총잡이들에게 충분한 보상을 제공할 수 없는 형편이다. 또한 총잡이들은 마을 주민들의 배신으로 인해 마을에서 축출된 상황이기에, 굳이 마을 사람들을 도와야 할

6_ Ibid., 50-51.

이유가 있는 것도 아니다.(마을에서 쫓겨나 또 다른 곳으로 이동하는 총잡이들에게 다시 무기를 쥐어주는 이들은 마을 농민들이 아니라 산적들이다!)

이런 정황들을 두루 고려해 볼 때, 총잡이들은 마을 농민들을 위해 산적들과 생사를 건 전투를 벌일 필요가 없는 것처럼 보인다. 이런 점에서 <황야의 7인>은 '프로페셔널' 웨스턴의 특징을 보여준다. 영화 속 총잡이들은 총기를 사용할 수 있는 자들이고, 바로 그런 점에서 마을 주민들과 차별화된다. 총잡이들은 농민들을 위해 희생하고 헌신하는 인물이라기보다는 총기를 사용할 수 있는 사람들과만 유대하며 바로 그런 유대 속에서 자신의 정체성을 찾아 나가는 인물들로 묘사된다. <황야의 7인>은 겉보기와 달리 공동체주의적 색채가 매우 엷다. 다른 어떤 것도 인물의 행동을 촉발시키지 않으며, 오직 인물이 자신의 전문적 능력을 충분히 발휘할 수 있는 조건들이 충족될 때야 비로소 플롯의 정당성을 획득하게 되는 것이다. 프로페셔널 웨스턴은 이 지점에서 고전 웨스턴과 분명히 구별된다.

이런 배경에서 <황야의 7인>은 프로페셔널 웨스턴의 원형과도 같은 하워드 혹스의 <리오 브라보>의 자장 안에 들어가 있다. 주지하듯, <리오 브라보>는 <하이눈>(프레드 진네만, 1952)과 대립각을 세운다. 하워드 혹스는 <하이눈>의 주인공 케인(게리 쿠퍼)이 공동체에 닥친 문제를 직접 해결하는 대신, 거대한 악에 맞서기 위해 다른 사람들의 도움을 청하고, 그리고 영화의 마지막에 이르러 케인이 위기의 순간에 빠져 있을 때 케인이 아니라 케인의 신부 에이미(그레이스 켈리)가 문제를 해결하는 설정을 매우 못마땅하게 여긴 것으로 알려져 있다.[7] 이에 혹스는 <리오 브라보>를 <하이눈>과 차별화하기 위해 프로페셔널 총잡이들을 전면화한다. 존 웨인이 주인공으로 분한 프로페셔널 총잡이들은 공동체에 닥친 문제를 해결하기 위해 다른 사람들에게 도움을 청하지 않으며, 자신들 스스로 문제를 해결하고자 한다. 특히 이 영화

7_ 최은영, 「하이눈」, 『세계영화작품사전: 고전 & 현대의 웨스턴 영화』. https://terms.naver.com/entry.naver?docId=2074126&cid=42621&categoryId=44442 (2022년 1월 5일 접속)

에서 주목을 요하는 것은 보안관 대리 듀드(딘 마틴)가 알콜 중독으로부터 벗어나 회복되는 과정에 초점을 맞춘다는 점이다. 듀드는 알콜 중독상태로부터 벗어나 완치된 상태가 되어야 비로소 적에 맞서 싸울 수 있다. 하워드 혹스는 자신 앞에 놓인 강력한 적에 맞서기 위해 서로 티격태격하는 다양한 인물들을 한 곳에 몰아넣는 서사구조를 특징으로 하되, 그 인물들이 프로페셔널리즘을 통해 연결되도록 한다. 혹스의 팀업 모델에 대한 강조는 <에어 포스>(하워드 혹스, 1943)에서도 발견된다. 영화는 고독한 아웃사이더가 부대의 일원으로 변모해가는 과정과 이를 통해 부대 구성원이 협력하는 과정에 초점을 맞춤으로써 파편화된 개인 주체가 집합적 주체성으로 전환되는 과정에 주안점을 둔다. 한편으로 이는 포퓰리즘을 연상시킨다. 왜냐하면 포퓰리즘은 사회를 구성하는 사회적 요구들이 '등가사슬'을 형성하며 자신들이 마주한 공동의 적과 전선을 그리는 작업으로 풀이되기 때문이다.8 다른 한편으로 이는 젠더 정치의 관점에서 여성이 프로페셔널 남성 공동체에 일종의 위협으로 간주되고 있음을 나타내기도 한다. 클레어 존스톤은 혹스의 영화 세계에서 여성이 남성의 배타적 공동체에 진입하는 방식을 다음과 같이 언급한다. "여성이 남성의 세계에 받아들여지려면 남성이 되어야 하며, 혹은 그녀는 남근으로서의 여성(woman-as-phallus)이 되어야 한다(<신사는 금발을 좋아한다>에서의 마릴린 먼로)."9

다시 <황야의 7인>으로 돌아가자. <황야의 7인>이 프로페셔널 웨스턴의 특징을 띠고 있는 만큼, <7인의 사무라이>와 비교해서 일정한 차이를 보인다. 전술했듯, <7인의 사무라이>가 농민과 사무라이의 계급적 차이를 강조한다면, <황야의 7인>에서는 상대적으로 그러한 장벽이 낮은 편이다. 예

8_ Ernesto Laclau, *On Populist Reason* (London, New York: Verso, 2005). 포퓰리즘을 둘러싼 쟁점과 이론적 개념에 관해서는 하승우, 「좌파 포퓰리즘을 둘러싼 몇 가지 질문들: 이론과 쟁점」, 『문화/과학』 108호, 2021년 겨울 참조.
9_ 클레어 존스톤, 주진숙 옮김, 「대항영화로서의 여성영화」, 유지나·변재란 엮음, 『페미니즘/영화/여성』, 여성사, 1995, 42.

컨대 <황야의 7인>의 마지막 장면에서 치코(홀스트 부크홀츠)는 원주민 여인과 사랑에 빠져 마을에 남게 된다. 그러나 이를 두고 피대표자로서의 농민들이 대표자(총잡이들)와 좀 더 친밀한 관계를 형성한다고 볼 수는 없다. 영화 속 총잡이들은 그들로 하여금 어떤 행동을 하도록 만드는 조건들로부터 가능한 한 멀리 벗어나 있다. 피대표자와 대표자의 관계가 형식적, 평면적으로만 그려지며 그 어떠한 변증법적 관계도 결여하고 있다는 점에서, 대표자는 피대표자로부터 '분리'되어 있는 것이다. 이 영화에서 제시된 분리는 탈근대 국가형태의 특징인 분리를 선취한다. 사회/시민사회/국가에서 시민사회는 국가와 사회를 연결하는 고리의 역할을 한다. 그러나 형식적 포섭에서 실제적 포섭으로의 이행과 더불어 시민사회는 경향적으로 소멸하고, 국가와 사회의 느슨한 결합만 남게 된다. 국가는 자신을 사회로부터 철저하게 '분리'시키면서, 마치 이 분리가 없는 것처럼 가장한다. "탈근대적 국가는 사회로부터 국가의 분리를, 이 분리가 마치 존재하지 않는 것처럼 가장하면서, 조직한다."[10] 곧 국가와 사회의 관계는 실제로는 완전히 어긋나고 탈구되었지만, 표면적으로는 그러한 탈구가 봉합된 것처럼 보이게 한다는 것이다.

웨스턴 장르의 변형: <바람같은 사나이>

지금까지 <황야의 7인>을 주로 분석했다면, 지금은 임권택의 <바람같은 사나이>(1968)를 살펴볼 차례다. <바람같은 사나이>는 <황야의 7인>을 참조했다.[11] 영화의 줄거리는 다음과 같다. 길용(신영균)은 휘하에 6명의 부하를 거느린, 읍내에서 잘나가는 건달이다. 그는 읍내에서 자신의 부하들과 함께 가짜 약을 팔고 소매치기를 하며 근근이 생활을 이어간다. 길용은 동백마

10_ 안토니오 네그리, 마이클 하트, 『디오니소스의 노동 II: 국가형태 비판』, 이원영 옮김, 갈무리, 1997, 190.

11_ 정성일, 「바람 같은 사나이 A Man Like the Wind」, 『임권택X102』. https://www.kmdb.or.kr/story/5/947 (2021년 1월 3일 접속)

을이 고향인데, 자신이 사랑했던 영(남정임)이 이웃 마을의 돈 많은 사람과 결혼을 하게 되자, 결혼식을 난장판으로 만들어 버린다. 이에 격분한 길용의 아버지는 길용을 동백마을에서 내쫓고, 버림받은 길용은 다시는 마을에 돌아오지 않겠다고 다짐하며 마을을 떠난다. 그러는 사이 한국전쟁이 발발하고 동백마을에 빨치산이 출현한다. 공포에 사로잡힌 마을 사람들은 대책을 마련하려고 하지만, 뾰족한 수가 떠오르지 않는다. 마을에는 국군 장교가 한 명 있지만, 그는 국군이 마을에 도착하기까지 꽤 시간이 걸릴 것이라고 말할 뿐, 실제적인 도움을 주지는 못한다. 마을 사람들이 동요하는 사이, 목사님이 읍내에 나가 마을을 구해줄 사람들을 찾아오겠다며 사람들을 달랜다. 우연히 읍내에서 길용을 만난 목사님은 저간의 사정을 말하며 길용에게 동백마을을 지켜달라고 부탁한다. 그는 처음에 목사님의 제안을 거절하지만, 자신의 아버지가 빨치산으로부터 총살을 당했고 자신의 어린 여동생 옥이 홀로 남아 있다는 소식을 듣고서는, 위험을 무릅쓰고 고향에 돌아가기로 결심한다. 길용의 부하들도 길용과 뜻을 같이하기로 하고, 빨치산들과 싸우게 된다. <7인의 사무라이>, <황야의 7인>과 같이 7인의 건달이 공비와 맞서 싸우게 된다. 공비와의 최후의 결전을 앞두고, 마을 사람들은 남부여대의 피난길에 오르고, 마을에는 7인의 건달, 리어카꾼, 국군 장교만이 남아 있게 된다. 영화의 마지막에 빨치산들은 제압되고, 길용, 막내, 국군 장교를 제외하고는 모두 죽게 된다.

<바람같은 사나이>는 고향(heimat)이라는 주제를 다룬다. 고향은 물리적으로 태어난 곳을 가리키지만, 다른 한편으로는 편안하게 느끼는 장소를 뜻하기도 한다. 이에 읍내에서 건달로 살며 시간을 허비하던 길용의 삶은 '고향 상실'과 연관된다. 반면에 영화의 마지막, 길용, 영, 옥은 자신들이 태어나고 자랐으며 모든 삶의 터전이 되는 동백마을에 남게 된다. 이는 <바람같은 사나이>가 <황야의 7인> 또는 <7인의 사무라이>와 큰 차이를 낳는 지점이다. <황야의 7인>과 <7인의 사무라이>에서는 마을의 평화를 위협했던 근본적인 위기가 해결된 후, 사무라이와 총잡이들이 마을을 떠나거나 다른 어

떤 곳으로 이동해야 한다. <7인의 사무라이>에서 칸베(시무라 타카시)의 그 유명한 마지막 대사, 즉 진정한 승자는 사무라이가 아니라 농부라고 되뇌는 것은 이런 배경에서 이해될 필요가 있다. 이렇게 볼 때 <7인의 사무라이>는 낡은 질서가 사라졌지만, 아직 새로운 질서는 부상하지 않는 궐위(인터레그넘) 의 상황을 지시한다. 이때 낡은 질서와 새로운 질서를 연결하던 고리로서 사 무라이는 '사라진 매개자'로 작용한다.

반면에 <바람같은 사나이>는 마을을 위기에 빠뜨렸던 문제가 해결된 뒤 에도 주요 인물들이 공간을 떠나지 않는다. <7인의 사무라이>에서의 사무라 이와 <황야의 7인>에서의 총잡이는 마을 공동체의 외부에 위치하지만, <바 람같은 사나이>에서 길용은 영, 옥과 함께 마을 공동체의 내부에 위치해 있 다. 길용은 공동체에 닥친 문제를 해결한 뒤 홀연히 황야로 떠나는 웨스턴의 영웅으로 그려지지 않는다. 동백마을은 길용의 고향이고, 그는 영화의 마지막 에 이르러 그가 원래 속해있던 장소에 되돌아올 뿐이다. 즉 <바람같은 사나 이>는 자기 순환적인 영화인 셈이다. 이런 점에서 <7인의 사무라이>와 <황 야의 7인>이 외부→내부→외부의 경로를 그린다면, <바람같은 사나이>는 내부→외부→내부의 궤적을 보여준다. 웨스턴 장르의 지역적 변형인 셈이다.

공간의 이동은 특별한 주의를 요청한다. 왜냐하면 공간에 머무르거나 떠 나는 것은 임권택의 영화를 관통하는 매우 중요한 토픽 가운데 하나이기 때 문이다. 예컨대 <서편제>는 꽉 막힌 공간에서 탁 트인 공간으로 이동하는 장면을 표현해 준다. 카메라는 낡고 좁은 한옥에서 판소리를 부르는 송화(오 정해)의 모습을 보여주다가, 급하게 공간을 바꾸어 너른 평야를 걷는 송화를 펼쳐 놓는다. 송화가 계속 걸으며 판소리를 부르는 동안, 임권택은 봄, 여름, 가을, 겨울 등 계절의 흐름을 보여준다. 이런 패턴은 <취화선>에서도 나타난 다. 시간의 문제를 공간 이동과 결부시키는 과정은 시간의 공간화로 설명된 다. 반면에 <서편제>나 <취화선>과 달리, 공간이 가하는 압력에 사로잡혀 그 공간을 벗어나지 못하거나, 가까스로 공간을 벗어난다 하더라도 일정한 멈춤 또는 제약을 경험한 후에야 비로소 공간을 이동하는 장면들도 있다 (<길소뜸>, <노는 계집 창>의 마지막 장면). <왕십리>도 이런 계열에 포함된다. <왕십리>에서 주인공 준태(신성일)는 영화 초반부 일본에서 돌아와 자신이 태어나고 자란 고향 왕십리에 잠시 머무른 후 다시 일본으로 돌아가야 하는데, 영화의 마지막에 이르러 결국 왕십리에 남게 된다. <바람같은 사나이>는 <왕십리>와 유사하면서도 좀 다르다고 할 수 있다. <왕십리>가 공간의 이동을 욕망하면서도 그 공간의 자장 속에 머무를 수밖에 없는 상황을 강조한다면, <바람같은 사나이>는 공간이 부여하는 힘을 맥락화하기보다는 원래 속해 있던 장소를 다시 되찾은 것 같은 느낌을 불러일으킨다는 점에서 <왕십리>와 차별화된다.

다른 한편 <바람같은 사나이>는 프로페셔널이라는 측면에서 볼 때도 <황야의 7인>과 편차를 보인다. <바람같은 사나이>에 등장하는 7인의 건달을 <황야의 7인>에서 등장하는 프로페셔널과 동일시 할 수는 없다. 하모니카와 바이올린을 연주하는 행위, 가짜 약의 판매, 능숙한 소매치기 솜씨 등은 전투에는 아무런 도움을 주지 못한다. 이렇게 볼 때 <바람같은 사나이>는 프로페셔널 웨스턴의 관습으로부터 가능한 한 멀리 벗어나 있다. 전술했듯이, 프로페셔널 웨스턴의 관점에서 <황야의 7인>을 볼 때, 이 영화는 표면적으로는 인민들과 프로페셔널이 힘을 합쳐 공동의 적에 맞서는 형태를 취하지만, 그들은 단지 형식적 관계만을 유지할 뿐이다. 총잡이들은 멕시코의 농민들을 위해 싸운다기보다는, 프로페셔널로서의 자기 자신을 증명하고 이런 증명의 과정을 통해 다른 총잡이들과의 유대를 강화하는 것에 주안점을 둔다. 이와 다르게 <바람같은 사나이>는 인민(피대표자)과 대표를 연결하는 선이 완전히 끊어진 것처럼 보인다.

이를 이해하기 위해 마지막 전투 장면을 되짚어볼 필요가 있다. 최후의 전투가 시작되기 전, 마을의 주민들은 피난 행렬에 오르고, 7인의 사내들은 국군 장교, 얼떨결에 전투에 참여하게 된 리어카꾼과 함께 전투를 기다린다.

그런데 영화는 7인의 건달들이 무엇을 위해 그리고 누구를 위해 싸우는지 설득력있는 명분을 제시하지 않는다. 동백마을의 모든 주민들이 이미 피난을 다 떠난 상황에서, 7인의 건달들이 필사적으로 마을을 지켜야 할 이유는 무엇일까? 7인의 사내들은 빨치산과 비교해서 숫자도 열세일 뿐만 아니라 한국군이 곧 합류할 예정이기에 굳이 전투를 벌일 만한 이유가 없다. 이는 빨치산 공비들도 마찬가지다. 어느 정도 패색이 짙어진 상황에서 굳이 싸움을 벌일 만한 이유도 없고, 설사 전투를 벌인다 하더라도 이런 전투로부터 얻을 실익이 크지도 않다. 양쪽 진영 모두 아무런 실익이 없는 무모한 전투를 벌이고 있는 것이다. 정성일은 7인의 사내들과 빨치산 공비들이 자신의 모든 것을 걸고 사투를 벌이는 이유를 두고 "죽음을 기다리는 것만 같은 자멸적인 태도," 즉 "각자의 방식으로 자기 자신이 완전히 전멸하기를 기대하는" 것이라고 예리하게 진단한다.[12] 주의 깊게 들여다봐야 할 부분이다.

경계의 교란: 제3자

영화 속에서 제시된 두 개의 진영(7인의 사내들 대 빨치산)이 자기 소멸적 몸짓을 특징으로 한다면, 두 개의 진영을 횡단하는 매개의 역할을 검토할 필요가 있다. 나는 다른 지면에서 임권택의 영화가 이쪽과 저쪽의 진영을 구별하고, 각 진영 간의 경계를 교란하는 요소를 특징으로 한다고 주장한 바 있다.[13] 예컨대 <십오야(의 복수)>(1969)를 떠올려 보자. 이 영화는 남장 여객이라는 소재를 다루는데, 불구대천의 원수가 된 두 집안의 아이가 바뀌었다는 내용을 다룬다. 이 영화에서 남장 여객으로 등장하는 매화(남정임)는 이쪽과 저쪽으로 나뉘어진 두 진영의 경계를 횡단하는 매개자의 역할을 맡는데, 이

12_ 같은 글.
13_ 하승우, 「어긋난 전쟁의 기억」, 한국영상자료원 엮음, 『영화와 한국전쟁: 영화로 보는 한국전쟁』, 한국영상자료원, 2020, 84.

러한 설정은 임권택의 영화에서 매우 다양한 방식으로 변주되어 나타난다. 1960~70년대 임권택은 사극, 액션 활극, 전쟁, 첩보 영화 등 다양한 장르를 제작했지만, 이런 장르적 다양함에도 불구하고 그 모든 것을 포괄하는 공통의 요소가 하나 있다면, 그것은 아마도 이쪽과 저쪽의 경계를 가로지르는 제3자의 지위와 역할에 관한 문제가 아닐까 싶다. 나는 이런 제3자를 분단체제하 '중간파'와 연동시킨 바 있다.[14] 여기서 말하는 중간파는 해방 후 남과 북의 고착된 경계를 넘어 다른 길을 모색했던 세력을 말하는데, "남북의 통일 국가 건설"을 정치적 목표로 설정한 '중간파'는 해방기에 실재했고, 나름대로 상당한 영향력을 행사했던 정치세력이었으며, 최근 들어 "'남북 합작 세력' 내지 '통일전선 세력'으로 다시 불리"는 세력이기도 하다.[15] 그러나 분단과 한국전쟁 이후 남과 북 양 진영의 경계를 횡단하는 '중간파'의 상상력은 상당한 정도로 주변화되어 왔다. 한국영화사에서도 남과 북의 경계를 넘어 제3국으로의 월경과 이동을 꿈꾸었던 시도들은 대개 죽음으로 끝맺는 경우가 많았다(<운명의 손>, <쉬리>, <공동경비구역 JSA>, <이중간첩> 등). 이런 배경에서 임권택의 영화는 한국전쟁 이후 좌절된 중간파에 대한 영화적 응답일지 모른다.

<바람같은 사나이>도 빨치산과 7인의 건달이라는 대립구조를 갖고 있으면서도, 두 개의 적대적 진영을 횡단하는 제3자로서 국군 장교, 형사, 막내 건달 등을 보여준다. 이중 특히 막내의 역할을 꼼꼼히 들여다볼 필요가 있다.

영화의 마지막에 이르러 길용, 영, 옥은 동백마을에 남게 되지만, 빨치산의 총격으로부터 가까스로 목숨을 건진 막내는 신학교에 입학하기 위해 마을을 떠날 예정이다. 막내는 원래 빨치산이었다가 전향한 사람으로 신학교에 입학하여 목사님이 되려고 한다. 그가 목사가 되려는 것은, 동백마을의 목사님이 건네준 성경책이 자신의 목숨을 구했기 때문이다(공비로부터 총탄을 맞았지만, 몸에 지닌 성경책 덕분에 구사일생으로 살아남게 되었다). 길용, 영, 옥은 고

14_ 같은 글, 84-85.
15_ 장세진, 「개념의 분단, 적대의 기원」, 『숨겨진 미래』, 푸른역사, 2018, 21-22.

향에 남아 새로운 가족 공동체를 구성할 것이다. 여기서 길용과 영은 기독교를 통해 연결된다. 영화의 마지막 장면은 이 점을 집중해서 부각한다. 예컨대 영은 자신을 어떻게 생각하는지 길용에게 묻는다. 길용은 즉답을 회피하고 대답을 미룬다. 이때 교회 종소리가 들려오자, 길용은 "영, 교회로 가지 않겠소. 하나님과 목사님이 계신 곳에서 부탁할 일이 있소"라며 묻는다. 그러면서 영화는 교회 종을 클로즈업으로 잡으며 끝난다. 길용과 영의 결합이 기독교의 매개를 통해 이루어지고 있는 것이다. (이 장면을 두고 1950년 9월 28일 서울 수복 당시 이승만과 맥아더가 중앙청에서 함께 기도를 했던 장면을 떠올리면 지나친 해석일까.) 전술했듯, 길용과 영이 마을에 남는다면, 막내는 신학교를 다니기 위해 마을을 떠날 것이다. 그러나 이런 현상을 대조적으로 볼 필요는 없다. 왜냐하면 그들은 공간적으로 서로 떨어져 있어도 기독교를 매개로 '상상된 공동체'를 구성할 것이기 때문이다. 이 장면은 고향, 가족, 기독교, 반공, 국가 등의 요소가 일련의 의미망을 형성하며 긴밀하게 연결되어 있음을 잘 보여준다. 곧 '기독교 반공국가'로의 진입을 알리는 알레고리로 작용한다고 볼 수 있다.

기독교 반공국가의 형성에서 월남 기독교인의 역할을 빼놓을 수는 없을 것이다.[16] 그런데 <바람같은 사나이>에서 막내는 빨치산이었다가 전향한 사

16_ 해방 후 북한은 토지개혁을 단행하고 친일파와 지주를 숙청했다. 북한에서 토지를 무상 몰수 당하고 핍박받던 사람들이 고향을 떠나 대거 월남하기 시작했다. 남한에 아무런 연고가 없던 월남민들은 자구책을 마련하고 자신들의 입지를 다지기 위해 고향 사람들끼리 단체를 조직하며 살 길을 찾아 나섰다. 이들 중 상당수가 '반공'을 이념적 기반으로 삼으며 우익의 최전선에 서서 좌익 세력을 소탕하는 데 앞장섰다. 1946년 11월 30일, 남한에 내려온 반공 청년들은 기존의 반공 청년 단체를 통폐합하여 '서북청년회'(이하 서청)를 발족했다. 서청은 제주 4.3 항쟁을 진압하기 위해 투입되어 백색테러를 주도했고 이후에는 "육군 정보국, 유엔군 유격대 KLO(Korean Liasion Office), 한국군 호림부대 등에서 활동했다"(윤정란, 『한국전쟁과 기독교』, 한울아카데미, 2015, 229). 우익 월남자들의 이런 행태는 이후 한국에서 펼쳐질 반공주의를 정당화하는 배경이 되었다. 주목해야 할 것은 남한 사회에서 반공주의의 팽창과 확장을 이끌었던 주요 세력이 월남 기독교인들이라는 점이다. 서북 지역은 19세기 말부터 기독교 문화를 받아들이기 시작했으며, "오산학교, 신성학교, 숭실학교 등이 위치하고 있던 정주, 선천, 평양 등은 '동양의 예루살렘'이라고 불릴 정도로 기독교 세력이 강했다"(같은 책, 225). 해방 후

람으로 그려질 뿐, 월남한 기독교인으로 묘사되지는 않는다. 그러나 과거 빨치산이었던 막내의 전력은 어떤 점에서 월남자가 과잉결정된 것은 아닐까. 알튀세르가 말한 과잉결정이 모순의 존재 조건이 모순으로 반영되는 과정을 뜻한다면, 과거 빨치산이었던 막내의 사례는 당대의 역사적 조건들을 '전위'의 방식으로 드러낸 것이 아닐까. 물론 영화는 전위가 '압축'되어 '폭발적'으로 전화되는 지점을 선보이지는 않는다. 그렇다 하더라도 <바람같은 사나이>는 비록 희미하게나마 우리로 하여금 당대의 역사적 조건들을 인식하도록 한다. 즉 영화는 기독교 반공주의에 기반을 둔 "대한민국의 설계자들"[17]을 선취매개해서 보여주고 있는 것은 아닐까.

다른 한편으로 <짝코>(1980)는 <바람같은 사나이>의 영화적 응답이라고 할 수 있다. <짝코>는 빨치산이어서 평생을 도주하며 살아가야 했던 짝코(김희라)와 빨치산을 토벌하는 전투경찰이었지만 실수로 짝코를 놓쳐 이후의 삶이 송두리째 뿌리 뽑혔던 송기열(최윤석)의 30년 동안의 삶의 궤적을 다룬다. 그것은 <바람같은 사나이>가 결코 말할 수 없었던 것을 '번역'함으로써, 이 영화로 하여금 벤야민적 의미에서 '사후의 삶(afterlife)'을 살도록 해준다. 여기서 확인할 수 있는 것은 영화와 사회적 현실이 일대일 대응 관계를 이루는 게 아니라, 영화가 당대의 사회적 현실을 재현할 때 무엇을 포함하고 또 배제하는가이다. 우리는 재현되지 않은 것 또는 말해지지 않은 것을 통해 이미 말해지고 재현된 것을 다시 심문하며, 이를 통해 영화를 둘러싼 당대의 역사적 조건들을 순간적이나마 일별할 수 있게 된다.

남한 사회에서 월남자들은 기독교 문화의 형성에 지대한 영향을 끼쳤다. "1950년대 중반까지 신설된 2000개의 교회 중 거의 90퍼센트가 월남 기독교인들에 의해 건립됐다"(김동춘, 『대한민국은 왜?』, 사계절, 2020, 144). 월남한 기독교인들이 반공주의를 기치로 해방 이후 현재에 이르기까지 남한 사회의 주류적 질서를 형성해온 것이다.

17_ '대한민국의 설계자들'이라는 표현은 김건우, 『대한민국의 설계자들』, 느티나무책방, 2017에서 빌려온 것이다. 이 책은 한국 우익의 기원과 형성 과정을 다룬다. 저자에 따르면, 한국 우익의 형성은 학병 세대, 월남 지식인, 기독교, 미국, 『사상계』, 근대화 등의 토픽과 긴밀하게 얽혀 있다.

급변하는 매체 변화 속에서 관객의 마음을 붙잡는 방법

이동윤 | 영화평론가, 시나리오 작가

1. 자본의 검열

2012년, 서울영상위원회에서 개최했던 시나리오 마켓에 참여한 적이 있었다. 내가 직접 기획하고 집필한 시나리오를 수많은 피디님들과 제작자분에게 소개할 수 있는 중요한 기회의 자리였다. 그때 만난 제작 관계자 분들은 모두 "여성 원탑 영화는 투자 안 됩니다."라고 조언을 해줬다. 여성이 홀로 억울한 누명을 벗어야 하는 스릴러 장르였던 내 시나리오에 대한 피드백이었다. 결국 시나리오에 대한 객관적 평가와는 무관하게 제작은 무산되었다. 그 이유는 복합적이겠으나 앞선 조언처럼 투자조건의 한계가 작용했다는 점은 명백하다.

여성이 단독으로 서사를 끌고 가는 장르 영화들이 상업성 없다는 판단은 일정 부분 시장의 결과를 반영한 것이었다. 실제로 천만 관객을 동원한 한국 대중 영화들 중 여성이 주인공인 영화는 전무하다. 유의미한 흥행 성적을 기록한 한국 작품들 중에서도 여성이 주인공인 영화는 손에 꼽을 만하다. '여성 원탑 영화'에 대한 투자 위축은 이러한 객관적 데이터를 바탕으로 내려진 판단이었기에 당시 시장의 입장은 근거 있다 주장할 수도 있을 것이다. 하지만 여성영화의 비흥행 원인이 보다 다양한 여성영화가 제작될 수 있는 토대가 마련되어 있지 않아서, 그 결과가 반영되어 완성된 편수와 흥행 결과에도 영향을 준 것은 아닌지 다시 생각해볼 여지가 있다. 물론 시장의 선택을 받아야만 하는 시나리오 작가에게 이러한 고민은 그 당시 사치였다. 여성영화에 대한 투자 위축의 원인이 무엇인지 판단하고 분석할 수 있는 여유가 당시 '영화판'에서 일하는 당사자들에게는 없었다고 여겨진다.

2014년, 심광현 선생님을 만나 맑스와 알튀세르를 공부하며 그 당시 제작 관계자들의 이야기가 제작 현장에 팽배해 있던 '이데올로기'였음을 깨달았다. 또한 여성이 주인공인 영화 시나리오를 집필한 나조차도 그러한 편견으로부터 자유로울 수 없었던 이유가 체제 내에 존재하는 이들이 절대 체제가 발휘하는 이데올로기에서 자유로울 수 없는 이유와도 크게 다르지 않다는 점을 깨달았다. 이데올로기는 그 자체를 하나의 허위의식으로 사유하는 순간 비판의 여지가 생긴다. 체제와 거리 두고 체제 내에서 작동하는 이데올로기를 먼 발치에서 바라볼 수 있는 사유의 힘은 결과적으로 '영화판' 자체를 한없이 낯설게 만들었다. 그 결과 시나리오를 기획하고 집필했던 과거의 내 모든 경험들을 성찰할 수 있었고 실패의 원인은 어디에 있었는지 좀 더 객관적으로 판단할 수 있게 되었다.

이데올로기에 대한 비판적 사유의 힘은 시나리오 작가로서 모든 결과의 책임을 작가 개인에게 돌리는 제작 현장으로부터 나 자신을 지킬 수 있는 기회를 만들어 주기도 했다. 제작사와의 계약 조건에서 '을'로서의 책임을 떠안은 작가들은 시장이 강요한 이데올로기를 충실히 반영하여 소위 말하는 '투자와 캐스팅이 가능한 시나리오'를 집필해야 했는데 이러한 강요로 인해 작가들의 사유는 제한될 수밖에 없다. 만약 작가가 시장의 요구를 온전히 수용하지 못한다면 이는 철저히 작가의 '능력 없음'으로 간주된다. 시장에서 '좋은' 시나리오는 이데올로기가 잘 반영되어있는, 흥행 가능성이 가늠되는 작품들이다. 따라서 좋은 시나리오 작가로서 능력을 인정받는다는 것은 시장의 이데올로기를 비판적으로 사유해서는 안 되는, 오직 그 이데올로기를 충실히 수행해내야 하는 일이기도 하다. 시나리오 작가로서 나는 자본의 검열 하에 놓여 있었던 셈이다. 자본의 이데올로기를 충실히 반영해야 한다는 제작의 원칙은 이미 그 자체로 일종의 '검열'이었다. 과거 국가 기관의 폭력적 검열은 가시적이었고 구체적이었기에 이에 대한 수용과 비판이 보다 직접적일 수 있었다면, 자본의 검열은 대중의 집단 무의식을 무기 삼아 '객관적'이라고 통상 여겨지는 데이터라는 것을 기반으로 수행되었기에 추상적이고 모호했다. 따라서 비판이 쉽지 않았고 체제 내에서 일하며 내가 겪는 문제들을 총체적으로 사유하는 것이 어려웠다. 심광현 선생님의 가르침은 이러한 한계 속에서 나를 구제할 수 있는 내적 힘을 키우는 기회였고 이를 통해 조금은 성장할 수 있었다.

2. 환경의 변화는 곧 기회다?!

2016년 여름, 논문을 쓰고 졸업한 뒤로 나는 잠시 제작 현장으로부터 떠나 있었다. 작품을 만들기보다는 이미 만들어진 작품들을 비평하고 관객과 함께 나누는 일들에 더 집중했다. 공부를 통해 쌓아올린 비판적 사유의 힘은 오히려 영화 시장을 낯설게 만들었기에 어쩌면 영화 이론을 공부한 뒤 비평에 더 관심을 갖게 된 것이 자연스러운 과정이었는지도 모르겠다. 하지만 시간이 흐르며 결국 나의 열정과 관심은 작품을 비평하는 것이 아닌 '창작'하는 것에 있음을 깨달았고 최근 다시 시나리오 작가로서 나의 경력을 시작했다. 그런데 5년이 흐른 지금, 영화제작 환경은 너무 많이 바뀌어 있다. 환경이 바뀌었다는 것은 그 내에서 작동하는 이데올로기 또한 뒤바뀌어져 있다는 것을 의미한다. 결국 나는 전혀 새로운 관점으로 새롭게 적응해야 하는 상황에 내몰려 있다.

환경의 변화는 2019년부터 시작된 듯 보인다. 2019년 영화계의 중요한 화두는 바로 '여성영화'였다. <벌새>(김보라 감독), <메기>(이옥섭 감독)의 흥행 성공은 여성 감독의 새로운 발견을 넘어서서 대중이 여성 서사를 욕망하고 있음을 확인할 수 있는 중요한 계기였다. 거기에 <항거: 유관순 이야기>(조민호 감독), <윤희에게>(임대형 감독)와 같은 작품들의 흥행은 여성영화를 '여성 감독'이 만든 작품에서 벗어나 서사 속 주인공과 이를 바라보는 시선의 문제로 확대시켰다. 하지만 2020년 2월 발생한 코로나19로 인해 여성영화에 대한 다채로운 논의는 그대로 소멸되어 버렸다. 특히 예상과 달리 장기화된 코로나19는 영화산업 전체를 붕괴시켰다. 완성된 작품들은 극장에서 개봉될 수 없었으며 촬영 중인 작품들은 방역을 이유로 더 이상 프로덕션을 진행할 수 없게 되었다. 상황이 이렇다 보니 새롭게 기획되는 작품들 또한 모두 중단되어야 했다.

새로운 기회는 영화산업이 아닌 OTT 시장에서 발생했다. 극장을 가지 않던 관객들은 OTT 플랫폼의 콘텐츠를 소비하기 시작했고 2021년 <오징어 게임>의 전 지구적 성공은 한국영화 제작자들이 OTT 서비스용 '시리즈물'에 관심을 집중하도록 만든 결정적 계기를 제공했다. 생산과 수요가 모두 OTT 시장에 집중되었으니 이후 상황은 쉽게 예상 가능할 것이다. 정확한 통계수치는 아니지만, 현장 관계자들 사이에서 오가는 이야기들을 종합해보면 2022년 2월 현재 투자, 제작되고 있는 영화는 거의 없으나 2022년 서비스 오픈, 또는 방송이 확정된 시리즈물은 총 300편가량 된다고 한다. 이 수치가 의미하는 바가 무엇인지를 지금 당장 논하는 것은 이 글의 목적이 아니다. 중요한 것은 영화산업이 붕괴하고 새롭게 등장한 OTT 시장에 빠르게 적응해야 하는 시나리오 작가로서의 나의 고민이 어떻게 심광현 선생님의 가르침과 연결되고 있는지를 분석하는 것에 있다. 과거 자본이 검열해왔던 영화산업이 붕괴했다면 OTT 시장은 어떤 검열 하에 놓여 있는지, 한국이라는 지리적 경계가 무너지고 이제는 글로벌 시장을 상대로 해야 하는 콘텐츠를 제작한다는 것은 어떤 것인지, 더 나아가 이런 전환기의 환경을 또 하나의 새로운 기회로 만들 수 있는 방법은 무엇인지를 살펴보는 것에 이 글의 목적이 있다.

물론 이러한 질문들의 답을 찾는 것은 그 자체로 또 하나의 연구 주제로서 이 지면에서 모두 수행 불가능하다. 하지만 제작 현장에 몸담고 있는 시나리오 작가로서 급변하는 제작 현실의 이면을 좀 더 면밀히 파악하고 그 사이에 심광현 선생님의 가르침이 어떻게 개입될 수 있는지, 그 가능성을 예측해보는 것은 충분히 가능하리라 생각한다. 더 나아가 이론과 실제를 접목하는 것의 어려움 또는 그 가능성을 시나리오 작가의 입장에서 조금은 사적으로 고백하는 것 또한 영화 연구와 시나리오 집필이라는 두 영역 내에서 활동하는 나뿐만 아니라 두 영역 각각에서 활동하는 모든 이들에게도 조금의 영감을 제공할 수 있지 않을까 기대한다.

3. 어떤 소재가 시장의 선택을 받을 수 있을까?

시장의 관점에서 과거 한국영화를 제작할 때 타겟 오디언스는 최소 '한국인'으로 특정화되어 있었다. 하지만 이제 관객은 전세계인으로 확대되었다. 무너진 경계 사이로 우리는 확장의 가능성을 얻었지만 확대된 영토는 그 어느 때보다 더 미지의 세계로 다가온다. 한국도 글로벌 콘텐츠를 만들어 전 세계 무대에서 인정받을 수 있다는 인정욕구는 분명 한 차원 더 현실화되었지만 막상 그 욕구의 끝에 닿아 있는 목표는 그 어느 때보다 더 추상적이다. 이는 결과적으로 자본이 수행하는 검열의 칼날이 이전보다 더욱 모호해졌음을 의미한다. 현장은 '넷플릭스 투자 담당자들이 과연 무엇을 원하는가'에 관심을 집중시키고 있다. 이는 과거 한국 토착 대자본으로 구성된 영화산업의 이데올로기에 부합하는 작품을 집필해야 하는 상황과 크게 다르지 않지만, 그 상황의 양상은 과거와는 전혀 다르다. 바로 '투자 담당자'들이 모호하다는 데 있다.

한국의 넷플릭스는 미국 캘리포니아에 본사를 두고 있는 '지점'이다. 그러다 보니 한국 넷플릭스를 대표하는 대표자들 또한 본사의 허가가 있어야 투자, 제작을 진행할 수 있다. 한국의 제작자들이 그토록 마음을 얻고자 노력했던 대상이 한국인에서 '미국인'으로 바뀌는 순간 구애의 춤을 춰야 하는 제작자들은 누구를 향해야 하는지 오리무중에 빠진다. 그 이유는 결정 권한을 지닌 '미국인'에 대해서 우리는 아무것도 알지 못하기 때문이다. 이는 결과적으로 검열의 주체가 국가에서 토착 자본으로, 다시 초국적 자본으로 치환되며 더욱 추상적으로 바뀌어버렸음을 의미한다. 현재 제작 현장에서 시나리오를 집필하며 이 글을 읽게 될 미국의 심사 담당자들을 상상하기란 쉽지 않다. 하지만 우리는 여전히 그들을 상상하며, 이 글이 그들의 마음에 가닿기를 상상하며 집필한다. 부재한 존재를 실체로 상상하며 집필하는 것은 이미 그 자체로 모순이다.

누군가는 넷플릭스의 콘텐츠 트렌드를 살피며 이러한 현실이 과거 자본의 검열로부터 좀 더 자유롭게 벗어날 수 있는 기회가 될 수 있다고 판단하기도 한다. 그래서 좀 더 다양한 장르와 소재들이 작품화될 수 있다고 기대하기도 한다. 물론 위기는 기회가 될 수 있고, 격변기는 또 하나의 변혁, 혁명의 기회가 될 수도 있다는 점에서 이 주장은 틀리지 않다. 하지만 그렇다고 자본이 더 이상 검열을 하지 않을 것이다, 또는 그 검열의 결이 일방적이거나 폭력적이지 않을 것이라고 쉽게 판단할 수는 없다. 여전히 작동은 하나 그 어느 때보다 더욱 모호해진 검열의 칼날을 극복하기 위해선 관점의 이동이 필요하다. 결론부터 이야기한다면 우리는 검열이 행해지는 콘텍스트가 아닌 검열의 대상인 텍스트 자체에 초점을 맞춰야 한다.

심광현 선생님은 들뢰즈와 가타리, 루이 옐름슬레우의 이론을 바탕으로 영화 제작 과정을 여섯 개 단계로 구분했다. 내용면과 표현면 각각의 재료, 형태, 실체는 작품의 기획단계에서 집필단계, 투자를 거쳐 프리프로덕션, 프로덕션, 포스트프로덕션 과정을 통해 상영으로 이어지는 일련의 각 공정으로 체계화된다. 그리고 이 각각의 공정이 어떻게 표상하는 현실을 미분하고 적분하는지, 또 그 결과가 어떻게 정동적-이데올로기적 문제틀을 구성하여 대중의 무의식에 개입하고 천만 관객을 모을 수 있었는지 근원적 요인들을 밝혀냈다. 이러한 심광현 선생님의 연구결과는 점점 더 추상적으로 모호해져

가는 자본의 검열을 극복할 수 있는 대안을 제시해주는데, 이를 위해서 선생님의 연구결과를 이미 완성된 작품들에 대한 분석적 도구로서 제한적으로 받아들여서는 안 된다. 오히려 작품을 집필하는 창작자에게 더욱 유용한 도구로서 사유했을 때 그 가능성은 더욱 선명해진다.[1]

　시나리오 작가가 하나의 작품을 구상하는 단계에서부터 이미 자본의 검열은 작가의 무의식 내에서 작동한다. 어떤 소재를 선택해야 최종 시나리오가 선택받을 수 있을까? 이 질문은 궁극적으로 검열의 주체를 향한다. 하지만 이미 실체가 사라진, 소문으로서만 존재하는 검열의 주체를 구체적으로 사유하는 것은 그 자체로서 모순이다. 오히려 추상적인 검열의 주체를 삭제하고 그 자리에 관객을 위치시킨다면 고민의 방향은 달라질 수 있다. 물론 '관객'이란 개념 또한 이미 추상적이다. 특히 글로벌 OTT 서비스를 통해서 관객 대상이 전지구적으로 확대된 이상 '관객' 또한 검열의 주체처럼 이미 모호해져 버렸다. 하지만 그 관객들을 전체적 개념으로서의 단일한 추상적 대상이 아닌 다채로운 자율적 의지를 지닌 개인들의 연합으로 사유한다면, 그래서 '어떤 소재를 선택해야 관객들이 좋아할 수 있을까?'라는 질문을 '어떤 소재를 선택해야 관객들의 마음을 움직이고 그들을 구체적으로 행동할 수 있게 만들까?'라는 질문으로 구체화할 수 있다면 추상적 검열의 주체로부터 벗어나 좀 더 다양한 열린 시선으로 소재를 선택할 수 있지 않을까? 왜냐하면 검열의 주체 또한 절대적으로 '자율적 의지를 지닌 한 개인'에 속할 테니까 말이다.

　심광현 선생님의 영화 이론의 철학적 사유가 지닌 힘은 관객을 이데올로기에 쉽게 현혹되는 텅 빈 기호로 사유하지 않는다는 데 있다. 심광현 선생님은 하나의 작품을 보기 위해 극장에 가는 관객들의 능동적 행동이 시대를 향해 자신의 의견을 주체적으로 발화하는 어떤 가능성에 다름 아니라고 파악했다. 그리고 이러한 의지가 모여 만들어진 '천만 관객'이라는 신화는 그 자체로

---

1 심광현 · 유진화, 『대중의 철학이 된 영화』, 희망읽기, 2021, 64-110 참고.

현실을 변혁할 수 있는 충분한 역량을 지니고 있다고 주장한다. 시나리오 작가로서 심광현 선생님의 이러한 강조점은 집필한 작품의 관객을 좀 더 구체적으로 사유할 수 있도록 만든다. 또한 작가가 집필하는 작품이 단순한 문화상품을 넘어서서 대중의 마음을 움직이고 이를 통해 현실을 변화시킬 수 있는 힘을 지닐 수 있다는 믿음을 안겨 준다. 영화의 종말을 논하는 시대 속에서 오히려 영화의 새로운 가능성을 주장하는 심광현 선생님의 가르침은 이미 그 자체로 혁명적이라 할 수 있다.

4. 현실적 콘텍스트와 허구적 콘텍스트 사이에서

그렇다면 이러한 주장을 어떻게 실제로 실현시킬 수 있을까? 관객을 혁명적 가능성을 내재한 주체적 존재로 사유한다 하더라도 그러한 관객 다수의 마음을 움직일 수 있는 작품을 집필한다는 목표는 좀 더 구체적인 계획들을 필요로 한다. 이를 극복하기 위해선 작품을 집필하는 작가가 처한 현실적 콘텍스트와 그가 집필하려는 허구적 콘텍스트 사이에서 발생하는 균열의 지점을 면밀히 고려할 필요가 있다. 작가는 자신이 처한 현실에서 소재를 찾고 구체화한다. 따라서 현실적 콘텍스트는 지정학적 요인으로부터 자유로울 수 없다. 작가가 물리적으로 체험하고 살아낸 삶의 경험들은 구체적인 위상(topology) 내에서 발생하기 때문이다. 하지만 이를 바탕으로 창작해낸 스토리, 허구적 콘텍스트는 구체적 삶의 경험을 문학적으로 치환하여 영상화의 토대가 된다. 사건과 캐릭터라는 서사적 기본 요소들은 작가가 두발 딛고 있는 현실을 다양한 방식으로 반영한다. 그리고 그 반영의 결과로서 새로운 해석의 여지를 낳고 이를 통해 예술적 성취를 완성한다. 이때 허구적 콘텍스트는 지정학적 요인으로부터 벗어나 작가의 자유로운 상상적 세계 속에서 구축된다. 따라서 허구적 콘텍스트는 초국적이게 된다.

이 과정은 '미분'을 통해 진행된다. 작가의 경험을 사건과 캐릭터로, 다시 사건은 막과 시퀀스, 장과 장면으로, 캐릭터는 주인공과 적대자를 중심으로 조력자와 관문수호자, 변신자제자와 같은 주변 인물들로 확대되어 하나의 세계를 구성한다. 미분은 필연적으로 현실을 잘게 쪼개어 디테일에 집중하도록 만든다. 디테일은 그 자체로 하나의 작은 빛이다. 빛들이 모여 성좌를 이루고 성좌들이 모여 하나의 우주를 구성하듯 디테일에는 수많은 의미와 맥락, 차원들을 함축시킬 수 있다. 이것이 전지구적 관객들을 초국적 상황 속에서 서로 연결 짓도록 만들 수 있는 단서다.

현실적 콘텍스트에서 중요한 것은 각 지정학적 요인에 의해 결정된 개별 사회구성체의 특정성을 고려하는 것이다. 나의 삶이 타인의 삶과 다르다는 점, 그 다름은 그들이 발 딛고 살아가는 사회 체제 내의 다양한 요인들이 서로 총체적으로 구성된 사회구성체에 의해서 발생한다는 것을 이해하는 것은 작가로서 내가 발 딛고 살아가는 삶의 조건이 타인의 삶과 어떻게 다르고, 왜 다를 수밖에 없으며, 그 원인은 어디서 찾을 수 있는지를 발견하도록 만든다. 이는 작가가 속한 체제 내의 이데올로기를 낯설게 만드는 과정이기도 하다. 나의 문제를 새로운 관점에서 사유했을 때 그 균열의 사이에서 창작의 가능성이 꽃피워진다. 이를 위해서는 현실을 미분해야 한다. 소재로서 선택한 삶의 작인들을 곧바로 허구적 콘텍스트와 디제시스, 미메시스 차원의 텍스트로 미분화하기 전에 먼저 앞서 특정성 개념 속에서 미분화하는 것이 필요한 것이다. 그래야 현실적 콘텍스트는 허구적 콘텍스트의 재료가 될 수 있다. 그러지 않으면 현실적 콘텍스트를 허구적 콘텍스트로 번역하는 과정에 작가의 이데올로기가 섣부르게 개입하게 되고 체제 내로부터 자유로울 수 없는 이데올로기는 절대 작품 내에서 관객들을 이데올로기로부터 벗어나 비판적으로 사유할 수 있도록 만들지 못한다.

현실적 콘텍스트를 앞서 미분해야 하는 또 다른 이유는 허구적 콘텍스트 내에서 점점 더 미분되는 작은 조각들에 현실을 넘어 한 존재로서의 인간 경험의 근원적 감정과 정서들을 심어 넣을 수 있기 때문이다. 특정성으로 미분된 조각들은 서로 다른 사회구성체 내를 살아가는 각각의 개별자들이 결국은 하나로 연결될 수 있음을 발견하는 가능성을 내포한다. 자본의 재생산에서 최종심급은 결국 '경제'다. 경제는 그 자체로 삶의 토대이어서 생존을 위한 개별자들의 삶은 근원적이며 원초적이고, 동물적이며 감각적일 수밖에 없다. 인간이 배고플 때 하는 행동들의 본질은 결과적으로 모두 동일하다. 행동이 발휘되는 사회구성체의 차이가 그 행동들을 구별 짓는 것처럼 보이지만 결국 그럼에도 '배고픔'이란 감각은 모든 인간이 느끼고 경험하는 요소다. 허구적 콘텍스트의 미분된 작은 조각들에는 이 감각이 담겨질 수 있다. 이로써 전 지구적 관객들은 각자의 서로 다른 삶의 경험에도 불구하고 하나의 쇼트, 그 쇼트가 이뤄낸 편집의 운동성에 담긴 구체적 삶의 감각들을 통해 하나로 연결된다.

가장 한국적인 것이 가장 세계적이라는 주장은 한국이라는 특정성과 국경을 넘어 전 세계의 다양한 관객들이 경험하는 개별적 특정성 사이의 관계망을 형성함으로써 실현 가능하다. 세계는 절대 추상적이거나 관념적인 실체가 아니다. 이 지구상 곳곳에는 각자의 삶을 치열하게 살아내고 있는 사람들이 곳곳에 존재하며 그들의 삶은 모두 구체적이고 실재적이다. 나의 삶을 보다 치밀하게 들여다보는 것은 결과적으로 다른 시공간에 있는 사람들의 삶을 치밀하게 들여다보는 행위가 될 수 있다. 그만큼 나의 삶을 더욱 소중히 대하고 진중하게 응시하는 것은 작가로서 반드시 필요한 자세가 아닐 수 없다.

5. 영화 vs. TV 드라마 vs. OTT 시리즈물

미분된 현실적 콘텍스트를 허구적 콘텍스트에 적용하여 하나의 작품을 만드는 과정에서 또 한가지 고려해야 하는 점은 영화에서 OTT 시리즈물로 패러다임이 전환되고 있는 제작 환경을 반영하는 것이다. 영화와 시리즈물은 물리적으로 다른 차원의 독립된 두 장르다. 하나의 이야기를 2시간 구조의 서사에 담는 것과 1시간 분량의 에피소드 8개의 서사에 담는 것은 절대 동일할 수 없다. 아리스토텔레스는 전자를 비극으로, 후자를 서사시로 구분지었다. 서사시는 다수의 스토리가 연결된 구성으로 일정한 길이를 지닌 비극보다 규모가 크다.[2] 물론 아리스토텔레스가 말한 비극은 무대공연 예술이고 서사시는 서술자 일인에 의해 진행되는 이야기극이라는 점에서 현재의 영화와 시리즈물의 차이로 단순 비교할 수는 없다. 하지만 길이의 차이는 근본적으로 각 형식 내에서 작용하는 일종의 법칙들을 서로 다르게 적용하도록 만든다.

영화와 시리즈물의 형식적 차이는 극장이라는 스크린과 TV라는 브라운관이 지닌 매체적 차이로부터 비롯된다. 영화는 기획단계를 거쳐 프리프로덕션, 프로덕션, 포스트프로덕션 과정을 모두 통과해서 완성된 작품을 상영한다. 하지만 전통적인 TV 드라마는 4회 분량의 대본을 완성한 뒤 편성을 받아 온에어 됨으로써 미완성 단계에서 공개된다. 이러한 극명한 차이는 작법적 관점을 완전히 다르게 만들었다. 영화 시나리오에서 가장 중요한 핵심은 인과관계에 있다. 사건과 인물 사이의 유기적 인과성은 궁극적으로 관객의 몰입과 감정이입을 가능케 한다. 하지만 TV 드라마는 물리적으로 이러한 인과관계를 영화적 밀도로 만들어낼 수 없다. 오히려 느슨해질 수밖에 없는 사건들 사이의 빈틈을 캐릭터의 감정으로 채워 넣어 사건보다는 캐릭터가 더욱 부각될 수밖에 없는 구조다. 조금 투박하게 단순화시켜 논의한다면 영화는 사건 중심, TV 드라마는 캐릭터 중심의 서사 구조적 특징을 띤다고 이야기해볼 수 있을 것이다.

그런데 OTT 서비스는 TV 브라운관으로 소비했던 TV 드라마 형식을 다시 한번 새롭게 개선하도록 요구한다. TV 드라마는 방영 시간이 결정되어 있기에 각각의 에피소드를 관람하는 시간적·물리적 간격이 존재한다. 반면 OTT 서비스는 시리즈물의 모든 에피소드를 일시에 공개함으로써 시청자가

2_ 아리스토텔레스, 『수사학/시학』, 천병희 옮김, 숲, 2017, 410-411.

더욱 강한 몰입감으로 작품을 소비하도록 만든다. OTT 서비스가 이러한 전략을 활용하는 것은 궁극적으로 가입자를 늘리고 기존 독자들의 구독을 유지하기 위한 중요 전략인데 그 요인이 OTT 서비스의 관람 형태에서 비롯한 것인지, 케이블의 등장으로 AV 서비스에 이미 관객이 적응해서인지, 아니면 SNS로 인해 숏폼 형식을 빠른 속도로 소비하는 대중적 감각에 의한 것인지는 지금 이 자리에서 논의하기는 어렵다. 분명한 것은 현 OTT 서비스의 시리즈물이 대부분 영화적 몰입감을 바탕으로 시청자를 끌어들이고 있고 OTT 서비스의 투자 제작 결정권자들 또한 이러한 특성의 콘텐츠 기획안을 더욱 선호하고 있다는 점이다. 결국 OTT 서비스에 부합하는 시리즈물을 제작하기 위해서는 영화의 몰입감을 가능케 하는 인과적 밀도감과 이를 TV 드라마적 길이로 확장시킬 수 있는 새로운 시나리오 작법론이 필요한 현실이다.

결국 영화 시나리오 작가와 TV 드라마 작가는 모두 갑작스레 도래한 새로운 현실에 적응하기 위한 각자의 노력을 펼쳐야 한다. 영화 시나리오 작가는 2시간 호흡의 서사 구조를 8시간 이상의 서사 구조로 펼쳐낼 수 있는 역량이 필요하다. 반면 미완성 상태로 온에어 하며 급변하는 상황을 반영해 대본을 완성해왔던 TV 드라마의 경험에는 전편 사전제작이라는 제작조건과 16부에서 8~10부로 보다 밀도감 있는 구조 내에서 서사를 완결 지을 수 있는 역량이 필요하다. 이를 반영한 듯 넷플릭스에서 유의미한 성과를 낸 작품들은 대부분 TV 드라마의 제작 경험과 영화제작 경험에 유연하게 접근한 제작사의 기획 작품들이다. <킹덤>의 경우 제작사는 <시그널>(2016), <백일의 낭군님>(2018) 등을 기획 제작한 TV 드라마 제작사다. 하지만 PGK(한국영화프로듀서조합) 소속의 장원석 프로듀서의 제작 감수를 통해 <시그널>의 김은희 작가가 집필하고 감독은 <끝까지 간다>(2014), <터널>(2016)의 김성훈 감독이 맡았다. 영화제작자와 TV 드라마 제작자의 효과적인 조합은 TV 드라마적 구성에 강한 몰입감을 만들어내는 긍정적 효과를 낳았다. 그리고 이로써 한국 콘텐츠의 가능성을 넷플릭스가 발견하게끔 만들어 이후 한국 시리즈물의 제작 활성화에도 큰 기여를 했다. 특히 <D.P.>(2021), <지옥>(2021)을 연달아 흥행시킨 클라이맥스 스튜디오를 인수한 JTBC스튜디오는 앞으로 영화와 시리즈물을 넘나들며 많은 활약을 펼칠 수 있는 다크호스로 등장하며 최근 많은 주목을 받고 있다. 아직 예측하긴 이르나 지금까지의 과정을 봤을 때 허구적 콘텍스트로 미분화하기 위한 새로운 이론적 체계는 다양한 경험을 통해서 분명 수립될 수 있을 것이라 기대한다.

6. 그래서, 작가들은 관객의 마음을 움직일 수 있을까?

다시 처음 질문으로 돌아가서, 영화산업이 붕괴하고 새롭게 도래한 OTT 서비스 시장에서 과연 영화 시나리오 작가였던 나는 잘 적응할 수 있을까? 적응의 승패는 현실을 어떤 시선으로 바라보느냐에 달려 있을 것이다. 이를 위해선 내가 속한 현실과 타인이 속한 현실이 서로 같지 않다는 점을 인정하는 것이 중요하다. 서로의 다름은 결과적으로 질문을 낳는다. '나는 이러한데 저들은 어떠할까?'라는 질문은 결국 상대의 삶에 대한 관심을 바탕으로 그들의 삶을 더욱 깊게 들여다보도록 만든다.

여기서 중요한 점은 타인의 삶에 관심을 가질 때 내가 속한 삶의 거처가 어디인지를 분명하게 인식해야 한다는 것이다. 내가 처한 현실에 대한 인식과 자각, 낯설게 하는 과정이 선행되지 않는다면, 그래서 내 삶조차 추상적으로 인식하고 있다면 절대 타인의 삶을 구체적으로 사유하고 공유할 수 없다. 무엇보다 나의 감각과 경험을 실체화하고 확장시키는 것이 중요하다. 심광현 선생님과 함께 수업을 진행하며 한때 각자 도시락을 준비해와 함께 점심을 먹은 적이 있었다. 이때 선생님은 도시락을 반드시 내가 직접 요리한 음식들로 준비해올 것을 강조했다. 타인에 의해서 유지되는 삶이 아닌, 내가 직접 나의 배고픈 배를 채우기 위해 수고를 감행하는 것은 이론을 공부하고 배우는 것을 넘어서서 그 이론들을 몸으로 체화하고 직접 실천의 도구로 사유할 수 있는 중요한 영감의 기회를 제공한다고 가르치셨다. 시나리오 작가로서 이론을 공부하며 항상 잊지 않으려는 것은 이론을 통해 직접적으로 삶을 사유하고 구체적인 실천 대안들을 찾는 것이다. 이는 현실에서 발견한 삶의 재료들을 바탕으로 작품화하는 과정에서 반드시 필요한 태도이기도 하다.

하지만 여전히 부족함을 느낀다. 배움의 미흡함, 경험의 부족함, 시야의 협소함은 시나리오 작가로서 세상을 추상적으로 사유하고 있다는 반증이기도 하다. 이를 극복하기 위해 지금도 노력하고 있으나 그때마다 잊지 않으려는 심광현 선생님의 가르침이 있다. 내가 무언가를 모른다고 생각하는 것은 진짜로 몰라서라기보다 이미 경험하고 습득한 지혜와 지식들을 모른다고 '판단하고 있기 때문이라는 것. 그래서 아직 부족한 게 많다는 겸손함은 내가 속한 현실을 추상적으로 인식하고 있다는 자각을 지연시키는 게으름을 뒤덮으려는 변명에 불과할 수 있다는 선생님의 가르침을 항상 떠올린다. 내 앞에 도래한 파국으로부터 시선을 돌리지 않고 아프더라도 응시하고 바라보는 것. 시나리오 작가로서 나의 현실을 더 구체적 실체로 받아들이고 이를 통해 타인의 현실을 이해하고 바라보며 서로 연대 가능성의 꽃을 작품으로 승화시키는 것이 이제 남은 나의 과제가 아닐까 싶다.

우리는 기생충인가 계급인가?

: <기생충>(봉준호, 2019)에서 구조와 행동의 악순환

이창우 | 영화평론가

<기생충>에서 가장 인상 깊었던 장면은 노동자가 자신의 고용주를 칼로 찌르는 사건이었다. 가난한 사람들 사이의 투쟁은 봉준호의 영화들에서 자주 보아 왔기 때문에 하등 놀랍지 않지만 하급자가 자기 고통의 원인인 상급자를 직접 공격하는 행동은 낯설었다. 난장판이 된 파티의 한 가운데에서 벌어진 그 '계급투쟁'의 양상 자체가 강렬했다고는 할 수 없다. 박사장(이선균 분)의 심장에 칼을 꽂은 김기사(송강호 분)의 몸짓은 비장하지도 카타르시스를 불러일으키지도 않는다. 그는 쌓아 왔던 모멸감을 "엉겁결"[1]에 내질러버린 것이다. 문제는 이 영화를 포함해서 일관된 질서를 갖는 봉준호의 우주 안에서 이 사건이 갖는 특이하고 문제적인 위치다.

봉준호는 구조와 행동 사이의 '악순환'[2]을 지속적으로 탐구해왔다. 사회 시스템의 부조리를 생생한 모델로 제시하는 한편, 부조리에 대응하는 실천이 바로 그 부조리의 일부라는 아이러니를 끌어낸다. 2000년대의 네 영화, <플란다스의 개>(2000), <살인의 추억>(2003), <괴물>(2006), <마더>(2009)[3]는

1_ 이동진, 『이동진이 말하는 봉준호의 세계』, 위즈덤하우스, 2020, 23.
2_ 심광현·유진화, 『인간혁명에서 사회혁명까지: 문명 전환을 위한 지식순환의 철학과 일상혁명 스토리텔링』, 희망읽기, 2020, 116.
3_ <플란다스의 개>는 뇌물을 줘야 교수가 될 수 있는 학원 비리를 폭로하지만 주인공 한 명은 결국 대학의 부패에 공모하고, 다른 한 명은 노숙자에게 죄를 전가시킨다. <살인의 추억>은

수갑으로부터 벗어나려는 손목의 몸부림이 오히려 손목을 더 조이는 '동적 잠금'장치가 점점 더 정교하게 진화하는 궤적을 보여준다. 주인공들의 공모행위는 번민(구직), 박해(고문수사), 정치혐오(가족주의), 죄의 전가(살인)의 순으로 더 적극적이 되는 경향이 있다. 이들의 공통점은 두 가지다. 먼저 부조리의 궁극적 원인이 사회적 생태계의 최상위 포식자, 즉 지배 엘리트에게 있다는 지식을 알려준다. 다음으로 그들을 주인공의 생활세계로부터 아주 먼 곳에 배치한다. 그리하여 시스템의 부조리가 하향하여 침전된, 악당들만 모인 것 같은 사회의 하수구 안에서 주인공이 악전고투하게 만드는 것이다. 부조리의 근원은 쇼윈도 안의 상품처럼 볼 수는 있지만 손에 닿을 수는 없다.

동적 잠금장치를 설계하는 또 다른 비결은 상하계층의 대표자가 야합하거나 거래함으로써 싸움을 멈추는 방식이다. <설국열차>(2013)의 차량별로 배치된 계급 시스템은 애초에 지배 엘리트와 혁명가들의 야합에 의해 설계되었음이 밝혀진다. 그렇다면 남은 대안은 시스템을 버리고 황량한 외부세계로 도주하는 길밖에 없다. <옥자>(2017)의 미자(안서현 분)는 옥자를 살리는 대가로 도축 회사에게 황금 돼지를 지불하고 전선으로부터 퇴각한다. 죽어갈 다수의 슈퍼돼지를 방임할 수밖에 없는 쓸쓸함을 배경으로 가족과 은자(隱者) 생활하는 것 외에 지속할 수 있는 삶의 형태는 없다고 영화는 암시한다.

그러므로 <기생충>의 계급 간 살인사건은 봉준호의 우주에서는 뉴스가 아닐 수 없다. 지배 엘리트를 대표하는 인물들의 생활세계는 화면 밖으로 밀려나 있기는커녕 하층민 주인공들의 생활세계와 중첩된다. 주인공들은 단체

부녀자 연쇄살인의 궁극적 원인이 법질서의 잘못에 있음을 강력히 암시하지만 마지막에는 관객의 리비도를 국가 시스템 비판이 아닌 범죄의 미스터리에 집중시킨다. <괴물>은 진정한 괴물이 미군과 미디어, 공무원 사회, 시민들 사이에 만연한 이기주의임을 훌륭하게 제시하지만 정작 주인공은 자신과 비슷한 희생양인 돌연변이 올챙이와 싸운다. 영화는 비록 '정상가족'에 대한 비판을 함축함에도 불구하고 환멸 속에 사회와 담을 쌓고 가족 내부로 철수하는 길로 나간다. <마더>는 하층계급 공동체 안에서 순환하는 죄의 회로가 빈부격차와 성착취에서 비롯됨을 보여주면서도 '어머니-탐정'이 사태에 깊게 개입하면 할수록 그녀 자신이 하층민 세계에 집결된 죄의 진액에 더 큰 죄를 보탠다.

로 온전히 엘리트 가족의 가내 노동자들인 것이다. 또한 계급 사이의 야합이나 거래는 꿈도 꿀 수 없다. 상류층은 하류층의 냄새를 혐오하고 하류층은 상류층의 순진함을 조롱하고 속여먹는다. 그럼에도 불구하고 정말 놀라운 것은 다음이다. <기생충>은 이전 작품들과 똑같이, 아니 더 세련된 동적 잠금장치를 구축한다. 봉준호는 이렇게 말하는 듯하다. '하층계급의 상층계급에 대한 저항을 생략하거나 무화시키는 기존 방식은 하수(下手)의 길이다. 오히려 사회의 꼭대기로부터 맨바닥까지 전 범위를 횡단하는 활동의 자유, 스케일, 복잡성을 고스란히 허용하면서도 우리를 가두는 것은 위로부터 씌운 쇠우리가 아니라 부조리를 느끼고 인내하고 분개하는 우리의 감정, 싸우기 위해 들고 일어나는 우리의 에너지 자체임을 보여야 한다.' 활력에 의존하여 그것을 체념시키는 화려한 폐쇄의 아이러니로부터 아래와 같은 송경원의 감상도 나올 법하다.

이토록 철저히 닫힌 세계를 마주한 뒤 우리에게 그 다음을 이야기할 기력이 남아 있긴 한 걸까. 동시에 한편에선 체념의 과정이 이렇게 재미있고 흥미로워도 되는 것인가 하는 불안도 피어난다.[4]

하지만 저 '흥미로운 체념의 과정'은 안정적이지도 예측가능하지도 않다.

<기생충>에서는 주인집 남성과 피고용인 사이에 아무런 성적 관계가 성립하지 않고 신데렐라적 로맨스도 피어나지 않는다. 그렇다고 개인적 원한 관계가 숨어 있는 것도 아니다. 즉 집 주인과 기택 가족 사이에는 이렇다 할 갈등이 발생하지 않는다. 따라서 영화 후반부에 기택이 집주인 남성을 갑작스럽게 공격하는 장면은 관객을 혼란에 빠뜨린다.[5]

4_ 송경원, 「<기생충> 목에 걸려 넘어가지 않던 순간들」, 『씨네21』, 2019. 6. 26. http://www.cine21.com/news/view/?mag_id=93297

5_ 강태웅, 「대저택의 하녀들과 기생충 가족」, 『일곱 시선으로 들여다 본 <기생충>의 미학』, 서해문집, 2021, 224-225.

그렇다면 두 가지 질문이 자연스럽게 떠오른다.

첫째, <기생충>의 세련된 동적 잠금장치는 어떻게 작동하는가? 즉, 주변부 사각지대가 아닌 전체 사회의 양극단을 커버하는 범위로부터 어떻게 자기감금의 결론이 유도될 수 있는가?

둘째, <기생충>의 박사장 살인사건은 잠금장치의 균열과 관련하여 어떤 의미를 갖는가? 즉, 빈자들이 스스로 기생충이 아니라 하나의 계급임을 자각하는 예외적 순간이란 어떤 방식으로 발생하는가?

체념으로 인도하는 장치가 계급투쟁을 분출시키는 장치이기도 한 아포리아의 실체를 더 가까이에서 보고자 이글은 쓰였다.

1. 동적 잠금장치

유머러스하게 묘사된, 꼽등이와 관련된 첫 신은 영화의 막이 내릴 때까지 지속될 세 가지 요소의 특이한 배치를 우화적으로 보여준다. 거리 방역이 시작되자 기택(송강호 분) 가족은 소독 연기가 반지하 방으로 들어오도록 창문을 연 채로 둔다. 식빵을 먹을 때 테이블 위에서 꼽등이를 발견한 직후 기택은 창문을 닫으려는 아이들을 제지하며 "놔둬 봐. 공짜로 집안도 소독하고 꼽등이도 없애고"라고 말한다. 뿌연 연기가 좁은 거실을 금방 채우고 가족들이 콜록콜록거리며 괴로워한다. 기침하는 장면은 다소 긴 20초간이나 계속된다. 지상의 방역가스, 반지하 가족, 꼽등이라는 세 요소는 점점 작아지는 권력을 가졌다. 소독연기는 만질 수도 그것에 반작용할 수도 없는 기체로서 공간 내부의 숨 쉬는 모든 것에 독성을 침투시킨다. 그러나 실내의 꼽등이를 잡기 위하여 가스라는 외부의 힘을 끌어들인 것은 가족 자신이다. 가족의 주관적 의식에서는 지상의 방역하는 사람과 자신은 똑같은 인간이고 꼽등이는 인간의 힘으로 제거되어야 할 비인간이다. 그러나 가스의 객관적 작용은 인간과 비인간에게 똑같이 고통을 준다. 이 부정적 경험은 기택네와 꼽등이가 다른 세계에 속한다고 가족이 믿는 진리를 반박한다. 방역 가스의 관점에서 그 둘은 같은 지하의 식구인 것이다.

세계를 분할하는 두 방식('인간 대 비인간'과 '지상 대 지하')이 우화 속에서 교차한다. 기침하는 아픔을 통해 뭔가 잘못되었다는 것을 느끼기 전까지 인물들은 '인간 대 비인간'의 구도에 토대하여 구성한 가상세계에 갇혀 있다. 이글에서는 그 가상세계를 레이먼드 윌리엄스를 따라 '경험의 구조'[6]라고 부를 것이다. 경험구조의 바깥에는 '지상 대 지하'의 구도로 분할된 객관적 세계가 존재한다. 관객은 영화가 암시하는 단서를 종합하여 경험구조의 내부와 외부를 동시에 볼 수 있다. 하나의 구도가 다른 구도로 바뀌는 전환의 순간은 인물들에게 객관 세계를 왜곡해서 전달하던 경험구조에 외부를 내다볼 수 있는 구멍이 뚫렸다는 것을 의미한다. 기침의 리듬에 맞춰 솟구쳐 오른 외부세계로부터 전달된 충격 때문에 그 외부를 '봉쇄'[7]하던 경험구조가 '단절'[8]의 순간을 맞이한다.

<기생충>은 세 가족 사이의 이야기다. 박사장 가족, 그들에게 가내 노동자로 고용된 기택 가족, 해고된 전임(前任) 가정부인 문광(이정은 분) 가족이 서로 얽혀 있다. 이 영화는 계급격차의 부조리를 생생하게 재현한다고 흔히 알려졌지만 사실 그와는 반대로 그러한 부조리를 무화시키는 부조리가 재현의 초점이다. 자본가와 노동자 사이의 갈등을 노동자 사이의 갈등으로 전가시키는 시스템의 부조리가 그것이다. 정규직/비정규직 노동자 사이의 다툼을 비롯해서 다양한 노동자들 사이의 '노-노 갈등'이 자본주의의 본질적 계급갈등을

6_ 레이먼드 윌리엄스, 『문학과 문학이론』, 박만환 옮김, 경문사, 2003, 190. 유사 개념어로는 "감정의 구조들"(같은 책, 183-273), "알 수 있는 공동체"(레이먼드 윌리엄스, 『시골과 도시』, 이현석 옮김, 나남, 2013, 327-356), "이데올로기소(ideologemes)"(프레드릭 제임슨, 『정치적 무의식』, 이경덕·서강목 옮김, 민음사, 2015, 110) 등이 있다.

7_ 프레드릭 제임슨, 같은 책, 23.

8_ "의식의 내용에는 생경한 실제적 경험이 부과하는 필연적 단절"(루이 알튀세르, 「'피콜로', 베르톨라치와 브레히트[유물론적 연극에 대한 노트]」, 『맑스를 위하여』, 이종영 옮김, 백의, 2007, 167).

왜곡하는 것은 어제 오늘 일이 아니다. 그러나 <기생충>이 도전한 과제는 훨씬 흥미롭다. 자본가, 노동자, 동료 노동자 사이의 역학을 직접 보여주는 게 아니라 그 지형을 경험하는 구조가 진실을 봉쇄하는 데 성공하거나 실패하는 방식을 보여주려 한다.

이 경험구조를 상징적으로 도식화한 것이 시놉시스 단계의 제목이었던 '데칼코마니'다. 기택 가족의 변신 가능한 두 선택지를 위아래에 대칭적으로 배열해보자. 위에는 기택 가족의 판타지로서 박사장 가족이, 아래에는 그렇게 되지 않기 위해 극구 노력하는 문광 가족이 그려질 것이다. 욕망의 투사와 불안의 투사가 역상으로 마주 보는 데칼코마니다. 그러나 이 도식은 기택 가족으로부터 박사장 가족까지의 거리와 문광 가족까지의 거리는 동일하지 않기 때문에 현실의 사회관계를 왜곡한다. 계급위치, 소득수준, 위생상태, 거주지 모든 면에서 박사장 가족까지는 무한히 멀고 문광 가족과는 지척에 있다. 그럼에도 불구하고 기택 가족은 박사장과의 이질성을 부인하고 자신들이 그의 저택에 어울린다고 믿는다. 또한 문광 가족과의 동질성을 부인하고 그들이 저택에서 추방되기를 바란다. 그리하여 박사장 가족과 문광 가족은 초점 화자인 기택 가족으로부터 등거리에 있다는 왜곡된 경험구조가 형성된다.

주인공들의 행로를 실질적으로 좌우하는 객관 세계는 자본가, 노동자, 동료 노동자의 삼자 관계임에도 경험구조 안에서는 초점 화자들이 욕망이나 불안의 투사와 짝을 맺기 때문에 이자 관계가 전경(前景)으로 나온다. 기택 가족이 출세의 욕망에 점점 접근하는 러닝 타임 전반부는 기택 가족과 박사장 가족 사이의 이자관계가 부상한다. 기택 가족 구성원은 모두 박사장 가정에 과외교사, 기사, 가정부로 위장 취업하는 데 성공한다. 영화 분위기는 경쾌한데 박사장 아내(조여정 분)의 순진함에 힘입어 기택 가족의 계획이 하나씩 성취되기 때문이다. 문광이 초인종을 누르는 숏으로 시작하는 후반부는 기택 가족과 문광 가족 사이의 이자관계가 부상한다. 문광 가족과 기택 가족 사이의 처절한 싸움을 거치면서 기택 가족은 해체되고 기택 자신은 지하생활자였던 근세(박명훈 분)의 삶을 답습한다. 기존의 봉준호 영화들이 쓸쓸하거나 불안하거나 불투명한 상태로 끝났던 것과 달리 기택 가족은 시작점보다 더 못한 처지로 내려앉는다. 전·후반의 상이한 이자관계가 이야기의 골격이지만 이들은 언제나 삼자 관계가 작동할 때에만 성립한다. 영화 첫머리에서 교환학생을 가야 하는 민혁(박서준 분)이 기우를 찾아와 과외 자리를 주선하는 둘 사이의 대화조차도 사실은 셋 사이의 대화이다. 박사장 딸(정지소 분)에게 눈독을 들이는 민혁으로서는 과 친구들에게 과외를 소개했다가는 여자애를 빼앗길 수 있기 때문이다. 김영진이 설명하듯이,

> 그때까지 기택 가족이 겪는 가난으로 인한 불편과 모멸은 충분히 묘사되었으므로 그들이 수단과 방법을 가리지 않고 꾀하는 경제적 이윤 추구의 동기는 목표지향적 플롯이라는 장르 규범의 관성에 기대어 납득 가능해진다. 이 사이에 잠시 망각되는 것은 기택과 충숙이 취직하기 위해 꾸민 책략의 희생자들, 그 집에서 원래 일하고 있던 사람들이다.9

전반부에서 세 항 가운데 경쟁 노동자가 망각된다면, 기택 가족과 문광 가족이 주로 갈등하는 영화 후반부의 경험구조에서는 자본가가 후경(後景)에 배치된다. 그 전형적 사례는 충숙(장혜진 분)이 계단을 올라오는 문광을 발길질하고 문광이 아래로 굴러떨어져 결국 뇌진탕으로 죽게 되는 사건이다.10 문광은 지하에서 자신의 손발을 묶던 기택을 뿌리치고 부엌으로 이어진 계단을 뛰어 올라오며 "사모님!"이라고 외친다. 사모님인 연교에게 기택 가족이 위장 취업했음을 이르기 위해서다. 이때 마침 연교는 부엌 식탁을 향해 걸어오던

9_ 김영진, 「<기생충>을 통해 봉준호가 보여주는 이미지의 잉여와 그것이 불러일으키는 정서에 대하여」, 『씨네21』, 2019. 6. 20. http://www.cine21.com/news/view/?mag_id=93248

10_ 이 사건은 노노 갈등이 급격하고 격렬한 연쇄 반응으로 터져 나오는 방아쇠라고 할 수 있다. 문광의 죽음으로 복수심을 불태우던 근세는 다음날 정원의 파티에서 충숙을 찾다가 대신 기정을 칼로 찌르고, 요리용 도끼를 든 충숙이 달려가 근세를 제압한다.

중이다. '짜파구리'를 서빙하러 연교에게 다가가던 충숙은 지하실 입구에서 막 나오려는 문광을 발로 차고 아무 일도 없었다는 듯이 스쳐 지나간다. 고발 내지 서빙을 매개로 연교의 권력을 자기편으로 끌어들여서 그 힘으로 문광과 충숙은 서로 싸운다. 노동자 사이의 갈등이란 결국 자본가로부터 누가 신임을 받을 것인가의 경쟁이다. 소독 연기를 이용하여 꼽등이를 제거하려는 우화가 반복된다. 경쟁관계의 노동자는 서로에 대하여 꼽등이다. 이때 자본가는 특별한 활동을 하지 않아도 노동자들의 얼굴이 일제히 향해 있는, 존재 그 자체로서 역할을 다하는 초월적 빛이다. 반투명한 소독 가스처럼 있는 듯 없는 듯 화면에 배치된다.

경험구조의 전체 지도를 조망해보자. 우선 영화 밖 현실세계에 대한 해석이 전제된다. 자본의 지배체계, 노동자들이 당하는 고통, 경쟁 노동자 등에 대하여 영화는 독특한 태도를 취한다. 이 태도들이 등장인물들에게 자연스러운 경험구조를 형성하려면 그 태도에 적합한 서사 내적 알레고리를 창조해야 한다.

첫째, 노동자와 자본가 사이의 권력거리는 무한하고 자본가의 힘은 전능해 보인다. 자본주의 체제의 변경은커녕 노동자와 자본가 사이의 협상도 불가능하다. 박사장 가족은 인격체로서 등장하지만 영화는 그들의 인격적 역량보다는 거꾸로 인격적 빈약함을 부각시킨다. 따라서 개인이 아닌 자본의 힘 자체가 강조된다. 자본은 반지하방을 채우는 소독 가스 혹은 박사장의 저택으로 상징화한다. 노동자와 상호작용할 수 있는 대상이 아니며 노동자들이 그 안에서 숨 쉬는 공기 혹은 주어진 자연환경, 구조물로 나타난다. 안쪽에서 볼 때 자본은 외부세계와 단절되었기 때문에 대중의 참담한 고통을 알지 못한다. 다만 대중이 문턱을 넘어 자기 쪽으로 올지 모른다는 불안 때문에 징후적 위험을 느낄 뿐이다. 무말랭이 냄새라든가 아이가 그림으로 재현한 심리적 트라우마, 모스 부호 같은 코드만을 타자의 세계로부터 감지할 뿐이다.

현대 자본주의 여러 특징 가운데 위와 같은 단면을 선택적으로 뽑아서 경험구조를 구성하기 위하여 <기생충>은 노동계급의 전형적 알레고리를 사적으로 고용된 노동자들, 즉 '하인계급(servant class)'에서 구했다. 김현미의 지적처럼 상류층 한 가족의 재생산을 위해 자신의 집을 떠나 남의 집에서 일을 하는 사적 고용은 봉건적 신분제를 부활시킨다.[11] 영화에 따르면 노동자들은 영주의 장원 안에 사는 농노처럼 주인에게 봉사하며 자본이라는 이름의 영지에 '긴박'[12]된 존재다. 현대 노동자에 대한 보편적 상징으로는 적합하지 않은 이러한 전제를 깔았기 때문에 등장인물들이 노사갈등을 지우고 (충성경쟁에 다름 아닌) 노노갈등을 극단화해도 관객은 자연스럽게 받아들인다. 또 저택에 은밀히 숨어서 영원히 거주하길 원하는 하층민이 자신을 사실상 기생충으로 규정하는 충격적 고백도 농노의 어떤 변형으로서 개연성 있게 다가온다.

둘째, 빈자는 위압적인 힘 앞에서 불가항력적 위치에 놓인 벌거벗은 생명이다. 빚을 지고, 자영업을 하다가 망하고, 구직이 불가능하다. 그 고통이 너무나 지독해서 재기불가능하다. 사회를 개혁하기는커녕 노동의욕만이 아니라 최소한의 인간적 품위조차 상실한다. 영화는 이와 관련하여 두 가지 비유형상을 제시한다. 하나는 기택에게 고백하는 근세의 정신세계다. 겨우 연명할 수 있는 음식만 있다면 차라리 갇혀 살겠다는 노숙자의 마인드다. 다른 하나는 무력해진 의욕의 상관물로서 저지대 슬럼가를 완전히 잠기게 하는 어마어마한 위력의 수해다.

<기생충>에서 빈민은 구제불능이고 슬럼은 이미 정신적 슬럼이 되었다. 19세기 중반 영국의 사회위생개혁주의자들이 혁신하고자 했던, 청결한 부르주아 지구와 더러운 슬럼 사이를 왕래했던 인간 및 물자의 순환운동[13]은 개선

11_ "이런 가사 노동자는 기존의 주류경제학이나 국가 총생산에도 포함되지 않는 형태의 '사적으로 고용된 노동자'로 싼 임금과 열악한 노동조건에서 일한다. 집이라는 사적 영역에서의 고용 관계는 노동권이나 계약이 존재하지 않는 신분제의 형태를 취하는 경우가 많다. 이들을 하인 계급이라 명명하는 이유는 마치 봉건제나 식민지 시대처럼 이들을 동등한 시민으로 간주하지 않기 때문이다"(김현미, 「영화 <기생충>의 여성은 어떻게 '선을 넘는가: 계급주의의 불안과 젠더」, 『일곱 시선으로 들여다본 <기생충>의 미학』, 253).

12_ 남궁현자(신승민 분)가 지은 저택이 박사장에게 인수될 때 가정부 문광은 집과 함께 고용 승계된다.

되지 않고 영원히 계속될 것이다. 이처럼 부조리를 지적하면서 그 부조리의 해결불가능성을 함께 주장한다면 지배체제에 대한 영화의 비판이 체제의 단순한 전도에 불과한 것이 되고 만다. 이러한 경험 모델에서는 작품의 사회부조리 비판 자체가, 체제가 고안한 프로그램의 하나임을 선언하는 꼴이다.[14]

셋째, 세계는 원자화한 개인 간의 극한 경쟁으로 인한 불안의 수렁이다. 개인들은 자칫 잘못하면 그렇게 전락할지도 모르는 자신의 누추한 이미지를 늘 상상하며 몸서리칠 것이다. 또한 고용된 자와 고용되지 않은 자 사이의 차이가 신분의 차이로 해석되는 정세에서 자기 삶의 불행이 이웃들로부터 비롯되었다고 여긴다. 만약 생존 경쟁 게임에서 완전히 탈락한다면 남은 것은 자괴감에 빠진 채로 저 위에 우뚝 선 강자를 동경하는 일이다.

이를 토대로 영화는 도플갱어 괴담을 자신과 같은 계층에 속한 사람에게 적용했다. 부정적인 나의 분신과 나 사이의 사건을 상상하는 이야기 양식은 산업화, 도시화와 더불어 19세기부터 유행했다. 보통 부르주아나 지식인 출신의 화자는 하층민 이미지로부터 자신의 암영을 발견해 왔지만 <기생충>의 경우는 같은 노동계급의 동료에게서 비체(卑體, abject)로 전락한 자기 분신을 투사한다. 문광·근세 부부의 그로테스크한 형상, 행태, 가치관은 궁지에 처한 개인의 불안, 무력함, 분한, 좌절을 탁월하게 응축한 알레고리다. 박사장을 우상화함으로써 계급적 연대, 비전은 포기된다. 모멸의 미학이 오히려 자의식을 편안하게 안정화한다.

환경 자체가 돼버린 자본의 힘, 완전히 고갈된 빈자의 에너지, 이웃을 괴물로 재현하는 비열한 경쟁 등을 뼈대로 한 경험구조에서 다음 진술은 당연

13_ Peter Stallybrass and Allon White, *The politics and poetics of transgression* (Ithaca, N.Y.: Cornell University Press, 1986), 147; 한국어판: 『그로테스크와 시민의 형성』, 이창우 옮김, 커뮤니케이션북스, 2019, 307-308.

14_ 제임슨의 '전체적 체계'를 참조할 것. "문화적 생산물의 반체제적 능력은 완전히 공동(空洞)화되고, 심지어 분명히 대립적이고 정치적인 입장을 지닌 작품들조차도 종국에는 그 체제에 의해 프로그램된 도구들임이 '밝혀지는' 결과를 빚는 것이다"(프레드릭 제임슨, 앞의 책, 113-114).

해 보인다. "우리는 자본의 구조물 안에서 살다가 환경의 타격을 입고 자존감조차 모두 내던질 것이다. 숙주 안쪽 벽에 붙어 미량의 피를 빨아먹고 연명하는 기생충의 처지가 우리의 운명이다." 그러나 경험구조는 사회의 단면을 어떻게 취하느냐에 따라 다르게 나타나고, 계급역학의 역사 변동에 의해서 재구성된다. 가령 시민혁명기의 사기충천한 계몽주의자에게 기생충은 농노가 아니라 귀족이었다. 또 두 세대 전, 도시로 진출하는 노동계급의 수와 힘이 급증하던 한국에서 제작된 <하녀>(김기영, 1960)의 하층민 주인공은 몰락해서가 아니라 그 솟아오르는 에너지 때문에 위험한 존재로 재현되었다. 아무리 노력을 해도 계획대로 되지 않고 그 노력에 의하여 거꾸로 추락하여 제자리로 돌아가는 잠금장치의 마술은 우리 시대의 계급 역학 정세를 극히 비관적으로 전망하는 경험구조 안을 살아가는 주인공들에는 불가피한 운명이다. 스스로는 직진한다고 믿지만 중력의 영향으로 시공간 자체가 휘어 있기 때문에 빛의 궤도가 휘는 것과 마찬가지다.

2. 탈출의 징후

그러나 경험구조와 그 내부를 살아가는 행위자의 악순환은 그렇게 매끄러운 선으로 그려지지 않는다. 서사의 행로에는 '가지 않은 길'로 분기하는 표시들이 여기저기 나있다. 또한 경험구조의 장벽을 홀연히 넘어 외부로 나가는 운동들 또한 존재한다. 사후에는 완고한 필연의 궤적으로 굳어지게 될 길 양 옆에, 현재진행인 상태에서는 출구들이 돌연 열렸다 닫혔다 한다.

분기점에 관하여 말해보자. 우선 '나쁜' 분기점이 존재하는데 균열이 생긴 경험구조를 반동적으로 수습하려 하기 때문이다. 기우는 밤새 묶여있다고 생각한 문광 가족을 산경수석으로 살해하려고 지하실에 내려간다. 영화 처음부터 기우는 계획[15]에 집착해왔다. 지하실의 가족과 처음 마주치면서 계획이 틀어졌을 때 그는 "민혁이라면 이 상황에서 어떻게 했을까?"라고 자문한다. 이상적 부르주아의 욕망에 스스로를 이입하는 사유를 통하여 그는 밤사이 지하실 가족을 제거하겠다는 강경한 계획을 다시 세운다. 하지만 산경수석을 떨어뜨리는 바람에 오히려 근세에게 반격을 당해서 살인은 수포로 돌아간다. 경쟁 노동자를 제거함으로써 경쟁이 종식될 거라는 기우의 새 계획이 실현되었다면 승자독식의 정신이 계급투쟁의 가능성을 완전히 틀어막는 계기가 되었을 것이다. 마지막 신에서 낭독되는, 저택을 사서 아버지를 풀어드리겠다는 그의 편지에서 보듯이 그는 일관되게 소유를 통해서 문제를 해결하려 한다. 노동자들 사이의 경쟁에 승리해서 부르주아가 되는 설계도가 있지만 그 실현 가능성은 없어 보인다.

충숙·기정(박소담 분) 모녀가 문광 가족과 타협해서 공존을 모색하는 시도는 '좋은' 분기점이다. 인간 대 비인간의 구도를 지상 대 지하의 구도로 변화시킴으로써 경험구조가 객관적 계급 구도에 접근하려 한다. 모녀는 지하에 가져다줄 음식을 접시에 담지만 연교의 개입으로 좌절된다. 아래로 향해야 할 접시가 정확히 위로, 생일파티 당사자인 연교 아들(정현준 분)에게로 향한다. 만약 충숙 모녀의 시도가 성사되었다면 기택 가족은 고용 상태를 유지하고 양 가족은 공존했을지도 모른다. 접시가 우연히 유턴하는 사건은 노동자들의 연대를 부르주아가 용인할 수 없음을 암시한다. 그밖에 근세가 지하와 반지하 주민을 하나의 집단으로 묶어서 지칭하는 장면이나 문광이 '없는 사람끼리 돕자'고 제안하는 장면도 연대의 가능성을 내비치지만 경쟁 압력에 의해 무산된다.[16]

다음으로 경험구조의 안팎을 자유로이 횡단하는 운동이 존재한다. 영화는 반지하에서 와이파이를 잡으려 애쓰는 이야기로 시작한다. 전파는 비밀번호라는 인위적 조치에 의해서만 차단되는, 본성상 벽을 넘어 공유가 가능한 자원이다. 이 장면은 이어서 전개될 유사한 사태에 대한 복선이다. 자본주의는

15_ "이제는 꿈이라고는 하지 않는 거예요. '부자를 털어먹을 수 있는 계획이 생겼어요, 아버지', 이런 식이죠. 사기를 치는 일이 계획이에요"(고미숙, 『핵가족의 붕괴에 대한 유쾌한 묵시록』, 북튜브, 2020, 50).

16_ 덧붙이자면 문광은 뇌진탕으로 죽어가면서도 가해자인 충숙이 좋은 사람이라고 말한다.

생산의 사회화를 위하여 모든 분야의 횡단운동을 부추긴다. 특히 정보 자본주의의 조건을 활용하여 기택 가족은 정보력, 지식, 매너 모든 면에서 박사장네와 차이가 없다. 불평등은 주어진 것이 아니라 잠재적으로 동등한 사람들에게 와이파이의 비밀번호처럼 소유가 인위적으로 개입하면서 사후적으로 만들어진다. 그러나 불평등이 소유의 효과가 아니라 소유의 원인이라는 편견, 다시 말해서 불평등은 이미 주어진 것으로서 소유를 정당화하는 환상이 존재한다. 그 가운데 이데올로기적 환상이 아니라 자연적 현상으로서 불평등을 받아들이게 만드는 것이 바로 냄새다. 위생과 비위생의 양극화는 부자들에게 특혜를 주는 자본주의의 산물이다. 냄새는 계급구조의 파생효과이다. 따라서 냄새를 맡는 자, 냄새를 풍기는 자라는 감각의 분할은 불평등의 산물임에도 불평등의 원인으로서 불평등을 정당화한다. 하지만 곰곰이 생각하면 냄새는 전파, 정보, 지식처럼 경계를 횡단한다. 경험구조 안에서의 인위적 차단에 의하여 무산돼버린 동등함을 불쾌의 방식으로 회복한다. 위생과 비위생의 양극화라는 인위적 분할을 난폭하게 무화시키는 것이 냄새라고 할 수 있다. 평등했던 처음으로 즉, 랑시에르가 말한 평등전제[17]로 되돌아가는 신호다. 또한 그것은 "나는 위생적으로 살아야 한다"는 명령을 부정하면서 분할 이전에 모든 것이 동등한 자격으로 연결되었던 전체를 슬쩍 보여준다. 차별의 징표로서 냄새는 "전체는 비진리다"[18]라는 아도르노 선언의 전형적 예증이 된다.

박사장 살인 사건도 같은 원리로 설명할 수 있다. 기택은 그동안 자신의 판타지인 자본가와 연대하고 불안의 투사인 동료 노동자와 적대하는 경험 구조에 갇혀 있었다. 이 경험구조는 ① 박사장과의 커다란 권력 차이, ② 기택 가족을 몰아세우는 빈곤의 공포, ③ 경쟁 노동자가 존재하지 않거나 그들을 효과적으로 제압하는 상황에 의해 지탱된다. 이제 그 경험구조를 떠받들던 기둥들은 하나씩 무너질 것이다. 먼저 두 번째 기둥이 무너지는데 그는 수재

17_ 자크 랑시에르, 『불화』, 진태원 옮김, 길, 2005, 25.
18_ 테오도르 아도르노, 『미니마 모랄리아』, 김유동 옮김, 길, 2005, 74.

를 당해서 물질적으로든 정신적으로든 더 내려갈 곳이 없다. 체육관 수용시설의 수재민으로서 그는 아들에게 말한다. "근데 지금 봐, 다 같이 마룻바닥에서 처자고 있잖아. 우리도 그렇고…뭔 일이 터지건 다 상관이 없는 거야…사람을 죽이건, 나라를 팔아먹건…씨발, 다 상관없다 이 말이지, 알겠어?" 다음으로 첫 번째 기둥이 무너진다. 쓰러진 근세의 몸에서 나는 악취로 박사장이 코를 막을 때 기택은 문광 가족과의 수동적 연대감을 느끼고 박사장에 대한 존경심을 적대감으로 바꿨을 것이다. 박사장과의 연대가 동료 노동자와의 적대를 불러일으키는 것과 똑같이 동료 노동자와의 적대가 동등함의 인식으로 바뀌는 순간 박사장과의 연대는 그동안 쌓아 왔던 모멸감으로 대체된다. 많은 평자들이 코를 막은 직후 살인이 발생했기 때문에 이 첫 번째 기둥만을 살인 동기로 설명하곤 한다. 인간적 무례를 저질렀다든가 넘지 말아야 할 선을 넘었다는 추리를 하지만 이러한 해석은 휴머니즘에 경도되었다. 셋째 기둥의 경우 박사장에 대한 기택의 존경은 동료 노동자와의 경쟁에서 승리하는 한에서, 즉 기택 가족이 사기 취업했다는 비밀이 보호되는 한에서 성립한다. 하지만 비밀 엄수를 위한 노력은 완전히 실패했고 따라서 경쟁 상황이 종식되었다. 영화의 전반부처럼 두 노동자 가족이 서로를 몰랐거나, 아니면 공존하는 길을 찾아야 하지만 난장판이 된 정원에서 그런 상황으로 돌아갈 길은 없다. 그리고 노동자 사이의 적대가 종식되는 상황은 비체의 생산이라는 아주 부정적 사태를 통해 노동자들을 강제로 연대시킨다. 피범벅이 된 기정과 근세 그리고 기택 자신은 정원 파티에 초대된 우아한 부르주아 군중 한가운데 놓인 비체인데 바로 이 비체들 가운데 하나로서 기택은 찰나적 순간에 박사장이 더 이상 노동자 가족이 기생하는 숙주가 아니라 이 사태의 모든 원인임을 자각한다. 벤야민의 충격 개념[19]이 말하는 것처럼 잠금장치는 가공할 살인사건들과 더불어 돌연히 와해되고 계급투쟁의 구도가 정상화한다.

19_ 발터 벤야민, 「보들레르의 몇 가지 모티프에 관하여」, 『보들레르의 작품에 나타난 제2제정기의 파리』, 김영옥·황현산 옮김, 길, 2010.

3. 지하생활자

영화는 기택의 박사장 살인으로 표면화한 계급투쟁을 서둘러 봉합한다. 그는 수배자, 지하생활자가 되어 세상에 대한 환멸을 안고 은둔해야 한다. 물론 이것은 전작들에 비추어 봉준호의 생각을 짐작한 것이다. 또는 이 영화에 부여된 엄청난 영예에 비추어 다수 관객의 짓눌려 사는 일상적 심정을 반추할 때 그러하다. 그러나 극중 인물의 심정은 작가나 관객이 마음대로 채워 넣을 수 있는 게 아니다. 바흐친의 말처럼 작중인물에 대하여 작가는 은총을 내려보낼 수는 있지만 그의 의지를 좌우할 수는 없다.[20] 그렇다면 지하실의 기택은 어떤 심정으로 살아갈까? 내가 기분이 좋은 건 기택의 상태를 알 수 없기 때문이다. 기우는 피자집 전단지를 붙이며 영화의 맨 처음 상태로 돌아갔는데 발전 없고 허황된 그러한 행태는 영화 내내 예고된 것이었다. 분명한 것은 은둔한 기택은 영화 처음의 안분지족하는 기택은 아닐 것이며 무력증에 빠져 권력을 숭배하는 근세는 더더욱 아닐 거라는 점이다. 시인 하이네는 "비천한 계급을 살폈던 동굴에 은거한 거인"을 우리가 그 자체의 모습으로 본다면 "시체와 썩은 살들이 부패하는 장소인 지하 무덤 속에서 숨겨진 위력이 새로운 생명을 움트고" 있음을 볼 것이며 일반 사람들처럼 망원경을 거꾸로 해서 관찰한다면 "광란하는 진딧물"의 모습을 하고 있을 거라고 말했다.[21] 기택을 어떤 식으로 볼지는 우리의 소관이다.

20_ 미하일 바흐친, 『말의 미학』, 김희숙 · 박종소 옮김, 길, 2006, 84.

21_ Heinrich Heine, Lutetia(1855); 피에르 마슈레, 『문학은 무슨 생각을 하는가?』, 서민원 옮김, 동문선, 2003, 154에서 재인용.

넷플릭스 TV 드라마 <지옥>과
불확실성의 시대 '정치'의 의미[*]

배주연 | 서강대학교 트랜스내셔널인문학연구소

싸늘하다. 2021년과 2022년을 잇는 겨울, 대선 레이스가 펼쳐지고 있지만 정치적 의제는 온데간데없고, 공론장은 부재하며, 정치적 전망이 사라진 자리를 의혹과 음모와 혐오의 발화들이 채우고 있다.[1] 다른 한편에선 오미크론이라는 새로운 변이를 만들어낸 코로나19 바이러스가 일상의 불확실성을 전례 없이 높이고 있다. 끊임없이 예측할 수 없는 변이를 만들어낼 것이라는 주장에 더해, 백신의 효용이나 방역체계의 적절성을 둘러싼 갑론을박은 예측불가능한 미래에 대한 두려움을 자아낸다. 이러한 불확실성은 한편에서는 AI, 바이오 기술과 같은 기술적 진보에 대한 맹신을 불러일으키지만, 다른 한편에서는 데이터의 처리 속도를 급속하게 늘린 인공지능조차도 데이터가 부재한 신종 바이러스 앞에서는 무기력하다는 사실에 좌절한다. 예측할 수 없는 미래 속 팩트와 루머는 혼재되고, 불신은 가중되며 삶의 안전망을 찾으려는 사람들로 인해 투기와 투자가 전례 없는 화두가 되었다. 자신의 믿음은 팩트가 되고, 타인의 믿음은 음모가 되기도 한다. 정치문제에서도, 방역문제에서도, 맹신이 되었든, 불신이 되었든, 혹은 팩트이든, 음모이든, 이 모든 것들이 가

---

* 이 논문은 2017년 정부(교육부)의 재원으로 한국연구재단의 지원을 받아 수행된 연구임(2017S1A6A3A01079727)
1_ 대표적인 것이 한 후보자가 내세운 '여가부 폐지' 정책을 옹호하며 나온 여성주의와 여성들에 대한 혐오 발화들이다.

리키고 있는 것은 동시대 신념체계의 이상 징후다.

이 글은 '믿음'의 문제를 다루고 있는 연상호 감독의 넷플릭스 시리즈 <지옥>을 경유해 동시대 한국사회의 정치적 무의식을 살펴보고자 한다. <지옥>은 공개와 동시에 전세계 넷플릭스 TV 차트 1위에 올랐고 로튼 토마토가 선정한 '골든 토마토 어워드 베스트 호러 시리즈 부문'에서 최고의 작품으로 선정되기도 했다. <지옥>에 앞서 공개된 <오징어 게임>의 흥행성공으로 한국 콘텐츠에 대한 관심이 최고조에 달했을 무렵 공개되었다는 점에서 그 영향력을 무시할 수는 없지만, <지옥>에 쏟아진 관심은 한국형 좀비, 컬트물의 대중적 인기를 실감하기에 충분한 것이었다. 심광현은 동시대 대중영화 속 소위 1000만 영화 분석을 통해 대중의 정치의식과 역사의식을 검토하면서 다음과 같이 말한 바 있다. "한국 관객들은 2000년대 들어 가속화된 신자유주의 세계화 과정에서 심화된 경제적 양극화 및 각종 차별들과 민주화 이후 고양된 정치의식 및 역사의식 간의 모순과 갈등을 헤쳐나가는 데 필요한 삶의 이정표(소원-성취의 시뮬레이션)를 대중영화에서 찾았다."2 특히 그는 금융위기 이후 2010년대 국내에서 인기 있었던 할리우드 SF 영화에 주목하는데,3 이는 한국에선 컬트와 오컬트로 변주되어 나타나고 있는 듯하다. 김소영은 박근혜 탄핵국면과 미디어 현상을 분석하며 오컬트적 현상을 주목하는데, "박정희의 봉쇄된 냉전체제의 적과 동지라는 이분법이 더 이상 적용될 수 없는 글로벌한 신자유주의 자본주의 체제에서 박근혜와 최순실, 비선들과 재벌기업의 주술적 근대의 전유"를 언급한 바 있다.4 신자유주의 횡포가 할리우드 영화 속 SF로 나타났다면, 신자유주의의 한국적 번안과 근대의 정치적 신념체계의 이상 징후가 한국 영화 속 좀비나 사이비 종교와 같이 설명할 수 없는 오컬트적 현상으로 나타나고 있다고 해도 과언은 아닐 것이다.

2_ 심광현·유진화, 『대중의 철학이 된 영화』, 희망읽기, 2021, 42.
3_ 같은 책.
4_ 김소영, 「주술적 근대와 미디어: 박정희라는 컬트, 박근혜라는 오컬트」, 『문화/과학』 89호, 2017년 봄, 276.

공정과 능력주의

<지옥>은 연상호, 최규석이 공동 작업한 동명의 웹툰에 기반한 넷플릭스 6부작 TV 드라마이다. 어느 날 갑자기 천사가 나타나 누가 언제 지옥에 가게 될지 '고지'를 하고, 천사가 '고지'한 날짜에 지옥의 사자가 나타나 '고지' 받은 이들을 처참하게 '처형'하는 장면, 즉 '시연' 장면이 방송을 통해 생중계된다. 이후 오래전부터 '고지'와 '시연'을 예견했던 정진수와 그가 만든 '새진리회'는 사람들로부터 절대적 신뢰를 얻는다. 그러나 오래전 '고지'를 받았던 정진수는 사람들의 눈을 피해 사라지고, 정진수의 뜻을 받드는 '새진리회'가 사회시스템을 장악한다. 연상호 감독은 이전에도 애니메이션 <사이비>를 통해 구원에 대한 맹목적 갈구가 만들어낸 사이비 종교의 문제를 다룬 적이 있다. 그러나 <지옥>이 방점을 찍고 있는 것은 사이비 종교에 대한 것은 아니다. 정진수 교주의 말처럼 그것은 천국에 대한 구원이나 기복의 약속이 아니기 때문이다. 오히려 <지옥>은 종교의 근간이기도 한 믿음에 관한 이야기를 하고 있는데, 이는 불확실성 속에서 개인을 구성하는 정치적 신념체계의 문제와 연결된다.

전작 <부산행>과 마찬가지로 <지옥>의 특이점은 원인 제시 없이 사건이 일어나고 종결된다는 데 있다. 마치 재난처럼 어느 날 불현듯 사람들 앞에 불가해한 사건이 일어난다. 갑자기 좀비떼가 나타나 사람들을 습격하고, '고지'를 받은 사람들 앞에 지옥의 사자들이 나타나 처참하게 이들을 파괴하기도 한다. 보통의 재난영화나 SF영화에서 이러한 예상 밖의 사건은 정치적 음모나 기후위기와 같은 특정 원인을 찾아냄으로써 해결되거나, 혹은 원인을 알아냈더라도 파국으로 치닫거나 하지만, 앞서 언급한 연상호의 작품들에선 원인 자체가 불명의 상태로 남는다. 오히려 원인보다는 사건이 '일어났다'라는 현상 자체가 중요하고 그 상황에서 어떻게 사람들이 대처하는가가 중요하다. 원인을 제시하지 않는 것은 재현체계에 대한 불신이라는 최근 한국영화의 경향과도 맞닿는 것이지만,5 <지옥>은 여기에서 더 나아가 진실 여부와 상관

없이 자신이 믿는 것을 믿고, 추후적으로 그 근거를 찾으려고 하는 오늘날 탈진실 시대의 특징들과 공명하는 듯이 보인다. 신의 '고지'는 내려졌고 그것은 '시연'되었기에 진실이다. 여기에서 사람들의 마음속에 다음과 같은 의문이 일어난다. "그렇다면 왜?"

'새진리회'라는 유사 종교 단체는 이 틈에서 생겨난다. 1대 교주인 정진수는 '고지' 이후에 지옥의 사자들의 '시연' 장면을 촬영해 인터넷에 올린 뒤 "죄를 지은 자에게 '고지'가 내려진다"는 신의 '의도'를 설파한다. 처음에 사람들은 반신반의하지만 대낮의 서울 한복판에서 '시연'이 일어나고, 대중미디어를 통해 '시연' 장면이 생중계되면서 사람들은 그것을 진실로 받아들인다. 이제 사람들은 자신의 노력을 통해 죄를 짓지 않고 살고자 하며, '고지' 받은 자를 죄인으로 낙인찍는다. 여기에서 신의 '의도'가 무엇인지, 혹은 신의 '의도'가 실제로 있는 것인지는 중요하지 않다. 다만 신의 '의도'는 존재해야만 하고, 인간의 관점에서 해석 가능해야만 한다. 그래서 갓 태어난 어린 아이가 지옥에 간다는 '고지'를 받았을 때 인간의 설명을 넘어서는 일은 일어나서는 안 되기에 아이의 '고지' 사실은 감춰져야 한다. '고지'를 받지 않기 위해, 즉 내세의 구원을 위해, 인간들은 현생에서 죄를 짓지 말아야 한다는 믿음이 유지되어야만 하는 것이다. 중요한 것은 '믿음'의 내용이 아니라 '믿음'의 유지이다.

마이클 샌델은 권선징악적 세계관과 구원을 연결시키려는 신학적 태도를 능력주의와 연결시킨다. 그에 의하면 프로테스탄트 종교의 윤리에서 구원은 보상이 아니라 신의 은총의 영역이었다. 그러나 막스 베버가 지적하듯이 역설적이게도 자신의 구원 여부를 알고 싶어 하는 이들은 신이 내린 '직업'의 소명을 다하는 것이 (칼뱅주의적) 구원의 '징표'라고 믿었다. 구원의 여부를 인

5_ 이와 관련해서는 <곡성>을 소재로 한 다음 두 편의 글을 참조하라. 하승우, 「맹목적 믿음과 '위협적 미래 사이의 긴장: <곡성>」, 김소영 편, 『한국영화, 세계와 마주치다: 한국과 세계의 극단적 협상, 위협적 미래』, 현실문화, 2018, 167-187; 이영재, 「대중주권과 영화, 그 이후: 「곡성」과 「1987」, 관객성의 두 가지 문제」, 『문학과 사회』 122호, 2018년 여름, 56-73.

간이 결정할 수 없다는 원래의 의도를 벗어나 인간의 행함을 통해 구원될 수 있다는 믿음이 다시 능력주의와 결합되는 것이다.[6] 특히 샌델은 이것이 현대의 자본주의적 믿음, 즉 "부는 재능과 노력의 상징이며, 가난은 나태의 상징이라는 현대의 친숙한 시각에서 그리 멀리 떨어져 있지 않다"[7]고 말하며, 이를 "능력주의적 오만의 초기판"[8]이라 부른다.

'고지'를 피하기 위해 인간은 죄를 짓지 않도록 열심히 노력해야 하며, 이러한 노력을 게을리 한 자, 즉 죄인은 '고지'를 받게 된다는 논리는 앞서 샌델이 말한 능력주의의 문제를 환기시킨다. 즉, 개인은 자신이 노력한 만큼의 보상, 즉 '고지' 받지 않을 자격을 얻는다. 그래서 '고지'를 받지 않았다는 것은 곧바로 자신의 도덕적 우월함을 증명하는 것이 되고, 이로 인해 '화살촉'과 같은 '새진리회'의 광적 지지자들의 무차별적인 혐오 발화와 폭력이 용인된다. 여기에서 '고지' 받은 죄인들의 죄의 내용은 중요하지 않다. 그들이 죄인으로 정체화되는 것이 중요하다. 막스 베버는 프로테스탄트의 종교 윤리에 대해 다음과 같이 비판한다. "선택된 자들과 성스러운 자들에게 주어진 은총을 알고 있다고 믿으면서, 이들은 그 이웃들의 죄에 대해서도 일정한 태도를 지닌다. 그것은 '우리 모두가 약한 자들'이라는 인식에서 나오는 동정적 이해가 아니다. 신의 적으로 영원히 정죄받은 자들에 대한 증오와 혐오다."[9]

혐오와 능력주의

근대사회는 봉건제나 귀족제 사회의 세습이나 사회적 상속이 아닌 자신

6_ 마이클 샌델, 『공정하다는 착각: 능력주의는 모두에게 같은 기회를 제공하는가』, 함규진 옮김, 와이즈베리, 2020, 73-75.

7_ 같은 책, 68.

8_ 샌델은 "능력주의적 오만"에 대해 다음과 같이 설명한다. "프로테스탄의 직업윤리는 자본주의 정신을 생겨나게 할 뿐만이 아니다. 자기 구제와 자기 운명에 대한 책임의 윤리, 즉 능력주의적 사고방식에 적합한 윤리를 장려한다. (중략) 은총 앞에서 느끼는 무력감이 주었던 겸손함. 그것은 이제 자기 자신의 능력을 믿는 데서 나오는 오만으로 대체된다"(같은 책, 76).

9_ 막스 베버, 『프로테스탄트 윤리와 자본주의 정신』; 마이클 샌델, 같은 책, 76에서 재인용.

의 업적에 따라 사회적 지위를 획득할 수 있을 것이라는 믿음에 기반하였다.[10] 이것이 근대사회의 기본적인 약속이었고, 능력주의의 '신화'는 능력에 따라 보상을 받는 사회가 공정한 사회일 것이라는 믿음을 제시했다. 즉, 노력한 만큼 인정받는 사회가 공정한 사회인 것이다. 이와 같은 '공정'에 대한 믿음은 한편에서는 최근 한국사회의 흙수저, 금수저와 같은 자조적 말이나 정유라 사태, 조국 사태에서 보듯, 한국사회의 역동성을 부추기는 가장 강력한 기폭제 중 하나로 작동하고 있다. 그러나 박권일이 한국의 불평등과 불공정을 논하며 지적하듯이, 한국은 세습이나 신분에 의한 차별은 불공정하다고 생각하지만 능력에 의한 차별은 공정하다고 생각한다.[11] 이는 능력에 따라 차별을 두는 것이 옳다고 믿는 것이지만, 바꿔 말하면 사회적 위계의 차이는 능력에 따라 이루어진 결과라는 믿음을 낳기도 한다. 이것은 부모 잘 만나 별 노력하지 않고도 많은 것을 갖게 되는 이들에 대한 경멸뿐만 아니라, 약자나 소수자에 대한 배려 정책을 '무임승차'로 치부하며 혐오하는 것과도 연결된다.[12]

또한, 한국사회의 불공정함에 대한 불만은 386세대, 특히 좌파 지식인 엘리트 집단이나 노조를 향한 적개심, 그리고 여성에 대한 혐오로 나타나기도 한다. 온라인 남초 커뮤니티를 분석한 김수아와 이예슬은 이들이 노동이나 복지에서의 젠더 격차를 다음과 같이 능력주의로 환원해 이해하기도 한다고 지적한다. "남녀 임금격차 및 여성의 경력단절 등이 존재하는 것은 사실이나 그 원인은 성차별적 구조가 아닌 '여성 개인의 부족함' 때문이라는 것이다."[13]

10_ 파트리크 자흐베, 「사회적 계층 상승과 몰락」, 연구모임 사회비판과대안 편역, 『능력주의와 페미니즘』, 사월의책, 2021, 15.

11_ 박권일, 『한국의 능력주의: 한국인이 기꺼이 참거나 죽어도 못 참는 것에 대하여』, 이데아, 2021, 6.

12_ 박권일은 다음과 같이 능력주의를 비판한다. "이들은 약자나 소수자에 대한 적극적 배려정책에 대해 극도의 거부반응을 보이기도 한다. 능력도 기여도 없는 자에 대한 지원은 역차별이거나 무임승차라는 식의 논리다"(같은 책, 19).

13_ 김수아·이예슬, 「온라인 커뮤니티와 남성-약자 서사 구축」, 『능력주의와 페미니즘』, 176.

또한 이들 남성들은 스스로를 "선량한 일반 남성이자, 진보언론의 엘리트주의에 대항하는 자로서, 헬조선 세대 진보의 서사에 저항하는 주체들"[14]로 규정하는 이들이기도 하다. 이철승은 공정성에 민감한 지금의 세대가 공정성이 담보되지 않은 경쟁, 즉 노동지위의 세습화 등에 대해 이전세대보다 훨씬 더 심각하게 받아들인다고 본다.[15] 대체로 능력주의에 따른 공정의 작동을 옹호하는 저자는 노동조합이 직무제나 능력제가 아닌 연공제를 선호하는 것을 비판한다.[16] 이로 인해 세대간 불평등이 깊어진다는 것이다. 그러나 앞서 살펴본 것처럼 능력주의에 기반한 공정의 개념은 사회 부정의의 문제를 노-노 갈등, 젠더 갈등의 구도로 쉽게 전가시킬 뿐만 아니라, 때로 혐오와 배제의 언어로 쉽게 전환된다는 점에서 문제적이다.

<지옥>에서 '새진리회'의의 과격한 추종 집단인 '화살촉'은 지식인 혐오를 노골적으로 드러낸다. 그리고 이들에 의해 온라인에서 중계되는 지식인에 대한 집단 린치는 '사이다'가 되어 보는 이들의 열광적 호응을 이끌어내는데, 탈진실을 "감정, 개인적 신념에의 호소가 객관적인 사실보다 여론 형성에 더 많은 영향을 미치는 것"이라고 설명한 김수아와 이예슬의 정의를 따르자면, 이러한 말하기 방식은 일종의 탈진실 시대의 지식생산과도 관련된다. 이 장면은 온라인 커뮤니티 화면을 그대로 재현해 실시간 댓글을 보여주는 방식으로 제시되는데, 확인되지 않은 루머가 진실로 탈바꿈하는 데는 그리 오랜 시간이 걸리지 않는다. <지옥>은 이를 '화살촉'의 리더인 BJ 이동욱의 쇼 형식으로 보여준다.

대중의 지식이 생산되는 것과 대조적으로 <지옥> 속에서 '진실'을 알고 이를 해결하려고 하는 것은 변호사, 대학교수, 방송국 PD와 같은 지식인 집단이다. 그러나 '새진리회'의 논리가 작동하는 사회에서 이들 지식인의 목소리

14_ 같은 글, 181.
15_ 이철승, 『불평등의 세대』, 문학과 지성사, 2019, 240.
16_ 같은 책, 332.

는 아무런 지지를 얻지 못한다. 그래서 이들은 언어가 아닌 몸을 단련시키고, 자신들이 가진 모든 자원을 이용해 '새진리회'에 맞선다. 여기에서 대중은 거짓에 빠져들기 쉽고, 지식인은 진리를 설파하기에 너무나 미약하다. 이런 점에서 <지옥>은 지식인이 더 이상 역할을 할 수 없게 되고, 능력에 따라 보상을 받는다는 근대적 자본주의의 신념체계가 붕괴됨으로써 대중들 역시 기댈 곳이 없어진 탈진실의 시대, 불확실성 세계의 단면을 보여준다.[17]

정치와 치안

<지옥>에서 또 한 가지 특이한 점은 드라마가 진행되는 내내 정치인이 등장하지 않는다는 것이다. 서울 한복판에서 천지가 개벽할 사건들이 연달아 일어나고, 대중미디어에서 공개적으로 '시연'이 일어나며 사람들이 죽어나가지만, 정치와 연루된 인물은 끝까지 등장하지 않는다. 정치인의 자리를 대신하는 것은 공권력과 종교다. 전반부에 해당하는 1부에서 3부까지는 공권력과 (유사) 종교가 팽팽하게 대립한다. 그러나 3부의 마지막에서 이 사태를 미리 차단할 수 있는 열쇠를 쥐고 있던 경찰관 전경훈이 진실을 함구하는 쪽을 선택하며 퇴장한 뒤, 후반부인 4부에서 6부까지는 종교가 공권력을 양도받는 형태로 구성되어 있다. 특히 전반부에서 사회적 문제 집단으로 치부되던 '화살촉'은 '새진리회'가 세상을 장악하고 나서 치안을 담당하는 역할을 맡는다. 여기에서 '새진리회'와 (공식적으로는 부인되지만, 비공식적으로 끈끈하게 연결되어 있는) '화살촉'은 사법적 집행자로서 자리매김한다.

랑시에르는 치안(police)과 정치(politics)를 구분하여 통치행위의 일반을 '치안'으로, 이와 대립되는 개념으로 '정치'를 제시한다. 치안이 구성원들의 합의를 통해 몫을 분배하고, 이를 통해 체제를 유지하고 정당화하는 행위라면 정

17_ 연상호 감독은 지옥의 콘셉트를 "불확실성을 견디지 못해 생겨나는 지옥"이라고 설명한 바 있다([인터뷰] 연상호, "이런 격렬한 호불호를 원했다", <뉴시스>, 2021. 11. 28).

치는 치안에서 필연적으로 소외되는 몫 없는 자들의 몫을 주장하는 것을 통해 치안을 교란시킨다.[18] <지옥>에서 정치의 부재 속 치안만이 존재하는 통치체제는 끊임없이 죄인을 생산하고, 이들의 정치적 목소리를 제거함으로써 이루어진다. 이는 근대적 통치체제의 붕괴와도 연결되는데, 미셸 푸코는 18세기 이전의 통치체제와 그 이후의 자유주의 통치체제의 차이를 설명하며 이전의 통치체제가 주권자에게 인간과 사물을 포함한 모든 것에 영향력을 행사할 수 있는 권한을 주었다면, 자유주의 통치체제는 자신의 권한을 축소하면서 사물이나 인간관계에 개입하거나 직접적인 영향력을 행사할 필요도 없이 이해관계의 문제로 국한시켜 통치의 역할을 제한한다고 말한다.[19] 그래서 주권자의 역할을 자임한 '새진리회'가 신의 '시연' 장면을 극장의 쇼 형식으로 구성하여 죄인의 처벌을 공공연하게 보여주어도, 즉 신이 아닌 인간의 '시연'으로 재구성하여도 큰 저항을 받지 않는 것은, '새진리회'와 그 교주가 신의 '의도'를 전하는 자, 바로 전근대적 주권자로서 기능하기 때문이다. 이런 점에서 <지옥>이 그려내는 디스토피아적 세계상은 근대적 통치의 합의가 무너진 시대이기도 하다.

<지옥>에서는 일반적으로 말해지는 '신의 뜻'이 아니라 '신의 의도'라는 말을 사용한다. '신의 뜻'이 거스를 수 없는 운명과 결부된다면, '신의 의도'는 그 의도를 알아내어 해결해야 할 과제를 의미한다. 그런 점에서 앞서 말한 능력주의적 태도와 결부되는 말이기도 하다. 그러나 '신의 의도'에 대한 절대적 복종은 오늘날 '정치적 의도'에 대한 끊임없는 회의와 비교해보면 이상할 정도이다. 김수아와 이예슬은 온라인 커뮤니티에서 '의도를 가진'은 순수함의 반대, 즉 불순함, 오염된 것에 대응하는데, 팩트와 선동을 구분하여 '메갈' '페미니스트' 들의 순수하지 못한 선동에 비교하여 자신들의 도덕적 우위를 점하

18_ 자크 랑시에르, 『불화: 정치와 철학』, 진태원 옮김, 도서출판 길, 2015.
19_ 미셸 푸코, 『생명관리정치의 탄생: 콜레주드프랑스 강의 1978-79년』, 오트르망 옮김, 난장, 2012, 79.

기 위해 남초 커뮤니티에서 사용되는 논리라는 점을 지적한다.[20] 여기에서 의도는 음모를 만들어내고, '정치적 의도'가 없는 자들을 순수한 자, 그래서 도덕적으로 우위에 있는 자로 추켜세운다. 그러므로 신과 신의 '의도'에 대한 절대적 옹호는 현실 정치에 대한 불신의 결과이기도 하다.

이러한 불확실성 시대 정치의 부재 혹은 비합리성을 타개하기 위해 <지옥>이 선택하는 방식은 광장의 소환과 휴머니즘이다. 자신들의 갓 태어난 아기의 '시연' 장면을 중계하기 위해 배영재 PD와 그의 아내는 중정이 있는 낡고 허름한 아파트를 찾는다. 그러나 '화살촉'과 '새진리회'의 방해로 예정된 중계를 할 수 없게 되자, 그들은 중정으로 나간다. 바깥의 소란에 밖으로 나오게 된 아파트 주민들은 하나 둘 중정에 모여 증인의 자리에 선 뒤 '새진리회'가 가리고 있던 진실에 눈을 뜨게 된다. 이 '시연' 장면은 앞서 '새진리회'가 극장식 무대를 선보인 것과는 대조적으로 중정 마당, 즉, 원형의 중앙 무대 형태의 극장에서 이루어진다. 그리고 여기에서 최초로 합리적인 의사소통과 훼손된 민주적 가치체계의 복원이 일어나는 것이다.

여기에서 배영재 PD와 그의 아내를 각성시킨 것은 행동주의 지식인들이지만 대중들에게 진실을 보게끔 각성시킨 것은 아이를 지키겠다는 평범한 부모의 마음으로 설정이 된다. 그러나 '새진리회'의 홍보 다큐멘터리를 만들고 있는 방송국의 배영재 PD가 평범한 일반인일 수는 없다. 이는 <지옥>이 미디어를 바라보는 태도와도 관련된다. 전반부에서 대중미디어를 통해 생중계된 '시연' 장면으로 인해 사람들은 '새진리회'의 말을 절대적으로 믿게 되었다. 여기에는 진실을 보여주는 매체로서 올드미디어에 대한 대중들의 신뢰가 있다. 그러나, 후반부 방송국에서 일하는 배영재 PD는 '새진리회'의 말이나 '화살촉'의 활동에 불만을 품지만 자신의 마이크를 가지고 있지 않다. 전반부가 여전히 올드미디어의 파급력이 존재하던 시절이라면, 후반부는 '화살촉과 같

20_ 김수아 · 이예슬, 앞의 글, 177-178.

은 온라인 커뮤니티의 소셜 인플루언서(social influencer)들이 자신의 발언권을 높여가는 시대다. 즉 올드미디어는 뉴미디어에 잠식되었다. 아마도 '새진리회'가 사라진 시대, '가짜뉴스'를 퍼트리는 무분별한 미디어는 사라지고 올드미디어는 다시 공신력을 회복할지도 모른다. 그러나, 그것만으로는 부족하다.

심광현은 새로운 공동체의 형성을 위해 인간혁명을 요청하는 한편,[21] '적극적인 창조의 정치'를 요청한다. 이는 "자유로운 개인들의 연합"이라는 새로운 사회적 관계를 현실적으로 구성하기 위한 이성적인 방향성과 적절한 수단과 효과적인 형식의 창조를 필요로 하는 것이다.[22] 그는 랑시에르 식의 정치와 치안의 양자택일이 아닌 어떤 정치와 어떤 종류의 치안이 결합되는지를 질문해야 한다고 말한다.[23] 단순히 광장을 복원하고 과거의 통치체에 머무는 것이 아니라 그 위기의 출몰 순간에서 새로운 사유가 필요한 이유다.

나오며: 넷플릭스와 속도 경쟁

웹툰을 원작으로 한 <지옥>은 원작에 비해 괴물의 움직임에 압도적인 속도감을 부여하고, '시연' 장면을 훨씬 더 스펙터클하고 파괴적으로 묘사함으로써 드라마의 몰입도를 높였다. 이러한 속도와 강도의 증가, 지속적인 자극의 창출은 <지옥>이 넷플릭스 시리즈로 제작되었다는 것과 무관하지 않

21_ 심광현·유진화, 『인간혁명에서 사회혁명까지: 문명 전환을 위한 지식순환의 철학과 일상혁명 스토리텔링』, 희망읽기, 2020. 심광현은 인간혁명의 필요성을 다음과 같이 말한다. "자본주의 사회에서 개인은 사회라는 거대한 닫힌 집합 안에서 '자유롭게 표류하는' 하나의 '원소'로 간주된다. 하지만 개인 자체가 뇌에 내재한 다중지능 네트워크의 가소성에 따라 변화하는 사회적 존재라면 개인은 결코 단순한 원소로 머물 수 없다. 또 그런 개인들을 구성원으로 가진 사회 역시 <닫힌 집합>으로 고정될 수 없다. 다중지능 네트워크로서 사회적 개인들의 연결이 가변적일 경우 그 결합체인 사회 역시 <열린 집합>이 되기 때문이다. 특히 이행기에는 토대와 상부구조의 각 요소들이 괴리되면서 여러 공백들이 발생한다. …따라서 이행기에는 사회적 개인들의 능동적 역할이 그 어느 때보다 중요해진다"(24).

22_ 심광현, 「21세기 이행기 정치의 과제: 자유로운 개인들의 연합을 향한 <광장의 정치>와 <창조의 파트너쉽>을 위하여」, 『진보평론』70호, 2016년 겨울, 188.

23_ 같은 글, 187.

아 보인다. 코리 바커와 마이크 비아트로스키는 넷플릭스와 같은 스트리밍 플랫폼의 특징으로 몰아보기(binge-watching)를 언급하면서, "한꺼번에 모든 시즌을 출시하는 이 회사의 스트리밍 방식은 콘텐트 배급을 필수 시청(must-watch)과 필수 완료(must-complete)의 일이 되도록 자리매김했다"고 지적한다.[24] 이러한 몰아보기를 위해 필수적으로 요청되는 것이 몰입감을 높이는 것인데, 몰입감의 증대를 위해서는 끊임없이 강도를 높여 관객이 중독되도록 하는 것이 필요하다.

그러나 비록 넷플릭스가 이런 속도감과 강도의 증대를 압도적으로 늘리긴 했지만, 이러한 현상이 비단 넷플릭스에서만 일어나는 일은 아니다. 개인이 일상생활에서 접하는 미디어가 증가하고, 수많은 시각 정보들이 흘러넘침에 따라, 영화가 처리해야 하는 시각 정보의 양도 이전과는 비교되지 않을 정도로 증가했다. 하나의 영화에서 과거의 영화에 비해 쇼트 수가 급증하면서 편집 리듬은 빨라졌고, 개인이 스크린에서 접하고 처리해야 하는 이미지의 정보량도 늘어났다. 관객들은 점점 빠른 속도감에 익숙해지면서, 편집 속도가 느린 영화들에 대해 지루하다는 반응을 보이기도 한다.[25] 그러나, 이미지의 정보량이 많아질수록 관객이 사유할 시간은 줄어들고 효용이 강조된 이미지들이 부각된다. <지옥>에서 클로즈업이 사용된 방식이 이와 무관하지 않다. 그런 점에서 속도감과 자극의 강도, 효용을 강조하는 이미지들은 자본주의에 복무하는 이미지이다. <지옥>을 비롯해 넷플릭스의 많은 시리즈들이 열린 결말의 형태로 끝나는 것 역시 자본의 이윤 축적을 최대화하기 위한 하나의 클리셰가 돼버린 듯하다.

그래서 넷플릭스가 추동하는 현재의 흐름에서 문제가 되는 것은, 단순히

24_ 코리 바커 · 마이크 비아트로스키, 「프롤로그: 넷플릭스, 새로운 미디어 유전자」, 코리 바커 · 마이크 비아트로스키 외, 『시간과 공간, 라이프스타일을 뛰어넘는 즐거운 중독』, 임종수 옮김, 팬덤북스, 2019, 16.
25_ 최근 넷플릭스를 통해 공개된 <고요의 바다>(최항용, 2021)에 대한 반응이 이를 잘 보여준다.

극장에서 안방으로 영화의 상영방식을 옮겨가는 배급체계만도 아니며, 제작비나 제작방식, 러닝타임과 연관된 제작방식만도 아니다. 오히려 넷플릭스 현상의 중요성은 그것이 우리의 지각체계를 바꾸어놓고 있다는 데 있다. 이와 같이 미디어가 부추기는 지각체계의 변동은 영화를, 미디어를, 세상을, 그리고 그것과 마주하는 관객을 어떻게 바꾸어놓을 것인가. 문제의 핵심은 여기에 있다.

다시, 물질
: '디지털 페미니즘'이라는 정치적 기획에 대한 노트[*]

손희정 | 대중문화를 연구하는 페미니스트

페미니즘 리부트, 그 이후

2015년 8월, 나는 "페미니즘이 리부트되었다"고 썼다.[1] 2015년 2월에 시작되었던 #나는페미니스트입니다 운동을 결정적인 계기로 보면서 여성들 사이에서 시작된 '페미니즘 대중화'의 흐름을 묘사한 것이었다. 지금 되돌아보면, 이는 한국 페미니즘의 특수한 상황이 아니라 전지구적 스케일에서 펼쳐진 페미니즘 제 4물결의 한 줄기였다. 4물결은 2010년대 초중반을 기점으로 시작된 (1) 대중문화와 다변화된 미디어 환경으로부터 자원을 얻은 이들이 (2) 온라인을 기반으로 디지털 기기와의 조립을 통해 (3) 국경을 넘어 상호연대하고 영향을 주고받으며 확장하는 대중 페미니즘 운동으로 (4) 동일노동 동일임금, 반성폭력, 남녀동수제, 낙태죄 폐지 등 여성의 임파워먼트와 (5) 젠더의 교차성을 강조하는 흐름이다.

한국의 경우 여성의 임파워먼트와 젠더의 교차성을 강조하는 두 가지 특징은 "진짜 여자란 누구인가?"라는 질문을 둘러싸고 서로 다른 입장을 가진 이들이 대립하고, 경합하고, (때로는) 연대하는 복잡한 관계를 맺고 있다. 상호

---

[*] 이 글은 『문화/과학』 104호(2020년 겨울)에 실린 같은 제목의 글을 수정, 축약하여 다시 쓴 글임을 밝혀둡니다.
[1] 손희정, 「페미니즘 리부트: 한국영화를 통해 본 포스트페미니즘과 그 이후」, 『문화/과학』 83호, 2015년 가을.

배타적이라기보다는 서로 '교차하는 관점'들로서, 성차별주의의 성격과 원인, 해결방안을 놓고 뜨거운 논쟁이 벌어지고 있는 것이다. 그리고 이는 즉시성 (immediacy)과 익명성 등 디지털 미디어의 특성과 얽히면서 때로는 논쟁을 넘어 폭력적인 온라인 조리돌림과 모든 것을 건 인정투쟁과 만나기도 하고, 오프라인에서의 갈등으로 이어지기도 했다. 지난 6년간의 논쟁은 여성은 동일한 집단이 아니고, 페미니즘은 하나의 목소리가 아니며, 사회 변혁을 꿈꾸는 자들의 정치란 동료를 발견하는 과정인 만큼이나 적을 발견하게 되는 적대의 과정이란 걸 보여주었다.

초기 트위터와 메갈리아, 워마드, 그리고 페이스북 비공개 그룹 등을 중심으로 페미니스트 정체성과 공동체성이 형성되는 과정을 보는 건 마치 하나의 '민족'이 구성되는 과정을 목도하는 것과도 같았다. 여성의 권리·안전·존엄 등의 이름으로 지배 이데올로기에 맞서는 대항세력으로 뭉치기 시작한 이들은 내부의 평등을 지향하고 기존 질서와 권위에 저항했다. 구성원들만이 이해할 수 있는 새로운 언어를 만들어내고 문화를 형성하면서 내적 결속을 다졌다. 안티 페미니스트의 부상, 페미니즘에 대한 정치권과 언론의 공격, 그리고 공권력의 편파성 등[2]으로 내적 결속은 점점 더 견고해졌고, 동시에 내부의 이질성을 제거하려는 흐름 역시 등장했다. 운동권 배제, 기혼여성 배제, 비-탈코르셋 여성 배제 등, 배제의 목록이 중첩되어 갔고, 랟펨, 쓰까, 워마드 등 내부분화도 일어났다. 랟펨의 경우 여성주의와 종족성의 결합이 강해지면서, 차이를 결정하는 것으로서 '생물학'을 강조하는 경향이 강화되었다. 그리고 내부의 평등은 희미해지고 얼마나 강성으로 "페미니즘 하는가", 예컨대 "얼마나 탈코했는가" 등에 따라 내부 위계가 형성되기 시작했다.

이런 과정은 페미니즘 제 4물결을 가능하게 했던 디지털 환경의 진동과 맞물려 진행되었다. 우리는 밀레니엄을 열었던 웹2.0 시대에 대한 유토피아적

2_ 지난 6년 간 '젠더 갈등'이라는 말로 표면화되었던 안티 페미니스트 공격과 그에 대한 비판에 대해서는 김보명, 「젠더 갈등과 반페미니즘의 문법」, 『비교문화연구』 제 56집, 2019 참고

전망을 환영했고, 그 전망의 가능성을 보여주었던 아랍의 봄과 미국의 오큐
파이 운동을 지지했다. 디지털은 셀 수 없이 많은 작은 목소리들이 터져나오
고 조직되는 공간이었다. 하지만 전지구적 우경화의 바람 역시 온라인을 타
고 강해졌다. 주디스 버틀러가 오큐파이에서 보고자 했던 "복수적이고 수행
적인 출현할 권리를 실천하는" 신체들에 대해 논하는 것은 꽤 아름다운 일이
다.3 반면 에이미 추아 같은 논자는 오큐파이 운동이 미국을 채우고 있는 다
양한 부족 중 하나인 백인 중산층 엘리트의 구별짓기 중 하나였다고 평가한
다.4 추아 식으로 해석하자면, 극우 포퓰리스트 관종 대통령 트럼프의 등장은
오큐파이가 초래한 반작용이다. 버틀러는 낭만적이고, 추아는 탈정치적이다.
그렇다면 2020년대 대한민국을 살아가는 페미니스트의 자리는 어디 즈음이
어야 하는가.

　　지난 5년 간 깨달은 한 가지는, 시대의 총체성을 포착하고 사유하려는 비
평의 시도는 반드시 실패한다는 것이다. 이 글은 그런 실패의 감각을 안고서
시작한다. 하지만 이것이 좌절을 의미하는 건 아니다. 총체성이 아닌 관계성
으로 시선을 돌리게 되었기 때문이다. 이 글은 디지털의 가능성을 말하는 것
만큼이나 페미니즘의 창발을 믿는 것 역시 순진하다는 고민을 바탕으로 '디지
털 페미니즘'이라는 또 다른 프로젝트를 제안하려는 첫걸음이다. 디지털 페미
니즘은 온라인에서 조직되고 펼쳐지는 페미니즘을 묘사하는 개괄적 용어였던
온라인 페미니즘과 구분되는 정치적 기획으로, 생산양식이자 새로운 주체성
(혹은 종속성)의 구성 및 지속 조건인 디지털을 부정하지 않으면서도 그를 비
판적으로 사유하는 페미니스트 인식론이다. 디지털 페미니즘의 길을 탐색하
기 위해, 우선 우리가 도달한 디지털 세계에 대한 진단부터 필요하겠다.

3_ 주디스 버틀러, 『연대하는 신체들과 거리의 정치』, 김응산·양효실 옮김, 창비, 2020.
4_ 추아는 오큐파이 운동의 참가자 중 "백인, 젊은이, 고학력자 비중이 인구 비례 대비 훨씬 높"으
　　며, 이 운동을 이끌었던 이들이 "테크놀로지를 능숙하게 사용할 수 있는" 계층이었음을 강조한
　　다(에이미 추아, 『정치적 부족주의』, 김승진 옮김, 부키, 2020, 179-185).

2020년, 우리가 도달한 디지털 세계

코로나19와 함께 다양한 신조어들이 등장했다. '코로나 블루' '코로나 앵 그리'는 팬데믹이 정서에 미치는 영향에 주목했다면, 돌봄 노동의 고충을 보 여주는 '돌밥돌밥'(돌아서면 밥하고, 돌아서면 밥하고), 계급의 문제를 지적하는 '코로나 디바이드'(코로나로 더욱 심화된 양극화) 등도 있었다. 이와 함께 가장 많이 언급되었던 말, 그리하여 포스트-코로나를 결정지을 단어로 주목받았던 건 역시 '언택트'였다. 비대면, 비접촉 시대의 본격화를 의미하는 이 단어를 놓고 한쪽에서는 4차 산업혁명이 인간을 쓸모없는 존재로 만들 것이라는 불 안이, 다른 한쪽에서는 한국형 뉴딜을 통해 디지털 공동체를 만들어 새로운 세계를 열어가자는 흥분이 흘러나왔다. 그리고 일부는 이 기묘한 열정들 사 이에서 진동하면서 공통의 것(commons)을 조직하기 위해 노력 중이다. 공(共)- 존(存). 어떻게 공통의 것을 조직하여, 어떻게 더 존재할 것인가. 그렇다면 삶 의 설정값이 된 디지털은 공-존의 조건이 될 수 있을까. 청사진을 그리기엔 현실이 꽤 암담하다. 지금 우리가 다다른 디지털 세계란 '웹하드 카르텔'도 '웰컴 투 비디오'도 제대로 해결하지 못한 뒤 찾아온 'n번방-디지털교도소-불 법도박사이트'의 네트워크일 뿐이니까.[5]

2008년 금융위기 이후 닥쳐온 대침체기를 통과하면서 온라인은 스놉의 인정투쟁과 주목경쟁의 장이 되었다. 자연과 투쟁하지도 역사의 진전을 꿈꾸 지도 않으면서 그저 인정을 위한 인정을 갈구하는 스놉-넷-시티즌들의 '좋아 요' 수집은 코제브가 1950년대에 관찰한 것과는 조금 다른 방식으로 등장했 다. 자본주의가 약속한 풍요 속에서 자신의 욕구만을 충족시키는 동물이 되 었기 때문에 스놉이 되는 게 아니라, 어떻게 해도 욕망은커녕 기본적인 욕구

5_ 양진호는 마약, 폭행, 특수강간 등의 죄목으로 1심에서 징역 7년을 선고받아 투옥 중이지만, 구속 수감 중에 결혼한 배우자를 통해 여전히 웹하드 사업을 지휘하고 있다. 2020년 현재 성범 죄물과 불법 음란물 유통을 통한 웹하드 수익은 연간 200억원 대로 알려져 있다("엽기폭행 양진호, 옥중 결혼…한해 수익 2백억", <노컷뉴스>, 2020. 10. 17. https://www.nocutnews. co.kr/news/5436185 (2020년 11월 8일 접속)

조차 충족시킬 수 없는 좌절의 시대를 살기 때문에 우리는 스놉이 된다.6 세계의 질서에 질문을 던지고 위계에 저항하는 디지털 시대의 반권위주의적 태도는, 이 시대에 유일하게 활용할 수 있는 자원인 '주목'을 갈구하는 스놉의 존재론과 만나면서 반지성주의를 형성한다.7 이 둘이 아슬아슬하게 줄타기 하는 상황에서, 각종 온라인 커뮤니티와 SNS의 문법을 학습하고, 변주하고, 창조한 여성들이 이를 투쟁의 언어로 전유한 것이 2015년 6월 등장한 메갈리아다. 물론 메갈리아는 가부장제의 전복을 꿈꾼다는 점에서 스놉의 인정투쟁을 넘어선 정치적 결사체에 가까웠다.

같은 해 말, 메갈리아 사이트 안에서 '남성 동성애자 배척' 문제가 부상한다. 페미니스트는 게이들의 여성혐오를 어떻게 비판할 수 있는가, 그것이 게이에 대한 차별과 배제를 정당화할 수 있는가 등을 둘러싼 뜨거운 논쟁 끝에, 스스로를 "페미니스트가 아닌 여성우월주의자"로 선언하는 워마드가 메갈리아로부터 분화된다. 워마드는 하늘에서 뚝 떨어진 괴물이 아니라 한국의 사이버스페이스 안에서 자양분을 얻고 성장한 커뮤니티였다. 기록해 둘만한 건 워마드의 대표적인 '패륜 사건' 중 하나로 꼽혔던 성체 훼손 사건이다. 2018년 7월. 디지털 성범죄 편파수사에 항의하는 '불편한 용기' 시위와 함께 워마드에 관심이 집중되고 있을 때였다. 한 유저가 천주교 내의 여성혐오를 문제 삼으면서 성체를 태운 사진을 올렸다. 이 글이 주목을 끌자, 성당에 불을 지르겠다는 협박성 글 역시 올라왔다. 천주교 신자의 고발로 수사가 진행되었고, 2019년 범인이 검거되었다. 지정성별 남성이었다. 언론은 "남성 페미니스트"라고 썼고, 어떤 페미니스트들은 '주작'을 통해 여성운동의 가치를 깎아내리려는 "안티 페미니스트"일 것이라고 비판했다. "거봐라, 이런 짓을 하는 건 여자가 아니라 남자"라며. 하지만 중요한 건 유저의 성별이 아니다. 중요한 건

6_ 동물과 스놉에 대해서는 아즈마 히로키, 『동물화하는 포스트모던』, 이은미 옮김, 문학동네, 2007, 118-119 참고.

7_ 손희정, 「어용시민의 탄생」, 『페미니즘 리부트』, 나무연필, 2017 참고.

에이미 추아가 말했던 '부족'을 이룬 워마드에서 무엇이 유희가 되고 떡밥이될 수 있는가였으며, 한국 사회가 워마드의 어떤 실천에 주목했는가다.

　중의적 의미에서 워마드를 키웠던 온라인 마초문화, 여성혐오 문화가 시장을 이루고 광범위한 상품 네트워크를 형성한 것은 2010년대 중반 아프리카tv, 유튜브 등의 플랫폼이 대중화되고, 온라인의 인정투쟁과 주목경쟁이 말그대로 '돈벌이'로 점핑되는 연결고리를 완성해 주면서부터였다. '관종'이 그저 주목을 즐기는 것이 아니라, 주목을 끌어모아 생계를 해결할 수 있게 된것이다. 그렇게 아무런 자원을 가지고 있지 않아도 남성으로 식별되는 신체와 관습적으로 익숙한 혐오를 전시하는 것만으로도 돈이 되는 세계가 열렸다.[8] 그러나 이것은 그나마 '양자'였다. 21세기 시작의 언저리에 인터넷 방송이 시작될 때부터 이미 활황이었던 포르노자키(PJ) 시장은 여전히 유지되고있었고, 디지털 성범죄물이 공유되던 웹하드의 양진호가 구속되자, 소위 '벗방(벗는 방송)'이라고 불리는 인터넷 성인 방송이 활성화되었다. 벗방의 경우남성 출연자가 시청자들의 요구에 따라 여성 출연자에게 가학행위를 하는 하위장르가 인기를 끌었는데, 성범죄물이 사라진 자리에 '가학적인 쇼를 선보이는 벗방이 들어선 셈이다. 벗방은 개인방송이 아니라 '엔터'라고 불리는 사업체에서 조직적으로 제작, 유포하는 것으로 여성 BJ에 대한 착취가 극심한것으로 알려져 있다. 무엇보다 성매매 산업과 흡사하게 자발적으로 들어왔어도 쉽게 도망칠 수 없는 구조가 형성되어 있다.[9] 그리고 더 '다크하고 딥'한곳에서 아동성착취물 유통망인 '웰컴 투 비디오'와 텔레그램 n번방이 있었다.

　이와 함께 '디지털교도소'가 등장했다. 2020년 3월 n번방 사태와 7월 손정우 미국송환 불발에 대한 분노를 먹고 빠르게 성장한 이 사이트는 인스타그램에서 텔레그램 성범죄 피의자 신상을 공개하면서 주목을 끌기 시작했다.

8_ 대표적인 예인 '느금마 엔터테인먼트'에 대한 분석은 손희정, 「"이게 한국남자야"」, 『다시, 쓰는, 세계』, 오월의봄, 2020 참고.

9_ SBS, <그것이 알고 싶다> 1207회, <회장님 위의 회장님 – 벗방 카르텔의 진실>, 2020년 3월 21일 방송 내용 참고.

이후 별도 사이트를 운영하면서 n번방 외에 성범죄자나 아동학대범 등의 신상을 공개하면서 이슈의 중심에 들어선다. 이런 '불법적'인 활동은 한동안 '초법적'인 것으로 받아들여졌다. 한국 사회는 디지털교도소의 무고한 피해자가 자살을 하고 나서도 이를 쉽게 비판하지 못했다. 자신의 사촌동생 역시 n번방의 피해자라며 "대한민국의 악성범죄자에 대한 관대한 처벌에 한계를 느끼고, 이들의 신상정보를 직접 공개하여 사회적인 심판을 받게 하려 한다"고 밝힌 디지털교도소 운영자의 말[10]을 어떻게 판단해야 할지 혼란스러웠기 때문이다. 이 디지털교도소의 운영자가 사실은 온라인으로 마약을 판매했던 마약사범이자 n번방 운영자였던 사실이 밝혀지면서 혼란이 가중되었다. 그는 자신에게 비협조적이거나 마음에 들지 않은 사람의 신상을 퍼트리고 괴롭혀왔으며, 그 신상을 쥐고 n번방이 여성들을 착취했던 것처럼 남성들을 '노예'로 부렸다. 그는 스스로 정의를 구현하는 신과도 같은 존재로서 넷에 등장했고, 그런 신적인 지위를 즐기기 위해서였는지 <그것이 알고 싶다>에 스스로에 대해 제보를 하는 등 이해하기 쉽지 않은 행보를 보였다.[11]

그렇게 밝혀진 디지털교도소는 n번방의 남성 판본이었다. 디지털교도소는 '지인 능욕 사진 합성' 광고 글 등으로 남성들을 유인한 뒤 "신상을 공개하겠다"고 협박하면서 그들을 마음대로 부렸다. 그리고 여기에는 온라인 불법도박 사이트 운영이 연결되어 있다. 불법도박 사이트와 디지털 성범죄물과의 관계는 이미 밝혀진 지 오래다. 여성을 대상으로 하는 성착취 동영상은 남자들을 불법도박 사이트로 유인하는 미끼가 되어온 셈이다. 여기에 "이번 생은 망했다"고 생각하는 10대와 20대들이 '한탕'을 노리며 불법도박 사이트로 모여들고 있다.[12] 도박자금을 마련하기 위해 성범죄물을 스스로 제작, 판매, 유

10_ 장슬기, "'디지털교도소' 성범죄자 신상정보 공개 사이트가 떴다", <미디어오늘>, 2020. 7. 2. http://www.mediatoday.co.kr/news/articleView.html?idxno=207942 (2020년 11월 8일 접속)
11_ SBS, <그것이 알고 싶다> 1234회, <'박제된 정의—'디지털교도소'와 '주홍글씨'의 실체>, 2020년 10월 10일 방송 내용 참고
12_ 김완·김민제, "텔레그램n번방 뒤에 '불법 도박방 있다", 『한겨레』, 2020. 5. 15. http://www.hani.

통하는 일은 물론, 10대 남성들 사이에 사채시장이 형성되고 있다.[13] 10대 남성연대 안에서의 위계는 더 이상 과거와 같이 신체적 능력으로도 학과 성적으로도 결정되지 않았다. '한탕'으로 버는 돈이 권력의 본질이 된 세계에서 불법도박과 사채시장은 견고하게 뿌리내리고 있다. '한국형 뉴딜'이 외치는 청정구역으로서의 '디지털 공동체'가 공허하게 들리는 건 이 때문이다. 우리가 경험하는 '디지털 공동체'란 타자를 착취함으로써 군림하는 뒤틀린 남성연대의 네트워크이기 때문이다.

페미니즘의 곤란

이것이 한국 페미니즘이 대면하고 있는 '디지털'의 현실적인 조건이다. 메갈리아는 해소되었고 워마드는 그저 혐오집단인 것처럼 보일 때에도, 여전히 "일베나 워마드나"라고 말할 수 없는 이유는 여기에 있다. 그렇다고 싸움의 자원으로 타자를 태워버리는 것이 괜찮다는 의미는 아니다. 이제 2015년 이후 펼쳐진 '온라인 페미니즘'의 성과 중 하나이자 랜펨 정치세력화 과정을 보여주는 사건으로서 여성의당 창당을 경유해, 페미니즘이 대면한 곤란에 대해 살펴볼 차례다. 이야기를 2020년 1월 30일 아침으로 가져가 보자. 트랜스젠더 여성인 A학생이 숙명여자대학교에 합격했다는 소식이 전해지고, 온라인이 뜨겁게 달아올랐던 그 날.

학교 측에서는 법적으로 성별정정을 마쳤으므로 입학에 아무런 문제가 없다는 입장을 밝힌 후였지만, 트랜스배제를 말하는 페미니스트들, 일명 '터

---

co.kr/arti/society/society_general/945033.html; 김완・박준용・김민제, "'인싸' 되고 싶어 시작했는데…결국엔 도박중독에 빚더미", 『한겨레』, 2020. 5. 26. http://www.hani.co.kr/arti/society/society_general/946463.html (2020년 11월 8일 접속)

13_ 전현진, "아이들은 "게임같이" 도박을 시작했다…그리고 '빚의 노예'가 됐다", 『경향신문』, 2020. 10. 10. http://news.khan.co.kr/kh_news/khan_art_view.html?artid=202010100600055&code=940100&fbclid=IwAR07dky14ts6rw7yjM3qY-Ppjz5aSIK07qU2Vye7-DzBdxi82FbaUAjoQ0A#csidx2118cbeedb8ebbb88ee7ac595e75c0a (2020년 11월 8일 접속)

프'의 목소리가 터져 나왔다. 그리고 A학생의 숙대 입학에 반대하는 '랟펨'들의 성명서가 이어졌다. '래디컬 페미니즘'의 이름으로 트랜스혐오를 선동하는 책을 출간해 온 출판사의 대표는 자신의 SNS 계정에서 "트랜스젠더리즘은 위헌"이라고 비아냥거렸다. 누군가의 존재를 위헌이라고 단정하는 페미니스트들의 조직적인 행동에 한국 사회는 놀랐다. 그리고 기다렸다는 듯이 페미니즘에 대한 비난이 들끓었다. 한동안 활동이 뜸했던 한 안티 페미니스트 이데올로그는 자신의 유튜브 채널에서 "숙대 사태와 함께 돌아왔어요. 오랜만입니다"라는 제목으로 유튜브 라이브 방송을 진행했다. 그가 트랜스젠더 혐오에 대해 페미니스트들에게 책임을 물을 때마다 구독자들은 그에게 '슈퍼챗(후원금)'을 쏴주었다. 이는 안티 페미니즘 시장의 작동 방식을 그대로 보여주는 장면이었다.

한국사회의 트랜스젠더 혐오는 페미니스트들만의 문제는 아니다. 터프의 트랜스 혐오 논리는 서구의 터프들로부터 빌려왔으되 그 본체는 한국사회의 소수자 혐오에 뿌리내리고 있기 때문이다. 그렇다고 해서 페미니즘이 면죄부를 얻는 것은 아니다. 다양한 자성의 목소리가 나왔고, A학생을 지지하는 페미니스트 그룹의 성명서 역시 올라왔다.[14] 논쟁은 뜨거웠다. 그런 와중에도 트랜스젠더를 배제하고 차별하려는 흐름은 계속됐다. 숙대 사건에 이어 "외부성기 변형 없이 성별정정 못하게 해달라"는 국민청원이 올라와 22만 명이 넘는 사람이 청원에 참여했다.[15] 그런 와중에 트랜스젠더 배제에 반대하는 목소리를 내는 것이 쉽지 않다는 토로도 이어졌다. 터프의 트랜스 배제 논리에서 '여성의 안전'이 가장 큰 영향력을 행사하는 이슈였고, 여성이 안전한 사회는 요원하기 때문이었다. n번방 사건은 중요한 조건이었다. 가해의 끔찍한 성격과 광범위한 규모, 피해자와 가해자의 연령대 등이 알려지면서, 많은 여성

14_ 이 성명서들은 한 권의 책으로 묶여 나온다. 자세한 내용은 숙명여자대학교 성소수자인권모임 무럭무럭 외, 『우리는 자격 없는 여성들과 세상을 바꾼다』, 와온, 2020 참고
15_ 「성전환 수술, 즉 외부성기 수술 없이도 남녀 성별을 변경하는 성별 정정을 막아 주십시오」, 청와대 국민청원 게시판, 2020. 3. 13.

들은 또 다시 공포 속에서 분노했다. 이런 상황에서 "나는 이제까지 연대를 말하는 페미니스트였지만, 이제부터 랟펨이 되겠다"고 선언하는 여성들 역시 등장했다. 여기서 "랟펨"은 "여자들의 문제에만 집중하겠다"는 의미로 사용됐고, 이때 '여자'란 물론 트랜스 배제적인 범주가 된다.

이런 절박함은 페미니즘의 논의가 더 진전되지 못하도록 막는 가부장제의 통치성으로 보일 정도다. 소라넷, 강남역 여성살인 사건(을 비롯한 수많은 살인 사건들과 폭행 사건들), 양진호 웹하드 카르텔, 게임계 사상검증, 채용차별, n번방 등을 보면서 절박해진 여성들은 '여성' 정체성의 테두리를 높이 세우고 '부족성'을 더 강화시키는 방향으로 나아가기 쉽다. 문제는 생물학적 본질주의와 배타적인 여성 범주에 기대어 누군가를 배척하는 운동이 여성들을 차별과 위험으로부터 해방시켜 평등하고 안전한 세계로 인도하지 못한다는 점이다. 트랜스젠더의 존재를 부정하고 '여성'을 또다시 성기로 환원시켜 이야기하는 것은 오히려 여성을 성기로만 축소시켜온 가부장제 문화를 답습하는 것이 될 뿐이다. 여성을 대상화하고 비인간화하는 차별과 폭력은 인간을 남성과 여성, 두 개의 성으로 나누는 성별이원제에 기반하고 있는 성역할 고정관념으로부터 비롯된다. 그렇게 만들어지는 남성성과 여성성의 신화가 여성혐오 문화의 핵심이다. 여성혐오 문화가 트랜스 혐오 문화를 키우고, 트랜스 혐오 문화가 다시 여성혐오 문화의 근간을 다지는 악순환의 고리가 존재하는 셈이다.

물론, "트랜스젠더는 존재 자체가 여성에 대한 강간"이라며 '괴물과도 같은 트랜스젠더'라는 허상을 만들어 놓고 허수아비 때리기를 함으로써 단기간에 운동을 추동하는 '화력'을 모을 수는 있다. 어떤 공동체의 내적 결속을 다지는 데 있어 공공의 적을 세워 경계 밖으로 내모는 것만큼 효과적인 전략은 없기 때문이다. 예컨대 n번방 문제를 제1의 선결과제로 내세웠던 '여성의당'이 발기인을 모집하고 창당을 준비하던 때가 숙대 A학생 사건 직후, 터프의 세력 몰이가 가장 활발하던 시점이었음을 살펴볼 필요가 있다. 트랜스젠더 배제가 '여성의당' 당론이 되기는 어렵겠지만, 짧은 기간 안에 많은 수의 여성들이 모일 수 있었던 원인에 배제의 정치가 있었음을 부정하기는 어렵다. '여성의당'은 결성 시간을 단축했던 만큼이나 당내에서 민주주의의 가치를 함께 만들어가기 위해 보내야 할 시간이 짧지 않을 것이다.

여기에 또 다른 과제가 놓여 있었다. 진보적인 활동가나 지식인으로서 인권의 문제와 연대의 정치에 관심을 기울이던 이들조차, 자신이 생각하는 페미니즘의 선결과제를 위해 기꺼이 배제의 정치가 만들어내는 역동적인 에너지에 기대고자 했다는 것. 이는 페미니즘뿐 아니라 모든 정치가 빠지기 쉬운 함정이다. 어쩌면 그 누구도, 이런 유혹으로부터 자유롭지 못할 것이다. 배제의 정치는 자못 비장하고, 그 숭고함은 매혹적이다. 배제의 정치를 추동하는 혐오의 말은 재미있고, 그야말로 사이다처럼 톡톡 튀는 시원함을 준다. 이처럼 정치가 오락이 되어버리는 순간은 언제나 강렬한 효과를 만들어낸다. 그런 감정의 격동이 "이렇게 해서는 아무것도 이뤄내지 못할 것"이라는 조급증과 만나면 가속도가 붙는다. 그 속도 안에서 무언가 해내고 있는 것 같은 느낌이 커진다. 그러나 일상적으로 경험하는 불안과 공포를 해소하기 위해 상상의 적을 세우는 이들만큼이나, 그것이 혐오선동이라는 것을 알면서도 모르는 척하는 어떤 페미니스트들의 조급함이 더 긴 시간을 돌아가게 만든다.

주목할 만한 것은 이들의 (일종의) 전향을 정당화해주는 것이 다른 무엇도 아닌 "여자부터 챙길래"라는 점이다. 즉, '여성운동'과 '소수자 운동'을 분리하면서 정당성을 확보한다. 이런 손쉬운 분리는 페미니즘을 게토화시킬 뿐만 아니라, 지금까지 해온 여성운동의 의의를 손쉽게 폐기해 버리는 결과로 이어진다. "여성단체들이 젊은 여성들의 고통을 제대로 대변하지 못했다"거나 "엘리트 페미니스트들이 장자연 사건에 대해 침묵했다"는 식으로 말이다. (이는 모두 여성의당 창당을 준비하던 사람들의 입에서 나온 말이다.) 이는 페미니즘 운동의 역사에 대한 부정이지만, 동시에 함께 가야 할 페미니스트 동료들에 대한 부정이기도 하다.

'여성의당'은 21대 국회의원 선거에서 약 21만표를 득표하여 0.74%의 지지율을 획득했다. 3월에 창당해서 4월에 총선을 치른 것을 생각하면 놀라운 성과다. "좌파도 우파도 아닌 여성의 편"을 강조했던 정당이 어떻게 대중정당으로서 당세를 확장해 갈지, 이후가 더 주목받을 만한 과정이 되기를 바란다. 하지만 지난 5년간의 디지털 미디어를 바탕으로 펼쳐진 페미니즘 대중화가 여성의당 창당으로만 귀결된 것은 아니고, 그것으로만 설명될 수도 없다. 더불어서 장기 20세기가 끝나고 진정한 21세기의 시작이라고 할 만한 2020년을 맞이한 지금, 페미니즘은 "신라호텔 애플망고 빙수" 외에 또 다른 꿈을 꿀 수 있어야 한다.

물질성을 중심에 놓는 디지털 페미니즘

디지털이 물질에서 비물질로의 이동을 추동한다고 상상될 때에도 디지털은 물질적이다. 물론 디지털을 비물질적으로 누리는 이들은 있다. 그런 소수가 디지털이 작동하는 방식을 추상화하여 세계를 더럽히고, 절대다수를 착취한다. 디지털의 비물질성이 향유되는 과정은 생명이 '고기'가 되어 식탁 위에 올라오는 과정과 은유적으로 동질하다. 육식을 즐기듯 디지털을 즐기는 생활은 '인간-남성(man)'으로 여겨져 온 '역사적 남성성'을 생명의 중심에 놓아온 근대적 휴머니즘의 연장이다. 그러므로 우리는 디지털의 물질성을 좀 더 적극적으로 사유해야 한다. 이때 '물질'은 각기 다른 신체로, 각기 다른 삶의 조건 안에서, 다른 욕구와 욕망을 가지고, 다른 전망을 세우거나 절망하는, 서로 다른 주체들의 유동과 변이를 포착하고, 그 차이들을 매개하고자 하는 분석적 개념이다. 하지만 물질은 무엇보다 현실을 직시하는 노력이 시작되는 구체적 좌표를 가리킨다.

그렇다면 어떤 물질인가? 첫 번째로, 디지털이 반드시 신체와 신체를 연결한다는 점부터 살펴봐야 할 것 같다. 'n번방-디지털교도소-불법도박 사이트' 네트워크에서 확인한 것처럼, 디지털에선 신체에 대한 착취가 일어난다. 하지만 이렇게 폭력적 형태로만 신체의 연결이 일어나진 않는다. SNS에서 해시태그가 조직하는 '연결행동'은 신체들의 연결의 한 예다. #나는페미니스트입니다, #00계내성폭력, #MeToo, #나는낙태했다 등, 해시태그는 구체적 경험으로부터 부상하는 신체들을 연결하고 느슨한 네트워크를 조직하며 의미망을 형성한다.16 페이스북이나 트위터 등의 플랫폼을 활용하면서, 해시태그 행동주의는 휘발성이 강한 소수자 의제에 불을 붙이고 담론을 구성하는 역할을 해왔다.

동시에 "해시태그 행동주의는 의견의 차이에 따라 격화되면서 상대적으로 경쟁하는 프레임을 형성"하기도 한다.17 그 프레임 전쟁은 치열하다. 예를 들어 2020년 닷페이스에서 온라인 퀴어퍼레이드(퀴퍼)를 진행했을 때 터프들이 온라인 퀴퍼에 난입하여 혐오선동을 한 사건이 있었다. 이때 "#우리는없던길도만들자" 해시태그는 퀴어와 터프 양쪽의 게시물을 연동시켰다. 터프들은 #젠더박살, #자매들이여여혐퀴어에서탈출하라 같은 해시태그를 함께 사용했다.18 이런 프레임 전쟁은 다양한 이슈에서 계속 펼쳐지고 있고, 전쟁을 수행했던 신체들은 쉽게 치유되지 않는 상처를 입는다. 때로는 정신과 치료 등 의료적 조치를 요하는 타격을 받기도 한다. 프레임 전쟁 안에서 "둘 중 하나가 사라질 때까지 간다"는 절멸의 상상력을 어떻게 조절할지가 디지털 페미니즘의 중요한 과제다. 윈도우 건너편에 숨을 쉬는 신체가 있다는 사실을 좀 더 효과적으로 공유할 필요가 있다.

두 번째, 보통 온라인 활동은 하이퍼링크를 타고 넘나드는 '자유로운 항

16_ 이에 대해서는 손희정, 「'느낀다'라는 전쟁: 미디어-정동 이론의 구축」, 『페미니즘 리부트』, 나무연필, 2017 참고

17_ 이에 대해서는 김수아, 「연결행동? 아이돌 팬덤의 트위터 해시태그 운동의 명암」, 『문화와 사회』 제25권, 2017 참고

18_ 박정훈, "코로나 시대에 열린 온라인 퀴어퍼레이드, 2만 6천명 참여", <오마이뉴스>, 2020. 6. 25. http://www.ohmynews.com/NWS_Web/View/at_pg.aspx?CNTN_CD=A0002653295 (2020년 11월 14일 접속)

해'로 상상되지만, 그 이면에는 데이터마이닝을 통해 정보를 취득하고 활용하며 계속해서 유저로 하여금 온라인에 머물도록 하는 IT 업체의 알고리듬이 존재한다. "사이버 공간에서 사용자가 누리는 항해와 검색의 자유는 컴퓨터 모니터 이면에서 작동하는 일련의 통제에 은밀하게 순응한 대가"인 셈이다.[19] 기억이 쌓여서 내가 되는 것처럼, 각종 IT 업계가 짠 알고리듬에 따라 유도되어 계속 업데이트 되는 나의 피드를 따라서 온라인에서의 "나"의 정체성이 형성된다. 이는 주목경쟁 안에서 만들어지는 페미니스트 정체성에 대한 고민으로 이어진다. 여기서 "나의 운동이 너의 자원이 되는 것"에 분노하는 건 신자유주의가 조건지어 놓은 생존주의가 추동하는 자원 독점 욕구이기도 하겠지만, 좀 더 정확하게는 신자유주의 이데올로기를 미디어로 형식화한 SNS의 작동 메커니즘이 구현되는 현장, 그 자체이기도 하다. 확증편향과 에코챔버효과를 강화하면서 유저를 피드에 묶어놓고 계속해서 데이터를 생산하도록 충동질하며, 더불어서 의도하지 않은 소비를 유도하는 SNS 메커니즘이 활성화하는 대중적 움직임은 좌/우를 가리지 않고, 리버럴과 근본주의를 가리지 않으며, 페미니스트와 안티페미니스트를 가리지 않는다.

세 번째, 디지털 세계를 가능하게 하는 노동과 디지털 세계 내에서 형성되고 거래되는 노동이 고려되어야 한다. 이미 도래한 언택트 산업의 시대와 함께 '노동이 종말'할 것이라고들 한다. 하지만 사이버스페이스는 인간의 테크놀로지가 생산하는 가상공간으로, 반드시 컴퓨터라는 물질적인 기계와 전기를 필요로 한다. 그리고 그것들을 생산하고, 유통하고, 관리하고, 사용하는 노동은 아직까지는 인간의 일이다. 성급하게 '노동의 종말'을 말하는 것은 실제로 존재하는 노동을 비가시화해서 노동자들을 더 열악한 조건으로 내쫓는다는 점에서 문제적이다.

여기에 디지털 세계가 열어놓은 플랫폼 노동의 문제 역시 부상했다. 플랫

19_ 김지훈, 「웬디 희경 전-컴퓨터 네트워크에서 통제와 자유는 어떻게 공존하는가」, 김환석 외, 『21세기 사상의 최전선』, 이성과감성, 2020, 275.

폼은 당근, 에어비앤비 등에서 볼 수 있는 것처럼 "자본주의 시장 바깥에 머물던 선물경제(gift economy)나 무상증여의 전통"까지도 "무차별적으로 플랫폼 시장으로 끌어들이는 흡입력을 발휘"하면서 모든 것의 시장화를 완성하고 있다. 동시에 노동력 유통망을 형성해 노동을 더욱 유연화시켜 노동자 위에 군림하는 자본의 지배를 강화한다.[20] 그런데 여기에도 젠더 문제가 존재한다. 기존 노동시장의 성차별, 성폭력이 여성들을 플랫폼 노동으로 내몰고 있는 와중에 성차별적 문화가 플랫폼에 그대로 이식되는 이중의 문제가 있는 것이다. 플랫폼 노동의 열악한 현실을 바탕으로 보았을 때, 이의 확산은 "기존 노동시장에서 평가절하되어있는 여성 집중 직종의 외부화, 비전형 노동화를 촉진할 가능성이 매우 높"으며, 이미 "취약 여성노동자 주변화"는 심화되고 있다.[21] 물론 그렇게 '사업장'은 비물질화되고 '집'은 노동의 현장이 될 때 일어나는 가사노동과 돌봄노동의 문제 역시 주목되어야 한다.

네 번째, 사이버스페이스를 가능하게 하는 디지털기기는 물질적 기반을 가지고 있다. 미디어 학자 유시 파리카는 인류세에 대한 논의에 지질학의 개념을 가지고 들어오면서 인류와 자본이 무기물과 맺어온 관계에 주목한다. 그는 "지구의 심원한 시간(deep time, 지질학적 시간) 속에서 쌓인 자원이 테크놀로지를 가능하게 한다"[22]고 썼다. 파리카가 강조하는 것은 미디어의 근간에 리튬, 백금, 콜탄 등 지구에 오랫동안 축적되어온 광물, 금속, 화학물질이 자리한다는 것이다. 그렇게 첨단 디지털 기기를 이루는 물질적 기반은 고대로부터 이어져 내려오는 장구한 역사와 연결되어 있다. 인류는 디지털 기기를 만들기 위해 "심원한 시간"[23]에 있는 자원을 고갈시키고, 물리적·화학적으로

20_ 이광석, 「플랫폼이 현실을 좌우하는 피지털 세상」, 『디지털의 배신』, 인물과사상사, 2020, 19-27. 플랫폼 노동 문제를 개선하기 위한 제안에 대해서는 마찬가지로 이광석, 「플랫폼 노동을 어떻게 볼 것인가」, 같은 책 참고
21_ 김원정, 「플랫폼 확산에 따른 여성노동의 변화와 정책 과제—IT 서비스·디자인 업종을 중심으로」, 『제도공백: 플랫폼 노동 속 여성을 말하다 토론회 자료집』, 한국여성민우회, 2020.
22_ Jussi Parika, *The Anthrobscene* (Minneapolis: University of Minnesota Press, 2014), 3. (e-book, 5%)

분해되지 않는 전자 폐기물을 만들어 미래의 '심원한 시간'까지 위협한다. 이와 더불어 사이버스페이스를 유지하기 위해 들어가는 전기와 공간에 대한 고민 역시 필요하다. 결국 우리가 디지털이 만들고 쌓는 쓰레기와 온갖 더러운 것들을 감각하면서 도달해야 할 자리는 '불편한 공존'의 자리다. 그런 움직임은 인간에게 필요한 적정기술의 선을 찾고, 그 선에서 기꺼이 불편함을 감수하는 태도를 바탕으로 한다.

그러나 물질-신체에 대한 강조가 본질론으로 빠지는 것은 경계해야 한다. 잡년행진에서부터 검은시위 등에 이르기까지 "나의 몸은 나의 것"이라는 감각이 강해지면서 신체가 더 본질적으로 사유되기 시작했다. 경험이 펼쳐지고 그것이 의미를 획득하는 장으로서 몸이 신성해지고, 소유물로 감각되는 과정에서 또 다른 지위를 획득하게 되었다. 그리하여 훼손해서는 안 되는 것으로서의 신체가 강조된다. 문제는 이런 강조가 생물학적 본질주의 및 인종주의와 만날 때 벌어진다. "진짜 여자"란 성기의 모양이나 염색체, 호르몬 등으로 결정된다는 터프의 논의가 정당성을 얻게 되는 건 이런 맥락에서다. 때로 여성 섹스의 '실존'을 받아들이는 것이 물질에 대해 제대로 사유하는 것이라고 주장하는 경우가 있지만, 신체의 물질성에 대한 진지한 사유는 오히려 가부장제의 인식론이 만들어 놓은 '두 개의 섹스'라는 인식론으로는 자연에 존재하는 수없이 많은 성차(sex)를 다 포착할 수도 파악할 수도 없다는 걸 인정하는 것에서부터 시작될 수 있다. 물질성을 사유한다는 것은 얼추 비슷한 것들을 묶어 카테고리를 만든다는 말이 아니다. 그건, 묶일 수 없는 것으로서 차이를 대면한다는 의미다.

23_ 유시 파리카가 지그프리트 칠린스키로부터 빌려온 '심원한 시간' 개념에 대해서는 심효원, 「인류세와 21세기 간학제적 접근론: 차크라바르티, 파리카, 해러웨이를 중심으로」, 『비교문학』제 80집, 2020년 2월, 249, 각주 26번 참고

셀 수 없이 많은 꿈을 연결할 수 있기를

온라인 페미니즘의 정치적 가능성과 한계를 함께 보여주었던 불용시위 등은 "리더나 멤버십이 존재하지 않으며, 조직 세력이 명확하지 않고, 다양한 참여자들이 합류하는 방식으로 작동"[24]했다. 다중(multitude) 논의를 떠올리게 하는 이런 운동의 형태는 세계의 변화를 추동하는 힘일지 자본과 국가로 쉽게 해소되어 들어가 버리는 일시적인 움직임일지 계속 토론의 대상이 되어 왔다. 버틀러는 "그런 운동의 현장들을 그것들이 대변하는 인민의 관점에서만이 아니라 그 운동들을 실행하게 한 권력관계들의 관점에서도 읽어낼 수 있어야 한다. 그와 같은 운동의 실천은 의회 내에서 이뤄지지 않는 한 언제나 일시적일 수밖에 없다"고 말하고, "민의는 스스로 도입하려 하는 정치 형태를 고집할 것이기에, 정당성을 유지하지 못하는 모든 정치 형태에 대한 지지를 철회할 수 있는 권리를 보유하려면, 민의가 그런 정치 형태에 함몰되지 않아야 한다"고 강조한다.[25] 촉발되고 출현하는 신체들은 일시적인 것이 오히려 '힘'이라는 것이다. 중요한 것은 그 힘을 조직할 수 있는 단위들, 리더십을 남겨 놓는 것일 터다.

'디지털 페미니즘'은 그런 페미니스트 네트워크 리더십[26]을 구축해야 한다. 이 우울한 이야기의 끝에 무엇보다 낭만적인 기획인 '네트워크 리더십'을 운운하는 건 낙태죄 폐지 운동을 경험했기 때문이다. 가부장제의 언어로 포획되지 않는 여성들의 목소리가 온라인을 바탕으로 서로를 발견하고 서로 연결되면서 신체의 출연으로 이어졌다. 이런 열망들을 다양한 여성단체들이 구체화하여 사회적 의제로 만들었다. 그리고 현실정치의 영역에서 여성 정치인들이 구체적인 제도 및 법안 마련을 준비한다. 여전히 정치적 입장 차 안에서 "모두를 위한" 낙태죄 폐지인지 "여성만을 위한" 낙태죄 폐지인지 갈등하면서

24_ 김은주, 「제 4물결로서 온라인-페미니즘: 동시대 페미니즘의 정치와 기술」, 『한국여성철학』 vol. 21, 2019, 15.
25_ 주디스 버틀러, 앞의 책, 15-16.
26_ 안토니오 네그리·마이클 하트, 『어셈블리』, 이승준·정유진 옮김, 알렙, 2020.

도, 일종의 협업체제로 움직이고 있는 셈이다. 정부가 낙태죄를 어떻게든 형법에 남기기 위해서 퇴행을 거듭할 때에도, 페미니스트들은 다시 한번 변화를 기대하게 하는 광경을 만들어내고 있다.

언젠가 본, 광화문 광장을 가득 메운 촛불의 물결을 하늘에서 내려찍은 이미지를 종종 떠올린다. 점점의 촛불이 세상을 바꾸는 하나하나의 디지털 픽셀처럼 보였다. 그러나 바로 그 사진 옆에는 보수 언론이 카메라를 들고 군중 사이로 들어가 한 명 한 명의 사람들을 찍은 다른 영상이 붙어 따라다녔다. 위에서 보았을 땐 그토록 아름다운 군중들이 땅바닥에서 보았을 땐 서로 욕설을 퍼붓고, 술을 마시며, 광장을 쓰레기통으로 만들고 있었다. 무엇이 기만이고 무엇이 현실이었을까? 중요하지 않다. 역사의 큰 흐름 안에는 언제나 각종 주작과 조리돌림, 폭력의 실천들이 있다. 반대로, 뭉쳐서 보았을 때는 폭력의 실천처럼 보일 때에도, 한 사람 한 사람의 사연에 귀 기울이면 그가 하나의 거대한 우주라는 사실을 발견하게 된다. 인간을 하나의 픽셀이 아니라, 하나의 구체적인 신체를 가진 우주로 보는 일이 필요하다. 그 무수한 별들이 거대한 성운을 이루는 것을 기대하기보다, 각기 다른 꿈을 품은 우주들이 어떤 관계를 맺을 것인가를 고민해야 한다. '공통적인 것'이란, "오직 차이 나는 것들 사이에만 존재하고, 오직 차이 나는 것들만이 생산할 수 있는 어떤 것"이다.27 물질성을 바탕으로 그 차이들을 바라보고, 그것들 사이에 어떤 관계성을 만들어 갈 것인가가 우리에게 새롭게 닥쳐온 도전이다.

27_ 고병권·이진경 외, 『코뮨주의 선언』, 교양인, 2007, 10.

기후위기와 적녹보라 변혁의 존재론

김현우 | 탈성장 연구자, 에너지기후정책연구소 연구기획위원

기후위기의 도래 또는 더 넓게 보아 인류세로의 진입은 연속이자 단절의 경험이다. 과거의 구조와 모순이 빚어낸 결과이기도 하지만 과거와는 다른 구성의 구조와 모순들이기도 하다. 그렇다면 이를 다루는 이론과 해법 역시, 과거의 자원들에 기반하되 과거의 것들과 달라야 할 것이다. 더욱이 그 구조와 결과들이 생존을 운위할 정도로 질적인 차이를 가져오는 것이라면, 우리의 논의는 더욱 비상한 것이어야 한다. 지금 우리가 처한, 그리고 다가올 현실에 대한 천착은 더 깊은 진단과 더 멀리 보는 시야를 가져야 한다.

예를 들어 기후위기는 자본주의 탓이고 노동계급 권력이 대안이라는 익숙한 주장은 단순해서 문제가 아니라, 어떤 자본주의이고 어떤 계급 권력인지를 밝히지 않는 안일함이 문제다. 때문에 기후위기의 상황 진단과 전망에서 빈곤하고 사람들의 행동을 바꾸기 위한 전략에도 무력하다. 그러나 기후위기가 자본주의와 무관한 것은 아니다. 오히려 자본주의와 기후가 어떻게 얽혀 있고 서로의 조건과 변화를 만들어내는지를 더 자세히 들여다볼 필요가 있다. 이런 점에서 먼저 인류세와 자본세 개념을 둘러싼 논의를 살펴보는 게 도움이 될 것 같다.

인류세/자본세 논쟁

제이슨 무어는 기후위기를 자본주의의 문제로 강조하는 대표적인 논자다. 그는 근대 철학의 데카르트적 이항 구조가 문제를 제대로 포착하지 못하게 하거나/동시에 유발시켰다고 주장하며, 의도적으로 and와 between 대신에 in과 through를 반복적으로 사용하여, '자연 및 인류'를 '자연-속-인류/인류-속-자연'과 같이 표현한다. 그리고 그에 따르면 자연과 자본주의 사이의 운동은 '자연을 통한 자본주의의 운동/자본주의를 통한 자연의 운동'이 되는데 이것들은 '이중 내부성'으로 명명되면서 그의 '세계생태론'의 근간을 이루는 아이디어가 된다. 그의 책 제목인 "생명의 그물 속 자본주의"는 세계생태로서의 자본주의가 자본-권력-자연을 역동적으로 결합하여 하나의 통일체를 구성하며, 이런 시각에서 볼 때 자본주의는 경제적 체계나 사회적 체계가 아니라 오히려 "자연을 조직하는 방법"이라는 의미다. 나아가서 그는 "여성, 자연, 식민지"가 전유되는 추상적인 사회적 자연이고, 따라서 자본주의는 가부장제, 개발주의, 제국주의를 당연히 수반하게 된다.

따라서 그가 보기에 오늘날의 위기는 복수의 위기가 아니라 단일하면서 다면적인 위기, 즉 자본주의 및 자연의 위기가 아니라 자연-속-근대성의 위기이며, 그 근대성은 자본주의적 세계생태다. 이러한 전제로부터 그는 증기기관 발명과 화석연료 연소에만 관심을 두는 지질학자/경제학자/환경론자의 문제설정인 '인류세(Anthropocene)'는 현실을 제대로 보지 못하게 한다고 보고 지금의 지질시대(아마도 그에게는 세계생태체제)를 '자본세(Capitalocene)'라 부르자고 진지하게 제안한다.[1]

무어의 프레임은 고정갑희의 '성종계급체계' 접근과 상통하는 면이 많아 보인다. 고정갑희는 근대 가부장체제의 정치경제적 성격으로서 자본주의는 성의 분할을 통한 남성-이성애중심 체계인 '성체계'와 인간종과 자연(혹은 비

1_ 제이슨 W. 무어, 『생명의 그물 속 자본주의—자본의 축적과 세계생태론』, 김효진 옮김, 갈무리, 2020.

인간종)의 분할을 통한 인간중심주의 체계인 '종체계'를 토대로 지배를 행사한다고 본다. 결국 가부장체제적 자본주의는 '여성'과 '자연'을 '발명'함으로써 가능했다.[2] 도나 해러웨이가 자본세보다 더 나은 명명이라고 제안하는 '플랜테이션세', 즉 모든 것을 단일화하고 규모화하며 다른 인종과 자연에 대한 착취를 수반하게 만드는 대농장이 새로운 지질시대를 만들고 있다는 개념도 비슷하게 읽힌다.[3]

심광현이 자본순환 회로가 자연 수탈, 노동력 착취, 가부장제를 내재한 것이라 본 것도 같은 맥락으로 이해된다. 그는 수평과 수직으로 긴밀하게 직조된 자본주의적 생산과 소비의 회로가 전 지구적으로 확대된 결과 인간(의 자연)과 (비인간의) 자연의 신진대사 전반의 균열이 심화되면서 1980년대에 펠릭스 가타리가 경고했던 3중의 위기, 즉 자연생태계, 사회생태계, 인간생태계의 위기가 가속화되고 있고, 이것이 결국 인류세의 위기라고 진단한다.[4]

무어 역시 이들과 유사하게, 자본주의가 네 가지 저렴한 것(노동, 식품, 에너지, 원료)을 통해 가능해졌고, 이들을 통해 작동하는 가치법칙으로 폭발적 성장을 했지만 동시에 한계를 노정하고 있다고 본다. 계급-종의 내재적 착취와 기후변화와 환경 위기라는 외부적 제약이 그것이며, 따라서 특히 농업 부문에서 일종의 대항 헤게모니 기획이 가능하고 필요하다는 결론을 제시하는 것으로 보인다.

하지만 무어의 문제설정에 대해서는 몇 가지 의구심도 생긴다. 우선 데카르트의 이항 구조가 철학적으로 그리고 정치경제적으로 그렇게 모든 문제의 근원인가 하는 점이다. 과거 알튀세르주의자들이 헤겔적 일원론과 원환적 논

2_ 고정갑희, 『가부장체제론과 적녹보라 패러다임—체제론의 전환과 운동철학의 전환』, 액티비즘, 2017.

3_ 도나 해러웨이, 『해러웨이 선언문—인간과 동물과 사이보그에 관한 전복적 사유』, 황희선 옮김, 책세상, 2019.

4_ 심광현 · 유진화, 『인간혁명에서 사회혁명까지—문명 전환을 위한 지식순환의 철학과 일상혁명 스토리텔링』, 희망읽기, 2020, 619-620.

리 구조가 모든 것의 문제라고 비판한 것의 거울상처럼 보인다. 또 하나는 인류세 개념에 대한 일정한 오해 또는 왜곡으로 여겨지는 부분이다. 인류세는 생물학적 종의 큰 변화 그리고 그것을 일으키는 주요 환경 요소들의 변화를 근거로 붙여진 지질학적 개념이다. 그리고 인류세가 계급의 차이를 불문하고 모든 인류에게 원죄를 씌운다는 것 역시 근거가 빈약한 주장이다. 실제로 지구권-생물권 프로그램(IGBP)에서 발전하고 파울 크뤼천이나 빌 쉬테펜 등 충서학자와 대기화학자들이 제안하는 인류세 개념의 근거는 그렇게 단순하지 않다. 캐나다의 생태사회주의자 이안 앵거스는 자본세 주장이 갖는 이러한 문제점들을 비판하고 있다.[5]

더 중요한 것은 자본세라는 규정이 갖는 정치적 효과다. 무어는 월러스틴의 이론을 응용하여 장기 16세기에 자본세가 시작되었다고 주장하는데, 그럴 경우 최근 격화된 기후위기 상황에 대한 차별적 설명이 희석되기 때문이다. 자본세는 쉬테펜이 지적하듯 "현재 지구는 전혀 비견할 수 없는 상태로 작동하고 있습니다. 핵심적인 환경적 변수들의 견지에서 최근에 지구 체계는 최소한 지난 50만 년 동안 나타난 자연적 변동성의 범위를 훌쩍 벗어나 버렸습니다. 현재 지구 체계에서 동시에 일어나고 있는 변화들의 본성, 그것들의 크기 및 변화 속도는 전례가 없으며 지속 불가능합니다."[6]라는 수준의 인식과 느낌을 제공하지 않는다. 실제로 무어는 산업 시대와 2차 대전이 끝나고 1950년 이후의 시기를 일컫는 거대한 가속(Great Acceleration) 시대 사이의 차이에 크게 주목하지 않는 것 같다. 자본생태계 개념으로 보더라도 자본주의가 자연-에너지-노동을 구성하는 방식 역시 석탄 자본주의, 석유와 핵에너지 자본주의 시대가 다르며, 결과도 다르다는 것이 더 설명될 필요가 있어 보이지만, 무어의 논의에서는 찾아보기 어렵다.

5_ Climate&Capitalism, "Explaining the Anthropocene: An interview with Ian Angus"; 한국어판: 「인류세를 설명하기: 이안 앵거스와의 인터뷰」. https://blog.daum.net/nanomat/1143
6_ 같은 글.

또 하나는 무어의 의도와 별개로 자본세 규정이 정치적 좌파에게 미치는 부수적 효과의 문제다. 말하자면 '인류 일반이 나쁜 게 아니라 자본이 나쁜 것'이라는 간단한 주장의 반복인 것인데, 이렇게 되면 기후위기는 늘 산업혁명 이후 항상 사악한 존재였던 자본의 인격체, 즉 자본가를 규탄하는 구실에 머무르게 되며, 정치적 대안 역시 자본가계급 타도나 자본주의 시장 철폐 같은 앙상한 것들만 남게 된다. 즉 기후위기와 결부하여 자본주의에 대한 더 풍부한 비판과 더 풍부한 대안을 생산할 수 있는 기회를 오히려 가로막는 효과를 낳을 수 있다.

그럼에도 불구하고, 무어의 프레임은 기후위기가 온실가스를 내뿜는 굴뚝의 문제로만 볼 수 없으며 자본주의의 체계적 문제로 넓혀 보아야 한다는 점을 환기하며 논의를 확장할 수 있는 실마리들을 제공하는 것 같다. 코로나 위기와 관련해서는 구조적 "원헬스(One-Health)", 즉 사람-동물-환경 등 생태계의 건강은 모두 연계되어 있으며, 최적의 건강을 확보하기 위해서는 상호연결된 다차원적인 요소와 협력을 확보해야 한다는 개념과도 비교해 볼 수 있을 것이다. 물론 원헬스 개념 역시 계급적 차이와 사회경제적 관계를 간과하는 우려가 있다는 비판이 존재한다. 잠정적으로, '인류세'와 '자본세'는 차원이 다른 개념이며 따라서 이론적/정치적 맥락과 효과에 따라 둘 다 의미있는 개념으로서, 서로를 대체할 수 없는 개념이라 생각된다.

기후변화와 페미니즘

앞서의 논의에서 기후위기는 자본주의 동학만으로 충분히 온전히 설명 가능한가, 그리고 그것으로 적절한 대안 기획과 담론을 생산할 수 있는가라는 질문을 제기했다. 그런 점에서 다른 생명종에 대한 인간의 구조적이고 역사적인 억압과 착취 체제라는, 넓은 의미의 가부장제의 문제설정을 기후위기를 해석하는 필수적인 이론적 자원으로 소개했다. 에너지와 자연에 대한 남용과 착취는 자본주의 탄생 이후 지구적 확장을 통해 더욱 심화되었고, 1950년대 이후 대가속을 통해 그리고 그것의 신자유주의적 세계화를 통해 극한 상황에 도달하게 되었다는 진단이다. 하지만 이러한 해석과 해부가 페미니즘 이론과 운동 안에서 그렇게 활발히 진행되고 있는 것 같지는 않다.

이제까지 젠더와 기후변화를 둘러싼 담론은 대략 두 가지 주제로 진행되었다. 첫째는 여성은 기후변화의 결과에 더 큰 영향을 받을 수 있다는 '취약성' 측면과 둘째는 여성의 생명 감수성, 자연관리 경험 등을 바탕으로 한 '자질과 덕목'이라는 측면이다.[7] 이러한 논지에 따르면, 여성은 기후변화에 상대적으로 더 취약하지만 동시에 기후변화 완화와 적응의 효과적인 행위자 혹은 촉매자이기도 하다고 이해된다. 기후변화 완화와 적응 그리고 재난 감소에 활용할 수 있는 지역의 고유한 전통과 전문지식을 알고 있으며, 자연과 가정의 관리 및 담당자로서 가정과 작업장, 지역사회에 책임감을 갖고 있기 때문이다. 그렇기 때문에 여성과 여성의 능력을 기후변화정책에 통합하는 것이 중요하다고 주장된다. 비아캄페시나와 같은 국제 농민운동에서 여성 농민을 중심으로 한 소농(가족농)의 역할을 강조하는 것도 일정한 연장선상으로 이해할 수 있다.

페미니즘 운동에서는 이러한 측면들과 더불어, 주류적 기후변화 대응 수단과 정책의 남성성(전문가주의, 제도주의, 권력과 시장 중심 등)을 지적하는 논의도 다수 생산되었다. 유엔 기후체제를 이끄는 것도 전문가 백인 남성(자본가 세력)이고, 이들이 입안하는 정책과 제도들은 개도국 여성-유색인종-노동자에게는 가장 이해하기 어렵거나 피해를 입히는 방식이라는 것이다.

하지만 여성이 기후변화에 취약하다는 주장은 자칫 '피해자' 논리로 기울어질 수 있다. 그러나 모든 여성이 취약한 것은 아니고 권력과 부를 갖지 못한 남성도 취약하다. 또한 여성의 덕목을 강조하는 것은 본질론에 빠질 위험

7_ 김양희, 「젠더와 기후변화」, 『기후변화와 젠더 포럼 자료집』, 2015.

이 있다고 지적된다. 최근의 급진 페미니즘에서는 '여성성' 같은 본질적 속성 부여를 금기시하는 경향이 강하기 때문에, 중남미 원주민 기후정의 운동에서 보편적으로 쓰이는 "어머니 지구(Mother Nature)" 같은 개념도 꺼리는 경향이 이론과 운동 진영 모두에서 감지된다. 때문에 '남자들이 지구를 망쳤어!'와 같은 단순한 메시지를 되풀이할 것은 아니라 하더라도, 에코페미니즘이 기후위기 시대에 발휘할 수 있는 잠재력이 일정하게 제약당하고 있다고 생각된다. 페미니즘의 조망을 통해 기후위기를 더욱 잘 이해할 수 있고, 페미니즘의 정치를 통해 기후위기를 넘어서는 정치와 사회를 만들 수 있다는 주장을 전면화하고, 그러한 공감과 폭발적 확산의 에너지를 기후정의 운동으로 연결할 방법은 없는 것일까?

페미니즘의 세 번째 물결 이후 일각에서 제안된 '상호교차성'과 연대의 정치에서 일정한 해답을 찾을 수 있을 것 같다. 줄리 매사이는 연대의 정치에서 '연대경제'로 나아갈 것을 제안하는데, 이 운동은 1990년대 유럽과 라틴아메리카에서 출현한 '새로운 경제' 운동, '쑤막 까우쎄이'/'부엔 비비르'(Sumak Kawsay/ Buen Vivir) 및 '공동체 경제' 운동과 겹쳐지는 것으로 설명된다. 매사이에 따르면 연대경제에서 기본적인 통합 기준은 경제적 실천이나 제도에 의해 구체화된 가치들이며, 연대적 가치의 목록에는 협력, 모든 차원에서의 공평, 정치적 경제적 참여 민주주의, 지속 가능성 및 다양성/다원주의가 포함된다. 그리고 전통적인 사회주의 운동의 혁명관과는 대조적으로 연대경제의 틀은 자본주의의 혁명적인 전복을 기다리기보다 지금 당장에 사회 전반에 걸친 경제적 변형에 참여하도록 사람들을 북돋운다.[8] 이는 기후위기를 완화하고 극한 재난적 상황 속에서도 회복력을 담보하는 사람 사이의 관계망 구축을 구상하는 데에 도움이 되는 자원들이다.

8_ Julie Matthaei, "Feminism and Revolution: Looking Back, Looking Ahead," 2018; 한국어판: 줄리 매사이, 「페미니즘과 혁명: 과거를 되돌아보고, 앞날을 내다보며」. http:/ commonstrans. net/?p=1198

기후위기의 진단과 해법

결국 해법을 찾기 위해서도 기후위기의 원인은 자연환경적 요소들(온실가스 배출 증가와 축적) 너머에 있는 구조와 동학까지 살펴서 진단되어야 한다. 여기서는 서로 연결되어 있는 세 가지 핵심관계를 제시해 본다. 첫째, 무분별하게 작동하는 이윤 동기와 자유시장이 낳은 대량생산/소비체제(자본주의)가 엄청난 화석연료 이용을 초래했고 가속화했다. 둘째, 채굴주의, 자연/종 착취와 억압 체제의 구조화(가부장제)가 그러한 동학의 중요한 본질이었다. 이는 현실 사회주의에서도 예외가 아닌 생산력주의로 드러났다. 화석에너지와 핵에너지 이용을 광의의 가부장제적 착취로 보는 것이 적절한지는 좀 더 논의가 필요한 부분이다. 셋째, GDP를 절대숫자로 만든 금권주의와 전문가주의 및 관료(기술)체제가 기후위기를 둘러싼 논의와 대응의 프레임을 세팅했고, 제대로 된 진단과 해법을 가로막고 있다. 기후위기 원인의 복합성과 서로 얽힌 속성은 기후위기에 대한 인식과 해법에 조금만 진지하게 접근하면 나오미 클라인이 말하듯, "모든 것(Everything)"의 문제설정으로 연결된다.9 그런데 이 '모든 것'이 기후위기의 원인에 대한 다원주의나 불가지론을 의미하는 것은 아니다. 오히려 자본주의와 가부장제, 그리고 기술체제의 구조적 얽힘에 대응하는 적색, 보라, 녹색의 담론과 운동이 더욱 분명한 관계를 맺게 되는 계기다.

그동안 맑스주의자들은 당면한 모순들과 대결하는 현실운동이 바로 코뮌주의라는 청년 맑스의 선언에 따라 미래의 청사진 설계를 금기시해 왔다. 그러나 자본주의의 팽창기였던 19세기와는 달리 자본주의가 한계에 이른 오늘의 상황에서는 당면한 모순들과 대결하는 현실운동과 대안세계로의 이행에 대한 청사진의 설계는 분리 불가능하게 맞물리고 있다. 낡은 문명의 해체 과정 속에서 새로운 문명의 맹아를 찾아내고 발전시켜 대안세계를 창조하려는 적극적인 노력 없이는 가속화되고 있는 인류세/자본세의 위기를 극복할 수

9_ 나오미 클라인, 『이것이 모든 것을 바꾼다―자본주의 대 기후』, 이순희 옮김, 열린책들, 2016.

없기 때문이다. 따라서 심광현은 인간혁명과 사회혁명의 선순환 경로 구성의 청사진을 통해 오랫동안 대립해 온 혁명/개혁/아나키즘, 적(노동)/녹(생태)/보라(여성) 사이의 장벽을 넘어서는 문명 전환의 새 지평을 전망할 수 있다고 본다.10

이러한 적/녹/보라의 문제설정은 단일의제 운동들 사이의 협력인 적-녹-보라 연대를 거쳐, 총체적인 새로운 운동 범주로서 '적-녹-보라 패러다임'으로의 전환을 요청한다.11 적녹보라 패러다임은 단지 이론과 정치 노선의 이름이 필요해서가 아니라, 기후위기와 인류세라는 당면한 현실을 더욱 명징하고 풍부하게 설명하고, 사람들 사이에서 운동의 동력(분노 또는 희망)과 상상력(정치 기획과 실험들)을 불러일으키는 데에 '적녹보라'라는 프레임 또는 앙상블이 매우 적절하기 때문이기도 하다.

탈성장 코뮤니즘과 탈성장 페미니즘

또 하나의 중요한 자원은 '탈성장(degrowth)'이라는 문제의식이다. 실제로 지금 기후정의 운동은 기후변화의 원인과 해법 모두에서 자원 소비와 경제적 활동 방식과 관련된 구조, 즉 자본주의와 그 한 축인 성장주의에 주목하면서 탈성장 이론과 운동에서 해답을 모색하고 있다. 이에 대해, 전통적 좌파 일각에서는 환영과 공명의 태도를 보이지만, 또 다른 입장이나 분위기도 감지된다. 탈성장론과 운동이 기존 좌파 운동의 호소력을 침해하거나 과제를 흐리게 할 수도 있다는 경계심이다.

하지만 점점 더 많은 생태주의자와 맑스주의자들이 기후위기와 팬데믹이라는 현상 앞에서 더 많은 교류와 공통점 찾기가 가능함을 인식하고 있다. 일례로 일본의 소장학자 사이토 고헤이는 맑스의 후기 저작과 최근의 기후정의

10_ 심광현·유진화, 앞의 책, 37.
11_ 고정갑희, 앞의 책.

운동 및 탈성장론의 여러 갈래를 매우 개방적으로 접근하고 수용하고 있으며, 인류세 시대에 '탈성장 코뮤니즘'이라는 분명한 대안을 제시하고 있다.12

그런데 그의 과감한 주장이 반갑게 여겨지지만, 몇 가지 동의하기 어려운 부분도 있다. 우선, 맑스의 저작에서 생태주의의 조각들을 온전하게 발굴하고 재조립하는 것이 그렇게 필수적이고 유용한 일인가 하는 점이다. 산업 자본주의 초중반기를 경험하며 이론 작업을 한 맑스에게 에너지와 기후의 요소들이 체계적으로 포착될 수는 없었던 게 당연하며, 1950년대 이후의 대가속과 지금의 온난화 현상이 경제 및 정치 위기와 맞물리는 상황을 맑스의 문구를 통해 설명하는 게 그렇게 의미있는 일도 아닐 것이기 때문이다.

구체적인 설명력에 있어서도 맑스 자신, 그리고 맑스 이후의 맑스주의 이론이 기후위기와 인류세의 문제들에 접근하는 데에 충분한 자원이 되기는 어렵다. 21세기의 맑스주의 연구와 운동은 위축되었고 대안 체제의 이론화에 부진했으며, 진화하는 자본주의와 생태계 위기와 같은 구체적인 현상과 현실에 대한 탐구도 답보했다. 반면에 맑스주의 자장 바깥의 탈성장 이론과 운동에서는 자본주의 비판과 대안을 위한 연구와 실험들이 활발히 전개되었다.

사이토 고헤이는 케이트 레이워스(Kate Raworth)와 세르쥬 라투슈(Serge Latouche) 같은 '구세대' 탈성장론자가 자본주의 비판을 회피한다고 비판하며, Z세대와 접속하는 새로운 세대의 탈성장론과 구별한다. 하지만 이는 탈성장 이론과 운동의 스펙트럼을 지나치게 단순화하는 것이며, 그의 탈성장 코뮤니즘의 새로움을 다소 과장하고 있다고 여겨진다. 그럼에도 불구하고, 맑스주의와 생태주의 그리고 탈성장론의 만남은 가능하고도 필요한 일이다. 관건은 이러한 조류들의 이론적 종합뿐 아니라, 당면의 정치 프로그램으로 구체화하고 현재와 미래를 위한 제안으로 설득력을 갖추는 것이다.

기후위기 시대에 탈성장론이 탈성장 코뮤니즘을 통해 '적색'과 접속한다

12_ 사이토 고헤이, 『지속 불가능 자본주의—기후 위기 시대의 자본론』, 김영현 옮김, 다다서재, 2021.

면, '탈성장 페미니즘'은 '보라'와의 접속을 보여준다. 백영경은 탈성장론이 에너지와 물질의 사용을 자발적으로 줄이고 가치를 재조정하며 제도를 바꾸어 인간과 생태계에 대한 해를 줄이는 것을 목표로 한다는 점에서 돌봄과 친연성이 있다고 본다. 여기에 코로나19라는 감염병의 세계적 유행은 페미니스트 그룹 내에서도 '페미니즘 탈성장연대'를 만드는 계기가 되고 있다고 소개한다.[13]

돌봄의 가치와 역할이 매개가 되면서 탈성장 페미니즘은 에코페미니즘에 행동과 대안의 프로그램을 풍부하게 제공해준다. GDP라는 경제성장 지표의 일반화에 대한 기각, 자본주의 시장 메커니즘의 상대화, 생태 커먼즈 만들기(Eco-Commoning), 케이트 소퍼의 '대안적 쾌락' 등은 에코페미니즘의 잠재력을 키울 수 있는 자원들이다. 이런 유용성은 1970년대 이후 형성된 탈성장론과 특히 코로나19 이후 에코페미니즘이 접속하는 현상을 낳고 있다.

다만 탈성장 페미니즘이 돌봄 개념을 비인간 존재까지 확대하자는 논의임에도 불구하고, 돌봄노동, 돌봄노동자, 필수노동이라는 현실태에서 출발함으로써 돌봄이 정형화(여성화)되는 곤란이 발생하는 것 같다. 물론 이 곤란은 패러다임 전환의 필요성을 드러내는 것이기도 하다. 백영경은 지금 우리가 처한 돌봄의 위기는 주로 여성들이 돌봄을 떠맡고 있다는 '책임 분배의 위기'이기도 하지만, 돌봄의 의미가 특정 노동 영역으로 축소되어버렸다는 '의미의 위기'이기도 하다고 본다. 그러나 기후위기 시대의 돌봄은 인간과 비인간이 함께 어울려 살아가는 이 세계에 대한 책임을 인지하고 그 책임에 합당한 크고 작은 실천까지 감당하는 일이어야 하며, 따라서 돌봄이 중심이 되는 사회란 인간이 세계 속에서 존재하며 관계 맺고 살아가는 방식 자체의 변화를 요구하는 것이라고 말한다.[14]

13_ 백영경, 「탈성장 전환의 요구와 돌봄이라는 화두」, 『창작과 비평』 189호, 2020년 가을.
14_ 같은 글.

생태사회 전환 운동의 정치 전략

기후위기 해법은, 기술적으로는 매우 급격한 온실가스 감축과 관리를 필요로 하지만 이는 기후위기의 원인 자체이기도 한 자본주의 시장 권력과 전 지구적 정치 체제를 다루어야만 한다. 그래서 조프 만과 조엘 웨인라이트는 '기후 리바이어던' '기후 베히모스' '기후 마오', 그리고 '기후 X'라는 가상적 정치체제를 전망한다.[15] 하지만 유엔기후변화협약에서 보듯 '기후 리바이어던'은 현실에서 제대로 기능하지 않으며, '기후 X'는 언제 어떻게 힘을 갖게 될지 알 수 없다. 안드레아스 말름은 기후위기와 팬데믹이라는 장기 비상사태에서 "생태적 레닌주의"가 요청된다고 말한다.[16] 하지만 '기후 마오'와 같은 전체주의적 방식이 조만간 전 지구적으로 관철되는 것을 상상하기는 어렵다. 실제로는 '기후 베히모스'와 부분적인 기술적 대안들의 혼란스러운 결합이 되풀이될 공산이 크다.

생태사회주의자들은 자연의 한계와 사회 조직의 관계를 고려하는 포괄적 경제 계획의 민주적 작성과 운영을 대안으로 제시해왔다. 마이클 뢰비에 따르면, 생태사회주의의 핵심은 민주적 생태 계획의 개념으로, 시장이나 정치 사무국이 아닌 인민 스스로가 경제에 대한 주요 결정을 내린다. 그리고 생태 사회주의는 노동시간의 계획과 단축을 통해 자유시간의 상당한 증가를 예고한다. 또한 민주적 생태 계획은 스스로의 운명에 영향을 미치는 결정을 통제할 자유에 사회 전체의 권한 행사를 나타낸다.[17] 어쨌든 더 많은 해법의 가능성과 현실성을 생각해볼 수 있다. 또는, 기후위기 해결과 미래의 정치/경제체제를 묶음으로 이야기하는 것이 더 적절하다.

15_ Geoff Mann and Joel Wainwright, *Climate Leviathan: A Political Theory of Our Planetary Future* (London: Verso, 2018).

16_ 안드레아스 말름, 『코로나, 기후, 오래된 비상사태—21세기 생태사회주의론』, 우석영·장석준 옮김, 마농지, 2021.

17_ Michael Löwy, "Why Ecosocialism: For a Red-Green Future," 2018. https://greattransition.org/images/Lowy-Why-Ecosocialism.pdf

대응의 주요 원칙과 방향을 말하자면, '탈성장'의 전면화 또는 경제의 질서 있는 후퇴와 축소를 통한 관리된 탈성장이 요구된다. GDP 향상의 경제성장을 상대화하고 다른 질적 지표들을 주류화하는 것이다. 또한 경제생활과 에너지 소비/오염 배출 사이의 절대적이고 충분한 탈동조화가 요구되며, 이를 위해서 급진적 노동시간 단축도 수반되어야 한다. 제조업, 농업, 에너지산업의 목표와 비중을 시간을 두고 전환하고, 이에 따라 노동자, 농민, 협동조합의 비중과 존재 양태를 전환해야 한다. 중단기 과정에서 공공 및 핵심 부문(에너지, 주요 제조업)이 중요하게 활용될 수 있다. 이러한 내용으로 정치-경제 프로그램이자 주체 전략으로서 '정의로운 전환'이 구체화 되어야 하며, 최근의 '그린 뉴딜' 논의도 일정하게는 그 연장선에 있다.

기후위기의 배경과 원인이 복합적이고 체계적인 것으로 진단되었듯이, 이를 해결하고 극복하는 운동의 주체/정치 전략은 단계론과 일원론을 거부해야 한다. 구도완의 경우 생태 민주와 생태 평화의 결합에 더해 비인간적 존재까지 고려에 넣어야 한다고 제안한다.[18] 또한, 전통적인 구호였던 적녹동맹으로 충분한가라는 질문에 답해야 한다. 논리적으로, 자본주의 시장의 극복(사회주의)과, 환경위기 단일 이슈의 해결(생태주의)은 권력과 관계의 문제 해결(페미니즘)을 포괄하지 못하며, 기후위기-이후 사회의 구상에 충분하지도 않다. "기후위기 대응의 결과로 어떤 사회와 관계를 이룰 것인가?"라는 질문 속에서 살림살이와 인간-종-자연 사이의 적절한 관계 정립의 문제가 포함되어야 한다. 그리고 실천적으로, 기후위기를 해결하는 조직된 노동자, 순수한 환경운동 같은 '대문자 주체'나 단일하고 질서정연한 전선체는 상정될 수 없다. 따라서 갱신된/횡단적인 사회주의, 생태주의, 페미니즘의 결합이 기후위기 해결에 필수적이며, 이는 녹/적/보라 또는 보라-적-녹이 아닌 적녹보라 패러다임과 상통한다.

18_ 구도완, 『생태민주주의』, 한티재, 2018.

지금은 기술 옵션과 조직 형식적 구상보다는 오히려 신념과 관계의 변혁을 위한 많은 기획과 슬로건이 필요한 때다. 다만 적녹보라는 구호로서만이 아니라 중요한 가치들의 사슬(예를 들어 부엔 비비르, 탈성장, 커먼즈, 에코페미니즘, 어머니지구의 권리, 탈세계화, 상호보완성 등 '7가지 대안'[19])과 당장 요구하고 시작할 수 있는 정치/경제 프로젝트들(기본소득, 노동시간 단축, 산업의 정의로운 전환 등)로 펼쳐져야 할 것이다.

[기후위기 대응과 전환의 구성 요소]

그렇다면, '탈성장'은 답보하고 있는 기후위기 대응 논의에 중요한 탈출구를 열어주는 개념이자 운동의 촉매가 될 수 있다. 그리고 탈성장을 전제로 공공 자원의 투자와 활용을 민주적인 참여 계획과 결합할 경우 더욱 큰 잠재력을 가질 수 있다. 사실 그린 뉴딜 같은 기획도 성장의 맹목적 드라이브를 상대화할 때 본연의 힘을 발휘할 수 있고, 재난 자본주의가 아닌 더 넓고 촘촘한 민주주의와 연대의 미래로 이어질 수 있다. 탈성장은 지금의 자본주의 체제가 기후위기를 해결할 수 없다는 점을 분명히 할 뿐 아니라, '자본주의 아닌', 그리고 장기적이고 항상적인 기후위기 상황에서 우리가 함께 나누어야

19_ 파블로 솔론 외, 『다른 세상을 위한 7가지 대안』, 김신양 · 허남혁 · 김현우 옮김, 착한책가게, 2018.

할 사회의 형태와 방식을 구체적으로 알려주고 시작할 수 있게 해 준다. 결국 탈성장을 전제로 하는 것은 (국가 수준의) 참여적 계획경제와 (개인과 집단/지역 수준의) 자립과 살림의 확대, 그리고 관계와 과정으로서 연대와 민주주의 심화라는 수단들과 앞뒷면을 이룬다.[20]

인간혁명과 사회혁명

이제 남은 것은 적녹보라 패러다임 전환을 담보할 전략과 주체의 존재론을 채워나가는 일이다. 에릭 올린 라이트는 자본주의를 바꾸려 시도했던 전략들을 단절적 변혁 전략(혁명적 사회주의 전통), 틈새적 변혁 전략(무정부주의 전통), 공생적 계급타협 전략(사회민주주의적 전통)으로 구별한다.[21] 라이트는 대안 사회를 위한 정치와 경제가 하이브리드 형태로 나타날 것으로 보고, 현실에서 가능한 유토피아 논의를 진지하게 제안했다.

하지만 심광현은 이 세 가지 전략은 사회구성체의 여러 층위와 요소들 중 어느 하나를 상수로 보고 다른 요소들을 종속변수로 간주한다는 점에서 모두가 환원주의적이라고 평가한다.[22] 그리고 국가권력 장악, 중앙계획, 틈새의 자율 협력, 탈상품화, 생태주의, 문화혁명 등을 연결할 필요성을 제기한다. 보다 입체적으로 보자면 국가장치의 변형과 기능 전환, 도시/지방자치의 재구성, 노동력의 상품화와 재생산의 재구성이 함께 요구되며, 동시다발적인 변화가 선순환할 수 있어야 한다. 이행과정에서 세 가지 전통적인 변혁들 간의 유기적 협력이 불가피하다는 것이다.

구성 요소로 사회적 연대와 보편적 노동권, 보편적 기본소득과 보편적 복

20_ 김현우, "기후위기 대응과 탈성장 모듈 접근", 생태적 지혜. https://ecosophialab.com/기후위기 -대응과-탈성장-모듈-접근/ (2021년 8월 10일 접속)

21_ 에릭 올린 라이트, 『리얼 유토피아—좋은 사회를 향한 진지한 대화』, 권화현 옮김, 들녘, 2012.

22_ 심광현·유진화, 앞의 책, 608.

지, 시간해방 정책과 생태문화사회로의 이행이 피드백 고리로 연결되어 있다. 앙드레 고르가 제시한 노동시간 단축과 노동 내의 해방, 자기목적적 행위의 지속적 증대, 결국 덜 일하고 덜 잘살기의 윤리학 및 경제학과 일치하는 것으로 설명한다. 결과적으로 제안된 것들이 라이트의 결론과 크게 달라 보이지는 않는다. 핵심적 차이라면 변혁 주체의 존재론이 필요하다는 심광현의 문제의식에 있다.

심광현은 생산양식과 통치양식의 변화만이 아니라 주체양식과 생활양식의 변화를 하나의 회로로 연결하는 보다 복잡한 작업이 요구된다고 본다. 맑스의 사회적 관계의 앙상블로서의 사회적 개인이라는 정의를 "개인, 사회, 자연 간의 동적 관계의 앙상블로서의 사회적 개인"으로 확장하는 것이 인간혁명에서 사회혁명으로 이어가는 것이며, 맑스와 그람시 이후 중단된 미완의 작업이기도 하다는 것이다. 그는 사회혁명의 과정을 사회구성체의 구조적 변화라는 관점에서 구체화할 수 있듯이, 인간혁명의 과정도 "개인구성체의 구조적 변화"라는 관점에서 구체화하려 한다.[23]

적녹보라 패러다임과 변혁이 도달해있는 한 지점도 이 존재론이며, 그 탐구 여정의 중간이라 생각된다. 그 여정이 지난하고 답답할 수 있겠으나, 우리에게는 맑스주의와 페미니즘, 생태학, 탈성장론의 자원, 그리고 기후위기와 팬데믹을 헤쳐가는 운동이 있다. 심광현이 제시하는 지식순환의 철학과 일상혁명의 스토리텔링이란 어쩌면 이론의 틈새적 변혁이라는 생각도 든다. 물론 단절적 변혁과 공생적 변화는 이 패러다임 전환의 과정에서도 배타적이지 않을 것이다.

23_ 같은 책, 116-117.

어쩌다 공동체에서 살기 또는 숨기: 전환, 원환, 순환

조형근 | 사회학자

1. 들어가는 말—어쩌다 마을

'어쩌다' 이렇게 됐다. 설계도도, 계획한 사람도 없다. 그냥 재미있게, 가끔은 좀 의미있게 살려던 건데 어느 순간 사람들이 모이고, 무언가 생겨났다. 사람들이 주목하기 시작했다. 신문에 나가고 방송도 탔다. 어쩌다 이렇게 살게 됐냐고 물으면 마을 사람들 대답이 어쩌다 이리됐다는 것이다. '어쩌다 마을'이다. 사람들은 그래서 더 재미있다고들 한다. 그럴듯하게 결심하고 대단해지지 않아도 그런대로 그럭저럭 잘 살 수 있음을 보여주는 사례라면서.

나는 경기도 외곽의 가칭 남강시에 속한 연주신도시에 산다. 치솟는 서울의 전세 값을 감당하지 못해 2014년 초에 서울에서 탈출했다.[1] 우연히 자리잡은 동네에서 우연히 마을살이가 시작됐다. 거시적 대안이 불투명한 시절, 당장이라도 할 수 있을 것 같은 대안적 삶의 방식으로서 마을살이에 대한 관심이 부쩍 커졌다. 많은 이들이 묻는다. 어쩌다 그렇게 됐냐? 잘 모르겠다. 게다가 코로나19 탓에 동네살이는 큰 타격을 입었다. 앞으로 어찌 될지도 모른다. 그럴듯한 개념어를 쓰면서 이야기를 풀어갈 자신이 없다. 급진적 변혁으

1_ 아래에서 남강시, 연주신도시, 노을동, 연주 1, 2, 3지구, 인수지구, 인수도서관, 해솔산 같은 구체적인 지명은 모두 가상의 이름들이다. 부분적으로라도 마을의 속살을 드러내는 데 따르는 부담을 줄이고자 함과 동시에, 마을의 특이성을 지나치게 강조하지 않기 위함이기도 하다. 이런 곳은 어디서든 생길 수 있다.

로 가는 길에 마을의 역할이 어떤 것인지를 따질 수도 없다. 단지 어쩌다가 이렇게 된 걸까, 생각해 보는 기회가 되기를 바라는 마음으로 쓰기로 한다. 우선 전환, 원환, 순환, 이 세 낱말로 시작해 보자. 이 낱말들이 우리 마을 사람들이 사는 모습을 기호 속에 박제하지 않기를 바라면서.

2. 전환—어쩌다 이렇게?

어쩌다가 어영부영 공동체 비슷하게 살게 된 마을을 '전환마을'이라고 부른다. 물론 전환이 늘, 아무 데서나 일어나지는 않는다. 전환을 가능하게 한 조건들, 계기들이 있다. 우리 마을에서는 공방들이 그 역할을 했다. 우리 마을은 통칭 노을동 공방마을, 또는 노을동 공방골목이라고 불린다. 행정적으로는 노을동의 ○○통에 자리잡고 있다. 공동체 활동에 참가하는 비중은 얼마나 될까? 매우 작을 것이다. 실제로는 마을이 속한 인수지구와 연주 1, 2, 3지구 지역에서 ○○통의 몇몇 모임 장소와 주택들을 찾아와 놀고 활동하는 사람들이 훨씬 많다. 나도 그렇다. 공방들이 많아서 공방골목이라는 이름이 붙었다. 공방들은 경쟁하기보다는 협력하기를 결정했고, 나중에는 아예 협동조합으로 뭉쳤다. 그리고 전환을 이끈 중요한 계기 중 하나가 된다.

'망한 신도시'여서 가능했던 공방골목의 탄생

어쩌다가 공방이 모였을까? '망한 신도시' 이야기를 하지 않을 수 없다. 조용한 농촌 마을이던 이 지역이 전환을 맞이한 때는 노무현 정부 시절이던 2002년이다. 노을리 등 일부 지역이 인구 3만 5천 명 규모의 인수택지개발지구로 지정됐다. 다음 해인 2003년에는 더욱 거대한 변화가 닥쳤다. 이 택지개발지구를 포함해서 훨씬 넓은 지역에 연주신도시 건설 계획이 발표된 것이다. 인수지구는 연주신도시의 한 지구로 통합됐다. 계획인구 28만 명의 대규모 신도시가 출현하게 된 것이다.

먼저 착공한 인수지구는 2006년부터 입주가 시작되어서 곧 완료됐다. 반면 훨씬 규모가 큰 연주 1, 2, 3지구 사업은 진행 중이던 2008년에 금융위기가 닥치고 부동산 가격 하락이 겹치면서 큰 타격을 입었다. 그나마 1, 2지구는 그런대로 사람들이 찼지만, 가장 넓은 3지구는 오랫동안 황무지 상태였다. 몇 년 전부터 비로소 건물들이 올라가고 있다. 근년 부동산 폭등이 있기 전까지 오랫동안 이 지역 집주인들의 소망은 분양가 회복이었다.

덕분에 이 지역은 임대료가 쌌다. 노을동이 속한 인수지구 쪽은 더 쌌다. 싼 임대료와 수요처를 찾던 인근 1기 신도시 지역의 공예가 일부가 이곳을 주목했다. 원래는 임대료 비싼 1기 신도시 도심에 작은 매장을 두고, 남강시와의 접경지역 변두리에 작업장을 두면서 이중 살림을 하는 경우가 많았다. 노을동은 임대료가 저렴하고 연주신도시 건설로 배후지 인구가 계속 증가하는 중이었다. 공방이 모여든 이유다.

골목이 살아 있다는 것

공방들이 들어선 노을동 ○○통 주변의 공간적 특징도 전환의 중요한 조건이었다. 택지개발지구인 인수는 대부분 아파트단지들과 10층 내외 빌딩들로 이뤄진 중심상가 지역으로 구성되어 있다. 하지만 ○○통 일원은 인수와 연주신도시 전체를 통틀어 유일하게 아파트단지가 전혀 없는 곳이다. 대신 단독주택과 4층으로 제한된 상가주택들이 꽤 넓게 흩어져 있다. 상가주택의 1층에는 공방, 식당, 카페, 예능학원, 놀이방, 편의점 같은 각종 근린상업시설들이 들어서 있다. 덕분에 골목을 낀 '마을'의 생태환경이 살아 있다. 유동인구가 많은 곳은 전혀 아니지만, 외부인들이 찾기에 문턱이 낮다. 노을동 주민들은 물론 이웃 인수와 연주의 주민들이 부담없이 찾아와 스며들 수 있는 개방적 공간이다. 골목을 거닐다 보면 수시로 마을사람들과 조우하게 된다. 폐쇄적인 아파트 단지들에서라면 이런 전환은 일어나기 힘들었을 것이다.

공공도서관의 역할

2008년에 개관한 인수도서관도 이 마을 공동체의 출현에 중요한 역할을 했다. 인수도서관은 연주신도시 전체의 거점도서관이면서 인수 지역 주민 활동의 중요한 기반 역할도 수행하고 있다. 주민들은 도서관에서 책을 읽고 빌리고, 영화도 보고, 강의도 듣고, 전시회도 보고, 모임도 갖는다.

인수도서관에는 내가 속한 독서모임을 비롯해서 다양한 독서모임이 등록되어 있다. 이주민들이 주 이용자이던 2009년에 자주 이용하는 사람들을 눈여겨 본 사서들이 의식적으로 접근해서 만들게 한 동아리다. 공무원 사서 역할의 긍정적 사례다. 내가 속한 독서모임은 한 달에 한 번 모이다가 2주에 한 번이 됐다가 근년에는 매주 모이는데, 보통 10명에서 15명쯤 모인다. 2020년 전반기에는 6개월에 걸쳐 피케티의 『21세기 자본』을 완독하기도 했다. 모임은 몇 년 전부터 동네 협동조합 서점으로 장소를 옮겼다. 밤 10시면 도서관 직원들이 퇴근해야 하는데 늘 시간을 넘기게 되는 탓에 내린 결정이다. 그래도 여전히 도서관 등록 동아리다.

도서관과 지역 서점들은 다양한 협업 관계에 있다. 도서관은 주민과 호흡하는 프로그램에 적극적이다. 예를 들어 '인수도서관의 서재' 같은 프로그램을 통해 지역의 점포들에 도서관의 책을 전시하고 대출하는 서가를 만들어놓았다. 사서들이 매달 초에 가게들을 돌면서 그 달 프로그램 팸플릿을 돌린다. 동네에서 낮술 마시던 남편이 프로그램 돌리던 사서 부인에게 들켜서 혼나기도 한다. 10월 초의 창립기념 행사는 각종 주민 모임과 시민사회단체들이 참여해서 지역축제처럼 성대하게 치러진다.

이 도서관이 지역 공공도서관의 모범사례로 꼽히게 된 연유는 무엇일까? 하나는 남강시가 도시의 대표 브랜드로 책과 도서관을 내세우고 지원을 확대한 점,[2] 둘째, 그 무렵 마침 신도시 건설이 진행되면서 인수도서관이 그 대표

2_ 남강시의 공공 도서관들에는 좌석마다 칸막이를 두른 독서실형 열람실이 아예 없다. 도서관을 자녀들의 입시 독서실로 활용하고 싶어 하는 주민들이 말도 안 된다며 지속적으로 민원을 넣어

모델로 선정된 점, 셋째, 의욕적이고 철학이 분명한 동네 주민 관장이 재직하면서 기반을 잘 닦았고 의욕적인 사서도 많았다는 점, 넷째, 도서관 운영위원회를 포함하여 주민들의 참여 자치를 도서관 운영의 기본원리로 삼은 점 등을 꼽을 수 있을 것 같다.

관료조직으로서 도서관의 한계도 있다. 보수정당 소속 시장 시절, 시장의 압력으로 도서관에서 이뤄지던 세월호추모모임을 비롯한 일부 모임들이 밀려나기도 했다. 세월호 유가족 간담회를 못 여는 일도 있었다. 주민들의 지지가 두터웠기 때문에 지방권력이 손쉽게 도서관의 성격을 바꾸기는 어려웠지만, 인사와 예산권을 쥔 시장에 의해 도서관의 성격이 좌우될 수 있는 것은 구조적인 문제다. 지자체로부터 공공도서관 운영의 독립성을 확보하고, 주민들이 운영에 좀 더 적극적으로 참여할 수 있는 방안이 강구되어야 한다.

문화예술인협동조합, 자영업자들, 그리고 골목축제

도서관이 지역사회의 공적 문화인프라를 제공하고 자극했다면, 주민들의 주체적 활동의 계기는 마을의 문화예술인들과 자영업자들이 스스로 만들어냈다. 공방골목의 공예가들은 2012년에 함께 문화예술인협동조합을 결성했다. 서울시에서 핸드메이드 작가들을 지원하는 프로그램을 보고 자극받은 이들이 작업을 지역사회에 알리기 위해 힘을 모은 것이다. 식당, 카페, 편의점, 옷가게 등 골목의 자영업자들의 동참도 무척 중요했다. 카페는 초기부터 마을의 소통에 중요한 역할을 했고, 만두가게는 마을 활동의 중심이었다. 자영업자들로서 골목의 활성화를 간절하게 원했지만, 마을 주민으로서도 애착과 관심도 컸다. 두 정체성의 결합이 중요했다.

이들이 합심해서 '해솔산 옆골목잔치'라는 마을축제를 매년 봄, 가을 두

왔다. 지역 인터넷카페에 수시로 올라오는 단골 불만거리다. 도서관 운영주체들과 주민들이 지속적으로 저항하면서 독서실로 바뀌지 못하게 해왔다. 언제든지 계속될 논란거리다.

차례씩 열었다. 축제는 협동조합 공예가들의 장터를 기본으로, 다양한 참여 프로그램을 통해 진입장벽을 낮췄다. 여러 취미 소모임들이 축제에 결합했다. 정기적인 마을축제는 고립되어 있던 신도시의 이주민들이 인간관계를 넓혀나 가는 좋은 계기가 됐다. 문화예술인협동조합은 한때 16개 팀이 참여하는 규 모로 성장했고, 공동브랜드의 전망도 키워나갔다. 2016년 전반기부터는 매달 둘째 주 토요일마다 '마을알지(知)'라는 제목으로 플리마켓도 열었다. 협동조 합은 작가들의 경제적 이해관계에서 출발했지만, 마을축제로 나아가면서 협 소한 직업적 이해를 넘어섰다. 신도시로 이주한 후 인간관계에서 단절된 채 살아가던 주민들에게 이웃관계라는 공공재를 선물한 것이다.

또 다른 전환의 계기, 세월호

2014년 4월의 세월호 참사는 이 마을에 또 다른 전환을 불러일으켰다. 도 서관과 마을축제 등을 통해 안면을 익혀가고 있던 일부 주민들이 인수지구의 공원에 자발적으로 분향소를 차렸고, 헌신적인 주민들이 교대로 분향소를 지 켰다. 연주는 물론 남강시 원도심 주민들도 찾아왔다. 자연스레 연락처들이 교환되고 모임이 결성됐다. 수년간 지속된 세월호남강시민모임의 출발이었 다. 마을축제와는 다른 규모로, 훨씬 넓은 범위에서 사람들이 모이게 되었고, 주민들 상호간의 접촉도 대폭 증가했다. 무엇보다 주민들의 화제와 관심이 좁은 지역사회를 넘어서 전국화, 정치화되기 시작했다.

위로는 전국적이고 정치적인 관심이 증폭되면서 일상의 가장 아래에서는 수많은 취미 소모임들이 증식해나갔다. 세월호 추모가 마을살이의 정치적 측 면을 보여준다면, 일상을 함께 하는 취미 소모임들은 마을살이의 저변이 됐 다. 마을잡지를 만드는 기자단, 마을합창단, 자전거 동호회, 탁구 동호회, 영 화보기 모임, 텃밭가꾸기 모임, 여성들의 수다 모임, 클래식기타연주 모임, 대 안학교 학부모 모임, 기타 등등…. 모임들은 대부분 공통의 취미, 관심사에 기반을 두고 증식했다. 합창단은 세월호 추모가를 불렀고, 탁구동호회는 깃발을 들고 촛불집회에 참여했다. 정치와 일상이 접속됐다고나 할까?

많은 사람들이 함께한 2018년의 마을 드라마 제작도 특기할 만한 사건이었다. 마을 주민인 드라마 작가와 독립PD가 마을 드라마 제작을 제안하고, 경기도의 지원을 받아 수십 명의 마을 주민이 참여해서 드라마를 찍어 유튜브에 올렸다. 제작 과정 대부분이 마을 주민들에 의해 진행된 자칭 '우주 최초의 마을 드라마'다. 커뮤니티 아트 활동들이 곧잘 주민들이 소외된 아티스트들의 일회성 작업으로 그치곤 하는 현실에서 주민들 자신이 주체가 되어 예술적 과정을 체험한 사례라고 할 수 있을 것이다.

마을살이에는 도구적으로 도움이 되는 면들이 있다. 주민 사이에는 종종 경제적인 호혜관계가 성립한다. 자영업자들과는 단골관계가 만들어진다. 건축이나 자동차 수리 같은 다양한 기술을 가진 주민들이 있어서 실생활에 도움을 주고받는다. 지식과 교양의 공유도 마찬가지다. 이런저런 공부, 취미 모임들이 주는 구체적인 효능감도 분명하다.

어쩌면 그보다 더 중요한 것은 관계 자체가 주는 행복감일 것이다. 코로나 전에는 일주일이 어떻게 가는지 모르겠다고 할 정도로 모임도, 행사도 많았다. 도시에서 자란 이들은 대개 생애 처음으로 마을공동체를 체험하고, 그 행복감을 만끽했다. 예를 들면 김장을 함께 담근다거나 1월 1일 떡국 모임을 함께 할 때면 자연스레 마을잔치가 된다. 나처럼 생애 처음으로 김치를 담그게 된 사람들도 적지 않은데, 그 작은 일이 행복하다는 느낌을 준다. 이런 일이 비일비재하다. 일상이 축제처럼 재미있다는 느낌을 갖게 된다.

이 느낌들 중 어떤 것들은 관계재의 측면을 넘어서서 공공성을 획득한다. 예를 들어 마을합창단은 세월호추모제에서 추모곡을 부르고 이주노동자들과 함께 지역 요양원 노인들 위문 공연을 하면서 보람을 느낀다. 마을 커뮤니티 공간에서 소외된 아이들을 돌보는 봉사활동을 하는 이들도 그렇다. 2020년 중반에는 탄자니아의 시골 마을에 마스크를 만들어 보내기도 했는데, 참여도가 무척 높았다. 재미 이상의 어떤 것을 위해 무언가를 한다는 느낌이 사람들을 충만하게 하는 것 같다. 도구적인 효능이나 재미만으로도 좋은데, 그것을 넘어선 어떤 충만함이 마을살이에 있다.

3. 원환──어쩌다 이리도 비슷하게

마을살이를 하다 보면 원이 떠오를 때가 있다. 모난 곳이 없어서 어디 하나 공격하지 않지만 드나들 수 없는 닫힌 공간이기도 한 원 말이다. 혹은 선분으로서의 원, 계속 궤도를 바꾸는 것처럼 보이지만 알고 보면 예전에 달렸던 길을 다시 달리게 되는, 동일한 것의 영원한 반복처럼 여겨지는 폐곡선일 수도 있는 원 말이다.

이토록 비슷한 사람들

마을살이에 적극적으로 참여하는 사람들 사이에 어떤 공통점이 있을까? 전적으로 나의 추정일 뿐이다. 객관적인 근거, 통계 따위는 전혀 없다. 우선 뜻하지 않게 동질성이 높다. 성비는 거의 균형을 이루지만 연령대는 대체로 40대에서 50대 중년에 집중되어 있다. 서서히 같이 늙어가는 중이다. 노년과 젊은이들이 마을살이에 들어오기가 쉽지 않다. 평일 낮 시간에 도서관에 가 보면 노인이 많지만, 마을 모임에 참여하는 경우는 거의 없다.

젊은이들의 부재도 마찬가지다. 마을살이에 어린이들은 늘 가득하다. 청소년이 되면 확연히 줄어들다가 청년이 되면 대부분 사라진다. 마을을 떠나지 않아도 등장하지 않는다. 그들의 생활 근거지는 대개 서울의 대학이나 직장이고, 매우 바쁘며, 무엇보다 어른들 눈치 보는 게 싫은 것이다. 동네가 좁아서 종종 부딪히게 되는데 편할 리가 없다. 마을공동체는 젊은이와 친화적이지 않은 것처럼 보인다.

신도시로 이주해 오면서 자가를 갖게 된 경우가 많다. 계층적으로 보면 턱걸이로 중산층에 속하는 경우가 많은 것 같다. 물론 개별적으로는 형편에 차이가 있다. 절대 다수가 대졸자이며, 상당수가 서울의 소위 괜찮은 대학을 나왔다. 관계가 깊어지며 출신 대학을 서로 알게 되자 이 의도하지 않은 동질성은 도대체 무슨 까닭인지 궁금해졌다.

80년대와 90년대 학생운동을 경험한 이들이 제법 된다. 소수지만 노동운동과 시민운동을 지속했던 이들도 있다. 지금 전업 운동가는 없지만 정치적 관심도 높고, 시민단체에 참여하는 경우도 드물지 않다. 물론 사회운동은커녕 정치 자체에 무심했던 이들도 있다. 사실 운동권과 비운동권의 경계가 그렇게 명쾌한 건 아니다. 양극단 사이에 긴 연속선이, 흐릿한 회색지대가 있다. 아무튼 마을사람들 사이의 정서적, 정치적 동질성은 꽤나 높아 보인다. 촛불집회 때 마을 사람들은 무리 지어 같이 참여했다. 뒤풀이 자리에서 민중가요가 나와도 어색하지 않다. 보수정당 지지자는 거의 드러나지 않는다. 물론 세월호나 촛불집회, 대통령선거 때 정도를 제외하면 중앙 정치가 마을의 관심사가 되는 일은 거의 없다.

또 다른 측면에서의 동질성이 있다. 이성애 중심 가족주의다. 마을 활동에 깊숙이 참여할수록 인간관계가 전면화된다. 가족이 서로에게 노출되고 가족 구성원들 간 관계가 교차한다. 부부 동반 모임이 많아지고, 아이 키우는 집들끼리 함께 어울리게 된다. 싱글들이 없지는 않은데, 수가 매우 적고 참여 폭도 좁다. 참여하다가 빠지기도 한다. 성소수자의 경우는 아예 드러나지 않는다. 간혹 성소수자 커플이 아닐까 싶은 경우가 있지만, 마을 관계 속으로 들어오지 않으므로 알 길이 없다. 알아야 할 필요도 없지만. 쌓지 않아도 벽이 서 있다고 느낀다.

쌓은 적 없는데 이미 서 있는 벽이 또 있다. 한국인이 아니면 마을살이에 참여하기 어렵다는 것이다. 마을살이에 열심인 외국인 여성이 있다. 결혼이주민 여성인데 본국에서 교사였고, 한국어도 능통하다. 마을살이에 적극적이어서 동네 협동조합 서점의 상근직원이 됐다. 교육 수준이 높은 선진국 출신이다. 그녀를 통해 다른 제3세계 출신 결혼이주여성들과 가끔 접점이 생기지만 아직 그 이상으로 나아가지 못한다. 게다가 마을 자체가 원룸들을 중심으로 급속히 중국인/중국동포 주민의 비중이 커지고 있다. 인근 공단에서 일하는 노동자들일 것이다. 이들과 아무런 접점을 만들지 못하고 있다.[3]

비슷한 자리에서 다시 넘어지기

당연하게도 마을사람들은 천사가 아니고, 마을도 유토피아가 아니다. 서로를 원하고 서로에게 기대지만, 힘든 일도 생기기 마련이다. 다툴 때도 있다. 다른 데서 벌어지는 안 좋은 일은 다 벌어진다. 앞으로도 그럴 것이다. 넘어지면 아프다. 덜 넘어지는 법, 잘 넘어지는 법을 배우고 개발해야 한다.

대부분의 마을에서 공통적인 문제겠지만, 이 마을에도 이른바 '겹치기 출연의 문제가 있다. 무슨 일이나 행사라도 하려면 일할 사람이 필요한데, 적극적으로 나서는 사람은 늘 소수이기 마련이다. 몇 명이 여기저기서 계속 겹치기로 일하게 되고, 그러다 보면 결국 지치기 쉽다. 소극적인 사람들에게 원망의 마음이 생길 수도 있다.

숨을 곳이 마땅치 않다는 문제도 있다. 여러 이유로 때로는 마을살이로부터 숨고 싶을 때가 찾아온다. 농촌공동체나 목적의식적인 공동체처럼 인간관계의 밀도가 높지는 않지만, 그래도 완전히 숨기는 쉽지 않다. 마을살이를 통해 지속적으로 형성된 인간관계에서 만남, 활동의 중단, 공백은 자칫 인간관계가 단절될 수도 있다는 불안감을 안긴다. 그런 사정을 알기 때문에 쉽게 숨지 못하는 면이 있다. 잘 숨는 법을 찾아내야 한다.

서로 다른 이해관계 탓에 벌어지는 갈등도 있다. 마을살이가 외부로 알려지면서 언론의 관심이 시작됐다. 중앙 일간지에 두어 차례 보도되자 한

3_ 남강시 원도심에 있는 이주노동자센터와 심정적으로 더 가깝고 자주 교류한다. 간단히 말하면 마을의 이주노동자와는 담을 쌓은 채 딴 마을에서 이주노동자들과 공감을 하는 셈이다. 마을의 작은 개신교 교회가 인근 농촌 지역의 아시아, 아프리카 난민 자녀들을 지원하고 있다. 마을살이 하는 주민 중 교회를 통해 이 활동에 참여하는 사람들이 있지만, 교회와 마을 사이에는 별다른 접점이 없다.

공중파 TV의 인기 프로그램에서 취재를 하고 싶다는 연락이 왔다. 단톡방에서 더 이상 언론 타고 싶지 않다는 의견들이 나왔고, 결국 제안을 거절했다. 나중에 자영업 하는 이웃들이 섭섭하다는 뜻을 밝혔다. 장사가 너무 안되니 방송이라도 타면 조금 나아질까 하는 기대가 있었던 것이다. 얼마 후에 사흘 내내 일상을 촬영한다는 컨셉의 또 다른 공중파 TV 다큐멘터리 제작진의 촬영 제안이 왔다. 이번에는 아무도 거부하지 못했다. 대신 촬영 기간 동안 내키지 않는 이들은 마을 공간에 얼씬도 하지 않았다. 자꾸 언론을 타는 게 마음에 들지 않았던 것이다. 생각과 처지가 다르니 어쩔 수 없는 일이다.

어느 사이엔가 마을살이가 사업과 비슷해지는 점도 문제가 된다. 지자체에서 지원하는 각종의 마을 만들기 사업이 넘쳐나는 시절이다. 어떤 이들은 적극적이고, 어떤 이들은 탐탁지 않아 한다. 이왕 하는 일 좀 더 잘 하고 싶어 하는 이들도 있고, 참여 자체에 의미를 두려는 이들도 있다. 생각의 차이가 일상이다. 사업들이 넘쳐나다 보면 소위 '거버넌스'라는 이름으로 행정기관과 지속적인 관계를 맺게 된다. 마을의 자발성과 행정의 요구 사이에서 경계가 불분명해진다. 아직은 규모가 작아서 이권이나 권력화라고 부를 만한 현상은 찾기 어렵지만, 규모가 커지면 그런 문제가 없으리란 보장도 없다.

4. 순환—이 곳은 지속할 수 있을까?

처음 마을살이가 막 시작되었을 때부터 마을살이의 미래는 관심이었다. 처음부터 턱없는 낙관주의는 별로 없었던 것 같다. 당장의 문제는 아니어도 지속 가능성이 늘 화제였다. 뜻 맞는 소수끼리 땅값 더 싼 곳을 찾아 아예 집단 이주하자는 제안도 있었다. 자립공동체를 만들자는 제안인데, 맞장구치는 이들은 많아도 아직 진지하게 추진되지는 않고 있다. 그래도 고민은 계속된다. 결국 지속 가능성 때문이다.

노화와 생계의 고민

사람들이 늙어가고 있다는 생물학적 이유가 마을의 지속 가능성을 고민하게 한다. 많은 이들이 50대가 됐고, 60대에 접어드는 이들도 있다. 연금이나 자산으로 살 수 있을 만큼 여유 있는 이들은 거의 없다. 뭐라도 하려면 현실적으로는 마을 기반밖에 없다. 쉽게 생각하는 것은 자영업이지만, 우리 마을의 자영업도 근간이 무너지고 있다. 마을활동의 중심지 중 한 곳이던 식당은 코로나 직전에 문을 닫았다. 건물주라 세도 안 내는데 부부의 인건비가 안 나왔다. 또 다른 아지트이던 커피숍도 적자를 못 이기고 다른 곳으로 옮겼다. 전국의 자영업 기반이 흔들리는데 여기라고 예외일 리가 없다.

자연히 우리 마을에서도 공동의 밥벌이 방식, 사회적 경제에 관심을 기울이게 된다. 공방골목이라는 이름을 낳았고, 한때 공동매장까지 만들면서 적극적으로 활동하던 공예가들의 문화예술인협동조합은 결국 공동매장을 접으면서 밥벌이가 얼마나 어려운지 보여주었다. 어떻게든 유지하려 애썼고, 건물주도 나름 호의를 보였지만 결국 문을 닫을 수밖에 없었다.

커뮤니티 공간 역시 미래가 불투명하다. 주민이기도 한 성직자가 지은 4층 건물의 1층 공간이다. 대개 상업공간으로 임대수익을 올리지만, 이웃들을 위해 커뮤니티 공간으로 개방했다. 물론 개인이 큰 대출을 끼고 지은 건물이라 이자를 갚아야 한다. 그동안은 별문제가 없었다. 여기서 합창단이 연습하고, 소외된 아이들을 위한 돌봄교실, 몸살림 강연, 자연요리 강습, 그리고 바자회 같은 행사가 열렸다. 다목적 공간이다. 참가하는 사람들이 만 원 정도의 월 회비를 내고, 각종 지원 프로그램도 수행하면서 공간을 유지해왔다. 문제는 각종 소모임들이 코로나로 인해 무산되면서 이곳의 활동이 극도로 위축되었다는 것이다. 돌봄교실 역시 시에서 공간사용료를 지급하지 않기로 방침을 정하면서 경제적 자원이 거의 바닥난 상황이다. 지속 방안을 의논하고 있지만 미래가 어둡다.

그래도 이어나가는 흐름들

현재 지속 가능한 마을살이의 터전으로 주목할 만한 곳으로는 협동조합 서점을 꼽을 수 있다. 다섯 명의 조합원으로 출발한 서점은 조합원도 꽤 늘고 널찍한 독자 점포도 갖게 되면서 활동이 여러모로 폭넓어졌다. 조합원들은 자기 관심에 따라 다양한 활동을 기획하고, 돌아가며 매장 당번도 선다. 참여도가 높은 셈이다. 매출도 해마다 늘어나고, 지역서점 인증으로 도서관 납품도 할 수 있기 때문에 재생산이 어느 정도 가능하다. 월세와 상근직원 한 명의 인건비, 두세 명 정도의 아르바이트비에 가까운 금액을 벌고 있다. 대신 조합원들은 수익이 없다. 유동인구가 거의 없는 조용한 마을 한복판의 서점이고, 영리를 추구하지 않는 취미형 활동에 기반하고 있다는 걸 감안하면 기적 같은 일 같다.

동네서점들이 곧잘 망하는 시절이라 곧잘 성공 사례로 소개되곤 한다. 조합원들이 매우 부담스러워하는 이유는 조합원 어느 누구도 여기서 생계를 꾸리지는 않기 때문이다. 심지어 상근직원도 서점에 개설한 자신의 외국어 강좌로 임금의 상당액을 벌기 때문에 사실 서점 '매출'의 중압감이 그리 높지 않다. 달리 말하면 문화 프로그램 운영, 후원회원 모집, 도서관 납품 등으로 애써도 책 판매만으로는 재생산이 쉽지 않다는 말이다. 성공모델이 되기 어렵다.

마을의 지속 가능성과 관련해서 근래에 사람들을 들뜨게 만드는 작은 '사건'이 생겼다. 20대 젊은이들의 모임이 생긴 것이다. 지자체의 청년 지원 프로그램으로 20대 전반 여성이 서점에서 상근하던 동안 책방과 지역의 청년들 사이에 연결이 생겼다. 이 마을의 젊은 세대는 대개 어른들의 관계를 통해서 서로를 알아 왔을 뿐인데, 기성세대를 통하지 않고 젊은이들끼리 직접 교류하는 모임이 생긴 것이다. 우선 책 읽는 모임으로 시작했다가 같이 영화도 보고 술도 마시면서 어울리더니 몇 명씩 함께 어울려 지자체의 청년 지원 프로그램에 참가하기도 하고, 좀 더 적극적으로 농촌 지역의 마을 살리기 프로젝트에 참가하기도 했다. 미술을 전공하는 몇 명이 나선 작업이었다. 서점의 다이어리 만들기 사업을 제안해서 성사시키기도 했다. 코로나 시절, 가라앉았던 마을에 생긴 작은 활력이다.

5. 나가며 — 넘어진 자리에서 한 걸음 나아가기

코로나19는 대면 관계가 본질적인 마을살이에 치명타였다. 마을의 여러 활동들이 중지되거나 극도로 위축됐다. 무엇보다 수시로 있었던 마을 행사와 잔치들이 사라진 것은 일상화된 축제로서 마을살이를 아래로부터 파괴했다. 마을은 역설적이게도 코로나 우울증이 가장 심한 곳이 되었다. 코로나 이후에 과거와 같은 삶이 재생될 것인가? 쉽게 예단할 수 없다.

일부 주민에게는 코로나보다 훨씬 심각한 사건도 있다. 부동산 폭등이다. 애초에 이 마을의 전환조건 중 하나가 '망한 신도시'라서 싼 부동산 가격이었다. 분양가 회복이 소원이다 보니 자가든 셋집이든 주거조건의 차이가 삶의 차이로 이어지지 않았다. 부동산 폭등으로 이제 차이가 심대해졌다. 집 없는 이들은 절망에 빠졌다. 어떤 이들은 마을을 떠날 생각을 하게 됐다. 우리끼리 아무리 잘 살려고 애를 써도 외부의 충격에 이렇게 취약한 것이다.

마을살이를 그 너머를 꿈꾸던 일부 주민들은 시민단체를 만들기도 했다. 남강시 전체 주민들이 참여했지만, 출범 당시 주축은 이 지역 주민들이었다. 한때 지역 시민사회에 새로운 활력을 불어넣고, 적잖은 성과를 낳기도 했다. 근년에는 깊은 분란에 빠져 초기에 참여했던 마을 주민들 대부분이 활동을 그만뒀다. 똑같은 같은 곳에서 넘어지고 있다. 여전히.

어쩌다 공동체가 된 신나던 전환마을이 지금은 위기에 빠져 있다. 코로나와 부동산 폭등에 예전 같이 원환이 돌지도 않는데, 지속적 순환은 더욱 어려워 보인다. 어떻게 해야 할까? 어려운 일일 것도 같고, 그렇지 않을 것도 같다. 해결해야 할 과제들이라고 생각하면 어느 것 하나 쉬운 답이 없는 난제들뿐이다. 그저 살아가는 삶이라고 생각하면 난제가 아니라 하루하루 적응하고 대처해나가야 할 일상일 뿐이다. 동질적인 사람들의 폐쇄적인 원환을 벗어나 이질적인 것들이 서로 만날 수 있기를 바라지만, 마을살이에 계획을 세우는 건 어리석은 일이다. 그런 의도적인 시도들은 대체로 실패해왔다. 우리가 같은 자리에서 넘어지는 이유다. 마을살이의 힘은 누가 됐든 일상을 찾고 싶은 마을사람 스스로에게서 나올 뿐이다. 그 힘을 믿는 수밖에 없다.

심광현의 교육적 실천의 궤적과 전망
: 스토리텔링, 지식순환, 인간혁명

강정석 | 대안대학 지순협

1. 교육이론가이자 실천가로서의 심광현

심광현은 이론적 실천뿐만 아니라 다양한 운동의 현장에서 직접 발로 뛰며 활발하게 활동한 '실천적 지식인'이다. 이 글에서 특히 주목하고자 하는 것은 바로 '교육이론가'이자 '실천가'로서의 심광현'이다. 교육이론가이자 실천가로서의 심광현에 대한 흔적은 그의 저서와 다양한 활동의 흔적 곳곳에서 찾아볼 수 있다. 먼저, 우리는 『맑스와 마음의 정치학』에서 그가 인용한 맑스의 「포이어바흐 테제」에 대한 해석으로부터 시작해볼 수 있을 것이다.

심광현은 지금까지 우리는 맑스의 「포이어바흐 테제」 11번, 즉 "철학자들은 세계를 단지 다양하게 해석해 왔을 뿐이다. 그러나 중요한 것은 세계를 변화시키는 것이다"라는 구절에 대한 관심과 다양한 해석이 있음에도 불구하고, 바로 그 '세계를 근본적으로 변화시킬 수 있는 방법'이 여전히 부족하다는 점을 지적한다. 그리고 '등잔 밑이 어둡듯이' 「포이어바흐 테제」 2번에 이미 이 '방법'에 대한 중요한 제안이 함축되어 있음을 강조한다.

테제 2번의 내용을 살펴보자. "환경의 변화와 교육에 대한 유물론적 교의는 **환경이 인간들에 의해 변화되며 교육자 자신도 교육되어야 한다**는 것을 잊고 있다…환경의 변화와 인간 활동의 변화 혹은 자기 변화와의 일치는 오직 혁명적 실천으로서만 파악될 수 있고 합리적으로 이해될 수 있다."[1] 여기서 심광현은 "'혁명적 실천의 요체는 바로 그 실천의 주체인 인간 자신을 교육하는 것이며, 그 과정에서 교육자 자신도 교육되어야 한다'는 것을 강조하며, 「포이어바흐 테제」 11번과 2번을 절합하여 다음과 같은 테제를 제시한다.

> 세계를 단지 해석하는 데서 그치는 대신 세계를 진정으로 변화시키기를 원한다면 그 변화의 주체가 되고자 하는 사람 자신부터 새로운 방식으로(즉, "환경의 변화와 인간 활동의 변화 혹은 자기 변화와의 일치"가 이루어지도록) 교육되어야 한다.[2]

그동안 자본주의와 가부장체제에 저항하며 대안사회를 추구하고자 하는 좌파적 맥락에서 세계에 대한 다양한 해석에 관해서는 다양한 논의가 진행되었으며, 여전히 이러한 이론적 개입은 매우 중요하다. 하지만 심광현의 주장처럼 이것만으로는 부족할뿐더러, 대안사회로의 이행을 위한 실천에서 교육이 가지고 있는 위상은 그 중요성에 비해 상대적으로 간과되어왔다. 즉 세계를 '해석'하는 것에 그치는 것이 아니라, 세계를 변혁시키기 위한 주체의 형성에 대한 문제, 즉 '교육적 실천'의 문제에 대한 이론적·실천적 개입이 필요하다. 이것이 바로 심광현이 강조하는 '인간혁명'이다.

이렇듯 심광현이 추구해온 이론적·실천적 여정에서 '교육'은 매우 중요한 이념이자 방향, 그리고 대안사회로의 전환을 위한 실천적 방법론이었다. 특히 '사회혁명'만큼이나 중요한 '인간혁명'의 가능성을 그는 믿고 있었으며, 인간혁명 없이는 사회혁명 또한 불가능하다는 점을 지속적으로 강조해 왔다. 인간의 감각적 인식과 윤리, 그리고 미학의 다층적 연결망의 지도를 그리기 위한 이론적 탐구뿐만 아니라, 사회변혁을 꿈꾸는 학생들과 직접 마주하며 대안사회에 대해 열정적으로 토론하는 실천적 활동에 이르기까지, 그의 인간혁명을 위한 헌신은 여전히 지속되고 있다. 이 글에서는 바로 곁에서 그의 발자취를 따라가

1_ 심광현, 『맑스와 마음의 정치학』, 문화과학사, 2014, 335.
2_ 같은 책, 336.

며 <대안대학 지순협>에 참여하고 있는 나의 경험을 통해, 심광현의 사회변혁을 위한 인간혁명의 길, 교육적 실천의 여정을 간략하게나마 다뤄보고자 한다.

2. 누구나 가르칠 수 있고 배울 수 있다—자유예술캠프

나의 경험을 통해 첫 번째로 다뤄야 할 주제는 이른바 '한예종 감사사태'라 불리는 사건을 통해 탄생한 '자유예술캠프'이다. 심광현은 한국예술종합학교의 예술-기술 통섭교육을 추진하다 이명박 정권에서 가혹한 탄압을 받은바 있다. 또한 보수진영의 문화예술단체로부터 '좌파 예술이론의 근거지'인한국예술종합학교의 이론과를 폐지하고 실기 위주로 재편되어야 한다는 주장이 강하게 제기되기도 했다. 하지만 이러한 탄압 과정에서 저항과 대안 모색의 차원에서 대안적 고등교육을 위한 새로운 시도가 기획되었는데, 이것이바로 '자유예술캠프'이다. 예술대학 교육과정의 자율성이 정권교체에 따라 파괴될 수 있다면, 차라리 대학이라는 울타리를 벗어나서 바깥에서 새롭게 '제대로 된' 예술 · 인문교육을 실천해보자는 취지였다.

'자유예술캠프'가 추구했던 모토는 다음과 같았다: **"누구나 가르칠 수 있고 배울 수 있어야 한다."** 즉 '가르치는 자'와 '배우는 자'의 상호 순환을 바탕으로 하는 지적 평등성을 전제로 하여, 시민들의 자발적이고 자유로운 참여와 함께 대학 바깥에서의 지적 순환을 도모하는 실천적 지식인들을 연결하여'순환'시키고자 하는 목적을 가지고 있었다. 또한 개별 프로그램들의 구성 원리는 '통섭'[3]이었다. 즉 분과학문으로 갇혀 있는 대학의 폐쇄적 커리큘럼을 넘

3_ 에드워드 윌슨이 제안한 '통섭(Consilience)'은 모든 사회적 지식이 유전자 정보를 토대로 한 사회생물학 아래 배치될 수 있다는 매우 강한 수직적 · 환원주의적 개념이다. 최재천은 이를 '큰줄기 통'의 한자어를 써서 '통섭(統攝)' 개념으로 번역하여 국내에 도입하였다. 그러나 심광현은 이러한 환원주의적 통섭 개념이 지식의 위계적인 대통합을 의미할 뿐이며, 결과적으로 데카르트적 · 뉴턴주의적 관점에서 예술을 과학기술로 통합하는 것과 다르지 않다고 강하게 비판한다. 따라서 심광현은 19세기 윌리엄 휴얼이 제시했던 '함께 도약하기(Jumping Together)'라는 어원을 되살려 한자어 '통할 통'을 활용하여 비환원주의적 · 수평적 '통섭(通攝)' 개념을 새롭게 제안

어, 다양한 학문 사이의 '점핑 투게더'를 위한 실험적인 교육과정을 기획하였다. 생물학과 물리학에서 뮤지컬 워크숍에 이르기까지, 특정한 분과학문을 지향하지 않은 채 다양한 지적·감각적 경험을 시민들과 공유하고자 노력하였다.

강의 및 워크숍이 이루어지는 장소 역시 기획의 중요한 요소 중 하나였다. 여름과 겨울이라는 방학 중에 비어있는 대학의 공간을 적극적으로 활용하고자 노력하였으며, 특정한 공간 중심보다는 서울 전체를 넓게 '캠퍼스'로 보며 다양한 유휴공간을 발굴하여 실험적인 수업을 진행하려 노력하였다. 이러한 노력의 결과로 2009년 겨울부터 2012년 여름에 이르기까지, 총 8회차 동안 인문-예술-과학 통섭형 수업 63개와 참여형 워크숍 44개를 개설하였으며, 약 4,000여명의 유료 시민참여를 이끌어 낼 정도로 큰 호응을 얻었다. 이후 '자유예술캠프'는 경기문화재단 '예술로 가로지르기' 사업, 당시 인문사회계열 통폐합으로 탄압받던 중앙대의 학생들이 기획한 '자유인문캠프' 등에 영감을 주기도 했다.

심광현은 이러한 자유예술캠프의 기획을 총괄하며 한국예술종합학교에서 정권의 탄압으로 끝내 실현될 수 없었던 예술-기술 통섭교육의 가능성을 대학 바깥에서라도 실천해보고자 했으며, 나 역시 그 과정에 참여하며 자발적으로 참여한 시민들과 함께 기획단을 꾸리고 운영하였다. 하지만 4년 간 지속되었던 <자유예술캠프>의 안정적인 자립은 결과적으로 이루어지지 못했다. 참여하는 인력에 대한 문제 및 불안정한 공간의 문제는 지속 가능한 운영에 큰 걸림돌이 되었으며, 2012년 서울시청 앞 광장에서 진행된 축제를 마지막으로 마침표를 찍게 되었다.

그러나 <자유예술캠프>는 무엇보다도 망가져 버린 대학 '바깥'에서 구축할 수 있는 대안적 고등교육이 충분히 가능하다는 것을, 그리고 시민들 역시

한다. 그가 설명하는 비환원주의적 통섭 개념은 다음과 같다. "통섭은 이질적 지식과 경험들이 '함께 도약하여' 중첩적으로 연결되는 과정과 이를 통해 부분들의 연결을 통해 전체적인 배치의 패턴과 포맷이 변화하는 과정을 포함한다. …환원주의와의 지속적 대결 속에서 예술-학문-지식-사회의 수평적 소통을 촉진하자는 것이 비환원주의적 통섭 개념이 지향하는 바이다" (심광현, 『유비쿼터스 시대의 지식생산과 문화정치』, 문화과학사, 2009, 15쪽과 153쪽 참조).

이러한 대안적 고등교육에 크게 목말라 하고 있음을 알게 해준 의미 있는 기획이었다. 시민들과 지식인들이 이루어냈던 지적 순환의 경험은 새로운 가능성을 꿈꿀 수 있는 원동력이 되었다. 2010년대 초반 본격적으로 전면화된 대학의 신자유주의화와 함께, 자연스럽게 <자유예술캠프>에 모였던 연구자와 기획자, 그리고 대학의 대안에 대해 고민하던 지식인들은 대학의 '대안적 가능성'을 구체화할 필요성을 느끼게 되었다. 그것이 바로 <지식순환협동조합 대안대학>의 시작이었다.

[그림 1 자유예술캠프 포스터와 현장 사진]

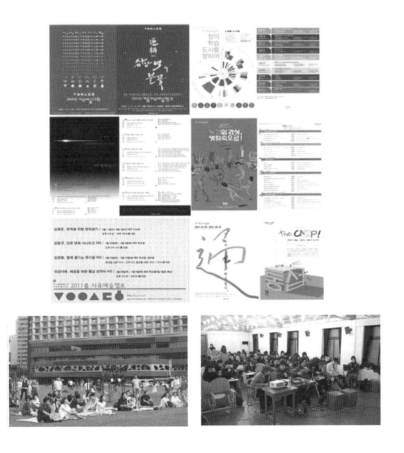

3. 공교육의 혁신: <창의적 문화교육>과 <호모 스토리텔리쿠스>

<지식순환협동조합 대안대학>을 논하기 전에, 심광현의 교육적 실천은 제도 외부라는 의미에서의 '대안교육'에만 집중하지 않았다는 점을 강조하고 싶다. 심광현은 지속적으로 공교육의 혁신을 위한 이론적·실천적 작업을 진행했으며, 그 결과 공교육의 창의적·문화적 혁신의 근거가 될 수 있는 교육이론 작업인 <창의적 문화교육>, 그리고 황폐화된 학교 현장(특히 '공동화'된 일반고등학교의 교육현장)의 새로운 혁신적 교육과정 구성 모델로 제안한 스토리텔링 교과서 및 교사용 지도서 <호모 스토리텔리쿠스>를 집필하였다. 이는 곧 심광현의 여러 활동 중에서 '교육적 실천'의 구체적인 성과라는 점, 그리고 여전히 혁신학교 및 일반고 교육현장에서 널리 활용되고 있다는 점, 그리고 인간혁명을 도모할 수 있는 구체적인 방법론으로 '스토리텔링'이 강조되고 있다는 점에서 충분히 다뤄야 할 가치가 있다.

1) 미래교육의 열쇠, 창의적 문화교육

먼저 심광현과 노명우, 강정석(필자)이 공저로 참여한 교육학 저서『미래교육의 열쇠, 창의적 문화교육』(살림터, 2012)를 살펴보도록 하자. 심광현의 저서 중에서도 특별하게 대안적인 '교육학'에 집중하고 있을뿐더러, 이론뿐만 아니라 구체적인 교육과정 구성을 위한 활용법과 예시 또한 풍부하게 담겨있기 때문이다.

이 책의 핵심 개념인 '창의적 문화교육'은 2011년 곽노현 교육감 재직 당시 서울교육의 미래전망에 대한 이론적 토대를 구축하기 위한 연구에서 처음 제안되었으며, 당시 경기도교육청이 제시했던 '창의지성교육'과 서울시교육청이 의욕적으로 추진하던 '문·예·체 교육'의 장점을 살려 종합을 시도함과 동시에, 다가올 미래의 기술 및 사회적 변화라는 거시적 흐름에 능동적으로 대처할 수 있는 '창의성'에 대한 새로운 전망을 덧붙인 결과물이었다. 특히 심광현은 '창의적 문화교육'이 기존 입시 위주의 경쟁교육에 새로운 대안을 제시할 수 있는 협력적 문화교육의 가능성을 보여줄 수 있으며, 당시 막 시작되었던 혁신학교 정책의 교육적 시도에 이론적·실천적 방향을 설정해줄 수 있다고 보았다.

이에 따라 '창의적 문화교육'은 다음과 같은 세 가지 이념을 갖는다.[4] **첫째, '창의문화교육'은 지성, 감성, 인성의 균형적 발전을 지향하는 패러다임이다.** 그동안 우리 사회에서 감성교육과 인성교육은 입시를 위한 암기 위주의 지식(지성)교육과 대립적인 관계를 취하거나 혹은 위계적으로 상하 관계를 맺어왔으며, 결국 부차적인 것으로 취급되어왔다. 그러나 일정 수준 이상의 사회문화적인 능력을 습득함과 동시에 개인의 잠재력을 발전시킬 수 있는 교육을 실천하기 위해서는, 개개인에게 내재된 다양한 잠재능력들 간의 관계를 올바로 파악하고 조화를 이룰 수 있도록 하는 것이 필요하다. '창의문화교육'은 인간의 다양한 잠재능력들 간의 관계 파악을 통해 지성, 감성, 인성의 균형적 발전을 지향하는 교육이다.

둘째, '창의문화교육'은 과학기술 발전의 맥락에 따른 사회적 변화에 맞춰, 개인화된 경쟁의 도구로서의 창의성이 아니라 협력을 통한 모두의 창의성을 지향한다. 우리는 숨가쁜 과학기술 발전에 수반되는 사회적 변화를 체감하며 일상을 살고 있다. 특히 유비쿼터스 시대의 도래와 함께, 수많은 지식을 개인의 독점물에서 공동의 재산으로 바꿀 수 있는 물리적 환경이 조성되고 있다. 또한 우리를 둘러싼 네트워크 환경의 변화로 인해, 뛰어난 천재적인 한 개인이 아니라 다양한 사회구성원들 사이의 협력적인 관계맺음을 통해 사회적 창의성이 발현될 수 있는 기회 역시 늘어나고 있다. 암기 위주의 지성을 중심으로 하며 입시를 통하여 개인 간 경쟁의 도구로 창의성을 전락시킨 현재의 지배적인 지식교육은 이러한 시대적 변화를 따라가지 못한 채 정체하고 있다. '창의문화교육'은 이러한 변화에 능동적으로 대처하며, 사회구성원 간 다양한

4_ 심광현·노명우·강정석, 『미래교육의 열쇠, 창의적 문화교육』, 도서출판 살림터, 2012.

협력과 관계맺음에 바탕을 둔, 모두의 창의성을 지향하는 교육이다.

셋째, '창의문화교육'에서의 문화예술교육은 인간의 과학적 사고와 윤리적 사고를 이어주면서 다채로운 잠재능력을 통합적으로 발전시키는 역할을 수행한다. 암기 위주의 지식교육이 지배적인 현재의 교육 상황에서, 예술교육은 다양한 장르의 예술을 향유할 수 있는 기반을 마련해주는 것, 또는 제한적으로나마 교육 주체들로 하여금 창작 과정에 직접 참여할 수 있도록 다양한 프로그램을 기획하는 것 정도의 의미로 이해되어왔다. 한편으로는 그렇기 때문에 언제나 지성 위주의 교육에서 항상 '덧붙임' 혹은 '보충'적 의미로 활용되었을 뿐이다. 이러한 장르 중심의 예술교육보다 더욱 확장적인 프레임으로 제안된 '문화예술교육'은 단지 장르예술교육의 좁은 차원뿐만 아니라 "예술의 사회적 맥락을 강조하고 나아가 예술을 중심으로 한 다양한 분야의 통합"을 도모하는 개념으로 사용되어왔다.

하지만 이 역시 학교 교육에서 실천하지 못하는 교육의 일부분을 보완해주는 제한적인 역할을 담당하고 있을 뿐이라고 할 수 있다. '창의문화교육'에서 문화예술교육은 기존의 장르예술을 중심으로 하는 문화예술교육의 사회적 차원을 포함하여, 예술을 매개로 인간에게 지닌 다채로운 잠재능력을 통합적으로 발전시키는 매우 중심적인 역할을 담당하게 된다. 이는 문화예술교육이야말로 인간의 다양한 잠재능력들을 선순환시키면서 골고루 발전시킬 수 있는 역할을 가장 잘 수행할 수 있기 때문이다.

이 저서에는 이러한 이념적 방향만 제안된 것은 물론 아니다. 혁신학교에서 구체적으로 활용될 수 있는 통합교과의 구성 원리를 제안하고 있기 때문이다. 이는 다음과 같다.[5]

X축에는 인문사회에서 수학·과학·기술에 이르는 내용면의 축이 있고, Y축에는 창의적 체험활동과 일반적 의미에서의 학습과정이라는 표현면의 축

5_ 같은 책, 271-272.

[그림 2 '창의적 문화교육'의 통합효과 구성 방법론]

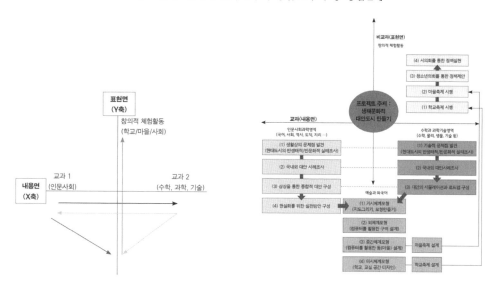

이 있다. 예를 들어, '생태문화적 대안도시 만들기'라는 주제로 X축의 교차학
습이 이루어진 뒤, 이론적 구성물을 창의적 체험활동과 같은 실천적 활동으
로 연결시키는 과정이 진행된다. 그럼으로써 참여하는 학생들은 '도시'에 대
한 통합적 학습과 이론적·실천적 활동을 경험할 수 있게 된다. 이렇듯 <창
의적 문화교육>은 단순한 교육이론적 또는 담론적 차원을 넘어, '통합교과
구성'이라는 어려운 난제를 풀어갈 실마리를 제시함으로써 실제 교육현장에
서 바로 적용 가능한 실용적이면서도 구체적인 '대안'을 모색하는 작업이었다.

2) 호모 스토리텔리쿠스, 교실에 오다

<호모 스토리텔리쿠스>는 서울시교육청으로부터 제안을 받아 작업한,
일반고의 자유교양과정 교과과목의 교과서 제목이다. 이 교과서 집필에는 심
광현의 책임집필 아래 노명우, 하성환, 최진석, 강정석(필자) 이렇게 5명의 저
자가 연구·집필진으로 참여하였다.[6] 이 책에서 특히 강조되는 '호모 스토리

텔리쿠스'에 대한 개념 설명은 다음과 같다.

> 〈호모 스토리텔리쿠스〉는 '이야기하는 인간'이라는 뜻이다. …이 교과에서는 인간
> 은 누구나 타고난 이야기꾼이라는 사실을 과학적으로 확인하고, 다양한 스토리텔링
> 의 사례들과 효과적인 스토리텔링 방법을 학습하여 각자가 지닌 타고난 잠재력을
> 활성화하고자 한다. 각자가 일상생활에서부터 다양한 지식의 학습활동에 이르는
> 전 과정을 스토리텔링의 방법으로 재구성함으로써 일상생활과 학습활동 모두에서
> 활기찬 삶을 꾸려나감과 동시에 민주적인 대화 역량을 키워나가게 하는 것이 이
> 교과의 궁극적인 교육목표이다.[7]

총 4장으로 구성된 이 교과서는 이론적 배경에 대한 학습과 협력적으로
진행되는 스토리텔링 실습으로 구성되어 있다. 심광현은 특히 고등학생도 쉽
게 이해할 수 있는 스토리텔링의 일반적 방법론에 대한 설명과 함께, 아래와
같은 스토리텔링의 효과를 제시하고 있다.

[그림 3 4가지 인과관계를 적용한 현대적 스토리텔링의 두 가지 효과]

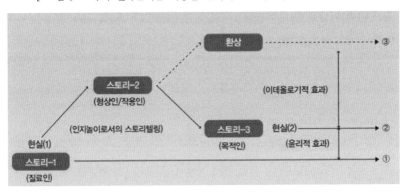

6_ 아무래도 일반고 고등학생이 직접 공부해야 할 교과서이기 때문에, 아마도 심광현의 저작 중
가장 '쉽게' 읽을 수 있는 책이 아닐까 한다.

7_ 심광현·노명우·최진석·하성환·강정석, 『호모 스토리텔리쿠스』 교과서 머리말에서 발췌,
서울시교육청, 2019.

'스토리-1'은 스토리텔링의 재료, '스토리-2'는 이 재료를 바탕으로 만든 인지놀이로서의 스스토리텔링, '스토리-3'은 이 스토리를 접한 관객이 만들어 내는 새로운 삶의 스토리이다. 물론 관객은 환상을 현실로 오인하도록 만드는 효과에 갇혀버릴 수도 있지만, 제대로 된 스토리텔링의 작품을 경험하게 된다면 '스토리-2'의 효과, 즉 성숙한 윤리적 변화의 과정을 경험할 수 있다. 따라서 스토리텔링 학습은 다양한 학문분야를 연결시키는 통합교과적 효과뿐만 아니라 인성과 감성, 그리고 지성의 통합적 발달이라는 윤리적이면서도 미학적인 교육의 효과를 기대할 수 있는 것이다.

이러한 맥락 아래 이 교과서는 신화와 문학, 영화, 역사, 과학기술, 미래 등의 다양한 주제를 중심으로 스토리텔링 학습을 하는 과정을 담았으며, 특히 현대의 지배적 스토리텔링이라 볼 수 있는 '영화적 스토리텔링'에 대한 구체적인 스토리텔링 실습을 통해 학생들이 스스로의 몸 속에서 스토리텔링 역량을 발굴할 수 있도록 하였다.

3) 스토리텔링 교육의 확장: 지식순환의 철학과 일상혁명 스토리텔링

특히 이러한 스토리텔링에 대한 강조는 심광현의 이후 저작인 『인간혁명에서 사회혁명까지』(희망읽기, 2021)에서 단순한 스토리텔링 학습의 차원을 넘어 '스토리'를 '미메시스'적 차원으로 더욱 확장시킨다.[8] 즉 '미메시스1'은 현실 세계의 <사실적 재현>이며 "감각정보와 오성의 올바른 결합에 의한 과학적 인식"에 해당한다면, <미메시스2>는 스토리텔링을 통한 허구적 변형으로서 "감각과 욕망, 오성과 이성의 불일치가 야기하는 고통을 상상력을 매개로 즐거움으로 변형시키는 미메시스의 훈련"이다. <미메시스3>은 '치안적-예속적 효과'로서의 이데올로기적 환영인 <미메시스3-1>과, '정치적-윤리적 효과'로서의 비판과 변혁이라는 <미메시스3-2>로 구분된다.

8_ 심광현·유진화, 『인간혁명에서 사회혁명까지: 문명 전환을 위한 지식순환의 철학과 일상혁명 스토리텔링』, 희망읽기, 2020, 592-594.

이들 각각의 요소들이 서로 분리되어 있다면 스토리텔링 고유의 기능을 온전히 발휘할 수 없을뿐더러 <미메시스3-1>로 빠지게 되지만, 이들 사이의 자유로운 '순환'이 가능하다면 <미메시스3-2>라는, 삶의 역량의 증진을 통한 "정치적·윤리적 효과의 강화"로 나아갈 수 있다. 심광현은 이를 <통섭적 스토리텔링>의 일반 모형으로서 "뇌의 다중지능 네트워크에 잠재된 스토리텔링 역량을 일상 속에서 강화할 수 있는 **<마음의 항해술>**"이라고 부른다. 그리고 이 <마음의 항해술>과 <뇌의 인지생태학적 모형 및 주체양식의 철학적 모형>을 시각화한 **<마음의 지도>**와의 선순환적 결합이 그가 제시하는 '지식순환의 철학과 일상혁명 스토리텔링'이다. 심광현은 다음과 같이 주장한다.

> <지적·문화적 생산수단의 사회화>는 양자9를 결합한 <마음의 지도에 기반한 마음의 항해술>을 대중들이 일상적으로 체화하고 활성화할 때에만 가능한 것이다(이것이 혁명의 문명화, 시민인륜성의 정치의 실천적 방법이라고 할 수 있다).10

이렇듯 스토리텔링에 대한 학습은 단지 '이야기'라는 기능적 차원을 훌쩍 넘어서 사회'혁명'을 위한 인간'혁명'의 구체적 방법론이라고 볼 수 있다. 이러한 인간혁명을 위한 '마음의 항해술'이 곧 심광현이 사유하는 교육의 가장 중요한 목적이라고 볼 수 있으며, 이러한 교육철학과 방법론은 그의 교육적 실천을 관통하는 핵심이었다. 그리고 이러한 교육철학과 방법론을 기초로 하여 탄생한 것이 바로 <대안대학 지순협>이다.

9_ 곧 '마음의 지도'와 '마음의 항해술'
10_ 같은 책, 594.

4. 대학의 '대안'을 넘어, 인간과 사회의 '대안'을 모색하는 지식순환의 실험: <대안대학 지순협>

1) 협동조합을 통해 대학의 '대안'을 그리다

<지식순환협동조합>은 신자유주의적 경쟁에 빠져 허우적대는 한국 고등교육에 대한 '대안'을 제시하고자 하는 목적으로 시작되었다. 심광현은 '지식순환협동조합'의 필요성에 대해 "한국 고등교육의 위기에 대한 근본적 대안은 그 위기의 원인인 과잉경쟁/과잉생산으로 맞물려 돌아온 '경쟁사회-학력사회-경쟁교육'이라는 틀 전체를 재구성"해야 함을 밝히며, "지금 당장 개인들의 협력을 통한 실천 가능한 구체적인 대안"을 찾을 필요성을 강조한다.[11]

한편으로, 심광현은 경쟁으로 치닫는 한국교육의 혁신을 위해, 개인들의 신뢰를 기반으로 하는 상호부조의 정신을 담은 협동조합은 새로운 대안이 될 수 있다고 보았다. 때마침 협동조합 설립절차가 간소화되면서, 평소 대학의 '대안'에 관심이 있던 많은 진보적 지식인들이 협동조합형 '대안'대학을 만들기 위해 모여들었다. 하지만 다양한 전공 및 관점을 가진 지식인들이 상호 협력할 수 있는 협동조합을 만들기 위해서는 무엇보다 교육과정 구성의 원리를 구축하는 것이 중요했다. 심광현은 이러한 원리를 '협력교육'에서 찾았다.

협력교육은 러시아의 교육심리학자 비고츠키와 프랑스의 진보적 교육자 프레네 등에 의해 제시된 20세기 전반기의 교육이념과 방법론이었는데, 여기에는 학문들 사이의 자유로운 '통섭'과 가르치는 자-배우는 자의 평등한 지식의 순환, 그리고 개인 차원에서의 암묵지와 형식지의 선순환 등 지식의 '순환'이 그 협력의 연결고리가 될 수 있다. 이런 의미에서, 심광현에 따르면 "협력교육의 관점에서 가르치는 자와 배우는 자가 상부상조할 수 있는 방법으로

11_ 심광현, 「진보적 대안대학의 전망—지식순환협동조합 설립운동을 중심으로」, 『역사비평』 104호, 2013년 가을, 124.

새로운 협동조합 시스템을 구성한다는 것은 제도교육의 한계에 대한 불만을 가진 광범위한 교육수요자와 공급자들뿐만 아니라 기존 사회운동의 한계를 절실히 느끼면서 새로운 차원으로의 전환을 모색하고 있는 활동가들에게도 하나의 새로운 출구전략이 될 수 있다."12

이러한 차원에서 '지식순환협동조합'은 다음과 같은 의미를 갖게 된다. 첫째, 이 협동조합은 '지식순환'이라는 개념을 전면에 내세운다. 중요한 과학적·철학적 성찰들, 감성과 상상력을 자극하는 예술적 실험들, 대안적 사회제도의 모델과 정치적 프로그램들은 이미 많이 제시되어왔지만, 이것들은 연결되지 못한 채 각자의 영역에서 분리되어 있었다. 따라서 각자의 영역에서 쌓인 경험과 지식들이 협력적으로 순환할 수 있다면 인류와 자연에게 유익한 새로운 지식을 생산해낼 수 있다. 둘째, 이러한 지식을 전달하는 배움의 관계, 즉 '가르치는 자'와 '배우는 자'의 평등한 위치에서의 선순환은 다중적 상호작용과 나눔관계를 형성하며 상호 성장의 가능성을 창출할 수 있다. 셋째, 이러한 '순환'은 '상호작용적 나눔'이라는 의미를 포함하고 있으며, 개인과 개인의 상호 성장이 확장되어 사회의 성장 모두를 도모하기 위한 것이다.

이런 차원에서 <지식순환협동조합>은 협동조합의 상호부조 정신을 기반으로 하여, 가르치는 자와 배우는 자의 지적 평등을 전제로 한 지식의 순환, 예술·인문학·과학 등 다양한 영역에서 쌓아온 지식과 경험의 협력적 연결을 통한 순환, 개인과 사회의 지적 순환을 통한 대안사회의 전망 함께 그리기 등을 포괄하며 경쟁교육에 빠진 한국 고등교육의 '대안'을 제시하려는 교육운동이라고 정의할 수 있다.

2014년에 창립신고를 하고 본격적으로 출범한 <지식순환협동조합>은 가장 중요한 핵심사업으로 <지순협 대안대학>을 구체화했으며, 2014년 1년간의 교육과정 개발 과정을 거쳐 2015년 1기 신입생을 받으며 시작되었다.

12_ 같은 글, 133.

2016년부터는 서울혁신파크에 입주하여 2020년까지 머물렀으며, 2021년부터 금천구에 위치한 청년사회주택 '홍시주택'으로 자리를 옮겨 '지식순환×실천연구'라는 모토 아래 <대안대학 지순협>으로의 명칭 변경을 통해 현재에 이르고 있다. 이제부터는 <대안대학 지순협>의 교육이념과 교육과정에 대해 상세하게 알아보도록 하자.

2) 교육이념: 통섭, 적-녹-보라, 암묵지와 형식지의 선순환, 협력교육[13]

<대안대학 지순협>은 공감과 협력의 사회를 위해 네 가지의 교육이념을 제시하였다. 첫째, <대안대학 지순협>은 미래사회를 위한 전망이 담긴 **통섭교육**을 지향한다. 여기서 '통섭(Consilience)'은 '더불어 넘나듦' '함께 도약하기(Jumping Together)'라는 의미를 갖고 있다. 즉 서로 다른 요소들이 함께 연결되어 새로운 단위로 거듭난다는 의미이다. <대안대학 지순협>은 기존의 제도권 대학이 기초하고 있는 분과학문 전통의 한계를 넘어 예술-인문학-사회과학-자연과학 분야를 자유롭게 넘나듦으로써 학문과 예술, 이성과 감성, 이론과 실천, 정신활동과 육체활동이 함께 도약하는 배움을 추구한다. <대안대학 지순협>이 지향하는 통섭교육은 이론 과목뿐만 아니라, 사회를 변화시키기 위한 실천 기술로서의 문화기획 교육과 상상력을 풍부하게 하는 미적 교육을 아우른다. 이를 통해 배우는 이는 균형 잡힌 지성과 풍부한 상상력, 실천적 용기를 지닌 주체로 성장할 수 있다.

둘째, <대안대학 지순협>은 **적(노동)-녹(생태)-보라(페미니즘) 패러다임**의 관점에서 개인과 사회와 자연의 관계를 바라본다. 오늘날 우리에게 던져진 사회적 문제들은 노동, 생태, 페미니즘 어느 하나의 가치만으로는 해결될 수 없을 만큼 서로 복잡하게 얽혀 있다. <대안대학 지순협>은 담론과 이론을 서로 비판적으로 오가며 적-녹-보라 패러다임의 관점에서 다양한 사회적 문

13_ 『대안대학 지순협 교육과정 안내 책자』에서 발췌.

제를 입체적으로 해석하는 역량을 기르고자 한다. 이를 통해 더 좋은 사회를 위한 실천적 전망을 제시할 수 있는 미래지향적 주체를 양성하고자 한다.

셋째, <대안대학 지순협>은 **암묵지와 명시지의 선순환**을 중요한 교육 방법론으로 삼는다. 암묵지는 개개인의 삶을 통해 체화되어있는 경험적 지식이고, 명시지는 글이나 말의 형태로 표현되어 역사적으로 축적되고 발전되어 온 문자 지식이다. 기존의 주입식 교육에서는 암묵지와 명시지가 서로 연결되지 못한 채 각각 표류하며 경쟁을 위한 수단으로서 기능한다. 하지만 <대안대학 지순협>은 협력교육을 통해 두 형태의 지식을 서로 연결하고, 함께 공유하며, 깊이 체화하고, 사회로 확산시키는 지식의 선순환을 그려나가고자 한다. 이러한 선순환은 기본적으로 개인의 삶이 문자 지식을 통해 보다 넓은 관점에서 해석되는 과정이면서도, 더 나아가 문자 지식 또한 개인의 풍부한 삶을 통과하며 보다 실천적인 지식이 되는 상호작용을 포함한다.

넷째, <대안대학 지순협>이 그리는 대안사회는 계급차별은 물론 다양한 형태로 존재하는 성차별과 종차별이 사라지고 지구상의 모든 존재가 의식주, 지식, 경험을 나누며 자유롭고 평등하게 협력하는 사회이다. 이러한 지향은 학교 교육과정에도 중요하게 반영된다. <대안대학 지순협>은 가르치는 이와 배우는 이 사이의 지적 평등성과 수평적인 협력 관계를 의미하는 **협력교육**을 지향한다. 따라서 구성원들은 서로 적극적으로 토론하고 서로가 서로의 성장의 이끌며 자기와 타자를 배려하는 마음, 이 시대를 살아갈 수 있는 용기를 기를 수 있다.

3) 교육과정 설계

<대안대학 지순협>은 2015년 창립 당시 2년제/총 60과목으로 시작하여 2022년 현재 기준으로 1년제/24과목으로 운영되고 있다.[14] 이는 다음 그림과 같다.

14_ <대안대학 지순협>의 교육과정은 매년마다 학생과 교수, 사무국이 참여하는 '교무위원회'를 통해 개편된다. 이 자리에서는 2022년에 적용되는 교육과정을 중심으로 다뤄보고자 한다.

[그림 4 <대안대학 지순협> 교육과정]

트랙/학기		1학기	2학기	3학기	4학기
지식순환	예술인문	개인·사회·철학	문학과 예술의 사회사	미디어·테크놀로지·정치	동시대 예술의 쟁점
	정치경제	차별과 혐오의 사회학	한국 근현대 생활사	삶·사회·경제	정치경제학 비판
	통합과학	물질·생명·우주	자연과 인간의 진화	인지과학의 이해	마음의 과학과 철학
강독 세미나		청년학	문학	도시/공간학	이미지/영화학
		페미니즘	현대철학	정치/경제학	환경/생태학
워크숍		지역문화조사 워크숍	예술행동기획 워크숍	담론 분석 워크숍	예술비평워크숍

● 매학기당 6개의 강좌 개설
● 학기 이수 기준: [지식순환] 트랙 2과목, [강독 세미나] 트랙 1과목, [워크숍] 트랙 1과목

총 1년 4학기제로 운영하는 <대안대학 지순협>은 크게 지식순환(예술인문·정치경제·통합과학) 트랙과 강독 세미나 트랙, 그리고 워크숍 트랙으로 구성되어 있다. '지식순환' 트랙은 이 시대와 반응하는 균형 잡힌 지성과 인문학적 상상력을 풍부하게 기르고자 인문학–사회과학–자연과학 분야를 자유롭게 횡단하는 통섭적인 배움을 위한 트랙이다. 특히 기초적인 지식습득에서 심화와 응용, 활용 단계를 거쳐 사회 문제를 입체적으로 해석하고 사회에 실천적으로 개입하고자 하는 목적을 갖는다.

'강독세미나' 트랙은 동서양 고전 및 동시대의 쟁점을 다루고 있는 주요 텍스트를 함께 읽고 토론하는 트랙이다. 밀도 있는 읽기, 발제, 토론 중심의 학습을 통해 보다 적극적으로 텍스트를 자기 지식으로 체화시킴으로써, 텍스트가 발생한 역사적·사회적 맥락을 정확하게 파악하는 한편 그것의 현재적

2년제에서 1년제로 개편된 이유는, 무엇보다도 2014년 개교 당시 청년들의 상황과 2022년의 청년들의 상황이 매우 다르기 때문이다. 2014년 당시 모였던 22명의 청년들은 2년이라는 시간을 공부에 집중하고자 하는 의지를 갖고 있었다. 그러나 2022년 현재의 시점, 특히 코로나19 팬데믹 이후 아르바이트 자리조차 구할 수 없는 환경에 놓여 있는 청년들은 2년이라는 시간이 상대적으로 매우 길게 느껴질 수밖에 없었던 것이다. 따라서 1년이라는 시간 동안에 집중적으로 원하는 공부를 하고 삶의 전환을 도모하는 '갭이어'적 관점으로 학교를 운영하는 것이 더욱 지속 가능하다는 판단이 있었으며, 현재의 교육과정은 그러한 목적에 맞춰 재편되었음을 미리 밝혀둔다.

의미를 함께 생각해볼 수 있다. 이를 통해 '지금 여기'의 동시대적 문제를 발견하고 그 해법을 모색하는 발판을 마련해보고자 하는 목적을 갖는다.

'워크숍' 트랙은 이론과 실천의 '선순환'을 도모하는 트랙이다. 이론 수업에서 배운 지식들을 크고 작은 프로젝트를 통해 서로 연결하면서 지식들을 체계화하고 지식을 개인의 경험과 엮어내어 자신의 지식으로 체화한다. 팀원들과 프로젝트를 수행하고 함께 공유하며 배운 지식을 집단의 암묵적 지식으로 발전시킬 수 있다.

4) 성과와 향후 방향

<대안대학 지순협>은 2015년 개교하여 총 8년 동안 149명의 학생들이 입학했으며, 총 24명의 졸업생을 배출하였다. 2022년 현재 3명의 학생이 논문 최종심사를 앞두고 있으며, 이들이 통과하게 되면 27명이 된다. 졸업생들의 졸업논문 제목 및 지도교수는 아래 표와 같다.

[표 1 <대안대학 지순협> 졸업논문 목록15]

연도	명단	논문/기획창작보고서 제목	지도교수
2016	김기영	한국 전통연희의 현대적 재해석에 기반한 창작연출론 소고: 통섭-연희에 관한 '예술가 연구(Artistic Research) 방법 구축을 위하여	심광현
	박두현	신자유주의적 주체화를 넘어선 자율적-연대적 주체화의 모색: 랑시에르와 칸트 분석을 매개로	심광현, 인원근
	정명준	한일 청년세대 비교연구: 청년들의 달관과 절망 또는 분노	강정석, 이명원
	이솔잎	능동성의 본질을 경험하기: '혼저옵서예' 기획보고서	강정석
2017	강화원	성평등 실천을 위한 탐색: 성별노동분업은 왜 아직 존속되고 있는가?	박이은실
	박찬이	연극 <에쿠우스>를 통해서 본 주체화의 문제—에로스와 타나토스의 관계를 중심으로	심광현

15_ 위 논문은 모두 <대안대학 지순협> 홈페이지(www.freeuniv.net)에서 다운받을 수 있다.

	박우현	백남운의 사회경제사학의 사학사적 의의와 한계-'식민사학'의 극복을 중심으로	김백일
	한별	관계성을 중심으로 한 화이트헤드의 교육론의 실천 가능성 탐색	강내희
	우준범	예술의 인간 도덕성 함양 가능성-칸트 미학에서 미적 자율성과 도덕성의 관계를 중심으로	인원근
	이영균	그림동화 <악어둥지에서 태어난 거북이 베라(Vary)> 창작 보고서	강정석
	임수아	<미소와 진이_악몽> 창작 보고서	이충열
	이조은	<부족부족캠프> 기획 보고서 자신의 부족함을 긍정하며 즐기기 위한 1박 2일 캠프 기획	강정석
2018	김유민	젠더화된 공간으로 인한 여성의 불안과 이를 극복하는 대안적 움직임: 강남역 살인사건과 불법 촬영을 중심으로	강내희
	김지원	뉴미디어의 전술적(tactical) 활용 가능성 모색: 닷페이스의 <Here I am> 사례를 중심으로	강정석
	이선아	능동적 주체로 살아가기 위한 에리히 프롬 읽기	이묘우
	장현영	가상의 인물 X를 통한 자기 분석: 프로이트의 정신분석학을 기반으로	심광현
	진석원	2000년 이후 한국 조폭영화 분석: <친구>, <우아한 세계>, <신세계>에서 나타난 남성성의 변화를 중심으로	심광현
2019	김소은	거리예술의 역사적 계보와 창작방법 개선 방안 연구	심광현
	이현민	지역의 문화적 도시재생과 상업 젠트리피케이션의 대안모색: 수원 행궁동을 중심으로	강정석
	조유나	스펙터클 사회와 저항의 가능성: 기 드보르의『스펙터클의 사회』를 중심으로	강내희
	최송주	현대화폐이론과 그린뉴딜 비판: 생태 마르크스주의적 관점에서	우영재
	허성학	정체성의 정치를 넘어 연대의 정치로: '20대 남성 현상'을 통해 표출된 한국사회의 젠더 갈등과 계급 모순의 상관관계 분석을 중심으로	심광현
2020	김준희	미메시스 역량 강화를 위한 영화적 이야기-하기의 모델: 영화 <기생충>을 중심으로	심광현
	이지민	잠정적 유토피아로서의 복지국가와 기본소득제: 스웨덴 복지국가 모델과 잠정적 유토피아로서의 기본소득제를 중심으로	우영재

위와 같은 성과에도 불구하고, <대안대학 지순협>은 현재 또 다른 도전에 직면해 있다. 일반 주식회사의 법인격과 같이 취급되는 협동조합에서 더욱 공익적 목적을 가진 비영리 조직으로서의 '사회적협동조합'으로의 전환이 이루어졌으며, 그 과정에서 <대안대학 지순협>의 큰 어른으로서 학교 교육의 주요 방향을 제시해온 강내희 학장과 교육과정 구성 및 강사진 구축, 학교를 비롯한 협동조합의 운영의 총괄 책임을 수행했던 심광현 운영위원장이 '고문' 역할로 재조정되고, 사무국을 이끌던 강정석(필자)이 새롭게 전환된 '지식순환 사회적협동조합'의 이사장으로, 그리고 4명의 졸업생들이 주축으로 구성된 사무국이 운영실무를 맡는 새로운 체제로 개편된 것이다.

물론 심광현을 비롯한 강내희·이도흠·이명원·박이은실 등, 2014년 창립 초기에 모였던 설립자들이 제시했던 대안대학의 필요성은 2022년 현재에도 여전히 유효하다. 무엇보다 코로나19 이후 위기상태에 놓인 청년들이 급증하였으며, 대학의 신자유주의화와 더불어 소멸위기에 놓인 지역소재 대학과 더욱 경쟁이 가열되는 서울 소재 대학들의 격차 또한 매우 심각하게 드러나고 있다. 또한 가속화되는 기후위기는 우리들의 일상생활에서부터 사회 전체의 거대한 전환을 요구하고 있다. 이러한 맥락 아래 여전히 대학의 '대안으로서의 정체성은 유효하지만, 오히려 그것보다 더욱 중요한 것은 기후위기와 사회적 위기가 점점 심화되는 현재 사회에서 협력적으로 미래를 전망하고 실천할 수 있는 용기를 갖춘 이들을 양성하는 것일 테다.

그리고 <대안대학 지순협>은 2022년 예비사회적기업으로 인증을 받았으며, 고립청년 및 보호종료청년 등 위기상태에 놓인 청년들을 위해 특화된 프로그램을 기획·개발하고, 이를 실행하기 위해 다양한 기부캠페인 등을 진행할 계획이다. 대안사회를 구성하고자 하는 의지를 가진 청년들뿐만 아니라, 위기상태에 놓인 청년들과 함께 하며 이들을 위한 교양교육을 실천하며 사회적 신뢰의 회복과 상호 배움을 통한 성장의 가능성을 도모하고자 한다.

5. 대안사회를 향한 교육적 실천의 전망

이렇듯 심광현의 교육적 실천은 예술대학의 혁신(U-AT 통섭사업),[16] 문화교육적 실천(<문화연대>의 문화교육론),[17] 공교육의 개혁(<창의적 문화교육>, <호모 스토리텔리쿠스>), 고등교육 및 제도 대학의 대안 구축(<자유예술캠프>, <대안대학 지순협>) 등 매우 광범위하게 펼쳐져 있음을 확인할 수 있다. 그리고 사회혁명 못지않게 중요한 '인간혁명'의 차원에서 교육이야말로 대안사회를 위한 최전선임을 강조하며 다양한 교육의 현장에서 지식으로, 그리고 온몸으로 직접 발로 뛰며 실천해 왔음은 물론이다.

심광현의 교육적 실천의 궤적은 위의 내용 말고도 무척 다양할 것이다. 그러나 제자로서, 그리고 함께 여러 교육프로젝트를 기획·실천해온 '동지'의 입장으로서 심광현과 위의 교육적 실천을 함께 해왔다는 것은 스스로에게도 축복이면서 배움과 성찰, 그리고 성장의 기회가 되어주었다. 그리고 이러한 성장의 경험은 <대안대학 지순협>의 여러 학생들에게도 그대로 전수되며 현재까지 이어지고 있다. 이제는 이를 이어받아 더욱 사회적으로 뿌리 깊게, 단단히 다져놓을 책임이 우리들 앞에 놓여 있다. 특히 개인적으로, <대안대학 지순협>의 졸업생들과 뜻을 함께하는 여러 동료들과 함께 심광현의 교육적 실천을 더욱 발전시켜 이어갈 것을 다짐하며 글을 마친다.

16_ 이 지면에서 다루지 못했지만, U-AT 통섭사업은 2008년 예술과 기술의 통섭을 통한 예술교육의 새로운 지평을 열어젖히려는 한국예술종합예술학교의 핵심사업이었다. 그러나 2009년 이명박 정부의 집권과 함께 좌파인사에 대한 낙인찍기가 이루어지며 심광현은 핵심 '타겟'이 되었고, 그 결과 통섭사업은 공중분해되는 결과를 가져왔다.

17_ 주된 내용은 문화연대 문화교육위원회, 『이제, 문화교육이다』, 문화과학사, 2003을 참조.

현장·민중 예술행동의 어제와 미래

신유아 | 문화연대 활동가

2005년 겨울 코스콤 비정규직 노동자들이 연대 요청을 한다. 여의도 농성장. 성황당 같은 느낌에 노숙인 느낌. 농성은 투쟁의 내용을 알리고 소통하는 것인데 오가는 사람들은 쳐다보지도 않고 지나친다. 농성장을 전시장으로 만들어보면 어떨까? 사람들이 편하게 와서 그 내용을 볼 수 있도록 해보자는 생각이 들었다. 미술작가들을 섭외하고 조합원들과 의견을 나누며 농성장 리모델링을 시작했다. 농성천막을 전시벽으로 사용할 수 있게 대형 현수막을 걸었고 현수막 위에 작가들의 작업이 현장에서 진행됐다. 전시벽은 2주 단위로 바뀌었고 50미터 가량의 농성천막 전시벽은 사람들의 발길을 멈추게 만들었다. 나에게 이 현장의 경험은 농성장이 갖는 의미와 새로운 상상력의 도전이 시작된 계기가 되었다.

대추리에 현장예술 활동가들 모여들다

2006년 5월 4일 대한민국 경찰은 '여명의 황새울 작전'을 시행했다. 미군에게 땅을 주겠다며. '여명의 황새울 작전'은 평택 대추리, 도두리 원주민을 몰아내는 군·경 합동작전이었다. 3일부터 마을은 고립되었고 외부에서 사람들은 마을에 들어갈 수 없었다. 군인들의 검문을 통과해야 했다. 미리 진입에 성공한 사람들은 뜬눈으로 밤을 새웠고 새벽 사이렌 소리에 평택 대추리 분교 앞으로 모였다. 사람들은 팔짱을 낀 채로 서로서로 버팀목이 되어 뒤로 누왔다. 버티는 시간은 그리 길지 않았다. 경찰인지 군인인지 모를 사람들이 우리를 한 명 한 명 뜯어내고 잡아가기 시작했다. 대부분 경찰차에 잡혀 들어갔고 일부 몸집이 큰 남성 활동가들은 논두렁밭두렁 허허벌판에 버려졌다고 한다…(웃픈 이야기). 경찰서 유치장에 잡혀간 나는 48시간을 보내고 나왔는지 조금 빨리 나왔는지는 기억나지 않지만 유치장에서 하룻밤을 자고 나왔다.

2006년 9월 24일 문화연대 활동가 등 6명이 평택미군기지 이전을 반대하며 광화문 위에 올라가 현수막을 걸고 기습 시위를 벌이다가 20분 만에 경찰에 연행됐다. 이들은 광화문 처마 밑 이동통로로 올라가 '평택미군기지 확장·한미FTA 중단하라' 등의 구호가 쓰인 길이 5~6m 가량의 대형 현수막 5개를 광화문 현판 밑에 걸고 '평택 팽성대책위원회 김지태(대추리 이장) 위원장 석방' 등의 구호를 외쳤다. 이들은 "기지 이전은 한반도와 동북아 평화를 위협하기 위한 미 군사전략의 산물로 정부는 기지 이전에 대해 미국측과 재협상에 나서야 한다"며 "정부는 일방적인 강제 철거에 대해 사죄하고 평택 주민들에 대한 인권유린을 중단해야 한다"고 주장했다(연합뉴스, 2006. 9. 24).

이런 경험들로 나는 투쟁현장의 활동이 자연스러워졌고 투쟁하는 노동자들의 목소리를 문화적 방식으로 전달하는 다양한 시도와 실험들을 실천하기 시작했다.

그 중 파견미술은 군사독재 하에서 시대 비판적이고 민중참여적인 활동을 펼쳤던 민중미술운동의 역사와 전통을 21세기인 오늘날까지 계승한 현장 예술활동으로 설명되기도 한다. 파견미술 활동은 2006년 평택 대추리 미군기지 확장이전을 반대하면서 대추리 마을 주민들이 강제철거에 반대하고 나서자, 문화예술인들이 마을에 들어가 주민과 함께 생활하고 마을을 문화예술 활동으로 채우면서 시작되었다. 이때 만들어진 문화예술인들의 네트워크는 2007년 한미FTA반대, 2008년 촛불시위에도 개별 작업으로 활동을 이어갔다.

용산참사, 폭력에 저항하기

2009년 1월 경찰의 강제진압과정에서 철거민들이 사망한 용산참사가 발생했다. 참사 현장으로 모인 문화예술인들은 다양한 작업을 진행했다. 10여명의 미술인들이 대형 걸개를 그리는 도중에 경찰들이 달려들어 그림을 떼어가기도 했지만 예술가들은 작품으로 투쟁을 만들어갔다. 버려진 이불, 타고남은 매트리스, 부서진 나무 조각, 치열했던 참사 당일 부서져 방치된 경찰차 등 보이는 것들마다 화폭이 되어 아픔과 분노를 담은 이미지들이 그려졌다.

용산참사로 목숨을 잃은 이상림씨가 운영하던 가게의 이름은 '레아'였다. 이 가게가 있던 건물은 용산참사가 일어난 남일당 건물 바로 뒤에 위치했다. 파견미술팀은 이 건물을 전시공간으로 만들고 <끝나지 않는 전시>라는 제목으로 1주일에 한 번씩 새로운 작가의 작품을 설치했다. <끝나지 않는 전시>는 개별 작가들이 자신의 공간에서 만든 작품을 용산참사 현장으로 가져와 시민과 소통하는 방식의 전시다.

용산참사 현장에서 만들어진 작품들은 평화박물관으로 옮겨져 <망루전>이라는 이름으로 기획 전시를 열었고, 이 전시 이후 <망루전>은 전국에 있는 전시공간으로 옮겨져 전시 활동으로 이어졌다. 지역 미술제에서 전시요청이 오기도 했고, 지역주민들의 요청으로 전시하기도 했다. <망루전>과 <끝나지 않는 전시>는 용산참사 현장으로 올 수 없었던 사람들과 용산참사 현장에서 살고 있던 사람들을 상호 이어주는 역할을 했다.

1여 년간의 긴 투쟁을 마무리하고 파견미술팀은 용산참사 현장 곳곳에 남겨진 것들을 모았다. 돌아가신 분들의 영정이미지가 새겨진 펜스 조각, 용산포차에 설치했던 냉장고, 칼도마, 간판들과 레아건물 내벽 타일, 외벽 데코 철재물, 거리에 높이 걸린 현수막들과 버려진 의자까지 참사의 기억을 차곡차곡 모았다. 용산참사 현장이 사라지고 높은 빌딩이 자리를 차지하게 되면 용산참사의 기억은 서서히 사라질 것이고 참사의 진실 또한 묻혀버릴지 모른다는 안타까움에 파견미술팀은 바쁘게 움직였다. 자료를 모으는 내내 문화예술인들의 사회적 연대가 주는 의미, 그것의 역사성 등을 어떤 형태로 남겨야 할지 고민했다.

용산참사 현장에는 많은 예술가가 함께했다. 지난 어떤 투쟁의 현장보다 더 많은 작가가 함께했다. 만화가들이 유가족을 만나 인터뷰하고 그것을 엮어『내가 살던 용산』을 만들었고, 젊은 작가모임은『지금 내리실 역은 용산참사 역입니다』를 출간했다. 르포 작가들이 용산참사 초기부터 철거민들을 만나고 써내려간『여기 사람이 있다』와 <최소한의 변화를 위한 사진> 달력을 만든 사진가들, 파견미술팀의 전시기록 <끝나지 않는 전시>, 이들의 작업은 모두 용산참사를 기억하는 기록이고 역사다.

2009년 용산참사 현장 투쟁을 이어가던 시기 기륭전자 노동자들의 투쟁도, 쌍용자동차 노동자들의 투쟁도, GM대우 노동자들의 투쟁도, 콜트·콜텍 노동자들의 투쟁도 여전히 계속되고 있었다. 파견미술 작가들은 노동자들의 투쟁에도 부분적으로 결합하여 연대하였다. GM대우 노동자들의 투쟁 중 공장 정문 설치물에서 고공농성을 시작했다는 소식을 접하고는, 용산참사 현장에 모였던 작가들은 한걸음에 부평에 있던 공장으로 달려갔다. 파견미술팀은 낮 작업을 마치고 노동자들과 함께 저녁식사 자리에서 하청노동자들의 이야기를 들었다.

하청 노동자들은 하청의 하청 그리고 재하청, 마지막엔 결국 파견노동이라는 열악한 노동의 형태를 이야기하였다. 월급은 얼마나 받나요? 순진한 질문을 던졌고 솔직한 답을 해준 노동자들의 이야기를 듣고 파견미술가들은 우스갯소리로 말했었다. "우리가 더 열악하구나. 우리는 파견미술이네, 파견미술." 자조 섞인 말이었다. 이처럼 파견미술은 노동의 가장 열악한 형태를 이야기하는 파견노동에서 따온 이름으로 문화예술인들의 처지를 고민하던 과정에서 나왔다. 재정적으로 열악한 문화예술인들의 생활은 겉으로 드러나는 작업물로 가려지기 쉽다. 작품을 만들고 제작하는 과정에 들어가는 비용은 온전히 작가의 몫이기 때문이다. 원청이 어디고 하청이 어디인지도 모를 작가들은 스스로 참사 현장, 싸움 현장에 달려간다. 문화예술인들의 역할은 때로는 소통의 도구가 되기도 하고 때로는 그 모순의 당사자가 되기도 했다.

부산으로 떠나는 희망의 여정, 사람이 우선이다

2010년 12월 15일, 부산 영도에 있는 대형 조선소 한진중공업은 경영 악화를 이유로 생산직 근로자 400명을 희망 퇴직시키기로 결정했다. 민주노총 부산본부 지도위원 김진숙은 "정리해고 전면 철회"를 외치며 2011년 1월 6일 한진중공업 공장 안에 있는 85호 크레인에 올라 고공농성을 시작했다. 85호 크레인은 2003년 당시 정리해고에 반대하며 고공농성을 하던 한진중공업 노동자 김주익 열사가 129일간의 농성을 이어가다 스스로 목숨을 끊었던 아픈 역사가 있는 크레인이다. 한진중공업 정리해고 철회를 위한 '희망버스'가 출발하기 전 파견미술팀은 사전연대를 떠났다.

영도 조선소 85호 크레인 아래 도착한 우리는 준비해온 현수막을 걸고 15미터 길이의 대형 현수막을 바닥에 펼쳤다. 작은 이미지를 크게 출력하다보니 해상도가 떨어진다. 우린 물감을 꺼내들고 그림위에 색을 덧입히기로 하고 작업을 시작했다. 선명해진 현수막을 크레인에 걸기 위해 모두가 힘을 모았다. 영도는 섬이라 4면이 모두 바다다. 그래서 바람이 세다. 엄청난 바람의 저항을 받으며 끌어올린 현수막이 85호 크레인에 걸리는 모습은 마치 용 한 마리가 꿈틀거리며 자리를 잡는 듯했다.

조선소 공장 안에는 철 조각들이 나뒹굴고 있었다. 용접을 해서 뭔가를 만들어 보겠다는 생각을 해냈고 철 조각들을 모았다. 조선소 노동자들은 용접에 자부심이 있었고 다들 용접은 이렇게 하는 거다, 저렇게 하는 거다 하며 서로의 기술을 뽐내기도 했다. 85호 크레인 아래 공간을 잡고 용접을 시작했다. 위험해 보이기도 했지만 서서히 모양이 만들어지는 것을 지켜보고 있자니 재미있었다. 완성된 철제 조형물은 85라는 숫자다. 설치된 작업은 홍보물로 만들어져 희망버스 탑승객을 모집하는 역할을 하기도 했다.

며칠이 지나고 서울 어느 카페에 활동가들이 모였다. 파견미술팀이 한진중공업에 연대 다녀온 이야기를 시작으로 곧 다가올 129일을 어떻게 연대하면 좋을지에 대한 이야기들이 오고갔다. 우리는 희망 열차를 타고 부산으로 모두 함께 갔으면 좋겠다고 했다. 그러면서 미술인들이 자신의 재능을 소통의 도구로 삼아 현장을 찾아갔듯이 쌍용자동차 해고노동자들이 한진중공업 해고노동자를 찾아가면 얼마나 좋은 그림이 되겠냐며 당사자 연대를 제안했다.

이때가 희망버스가 만들어진 초기논의 자리였다. 이때만 해도 이 자리가 2011년 희망버스라는 거대한 시민연대의 시작이 될 것이라고는 생각하지 못했던 것 같다. 당사자연대를 제안받은 쌍용자동차노조는 85호 크레인 농성 129일에 맞추어 버스를 운행하고 시민에게 제안하기로 했지만 여러 가지 이유로 그 시점이 뒤로 미뤄졌다.

2011년 6월 11일, 드디어 희망버스가 출발시동을 걸었다. 희망버스는 누구나 탈 수 있고, 무엇보다 해고노동자가 또 다른 해고노동자와 연대하고, 우리가 우리와 연대하는 버스를 만들어보자는 취지에서 출발했다. 노동자들이 투쟁에 허덕이며 살길을 모색하기에 전전긍긍하던 시기였지만 해고노동자가 해고노동자와 연대하는 것이야말로 상생하는 길이라는 신념으로 희망버스에 시동을 걸었다.

희망버스 신청자는 매일 늘어갔다. 2대가 3대로, 3대가 4대로 하루에 한 대씩 늘어나는 것을 보면서 신기해할 즈음 반가운 소식들이 들려왔다. 문정현 신부는 아침밥을 만들어 주신다 하고, 갈비연대에서는 수백 명이 먹을 고기를 보내준다 하고, 파견미술팀은 이미지를 만들어 온다 하고, 음악을 하는 사람은 공연을 자청한다. 문인들은 언론에 기고 글을 쓰고 책도 후원한다 하고, 미디어활동가들은 영상제작 후원을 한다 하고, 사진작가들은 사진을 찍어

준다 한다.

스스로 광장을 만드는 사람들은 밥을 고민하지 않아도 되고, 프로그램을 고민할 필요도 없었다. 사람들은 모이면서 스스로 프로그램이 되고 밥이 되고 희망이 되었다. 일하면서 그렇게 즐겁기는 정말 오랜만이었다. 아니 일한다는 느낌보다는 즐거운 소풍을 준비하는 어린아이 같았다. 준비하는 모두의 마음이 그랬을 것이다.

희망버스의 콘셉트는 '신나게 놀자', 희망버스 담당자들의 이름은 '깔깔깔'이다. 신나는 웃음소리다. 표식을 위해 버스 담당자들에게는 고깔모자를 씌우는 게 어떻겠냐는 아이디어가 나왔는데, 처음에는 고깔모자는 불편하다는 이유로 반대하는 사람들도 있었고, 우스꽝스러운 모습이 어색하다는 이유도 있었다. 하지만 논의 끝에 버스의 차장들은 깔깔깔 고깔모자를 쓰기로 했다. 어색하게 웃음 짓는 나이든 노동자들의 얼굴에 싫지 않은 웃음이 번진다. 깔깔깔 고깔모자는 1차 희망버스의 상징이기도 했다.

희망버스와 촛불의 물결은 어느새 한진중공업 정문에 도착했고, 사측과 사측의 요청을 받은 경찰은 정문을 철문으로 막고 공장 벽은 경찰차로 빙 둘러싸았다. 공장 정문 앞에 한진중공업 노동자의 가족들이 피켓을 들고 소리치며 울고 있었다. '당신을 통해 희망을 봅니다' 피켓을 흔드는 모습에 촛불을 든 시민들도 함께 소리 지르며 울었다. '고생하셨습니다' '힘내세요'라는 말로 서로에게 힘을 북돋아 주며 격려했다. 멀리 제주도에서 올라오신 문정현 신부의 꽃마차가 보인다. 문정현 신부와 평화바람의 꽃마차는 희망버스 탑승자들에게 연대의 밥을 준비해주기 위해 영도로 달려왔다. 파견미술팀은 미리 준비한 꼬마전구를 연결하여 꽃마차에 설치했다. 꽃마차가 반짝인다. 희망의 불빛이다.

바로 담벼락 옆으로 크레인 85호가 보인다. 밤이 깊어 어두웠지만 파견미술팀은 대형현수막을 도로에 펼쳤다. 희망버스의 도착을 김진숙에게 알리기 위해서다. 그러는 사이 귓속말이 전달되고 있었다. "공장 담 쪽으로 이동하세

요." 순식간에 도로에 있던 행진 대오는 공장 담벼락 쪽으로 이동했다. 경찰차와 담벼락 사이로 이동하는 것에 반대하는 사람들도 있었다. 갇힌 공간에서 집회를 한다는 것이 못마땅했기 때문이고, 뭔가 굴복당하는 느낌이기 때문이었다. 하지만 그런 생각도 잠시, 하늘에서 동아줄이 내려오듯 공장 담벼락 안쪽에서 사다리가 내려지고 사람들은 사다리를 넘어 공장 안으로 빠르게 넘어갔다. 경찰들이 사다리를 빼앗기 위해 달려왔지만 사람들의 일사분란함을 이미 막을 수는 없었다.

공장 안에 모인 사람들은 정문으로 달려갔다. 정문에는 방패와 안전모를 쓴 용역 100여 명이 있었다. 공장으로 들어온 시민 500여 명은 용역과 몸싸움 끝에 정문을 확보하게 되었다. 공장 밖에 있던 일부 시민들은 정문을 통해 공장 안으로 들어왔고 새벽 3시가 넘어서야 우리는 김진숙이 있던 크레인 85호 아래 모일 수 있었다. 이때부터 희망버스를 준비한 친구들은 더 바빠진다. 우선 마이크를 설치해야 하고, 현수막을 걸어야 하고, 공연과 발언을 한다고 약속한 사람들을 불러모아야 했다. 일사분란하게 움직였다. 누가 무엇을 하라고 하지 않아도 그냥 몸이 스스로 움직이는 듯했다. 차량 탑승자 소개 및 연대온 장기투쟁사업장 노동자들의 인사와 김진숙과의 인사. 김진숙의 목소리는 떨렸고 울음 섞인 목소리에 사람들도 울컥했다. "웃으면서 끝까지 투쟁!" 그녀의 목소리에 힘을 받은 우리는 그렇게 밤이 새도록 힘을 이어나갔다. 음악과 춤과 노래, 자유발언 등 미리 준비된 것은 별로 없었다. 하지만 무대는 어느새 가득 차고도 남을 정도로 풍요로와졌다.

희망버스를 함께 제안했던 쌍용자동차 노조 조합원들은 자신들의 투쟁과 한진중공업을 연결할 수 있는 투쟁으로 '걷기'를 선택했다. 쌍용자동차 공장이 있는 평택에서 한진중공업 공장이 있는 부산 영도까지 걸어서 가는 것이다. <소금꽃 찾아 천리길>, 걷는 발걸음마다 우리의 투쟁을 알리고자 함이었다. 9일간의 긴 여정을 준비한 쌍용자동차노조는 발가락이 부르트고 얼굴이 시커멓게 타버린 모습이지만 환한 미소를 보이며 부산역 광장에 나타났다.

전국 각지에서 출발한 희망버스 탑승객의 집결지는 부산역. 부산역 광장은 발 디딜 틈이 없을 정도로 많은 사람으로 가득했다. 2차 희망버스의 탑승객들이다. 눈물이 왈칵 쏟아지는 순간이었다.

1차 희망버스는 2차, 3차, 4차, 5차로 이어졌고, 2011년 11월 10일 크레인에 오른 지 309일 만에 김진숙이 지상으로 내려오기까지 우리의 희망버스는 포기하지 않고 달렸다. 희망버스 탑승객들은 개인이 차표를 구입해야 했고, 씻는 것은커녕 잠도 길거리 한뎃잠을 자야 했다. 그것에 대해 누구도 불만을 이야기하지 않았다. 모두 스스로 선택한 일이었기 때문이다. 한진중공업으로 가는 희망버스는 이렇게 마무리되고, 그 다음 평택으로, 밀양으로, 울산으로, 대전으로, 강정으로 다양한 이름의 희망버스로 전국적인 연대를 이어갔다. 투쟁의, 연대의 새로운 방식이 만들어진 것이다.

희망광장 희망텐트촌, Occupy 99%의 저항

희망버스를 제안했던 쌍용자동차 해고노동자는 2009년 무더운 여름 옥쇄파업을 시작으로 투쟁을 이어가고 있었다. 공장 옥상에서, 굴뚝 위에서 흠씬 두드려 맞고 짓눌려져 땅으로 내려온 지 벌써 3년이 다 됐다. 희망버스가 처음 출발할 때 쌍용자동차 해고노동자들은 말했다. 노동자가 노동자를 연대하는 것이야 말로 우리가 해야 할 일이라고 1년여 동안 희망버스는 쌍용자동차 노동자뿐 아니라 이 땅 투쟁하는 모든 노동자들에게 희망의 작은 불씨가 되었다.

이 힘을 모아 공동투쟁단이라는 이름으로 거리에서 투쟁하던 당사자들은 힘을 모았다. '희망 발걸음'이라는 이름으로 모인 공동투쟁단은 전국의 농성 현장을 돌며 소원지를 받아오는 팀과 서울에서 평택 사이에 농성중인 투쟁사업장을 돌며 연대하는 두 팀으로 나누어 활동을 시작했고 발걸음의 종착지는 쌍용자동차 해고노동자 투쟁 1000일이 되는 날에 맞추어 평택 공장 앞으로 모이는 것이었다. 희망버스가 대중적 연대의 길을 만들었다면 희망발걸음은 투쟁 당사자 간의 연대투쟁 확산의 계기가 된 것이다.

공동투쟁단은 이후 시청광장에 텐트를 치고 정리해고 비정규직 없는 세상을 외쳤다. 희망광장 희망텐트촌, Occupy 99%의 저항!이었다. 희망텐트촌은 시작부터 쉽지 않았다. 경찰의 제지로 몸싸움도 하고 고립도 되고, 텐트는 내려놓는 족족 빼앗겨 펼침과 동시에 망가졌다. 지금 생각해보면 2016년 박근혜 퇴진! 광화문 캠핑촌의 단초가 이때가 아니었나 싶다. 이틀을 싸우다 간신히 텐트를 친 희망텐트촌 사람들은 매일매일 아침 시청광장을 돌며 조깅을 하고(건강한 것이 투쟁!), 출근하는 시민들에게 시민선전전을 했다. 식사조가 만들어져 인근 사무실에서 식사를 만들어 오면 다 같이 아침을 먹고 하루 온종일 봄 햇살이나 꽃샘추위를 견뎌야 했다. 얼굴은 까맣게 탔고 몸은 추위에 움츠러들었다.

당시 미국에서는 '월가를 점거하라(Occupy Wall Street)'는 구호 아래 대규모의 시위가 있었고 경제중심지였던 미국 월가의 시위는 전 세계적으로 확산되고 있었다. 1%의 자본이 부의 50% 이상을 차지하는 것에 반대하는 시위로 시민들은 경제중심지 월가를 점령한 것이다. 이들의 구호는 "우리는 99%다"였다. 이 구호는 세계로 번졌고 우리나라에서도 이들의 저항에 동조하는 시위가 연일 이어졌다. 희망광장 희망텐트촌 사람들도 Occupy 운동으로 1%의 자본과 싸우고 있었다. 과거 아주 오래전부터 자본의 횡포와 싸우는 희망광장 사람들이 광장투쟁을 하는 것이 바로 Occupy가 아닌가. 광장은 다양한 사람이 모여 대안을 모색하기도 하고 이미지를 만들기도 하고 피켓시위와 시내행진, 선전전을 매일 진행했다. 99%들의 생존을 위해서 말이다.

밀양, 쌍용, 강정, 그리고 세월호 참사까지 파견예술 함께 하다

2012년은 밀양송전탑반대 어르신들과 연대를 위한 SNS 번개활동이 있었다. '붓 들고 투쟁!'이라는 홍보물을 만들어 함께 밀양으로 갈 것을 요청한 전국 예술대학 학생들의 연대가 인상적이었다. 학내활동의 연장으로 사회적 연대 방식에 대한 고민과 농활, 빈활 등과 같은 형식이 아닌 예술대학 학생들만의 사회연대활동 고민의 하나로 '붓 들고 투쟁' 밀양으로의 연대를 확정했다. 이들은 6명, 10명 단위로 그룹을 만들고 밀양에서 송전탑 건설을 막고 있는 마을로 나뉘어 3박4일 일정으로 참여 의사를 밝혀왔다. 사전에 아이디어 회의를 위한 모임을 갖기도 하고 디자인된 이미지를 공유하며 밀양연대활동에 적극적이었다. 아이들과 함께 온 부모님도 계셨고, 그림은 못 그리지만 함께 하고 싶다는 사람들까지 100여 명의 참가자가 결성되었다. 밀양에서 그림그리기는 주민들과 함께 이야기 나누며 이후 활동에 대한 다양한 방식까지 약속하는 자리가 되기도 했다.

2013년 쌍용자동차 해고노동자들은 복직을 요구하며 서울 대한문 앞에 농성장을 차렸다. 여기에 '이어붙이는 뜨개농성'이라는 이름으로 모인 이들이 있다. 이들은 농성장 천막과 주변 가로수를 편물로 덮는 작업과 뜨개질과 바느질로 엮어 만든 현수막도 제작했다. SNS를 통한 소통의 힘은 컸다. 개별 작업을 통해 바느질과 뜨개질 작업을 하던 작가들, 마을주민모임, 개인적으로 작업하는 사람들이 매주 대한문으로 모였고, 함께 만든 작업물은 대한문 농성장을 또 다른 방식의 농성으로 만들었다. 이런 수작업의 연대는 자투리 나무를 이용한 목공작업, 작은 주머니 텃밭, 노동자의 작업화를 이용한 화분 등 차츰 다양한 방식으로 진화하기 시작했다.

같은 시기 해군기지건설이 한창이던 제주도 강정마을에서는 문정현 신부님을 비롯한 신자들과 주민들의 저항의 공간이 운영되고 있었다. 구럼비 바위를 파괴하고 펜스를 쳐놓고는 누구도 들어갈 수 없는 벽을 만들어 놓은 마을 안에서 매일 생명과 평화를 위한 미사를 올리며 해군기지 건설의 위험을 알려나갔다. 하지만 공사장 앞 미사천막은 늘 공사 용역들의 철거 위협에 시달리고 있었다. 대한문 농성천막을 뜨개로 덮은 이들은 다시 강정으로 보낼 뜨개질을 시작했고, 전국에서 우편으로 보내준 뜨개편물은 그 수를 헤아릴 수 없을 정도로 많았다. 대한문에 모인 사람들은 이어붙이는 뜨개농성이라는 이름으로 강정마을로 향했고, 해군기지 공사장 곳곳을 일상의 연대로 저항하고자 하는 뜨개편물들로 감싸며 일상의 연대투쟁을 만들기도 했다.

2014년 세월호 참사가 발생하자, 일상의 연대를 하던 이어붙이는 뜨개 농성팀은 SNS에 페이지를 만들고 다시 사람들과 함께 마음을 모았다. 문화예술인들은 각자의 연장인 붓, 사진기, 펜 등을 들고 전시(전투)라는 뜻으로 연장전을 준비하였고, 이들은 광화문 광장과 안산에서 기획전시와 퍼포먼스를 진행했다. 다양한 영역의 예술인들이 각자의 방식으로 표현했지만 이 행위는 하나의 묶음으로 나타났으며, 세월호 사건을 참사로, 학살로 인정하라는 정부에 대한 경고의 메시지이자 추모와 연대의 마음이 모인 것이다.

촛불의 힘, 광화문 캠핑촌

2016년 10월 25일 최순실의 테블릿PC 사건이 언론에 나오면서 박근혜의 비리가 하나둘 세상 밖으로 나오기 시작했다. 박근혜대통령 퇴진촛불이 일어나자 문화예술인들을 필두로 광화문에 텐트촌이 만들어졌다. 142일간의 노숙농성. 문화예술인들은 정부에 블랙리스트 진상을 밝히라는 성명과 기자회견 등 다양한 방식으로 이미 대응을 진행하고 있었다. 시기적으로는 진실규명 및 책임자처벌을 강력하게 촉구해야 할 시점이었다. 문화예술인들은 시국선언을 준비했고 그 과정에서 몇몇 예술가들은 더 강력한 저항이 필요하다는 판단으로 시국선언과 비밀(?)작전을 짰다.

2016년 11월 4일 "박근혜 하야!" 분위기가 막 시작되는 광장의 기류 속에 "박근혜 퇴진! 박근혜-최순실 게이트 진상규명! 책임자처벌!" 등이 적힌 플랑카드를 들고 문화예술인들이 광화문 광장에 모여들었다. 50여 명의 문화예술인들보다 기자들이 더 많아 보였다. 규탄의 소리가 광장을 울리고 문화예술인들만의 방식이 모여졌다. 춤을 추는가 하면 노래가 들리고, 노래가 들리는가 하면 시가 낭송되었다.

마지막 상징의식의 시작과 함께 문화예술인들은 1인용 텐트를 펼쳐들었다. 경찰들이 몰려왔고 몸싸움이 시작되었다. 텐트 속에 들어앉아 버티는 사람, 경찰이 잡아채는 손등을 부여잡은 사람, 질질 끌려 나오는 사람, 소리치는 사람 등 아비규환이 되고 말았다. 광장의 노숙은 이렇게 첫날을 맞이하게 되었고 텐트를 모두 빼앗긴 문화예술인들은 맨바닥에서 노숙을 시작하였다.

한바탕 몸싸움 후 점심은 짜장면이다. 광화문 광장 이순신 장군상을 바라보고 일렬로 앉았다. 짜장면 먹는 우리를 경찰이 지킨다. 그렇게 시작된 노숙은 142일간 계속되었다. 침낭 한 장에 의지해 긴 밤을 새운 11월 늦가을 바람은 몹시도 차가웠다.

문화예술인들은 광화문 광장에 <문화예술인 퇴근혜마을>이라는 캠핑촌을 만들었다. 첫날 노숙으로 퉁퉁 부은 얼굴에 눈을 뜬 작가는 버려진 박스를 주워와 그림을 그렸다. 광장에서의 첫 작업이다. 경찰들의 분위기가 조용했다. 광화문 광장을 찾는 외국인들은 사진을 찍기도 하고 길바닥에 누워있는 우리들을 곁눈질로 바라보기도 했다. 주말이고 박근혜 퇴진 촛불집회가 광장에서 시작되는 틈에 슬그머니 텐트를 다시 펼쳤다. 하나둘 펼쳐진 텐트 위에 붓을 들고 그림도 그리고 구호도 써내려 갔다. 텐트 뒤쪽으로 캠핑촌 현수막도 설치했다. 촛불집회가 끝나면 경찰과 다시 몸싸움을 해야 할지도 모른다는 생각에 최대한 경계를 늦추지 못하고 있었다.

광장의 주인이 국민이라지만 신고해야 하고 돈을 내야 하고 관광객의 미관을 위해 캠핑촌은 없애버려야 할 대상이었기 때문이다. 촛불집회가 있던 주말이 무사히 지나고, 다음날 광장은 고요했다. 고요한 광장에 사람들이 하나둘 모이기 시작했고 광장의 문화행동이 시작됐다.

오래전 활동했던 선배작가들이 하나둘 모였다. 반쪽짜리 박근혜 얼굴이 그려진 플래카드에 다양한 그림을 그렸다. 그려진 작품은 광장 바닥에 설치되었다. 이렇게 시작된 문화예술인들의 모임은 가칭<박근혜 퇴진과 시민 정부 구성을 위한 예술행동위원회>라는 이름으로 다양한 활동을 시작했다. 파견미술팀도 캠핑촌의 촌민으로 최선의 역할을 마다하지 않았다. <새마음애국퉤근혜자율청소봉사단>을 출범시키고 매일 아침 청와대로 쓰레기를 치우러 가기도 했고, 텐트촌의 텐트를 도화지로 사용했고, 쓰레기형상 조형물을 제작하기도 했다. 박근혜, 조윤선, 이재용, 정몽구, 황교안이 형상물의 주인공이다. 촛불 탑을 만들었고, 미술행동이라는 이름으로 매주 거리 전시와 퍼포먼스를 했고, 풍물군들의 놀이판도 매주 광장을 채웠다. 민중가요 가수들은 노래를 만들기도 하고 광장 버스킹 공연을 하기도 했다.

텐트촌이 확장되면서 천으로 만들어진 텐트는 나무로 지은 집의 형태로 변했고 집의 모양은 각자의 요구를 담을 수 있는 형태로 변하기 시작했다. 쌍용자동차 노동자의 집은 자동차 모양으로 유성노동자의 집은 현대사옥의 형태로 콜트·콜텍 노동자의 집은 기타 모양으로 만들었다. 파견미술팀은 목공팀이 되기도 했고 페인트공이 되기도 했다.

2017년 3월 7일 박근혜대통령의 탄핵이 헌법재판소에서 확정판결이 났고 광장에 있던 사람들은 환호성과 눈물을 흘렸다. 광장을 정리하면서 광장에서 만들어진 다양한 이미지들이 소진되고 사라지는 것이 아쉬웠다. 서울시에서는 촛불광장을 기록한다며 광장에 걸려있던 깃발들과 이미지 자료들을 요청했고 사진 자료를 포함한 모든 자료는 서울 역사박물관 어딘가에 보관되어 있다.

또 다른 파견예술활동을 기다리며

파견미술은 사회의 모순이 가장 치열한 현장에서 예술 활동의 진실한 힘에 삶의 목소리를 담아서 활동을 이어가고 있다. 파견미술은 2000년 들어 비정규직과 정리해고, 불안정노동과 빈부격차의 확산, 한미FTA와 자본의 세계화, 규제 완화로 인한 불안전사회의 확산 등 신자유주의의 모순이 야기한 현실을 비판하며 모순의 현장에서 발로 뛰는 문화예술인들의 자발적, 의식적 활동을 지칭하는 고유명사가 되었다.

또한 파견미술은 현장의 목소리와 주체들이 중심이 된다. 활동 내용도 그림이나 미술에 국한되지 않고, 사진, 글, 연극 등 다양한 양식을 포괄하며, 뜨개질 같은 생활 창작까지 포함한다. 예술인은 물론 현장의 주체와 그곳을 찾는 모든 사람들이 함께 창작 활동에 참여한다는 점에서 '광장 중심의 대중적인 문화예술운동'이다.

1980년, 90년대 노동문화는 대공장 내부의 단사 투쟁, 거리투쟁의 투석전과 최류탄, 곤봉의 격렬함으로 대치 상황이 표현되었고, 사회와 시대를 반영한 학생운동은 풍물과 민중가요, 미대생들의 손으로 만들어진 걸개그림과 현수막, 대자보 등으로 문화화되었다.

2000년대 노동문화는 형식적 민주주의의 확대이긴 하지만 이로 인해 공간이 열렸고, 광장이 개방됐다. 단사투쟁에서 연대투쟁으로, 희망버스와 같이 투쟁하는 노동자가 투쟁하는 다른 노동자와 투쟁을 연대하며 개별의 투쟁을 이어주고 확장시켰으며 사회적 연대를 만들었다. 대중음악과 민중음악의 경계를 허물었고, 민중미술과 생활예술의 경계 또한 흐릿하게 만들어 광장 중심의 대중적인 문화예술운동으로 전개될 수 있었다.

세상은 또 변하고 나만 열심히 노력하면 뭐라도 할 수 있던 세상은 이제 모두가 움직여도 1%를 뛰어넘을 수 없는 구조 속에 있다. 자본주의 경제시스템 속에서 취업과 생계라는 현실적인 문제는 투쟁 현장에 뛰어들기 어려운 구조를 만들고 있다. 8 · 90년대 노동문화의 이미지처럼 파견미술 활동은 그렇게 2000년대의 이미지가 되어 과거의 활동으로 기억될 것이다.

  그런 가운데, 2020년 노동문화는 코로나19 팬데믹과 함께 온라인 속으로 들어가 온라인 교육과 온라인 회의가 일상이 되었다. 때로는 메타버스 온라인 시위가 만들어지고도 있다. 새로운 시대가 다가오고 있음을 느낀다.